U0828619

宝安慈善实践探索丛书

社会记忆与城市公益慈善

宝安公益慈善微观行动史记

唐娟 / 编著

SHEHUI JIYI YU CHENGSHI GONGYI CISHAN
BAOAN GONGYI CISHAN WEIGUAN XINGDONG SHIJI

中国社会出版社
国家一级出版社 · 全国百佳图书出版单位

图书在版编目（CIP）数据

社会记忆与城市公益慈善：宝安公益慈善微观行动史记／唐娟编著．-- 北京：中国社会出版社，2024.4
（宝安慈善实践探索丛书／张洪华主编）
ISBN 978-7-5087-6713-0

Ⅰ.①社… Ⅱ.①唐… Ⅲ.①慈善事业－发展－案例－宝安区 Ⅳ.①D632.1

中国国家版本馆 CIP 数据核字（2024）第 053244 号

社会记忆与城市公益慈善：宝安公益慈善微观行动史记

策划编辑：许　畅
责任编辑：张　迟
装帧设计：尹　帅
出版发行：中国社会出版社
（北京市西城区二龙路甲 33 号　邮编 100032）
印刷装订：北京虎彩文化传播有限公司
版　　次：2024 年 4 月第 1 版
印　　次：2024 年 4 月第 1 次印刷
开　　本：170mm × 240mm　1/16
字　　数：360 千字
印　　张：24.25
定　　价：98.00 元

版权所有·侵权必究
凡购本书，如有缺页、倒页、脱页，由营销中心调换
客服热线：（010）58124852　投稿热线：（010）58124812　盗版举报：（010）58124808
购书热线：（010）58124841；58124842；58124845；58124848；58124849

宝安慈善实践探索丛书
丛书编辑委员会

主　编

张洪华

副主编

陈长贵　吴国强　冯甜甜

编委会

刘曦光　周愉婷　彭　凯　欧　羽

黄雪华　吴卓怡　邱思敏　李俊辉

总序

"革故鼎新，得宝而安。"深圳宝安，地处中国南海之滨，扼守珠江口、大亚湾、深圳湾与大鹏湾，是"奇迹城市"深圳下辖的一个行政区，也是深圳市的前身。深圳作为一个城市虽然只有短短40年的历史，然而其前身——宝安，却有着近1700年的历史，被称为"深港文化之根"。早在东晋咸和六年（331年），朝廷"析南海郡东南地域置东官郡，郡辖宝安"。悠悠岁月中，宝安都是"粤省前哨"，辖地辽阔，大约包括如今深圳、香港、澳门、东莞市部分、广州市番禺区南部、中山市、珠海市等地区。从东晋至明清，宝安在政治、经济、文化、交通及军事上的地位和作用都十分重要。在东晋，是政治经济中心；在唐代，是海防要地；自宋至明清，是南方海路贸易中枢、食盐产地、珍珠贡品产地、军事要塞。中华人民共和国成立后，宝安成为广东省辖县。

潮起宝安湾，慷慨歌未央。20世纪80年代初，在宝安县辖区的基础上，深圳经济特区、深圳市相继成立，宝安县建制也最终在1992年年底取消，成为深圳市下辖的一个行政区。随着深圳城市的迅速崛起和奇迹般的发展，宝安这一古老的地区换了新颜。40年来，宝安区锚定"最擅长跑道"，跑出高速度、高质量路径，如今已经成为深圳市的产业大区、经济大区、人口大区。2017年至2023年，宝安区连续排名"中国工业百强区"前十，经济社会发展成就显著。

宝安及整个岭南的社会文化，延续中原文化血脉，公益慈善事业历史悠久，继往开来。宋朝以后，宝安地区民间大族兴起，乐善好施、惜弱怜孤、济贫扶危、守望相助、善德育化，蔚然成风。明清时期，政府开始正式实施民生保障举措。据地方志记载，清朝时期，宝安地区官府已设立恤政处所，用以收栖疯癫、孤老、盲人、枯骨等；近代和民国时期，本地企业家、宗教组织开启了现代公益慈善之路；中华人民共和国成立后，宝安的慈善事业被纳入社会主义建设整体框架中。改革开放以来，公益慈善事业随着深圳这座新兴城市的高速发展而获得了新的发展契机。特别是20世纪90年代以来，深圳以打造民生幸福城市为出发点和落脚点，持续优化慈善事业发展环境，慈善工作领先全国，荣获全国“七星级慈善城市”“全国最具爱心和最慷慨的城市”等称誉。在这个历程中，宝安区委、区政府高度重视慈善工作，推动宝安区慈善事业向广度、深度、高度发展和进步，发挥在深圳慈善事业中的示范作用；宝安区慈善事业也一直走在全市前列，是全市慈善事业改革创新的试点区。

2007年，宝安区成立了深圳市首家区级慈善会。这是宝安慈善事业发展的一个重要里程碑，对加快宝安慈善事业发展，进一步完善社会保障体系，建设幸福和谐宝安具有重要意义。宝安区慈善会的业务范围覆盖广泛，包括：扶贫、济困；扶老、救孤、恤病、助残、优抚；救助自然灾害、事故灾难和公共卫生事件等突发事件造成的损害；促进教育、科学、文化、卫生、体育等事业的发展；防治污染和其他公害，保护和改善生态环境；以及符合国家慈善法律法规规定的其他公益慈善活动。作为全区慈善事业发展的枢纽型、平台型组织，宝安区慈善会一方面积极贯彻落实宝安区委区政府打造“慈善之区”的目标和工作规划，在保障和改善民生、扶贫攻坚、推进共同富裕、建设社会主义小康社会工作中担当助手角色、发挥补充功能；另一方面在社会各界广泛关注支持下，在慈善会团队共同努力下，学习借鉴先进地区的经验，立足宝安特色和实际，积极探索，躬身实践，坚持以社会化、规范化、专业化、特色化为抓手，依法行善，规范行善，主动行善，科学行善，有效行善，引领全区慈善事业初步走出了一条既博采众长又颇具本地特色的发展之路。

第一，传承发展之路。宝安区慈善会于2007年成立，并于2013年、2018年分别完成了第二届理事会、第三届理事会换届选举。16年来，宝安区慈善会高度重视传承工作，在继承中创新、在创新中发展、在发展中前行。首届理事会搭建了组织结构，制定了制度规范，组建了工作队伍，并在慈善募捐、慈善救助、对口支援、慈善文化宣传等业务工作中积累了富有价值的经验，产生了积极的社会影响。第二届和第三届理事会顺应慈善体制改革的趋势和方向，传承前届积累的经验做法，在前期改革创新的基础上，进一步理顺慈善会和政府的关系，优化治理，充实队伍，丰富方式方法，拓展工作领域，深耕慈善资源，通过完善的决策制度、合理的约束机制、良好的专业素质、可靠的监督制度、优秀的项目品牌，不断加强自身能力建设，不断提升慈善会的社会影响力，从而走出了一条结合传统官办组织和新型社会组织两者优势、按组织原则和章程独立运作的新路径。

第二，规范发展之路。制度是公益慈善机构的生命所在，是公信力的基础。宝安区慈善会自建会以来，不断完善组织架构建设，高度重视制度建设，形成了决策、执行、咨询和监督四位一体的完整的闭环系统。规范是宝安区慈善会发展的重要基础。宝安区慈善会非常重视规范化建设，通过16年的不断探索和完善，形成了一套完整的制度体系，包括重大决策提交常务理事会或理事会讨论决定制度、会长办公会集体决策制度、监事会制度、慈善金收支信息公开制度、第三方审计制度等34项制度，做到了“一事一制度”。同时，制定“五年发展规划”，规范、指引慈善会的运行方向。完备的制度体系保证了慈善会规范化运作，有效保障和促进了宝安区慈善会的健康良性发展，赢得了社会的高度信任。

第三，创新发展之路。宝安区慈善会一直把开放创新作为慈善发展的驱动力，以全局视野、创新精神主动适应慈善事业发展的新形势和新挑战，在总结经验的基础上不断开创慈善事业发展新局面，围绕宝安区社会发展重点领域和关键环节改革，把区内和区外社会资源有机结合起来，积极参与粤港澳大湾区建设，助力打造宝安区湾区高地、共享家园及共建共治共享社会治理新格局。首先，创新慈善募集和救助方式。近年来，宝安区慈善会大力发展冠名慈善基金和专项资金，提升精准帮扶实效，初步形成了多层面、宽领域、广覆盖、开放式的慈善救助模式。

截至2021年年底，全区累计冠名慈善基金114家，慈善资金实力稳步壮大，位居全市区级慈善会之首。其次，创新慈善服务方式。在原有救助办法的基础上不断完善慈善服务项目，运用现代公益创投的理念和方式，从2015年起每两年举办一届“宝安区公益慈善项目大赛”，选拔针对宝安区社会民生问题提出有效解决方案的公益慈善组织，予以资金资助、辅导培训、平台化常态化支持等专业服务。截至2021年年底，宝安区慈善会已经举办了五届大赛，入选项目共54项，总资助金额达1334.96万元，惠及服务对象200多万人次，涉及老年人、妇女儿童、残障群体、社区治理、环境保护等多个服务领域，绝大部分体现了宝安本土需求。实践证明，公益慈善项目大赛在提高公益慈善项目实施质量、解决基层社会问题的同时，还提升了宝安区本土社会组织的专业服务能力，使公益慈善的社会价值和影响力远播四方。此外，宝安区慈善会还创新慈善运营模式，探索慈善信托、慈善款物募用分离、第三方财务托管及评估等现代慈善运作模式，让参与主体通过多元形式筹集更多的资源用于公益慈善事业，不断扩大和盘活慈善资源。

第四，专业发展之路。宝安区慈善会充分认识到专业人才是慈善事业发展的支点，不断推进团队慈善知识、工作方式等方面的专业化建设，发展高效专业的慈善工作队伍。首先，加强专职队伍建设。通过招考、政府购买等形式广泛遴选社会优才，不断扩大慈善会专职工作队伍，形成了一支由在编人员、社工人员、专职辅助人员构成，具有较强组织管理、项目开发和运作、宣传推广等工作的阶梯型、应用型、复合型专职人才队伍。其次，创建兼职顾问队伍。通过创新用人机制，宝安区慈善会依托社会资源，从人大代表、政协委员、行业协会、新闻媒体、义工联、学术界等各个领域中聘请知名人士担任顾问，提供平台和渠道，吸引顾问从不同的视角集思广益、献计献策，不断开创慈善工作的新局面。再次，发展专业志愿者团队。根据慈善会的业务范围、宝安区公益组织发展状况、志愿者的服务兴趣和专业能力，与宝安区义工联合作设计专业志愿者项目，初步组建了不同类别的专业志愿者团队，推进全区志愿服务向专业化发展。最后，完善慈善应急专业能力。宝安区慈善会作为政府、市场之外重要的社会治理主体，长期注重提高慈善组织危机治理意识和应急管理能力，注重慈善领域应急机制的建立与完善。新冠疫情发生以后，宝安区慈善会创新应急救援救济机制和方法，第一时间启动疫情应急预案机制，实现了慈善组织与政府部门、社会需求在疫情应急管理中的无缝衔接，初步形成应对突发公共卫生事件、动员社会力量参与的宝安模式。

第五，文化发展之路。16 年来，宝安区慈善会通过不断深化和丰富工作方法，推动形成了具备宝安特色的公益慈善文化系列品牌。创新慈善宣传方式，充分发挥媒体宣传作用，通过新媒体“宝安湾”“滨海宝安”“宝安融媒”等微信公众号和官方网站等向社会展示区慈善会的风采。创作宝安区慈善会会歌、期刊和周刊，开展“宝安慈善之语”征选活动，推出“宝安慈善娃”爱心玩具，制作慈善宣传专题片、动漫片和微电影，其中公益微电影《金婚》在全国推播，引发广泛关注。每年开展“宝安慈善宣传周”活动，定期举办“宝安慈善奖”评选活动，定期组织举办全国性公益慈善论坛——“宝安慈善论坛”，每年举办“与爱同行慈善微跑”活动。其中“慈善微跑”活动在宝安区引起了强烈的反响和好评，已经成为宝安区慈善文化、慈善事业的标志性活动。在全市率先探索推进“慈善文化进校园”工作，到 2020 年年底，全区 139 所公办和民办小学实现了“慈善文化进校园”全覆盖。打造慈善空间，以“有项目、有空间、有团队、有规划、有进展、有成效”的“六有”标准，有序推动慈善空间打造工作，从而促进了更多社会组织之间的交流。打造慈善地标，按照“一街道一慈善地标”的目标，稳步推进慈善地标建设工作，使宝安更多慈善地标性建筑为慈善亮灯，弘扬慈善文化。

第六，合力发展之路。宝安区慈善会自成立之日起，就坚持多元参与、全民慈善的理念，以“合作共建、合作共享、合作共赢、合作推进”为原则，充分发挥本会作为枢纽型慈善组织的优势，与政府部门、企业组织、社会组织和公众密切互动、友好合作，搭建慈善服务平台，以服务助提升、以合作促共赢，凝聚慈善精气神，汇集慈善正能量，形成了强大的慈善合力，营造了全区“合力慈善”格局。近年来，宝安区慈善会先后与辖区内各街道办、五类百强企业、商会、义工联、媒体等签署了“推进宝安区公益慈善事业发展合作框架协议”，以框架协议的形式把政府、商会、协会、企业及媒体凝聚起来，形成了优势互补的工作格局，并深入推动各社区建立慈善组织网络，全区初步形成了“合力慈善、人人慈善、全民慈善”的氛围，形成了大慈善工作格局。

第七，特色发展之路。16 年来，宝安区慈善会充分依靠本地慈善资源，优先回应本区社会问题，建立健全了便捷、直接、高效的本区公益慈善价值链，学习公益机构营销战略，持之以恒地开展凸显本地特色的慈善工作，建设符合区情的慈善生态品牌，加强公益慈善品牌管理建设，并在此基础上不断开拓新的慈善项目品牌。其中，已经产生了广泛影响力的品牌包括：宝安区冠名慈善基金和专项资金模式、“慈善文化进校园”和“与爱同行慈善微跑”等慈善文化建设模式、宝安区慈善空间和慈善地标模式、“宝安区公益慈善项目大赛”模式、宝安区“合力慈善”模式、宝安区公益扶贫超市模式等。这些模式，均在全国公益慈善界独树一帜，标志着宝安区走出了一条卓有成效的慈善服务新路子，也为宝安区实现慈善事业可持续化发展奠定了扎实的基础。

第八，学习发展之路。宝安区慈善会一直有“请进来，走出去”“好好学习”的传统，通过加强学习和交流，不断提升慈善队伍的业务能力和服务水平，推动宝安区慈善事业依法依规健康发展。首先，加强理论学习，提高政治素养。坚持按照学习建会的要求，坚持会长办公会专题学习制度，强化党史学习、形势与政策学习、慈善法规制度学习，通过加强政治理论学习，把握慈善工作方向。其次，加强慈善工作交流，借鉴慈善工作经验。充分发挥宝安区贴近粤港澳大湾区的有利条件和优势，拓展与港澳地区在公益慈善、志愿服务等领域的交流合作，学习借鉴其成熟做法和有益经验。不定期与市内外慈善组织交流和沟通业务工作，相互观摩、学习和借鉴；积极参加省级、国家级慈善会系统及公益领域交流大会；坚持开展走访和座谈活动，加强与本会名誉会长、会员单位、理事、会员、各街道与社区的沟通和交流，广泛听取意见、建议，增强凝聚力和向心力。再次，打造学习型团队，加强团队能力提升。每年与国内高校和知名公益慈善培训机构合作，对本会人员的项目管理能力、执行能力、募资能力等进行培训提升。最后，加强一线工作人员业务培训，提高其专业服务水平。每年组织各街道、社区相关工作人员开展慈善救助业务专题培训，帮助基层慈善救助工作人员更加清晰明了地掌握相关慈善救助业务的办理流程和要求等，提升基层慈善业务水平。

任何一项有成就的工作都来源于坚持和坚守，宝安区慈善会对认准的事情坚持、坚守，绝不轻易放弃。正是由于这样的坚持与坚守，宝安区的慈善事业才有了生命力和影响力，宝安区慈善会也因此连续赢得殊荣。2013年，宝安区慈善会获得“深圳市扶贫济困日组织奖”“广东省扶贫济困优秀项目”；2016年，在“第三届鹏城慈善奖”评选中，宝安区慈善会荣获十大“鹏城慈善典范机构奖”，成为深圳市第一个获得该荣誉的区级慈善会；在2017年度宝安区区级社会组织评估中，获得5A等级；2018年，在“第四届鹏城慈善奖”评选中，宝安区获评“深圳市鹏城慈善典范区”，成为全市唯一获评该殊荣的行政区；2019年，在由中国慈善联合会、深圳市民政局指导，中国公益慈善项目大赛组委会、深圳市社会公益基金会主办的全国“公益创投十周年”庆典盛会上，宝安区慈善会荣获“拾典·卓越协作者”奖；2020年，在“第五届鹏城慈善奖”评选中宝安区慈善会被授予“鹏城慈善40年致敬单位”荣誉称号；2022年8月，在“第六届鹏城慈善奖”评选中，宝安区慈善会倡导推行的“慈善文化进校园”项目荣获“典范项目”之誉。

随着国家有关“粤港澳大湾区”和深圳建设“中国特色社会主义先行示范区”的政策落地，宝安在“双区驱动”的历史机遇下赋予自己新的发展定位、新的时代使命。目前，宝安正全力打造国际一流城市新中心、粤港澳大湾区融合发展的核心引擎、先行示范区城市文明典范和民生幸福标杆，这必然对宝安的慈善事业发展提出新要求、新方向、新责任。

宝安区慈善会在推进慈善事业发展历程中取得了一些经验，同时在创新发展中也凸显了一些有待解决的问题和瓶颈，需要继续创新和探索。2022年逢宝安区慈善会成立15周年，到2023年我担任慈善会会长正好10年，在这个时间节点上，我们希望回过头来，对过去走过的道路、做过的工作系统梳理总结一下，认真思考、分析哪些经验可取并值得积淀下来，还有哪些问题需要解决、哪些失误应当避免，以期为今后更好前行提供铺垫，推动宝安区慈善事业在新的时代机遇下走向一个新的高度。因此，宝安区慈善会携手学界、凝聚智慧，共同对宝安区慈善事业发展的历史、现状与未来进行系统、全面、深入、细致的研究，以“宝安慈善实践探索丛书”的形式呈现出来，以期升华经验，总结教训，砥砺前进。

作为“宝安慈善实践探索丛书”的组织倡导者，我特别感谢上海交通大学中国公益发展研究院的徐家良教授、深圳大学政府管理学院的唐娟教授、中央民族大学管理学院的李健教授、华东政法大学政治学与公共管理学院的章高荣副教授、深圳《宝安日报》张平照总编辑团队，衷心感谢中国社会出版社的彭先芬女士、许畅女士、张迟编辑，没有大家的共同努力，就没有本丛书的面世。同时，我们也真诚希望通过丛书的出版，得到更多同行专家、理论大家以及从事和参与公益慈善的同人们的批评指正。

深圳市宝安区慈善会会长　张洪华

2024年3月于深圳

导言

一

2020 年，笔者受深圳市宝安区慈善会委托，梳理和记述改革开放以来宝安区（以下简称宝安）慈善事业发展的历史。本书从个体生命历程、社会变迁与社会记忆、公益慈善行为相结合的角度，展示了宝安慈善事业发展的历程，重点记述了改革开放以来宝安公益慈善人物的行动史，从而从微观层面解码宝安慈善事业发展的具体进程、因缘逻辑和最新成效。因此也可以说，这是一部有关地方慈善记忆的著作，目的是记载和记忆慈善，传播和弘扬慈善。

这里的慈善，既包括狭义的内涵，即传统意义上的扶贫济困、扶老救孤、恤病助残等，也包括它在当代被拓展了的广义内涵，如对口帮扶、精准扶贫，自然灾害、事故灾难和公共卫生事件等突发事件造成的应急援助，以及促进教育、科学、文化、卫生、体育等事业的发展，保护和改善生态环境等各类公益事业。因此，在个案选择上，涵盖了济困恤弱、对口扶贫、文教倡导、志愿服务、社区公益等方面。

所谓慈善记忆，即从社会记忆角度所呈现出来的慈善事业发展的历史过程及相关内容，包含慈善思想、慈善人物、慈善机构、慈善制度、慈善活动、慈善事件、慈善传统习俗等。有关慈善的社会记忆的主体，可以分为集体和个体，两者往往相互影响和交融；有关慈善的社会记忆的载体，在形式上则丰富多样，包括报刊、书籍、碑刻、雕塑、影视作品、建筑物及场所、数字平台等。例如，中华慈善博物馆展出的慈善记忆载体多种多样，仅数字展品就达 28 类上千件；中国国家图书馆收藏的图书、缩微文献、文档、论文、词条、多媒体、古文献、期刊报纸中有关慈善主题的成果就多达 18 万个。

我国慈善记忆资源日益丰富地呈现，与改革开放以来国家大力推动慈善事业发展的政策行动和公益慈善界的社会实践有关，也与学界的研究热有关，尤其与研究地方慈善事业发展史的学术推动有关。学界除了以国家为分析单位对人类慈善事业进行整体性研究或比较性研究外，一些针对我国特定地区社会慈善事业发展历史的研究论著也陆续出现。2010 年，王娟著述的《近代北京慈善事业研究》作为国内第一部地方慈善断代史研究专著，标志着地方慈善断代史研究开始出现集成性理论成果。同年，周秋光著述的《湖南慈善史》由湖南人民出版社出版，开创了地方慈善通史研究之先河，因为这是中国第一部通史性的地区慈善史专著。此后，地方慈善通史研究著述不断丰富，例如张如安于 2013 年出版的《鄞县慈善史》、蔡勤禹于 2014 年出版的《青岛慈善史》、王林于 2018 年出版的《山东慈善史》、施敏锋于 2019 年出版的《湖州慈善史》等。上述论著犹如棱镜，展示了中华大地上慈善事业发展的地方性历史实践。

在地方慈善史研究中，挖掘人物慈善记忆成为当下公益慈善理论工作者纷纷关注的热点。有一些研究者透过特定人物或人群来考察特定地区慈善事业的发展历史，典型的做法是在特定的历史时段和全景视域下，提取特定慈善人物或人群的慈善实践行为进行解读，通过地方志研究、族谱研究、档案研究、口述访谈、遗址遗产摄录等形成文章、著作、影视等作品。即使是地方慈善事业的通史研究，也是围绕当地不同历史时期的慈善事件、慈善机构、慈善人物循序展开，从而在一定程度上形成了宏观历史过程与微观主体行动相结合的研究方法。这在方法论上给予了本书一定的启迪。

本书以宝安公益慈善发展的历史为书写背景，立足当下，通过对宝安公益慈善人物的口述记录和分析，从微观行动史角度挖掘改革开放以来宝安慈善发展的具体历程及动因，展示个体是如何推动社会公益慈善事业进步的。而个体的慈善行动，既不能断离其独特的生命历程，也不能脱嵌于时代变迁、宝安地区的社会历史及现实结构。通过个体行动所展示的慈善故事，既可以发现个体的生命成长如何影响其当下的慈善行动，也可以发现诸多个体行动所取得的集体成就如何组成地方慈善史的新篇章。

本书的特点和贡献之处，正在于现实与历史呼应、人与制度互动、宏观与微观相照的丰富细节。具体体现在：第一，将宏观历史、时代变迁与主体微观行动链接起来。第二，把个体记忆、生命历程、家族传承与公益慈善行动链接起来。第三，把时间和空间质感带入故事叙述中。第四，访谈对象是普通人物，在一定意义上呈现出大众公益、日常慈善的图景。第五，“去学术化”，即为了使阅读老少咸宜、通俗易懂，尽量不用学术理论、学术术语、学术概念，摈弃一般学术研究必不可少的解释框架或设计，尽量端出原汁原味的故事。各个故事所蕴含的学术价值，假以时日进行再挖掘、再开发。

二

宝安拥有 1700 年的历史，如今是深圳市的一个县级城区。在地理空间上，可以从三个层面去理解宝安。一是“古宝安”。古代历史上的宝安，曾辖地辽阔，辐射如今深圳、香港、澳门、东莞市部分、广州市番禺区南部、中山市和珠海市等地区。在古代意义上，上述地区发生的慈善故事，也应该属于宝安的故事，挖掘宝安的公益慈善历史，就是在挖掘珠江三角洲地区的公益慈善历史。二是“老宝安”。指的是新中国成立后的宝安县建制。1979 年 1 月，改宝安县为深圳市，因此说深圳市是在老宝安的基础上建立的，宝安乃深圳之母。1980 年 8 月，深圳市建立深圳经济特区，撤销了宝安县建制；1981 年 10 月，恢复宝安县建制，辖深圳经济特区之外的原宝安县地区，属深圳市。三是“新宝安”。指的是宝安区建制。1992 年 12 月，宝安县被拆分，建立宝安区和龙岗区。此后，随着深圳市行政区划的不断调整，宝安区的空间范围越来越小。2018 年的最新一次调整，宝安的空间总面积缩小至396.6平方千米，下辖10个街道、124个社区。

因客观因素，本书从最小意义上的“新宝安”择取案例故事、访谈人物，但也涉及在老宝安层面描述访谈对象记忆中的公益慈善事业发展进程；此外，作为叙事背景，在回顾宝安公益慈善事业发展历程时，则涉及古宝安和老宝安。

在人口文化学上，宝安地区早在先秦时期已经有土著南越人定居。秦汉以后，随着中原移民的逐渐迁入，融入华夏家族，儒家文化和佛教文化渗透传播，善德教化、尊礼重孝风气渐盛，公益慈善事业也逐渐兴起。从慈善主体的角度，近2000年来，宝安地区公益慈善事业的发展依次可分为民间慈善、政府慈善和合力慈善三种模式。

在宝安地区大部分历史时期里，民间慈善模式发挥着重要作用。这与宝安地区远离中原政治中心有关，即朝廷举办的“政府慈善”设施难以辐射到偏远的岭南。但如同中原地区一样，宝安的民间慈善模式也是以宗族村落自治互助为内容的宗族慈善、村落慈善模式。这种民间慈善模式又与该地区宗族村落的兴起直接相关。特别是自唐宋以降，宝安地区逐渐有黄氏、陈氏、文氏、蔡氏、曾氏、赖氏、萧氏、沈氏、叶氏、洪氏、潘氏等大族兴起，聚族而居，开枝散叶，绵延生息，形成众多村落，并扩散至整个珠江三角洲地区。村落之间，自有血脉相连。这些古老的家族、古老的社区延续了中原文化血脉，耕读传家，秉持仁厚以居其心、博爱以达其道、义德而存其志、好施而见其量的信念和家风，[①] 敦亲睦邻，重文德教化，训孝子贤孙，达则兼济天下。在悠久的历史岁月中，宝安先民留下的各种祠堂、族谱、学堂、私塾、文碑、文塔、石刻等，彰显着宝安慈善发展的久远根基，使宝安成为中华民族慈善传统的“记忆场所”之一，同时也是如今宝安人民尤其是原村落社区居民活化公益慈善传统的历史依据。

至20世纪80年代初深圳经济特区及深圳市建立前夕，宝安依然是一个乡土社会、村落空间。21世纪初，随着深圳的第二轮城市化，宝安最后的村委会改设为社区居委会。至此，乡村行政建制、农村社会体制在宝

① 摘自松岗街道燕川社区陈氏五房祠（也称“处静陈公祠”）对联。

安、在深圳成为历史。在千年风烟变幻的历史进程中，国家以里甲、保甲、合作社、生产管理区、生产大队、行政村、社区等基层制度安排，将居于岭南边陲的宝安民众纳入大国治理的科层秩序框架中，这些框架外显出理性、刚硬的色泽。而在以宗族村落为基础而型构的宝安基层社会内部，血缘的韧性始终存在，并在扶弱济困、育化助教、抗御风险灾害等事务中发挥着主体作用。迄今为止世居宝安的原村民依然有祠可祭、有墓可拜、有史可查，每个家族的族谱、祖训里面都记载有先辈向善乐施、造福乡梓的故事，彰显着乐善好施、惜弱怜孤、济贫扶危、守望相助等有关慈善话题的丰富多彩的社会记忆。那些纯属民间社会的慈善传统和故事，共同积淀成宝安的地方慈善文化。

就政府主体而言，众所周知，中国古代较早产生的济贫恤孤的慈善组织机构的兴办者都是政府组织或者官员，都是在城市中形成的，如春秋时期齐国临淄的“养病院”、南北朝建康（即如今的南京）的“六疾馆”和“孤独园”、唐朝长安的“悲田养病坊”、北宋汴京的“福田院”和“漏泽园”、南宋临安的“慈幼局”。上述慈善组织机构的设置，主要是政府推动的结果。例如，临淄的“养病院”是宰相管仲设立的慈善医院，收容聋哑人、盲人、跛足等残障人士进行集中医疗；建康的“六疾馆”和“孤独园”分别由南齐太子和梁武帝创设，目的均为“以养穷民”，收养老、弱、病、残及孤儿；长安的“悲田养病坊”和汴京的“福田院”等，也都是朝廷设置收容孤老贫病人员的安养设施。上述机构及其运行体制，均可谓“政府慈善”模式。

而历史上的宝安，主要作为食盐产地、海防要塞、珍珠贡品产地而存在，虽远离中原政治中心，但秦汉南朝时“番禺下有宝安城”，文教事业兴起颇早。东汉初期，官府已在岭南“修庠序之教，设婚姻之礼”“兴立学校以奖进之，虽干吏卑末，皆课令就读”。三国两晋时期，佛教传入古宝安地区，劝人积善行德。东晋时现深圳地区出现了第一位文化名人——孝子黄舒。历代《东莞县志》《新安县志》《宝安县志》都把黄舒排在

“乡贤”或“孝友”类人物的首位。[①] 唐宋以后，人文浸盛，官府开设“县学”，士尚淳厚，素称“易治”。宋元时期，理学兴盛，宝安沙井一带的名儒陈孔硕是朱熹的高足，政府修建“学宫”，民间广办私学，“家事诗书，里有弦诵，咸建书院于乡，以教子弟”。[②]

不过，因为在很长时期内，宝安地区终究没有建成如建康、长安、汴京、临安那样的大城池，行政以盐政、军政为要，以社会救助保障为内容的“政府慈善”迟迟未举。直到明清时期，宝安逐渐有“圩”市兴起并逐渐成镇，人口相对开始聚集，政府也开始有限介入社会事业，在县衙所在或较大圩镇实施少量民生保障举措。据地方志记载[③]，明朝万历元年（1573 年），知县吴大训建立 2 所养济院，1 所专门安置盲人，另 1 所专门安置疯癫者。清代康熙年间，宝安已经有 31 个圩市，县城内外共建有 9 条街道、19 个津渡、14 座桥梁、8 处供饮用的公共井泉、12 所邮铺（用于官府往来憩舍、急件递送），还有 4 个恤政处所，用于收容疯癫患者、孤老、盲人、枯骨等。到嘉庆年间，圩市及基础设施又有一定发展，除了上述设施，还修建了供农业浇灌的陂堰 15 处。此外，政府还设置了一系列的公共仓贮，包括义仓和社仓，用以储藏漕运货品、积贮备荒赈灾恤民物资。其中，清初有仓库 12 间，雍正年间有 9 间，乾隆年间有 15 间，嘉庆年间有 9 间。

近代和民国时期，战乱频仍，政府职能式微，不少从海外回来的宝安本地企业家、乡绅开启了近现代公益慈善之路，兴建近现代教育、医疗、抚恤孤弱设施及市政公用设施等社会事业，表征着古代宝安传统的慈善救济事业开始向具有近现代意义的社会事业转型。例如，包括如今宝安在内

---

① 陈海滨．深圳古代史：上［M］．深圳：深圳报业集团出版社，2015：116-117.

② 同①：211.

③ 深圳史志研究领域公认，能够说明如今深圳地区前身整体情况的古代方志，共包括清朝康熙年间靳文谟主持编纂的《新安县志》、嘉庆年间舒懋官主持编纂的《新安县志》以及明朝天顺年间卢祥主持编纂的《东莞旧志》，其中前两种集中、完整地记载了深圳市的前身宝安县的最早建置及其历史变迁、地理风物、民情民风等各方面情况，后一种则补充了前两种有关深圳市史料的不足之处。除此三种外，还有 16 种有关如今深圳地区历史的方志。参见张一兵点校．深圳旧志三种［M］．深圳：海天出版社，2006.

的深圳地区的百年老校，如南头中学、南头城小学、光祖中学、观澜中学、乐群学校、广培小学、黄田小学、西乡小学等，几乎都是近代爱国华侨、本地乡绅捐资创办的。在近现代以来很长一段时期内，这些学校一直作为本地基础教育的主体而存在。时至今日，有些学校依然盛名不衰。

中华人民共和国成立后，国家通过户籍制、单位制及城乡区隔等机制实现了对基层社会的高度整合。在很长一段时期内，“慈善”及“慈善事业”的概念被认为是封建主义和资本主义的东西而被取缔，旧中国时期宝安地区民间兴办的各类慈善救济机构、私塾及民办学堂、民办诊所等机构均被取消、裁撤或接收、改造，传统的民间慈善事业被纳入社会主义建设整体框架中，归入国家救济福利事业范畴，成为国家社会事业的组成部分。从 1949 年到改革开放前，政府成为社会事业的直接主导者和唯一兴办者。有学者将这一时期的公益慈善事业进展称为“政府大包大揽阶段”，传统的“政府慈善”模式被改造为“政府包办慈善”模式，即指政府是包括公益慈善在内的所有社会事业的包办者，民间慈善销声匿迹。

历史总是螺旋形前进的。改革开放以来，政府招商引资及城市建设的需求，引发宝安的民间慈善事业复兴，不少原籍宝安或广东的港澳企业家在 20 世纪 80 年代来到宝安投资建厂，并且最早为宝安社会建设慷慨捐赠、履行社会责任，成为改革开放后宝安慈善故事的首批主角。这既符合那些企业家的资本实力，也符合宝安区情历史，因为老宝安是全国著名的侨乡和侨资企业最集中的区域之一。这些企业家捐资兴办各类公益项目，捐赠方向主要在教育和医疗卫生方面。他们除以个人的名义投身公益事业，还常常以乡亲社团的形式捐助家乡建设，结成了许多基于基层地缘的同乡会。宝安区几乎各个街道都分布有“香港宝安乡亲社团”，如“香港宝安松岗同乡会”“香港深圳宝安沙井同乡会”“香港深圳宝安沙井·新桥同乡会”“香港深圳宝安福永同乡会”“香港宝安西乡同乡会”等。社团成员充分利用自身的资源优势，挖掘海外、港澳资源等渠道，长期以来捐助、支持宝安各项公益事业建设。

从世纪之交开始，深圳本地或从内地来到深圳打拼的企业家也逐渐加入公益慈善事业中。这是因为，经过20世纪八九十年代的打拼，本地、内地企业家已经成长起来，资本积累逐渐雄厚，不但拥有了参与公益慈善的实力，也产生了参与公益慈善的精神需求。与侨资、港资企业家相似，那些从内地来到深圳打拼的企业家也有故土情怀，除积极参与宝安的各种公益慈善活动外，也纷纷回到各自的家乡去举办公益事业。

此外，2007年左右，随着香港的“义工”“社工”概念传入深圳，无数来深建设者发扬公益精神、在多个领域开展志愿服务，各类公益社会组织相继成立，在城市社会事业、公共服务、基层治理、对口帮扶等领域作出了重要贡献。

总之，改革开放40多年来，宝安社会力量对公益慈善事业的参与，经历了从局部参与到全面参与的阶段，公益慈善主体越来越多元化。其中，以2007年宝安区慈善会的成立为代表，标志着计划经济时期政府包办公益社会事业模式的彻底结束，一个“合力慈善”的时代已经到来。无独有偶，2008年，与“汶川地震”同时爆发的还有中国普通人的大爱，当年慈善捐赠中个人捐款额首次超过企业，成为中国慈善领域一大亮点，“全民慈善”概念也因此而出。这在更广泛的意义上，标志着由政府、企事业单位、社会组织、家庭和公民个体共同参与的“合力慈善”模式的形成。

三

社会记忆理论是笔者记述个体慈善行动的理论方法。社会记忆理论历来强调社会建构论的立场，重视形塑记忆过程中的主体性因素，例如个体的成长、情感、性格特质、价值追求、行为逻辑等。事实上任何事业的发展，既离不开时代环境、制度激励，更离不开主体的实践行动及其背后的因果逻辑推动。其中，作为行动主体的人，既是事业发展的目的，也是推动事业发展的手段，更是任何事业的灵魂，因此人物及其行动始终处于时代舞台和事业发展的核心位置。

个体的生命历程与其慈善行为是密不可分的。在本书撰写过程中，笔者共访谈了21位“宝安人”，其中有8人是宝安的原居民。不过，放在历史的长河中，这些所谓的原居民也可谓中原移民的后裔，他们的先祖是在1000多年前或数百年前渐次从北方迁移到宝安的。其他13人都是改革开放后来到宝安的新居民，他们来自祖国天南海北。通过对其口述资料及其他相关资料的分析，展示了10个具体案例故事。其中，有8位公益慈善人的个体故事，他们中有曾经的军人、官员、教师、企业家、电脑工程师、会计，最年长的80岁，最年轻的40多岁，每个人都有其独具特色的生命成长故事，因循各种契机缘由走上了公益慈善之路，并对宝安公益慈善事业发展、对这个城市的公益慈善历史作出了有力的贡献。同时，笔者还通过对6个人的访谈，展示了2个宝安老社区的慈善变迁故事。

目前，通过对公益慈善人物访谈而形成的学术成果已陆续问世，如王名教授主持的《中国NGO口述史》第1辑和第2辑以及《知行者说（1）》、王名教授的弟子徐宇珊博士主编的《知行者说：深圳公益人访谈录》、左晶等人主编的《世界因你而美丽——志愿者访谈录》、共青团深圳市宝安区委员会主编的《宝安义工口述史》等。上述口述史记述了社会公益组织的开拓者和从业者、志愿者参与公益事业的历程，展现了改革开放以来中国公益行业生态环境的变迁和事业进步。

与此类已有文献略有区别的是，本书注重访谈对象的人生轨迹，并将其早期生命历程置于国家社会变迁中、带入宝安社会发展中。访谈发现，20世纪四五十年代及60年代出生的人，大多以各自的方式经历了底层生活的艰辛，少时的经历、家庭和政治社会环境的影响，造就了他们共有的韧性。他们的职业生涯及对职业意义的理解，对他们从事公益慈善活动更有着直接影响。因此，通过回溯其个人生涯，将之与个体慈善行为链接起来，寻找行为背后的精神世界及逻辑关联，可以在微观层面说明宏观层面的社会变迁、社会进步在何种程度上塑造了这些慈善人物的个人生命历程，如何影响他们的人生观、价值观和包括慈善行为在内的社会实践，同时更细致地呈现了慈善人与慈善制度、慈善环境是如何发生互动的，从中理解个体与时代的互嵌互构关系，从个体行动者的角度理解宝安慈善事业发展的可操作化过程。

10个具体案例分为4篇，分别是专职公益人篇、慈善企业家篇、公益志愿者篇和社区公益慈善篇，浓缩了宝安区的“政府慈善”、“民间慈善”和“合力慈善”三种模式的演化及运行细节。

“政府慈善”模式体现的是政府与公益慈善事业的关系。政府官员的活动主场是国家公共领域，是典型的致力公众之事的“公共人”，也可以说是专职公益人。本书通过对3位为宝安公益慈善事业作出重要贡献的政府官员的深度访谈，展示了宝安政府推动慈善事业发展的决策过程、慈善组织的成长过程，以及对国家扶贫方针政策的落实过程。从中具体呈现了“政府慈善”是如何从“包办慈善”转变为“引导慈善”，说明了“合力慈善”模式的“政府成因”，同时具体呈现了政府与慈善组织、政府与企业及企业家、政府与社区及居民之间的互动关系，细致记叙了官员在体制内和体制外时参与慈善事业的角色意识之别。

“民间慈善”模式主要发生、运行于市场、社区、私人领域中。其中，企业及企业家公益捐赠、市民个体参与志愿服务，是改革开放以来“民间慈善”模式的新面貌、新图景。本书通过对3位企业家、2位优秀志愿者的深度访谈，说明了民间慈善行为的个体动因。社区公益慈善则是传统民间慈善模式的复兴和新生。本书所选择的2个社区均历史悠久，民间慈善传统源远流长。其中，福永街道的凤凰社区已有700多年的历史，原居民中90%以上的人口姓文，并将自己作为文天祥后裔看待；沙井街道衙边社区也有七八百年的历史，世居村民以陈姓为主，先祖也是在南宋末年迁居于此，耕读传家，乐善好施。本书以该社区“荣根学校”的建立始末为个案，描述了陈氏后裔爱家爱乡的家风。2个社区案例呈现了宝安本地宗族社区的历史传统与其现代承继举措是如何链接起来的。

同时，透过上述7个案例，也可以明了宝安区“合力慈善”模式的“社会成因”。

四

在调研访谈过程中，笔者预设了几条线索，除了个体早期的生活经历或社区的历史变迁，还重点关注如下线索。

一是为什么以及怎么来到深圳宝安。这一问题是基于深圳城市的特点而设计的。作为一个新的移民城市，它吸引了天南地北的人。其中，有祖籍宝安移居境外、乘着改革开放的春风回来报效故里的，有从香港来到宝安兴办实业的，有从家乡来到宝安打工淘金的，有从学校一毕业就来到宝安打工筑梦的，有从小跟随家人来的，也有军队转业服从分配而来的，还有申请调动来的……他们来到宝安后，都成了新的宝安人。正所谓“来了就是深圳人”，从此扎根宝安，在各自的职业领域追求生命意义，并殊途同归，都参与公益慈善事业。

二是为什么参与以及如何参与公益慈善领域，早期生命历程何以影响其现今的公益慈善行动。谈及各自走上公益慈善之路的行为动因，尽管不同的访谈对象给出了不同的答案，但依然有共性存在。比如，地方文化的浸润、事业成功后对更高层次生命意义的追求、对组织安排的服从、偶然的契机等。本书所访谈的人物中，企业家苏洪根信佛，他的言谈中不由自主地透露出善因善果的朴素逻辑，从善实践经历中映射着浓浓的感恩情怀，反复强调的是“回报家国”；企业家黄尔春有着典型的潮汕文化基因，自强不息、坚韧耐劳，富而不忘本，富而济天下；王珊是在深圳长大的企业家，当事业成功、荣誉和机会纷至沓来时，社会责任感也油然而生。曾为政府官员的张洪华、刘国玲以及尚未退休的张百忪参与公益慈善事务，最初的契机都是服从组织安排，但走上此路后都继续秉承对职业意义的各自理解，尽心尽力地“做到最好”。宝安区志愿服务“玫瑰奖章”获得者向其国、李秋霞都是在偶然的契机下涉足公益领域，但一旦踏上都义无反顾、永不放弃。宝安原居民陈仲言、文启泰、文福玲、文沛勇等人参与公益慈善，则是秉承前辈先祖向善乐善遗风，赓续家族社区的优良传统。

三是个体从善行动的实际效果如何。本书所选择的访谈对象都是普通人，在区县、街镇、社区层面上参与公益慈善事务，于平凡中追求不平凡。在国家政策激励下，正是他们以及无数个他们这样的宝安普通人，长期不懈推进宝安慈善事业前进，使之成长为全国基层慈善事业发展的标杆。也正是因为他们以及无数个他们这样的深圳普通人，你一点我一点为城市建设尽心奉献，深圳从曾经的小渔村演变成了国际大都市。

对社区慈善故事的挖掘，也是根据立足当下、回忆历史的方法，展现人物、事迹、效果之间的内在关联。

感谢宝安区慈善会给予的观察研究机会和宝贵资助，感谢本书案例涉及的所有访谈对象。因篇章结构安排需要，未能在书中呈现出全部访谈故事，但它们都具有重要的实践示范价值和学术挖掘价值，必将成为后续研究的宝贵议题。

最后，特别向原宝安区慈善会办公室主任刘曦光女士致谢。本书访谈主要发生在疫情期间，她不辞辛苦，冒着风险，帮助笔者遴选、联络访谈对象，更是陪着笔者一一拜访访谈对象，积极帮助查阅相关历史档案、文献资料。没有她的付出，难以形成此书。因此，笔者很愿意将本书献给她。

唐　娟

2023 年 7 月于深圳

目录

-第一篇　专职公益人-

-第二篇　慈善企业家-

第一篇

专职公益人

张洪华：

以军人担当诠释公益慈善

人物简介

张洪华，1954 年出生于天津市。19 岁入伍，在中国人民解放军海军南海舰队（以下简称南海舰队）从军 32 年，从一名普通士兵成长为南海舰队湛江基地政治部主任、北海水警区政治委员（正师级）。从军期间，他通过在职学习先后获得大专、本科和硕士学位。2004 年 7 月，转业离开部队。2006 年 1 月至 2011 年 11 月，任中共深圳市宝安区委员会委员、常委、副书记。2011 年 11 月退休。2013 年 1 月至 2023 年 5 月，连续两届担任宝安区慈善会会长。他以军人精神担当新的责任和使命，坚持在传承中创新、在创新中发展，率领宝安区慈善会团队打造出被广泛称誉的“宝安慈善模式”，使之成为全国基层慈善事业发展的标杆之一，获得上级民政部门的多次介绍和高度评价。在深圳市“鹏城慈善奖”评选活动中，宝安区慈善会屡获殊荣。张洪华个人也先后被授予“鹏城慈善十大推动者之公益支持奖”“鹏城慈善十大慈善感动人物奖”等荣誉。

张洪华离开部队即将20年了，但军人的特质、作风依然发自内而显于外，在日常细微处自然而然地流露出来。从外表上看，张洪华根本不像一个70岁的老人。他身姿劲挺，思维敏捷，话语如流，声音洪亮，给人的印象总是阳刚硬朗、热血激昂，充满了精气神。不过，这只是“从外表上看”。他身边的同事和朋友都知道，他的一只眼睛已经历了多次手术，几近失明。

就是这样一个老人，最近10年来连续两届担任宝安区慈善会会长，是一个不领薪酬的“专业志愿者”。在宝安区委区政府的领导和支持下，他带领宝安区慈善会的工作团队及合作伙伴，以勇于担当的精神、求真务实的作风和雷厉风行的行动力，团结全区一切可以团结的公益慈善力量，推动宝安区慈善事业一直走在深圳市前列，成为深圳市慈善事业改革创新的试点区。这个团队在学习、规范、创新、价值、专业、合力、文化等方面做的慈善工作，的确起到了先行示范作用。

他们创下了许多个全市第一乃至全国率先：率先制定了旨在规范、指导区级慈善会发展的五年规划；率先推动“慈善文化进校园”工作并实现全区小学全覆盖；率先在区级层面设立扶持公益慈善类社会组织专项资金，并连续举办公益慈善项目大赛；率先在区级开展慈善百强企业表彰活动；率先搭建起辖区各级各业“合力慈善”的合作网络体系；创作了全市第一首区级慈善会会歌；制作了全市第一部公益慈善微电影；每年举办全市唯一的“与爱同行慈善微跑”活动；开办了全市第一个由区级慈善会主办的每两年一次的全国性公益慈善高端论坛；打造了全市第一个慈善关爱空间、第一个慈善地标；倡导和发展的慈善冠名基金数量在全市位居第一；慈善资金实力在全市区级慈善会中连年位居第一；是全市“救助群体最多、覆盖面最广、影响力最大”的区级慈善会；是全市第一个荣获十大“鹏城慈善典范机构奖”的区级慈善会；宝安区是全市第一个荣获“深圳市鹏城慈善典范区”称号的行政区……

看得见的“军功章”下，是看不见的坚持、辛苦和付出。

笔者于2014年年末受邀参与宝安区慈善会组织的首届“公益慈善项目大赛”活动，由此结识了张洪华，从而得以在这些年近距离观察了解张洪华和他的战友、他的团队、他的合作伙伴。本文主要基于与张洪华的多次交流和访谈，同时也基于数年观察及相关文献资料形成。

责任与担当在军营里炼成

张洪华祖籍山东省。20世纪三四十年代，他的祖父带着全家人去闯关东，途经天津埠时，“感觉天津还不错，一家人就留在天津了”。此后，他的伯父留在天津市区里谋生，他的祖父则与他的父亲一起到邻近天津的河北乡村一个小镇上，开了一个售卖香烟的小铺子，维持全家生计。

岁月匆驶，国家乾坤再造，张家也开枝散叶。张洪华出生的那一年，国务院颁布了《公私合营工业企业暂行条例》，全国开始推动私营工商业社会主义改造。至1956年，天津市城区及郊区镇的公私合营进入高潮，全市101个私营工商行业、2.4万多个工商户于这一年全部实行公私合营。[①]张家小小的烟铺子也被合进了镇里的供销社，他的父母成为镇供销社的职工，“是拿着工资生活的，叫非农人口”，家庭成分属于“小业主”。

张洪华是家里孩子中的老大，平素父母忙于工作时，他就担负起照顾弟弟妹妹的责任，这使他从小就体会到什么叫心中有活儿、责任在肩。“文化大革命”期间，张家遭受冲击，家里一度被封，年仅12岁、刚小学毕业的张洪华无家可归，被家中原先的保姆接到乡下收留了3个月。受家庭成分牵连，他还被剥夺了上初中的资格，不得不在家养兔子赚钱补贴家用，每天早上5点半起床去割草，兔子最多时有300多只。后来，他有幸被一位初中老师看中，让他回到学校继续读书，但学校的读书氛围受到政治运动的严重影响，几乎无法正常学习。14岁那年，他决定报名到工厂上

① 天津市工商联．掀起公私合营高潮，我市实现资本主义工商业的社会主义改造［EB/OL］．（2015-7-31）．［2022-10-1］．天津工商联网．

班，消息传出后他受到了严厉批判，同学们在校园里贴满他的大字报，指责他是“喜工厌农”，这对于一个 14 岁的孩子而言是莫大的打击和压力。熬到初中毕业，他报名参军，结果在体检时被误诊为肺结核，不但失去了参军的资格，还延误了上高中的时间。但少年时代的曲折磨难，造就了张洪华不屈不挠的性格，正如他自己总结的那样，“挫折和逆境是人生最好的财富”。

1973 年，19 岁的张洪华高中毕业，到河北廊坊地区一家木材工厂参加了工作。与此同时，他正面临着“上山下乡”的选择。因为这一年 2 月，国务院印发了《关于动员安置 1973 年城镇应届毕业生上山下乡的意见》，6 月 22 日至 8 月 7 日，国务院召开上山下乡工作会议。① 掀起了新一轮知识青年“上山下乡”高潮。天津市是知识青年“上山下乡”的主要输出地之一，张洪华也被列在居委会的动员名单上。机缘巧合的是，此时期南海舰队正在天津市征兵。南海舰队是中国人民解放军海军三大舰队之一，是中国海军力量的重要组成部分，负责防卫我国南部水域，特别是南海诸岛的安全。“南海舰队”这四个字激发了年轻的张洪华对光荣和梦想的无穷想象，张洪华再次报名参军。虽然家庭成分对他依然不利，但征兵干部一眼便看中了他。同年 12 月，张洪华离开家乡，来到广东，成为南海舰队驻广东省台山县上川岛护卫艇大队的一名新兵，走上了保家卫国、守护江山之路。

具体而言，他是护卫艇大队军舰上的枪炮兵，负责在战位上压炮进舱、计算诸元②、测定距离、瞄准方位、击发炮弹，还负责舰艇上武器弹药的使用管理。这项工作把对责任的要求具化为耐心细致、专注冷静、反应敏锐、判断精准、动作果断、击发必中，这也意味着枪炮兵必须在浪卷波飞的大海上刻苦训练、勇敢顽强。张洪华到上川岛的第一天就上了舰艇，并跟着舰艇到了珠海桂山岛驻防点，开始执行巡海任务。

---

① 此次会议宣读了《关于全国知识青年上山下乡工作会议的报告》，制定了《关于知识青年上山下乡若干问题的试行规定草案》《1973 年到 1980 年知识青年上山下乡初步规划草案》，提出要动员总数达 1300 万名城镇知识青年“上山下乡”。

② 即火炮射击的标尺、高低、方向等击中目标的必备技术参数。

护卫艇大队中南方人居多，普通话不够标准。张洪华则讲着一口标准流利的普通话，引起了护卫艇大队一位文化干事的注意。出于工作需要，那位文化干事把张洪华调往护卫艇大队放映组担任放映员兼广播员，负责整个团的电影放映和广播播报事务。此后，因张洪华表现突出，又被另一位宣传干事看中，并被调到护卫艇大队新闻报道组当组长。新闻报道组有个名字，叫作“红潮”报道组，只有三人。但这个以张洪华为首的三人组，多次在《人民海军报》《解放军报》《广州军区战士报》《羊城晚报》等新闻媒体上发表作品，从而很快在当时的海军部队中创出名气，张洪华本人还获得过团嘉奖。虽然从事了文职工作，但张洪华依然是一名枪炮兵。1976 年，张洪华被提拔为舰艇前主炮副班长、枪炮军士长，属于正排级干部，这是他人生中第一次重要的干部升迁，时年 22 岁。“那时候年轻，每天都充满激情。”张洪华回忆道。

1977 年至 1978 年，好运再次光顾张洪华。经团党委推荐，张洪华获得了进海军政治学院学习的机会，成为“文革”之后海军政治学院恢复招收的首批 3000 名学员之一。到军校学习，是他人生中很重要的一段经历，直到那时他才真正比较系统地学习了军队政治工作的有关理论。在海军政治学院学习的两年间，张洪华忙碌、充实且快乐，成绩总是名列前茅。他从不吝惜帮助同学，总是在考试前给其他学员辅导学业，受到其他学员和学院领导的高度赞赏。从海军政治学院毕业后，张洪华返回南海舰队，被任命为南海舰队川岛水警区宣传科干事，从此张洪华的军人生涯开始正式和政治工作结缘。

在张洪华的记忆里，到水警区宣传科第一个月时所发生的一件事情令他终生难忘。当时，正值一年一度的舰队锚地集中训练。他所在的水警区共管辖了七个团的舰艇大队，全部汇聚一地，开展为期一个月的军事训练。张洪华被委以重任，撰写一篇此次集训的政治工作总结报告，而此时距他到宣传科报到不足 10 天。张洪华虽然在海军政治学院学到了理论知识，但缺乏相关实践经验，此项重任于他而言无异于赶鸭子上架。在几乎什么都不懂的情况下，他硬着头皮干了一个月，并且在集训结束前三天完成了总结报告撰写任务。他把报告送给政委，政委让他念出来。等到他把整篇稿子念完，政委却不说话，沉默了整整15分钟。然后让张洪华去拿剪刀、糨糊和笔，把稿子里的某些段落或某几句话剪掉，再把某几段剪下来，用糨糊粘连到一起，或者在哪个地方加上几句话。就这样，政委足足指导他又剪又糊了半个小时。这种教诲方式虽然令人难堪，却使张洪华刻骨铭心，使他体会到什么叫严格要求、什么叫求真务实、什么叫精益求精。此后，他阅读了大量有关部队政治工作总结的范文，利用各种机会学习、练习，提高自己的文笔水平。

1978年下半年，全国掀起关于真理标准问题的大讨论。川岛水警区召集所有正营级以上干部办培训班，培训班地点就在台山县城。张洪华再次被委以重任——以一名普通宣传干事的身份，为上级领导干部讲课。他再次硬着头皮，勇往直前。

这些经历使张洪华深切明白，学习和提升是人生成长最好的钥匙，军人的天职就是服从，上级一声令下，必须立即行动、利剑出鞘，这是军人必备的素质和能力。“要提高为部队服务的水平，要在一个地方立得住脚，自身的功夫一定得过硬，必须有真本事，要当行家里手，才能获得认可。这两件事很大程度上推动了我不断地完善自我、提升自我，我下定决心一定要当科里最能干的干事，尽自己最大努力把事情做到最好。”正是在这样的理念指导下，张洪华担任川岛水警区宣传科干事期间业绩突出，获得了科室战友和上级领导的认可与肯定，成为全科室唯一一名副连级干事。

1981年，张洪华被调进南海舰队政治部政治工作研究室（以下简称政研室）。此后至1990年，他历任该政研室干事、副主任、主任，其间荣立三等功一次。“到了政研室，我下定决心要当行家里手。当干事的第二年年终表彰中，我荣立了个人三等功。另外千分之一的干部提前晋升机会，我也有幸获得。”他的副主任职务是在当干事的第三年被授予的。在他担任副主任期间，政研室只有两个人——他和他手下的一名干事。“在这种情况下，我作为副主任的压力非常大。我和我的干事两个人拧成一股绳，狠下决心一定要打翻身仗。”他们办杂志、组织研讨会、下基层调研、到广州军区政研室学习，通过种种努力，硬是带动部队形成了政治工作研究之风，并且形成了一套南海舰队独有的政研工作体系，在整个海军系统中推介先进经验做法。

1988年，为保卫和控制自古以来就属于中国领土的南沙群岛及岛礁，南海舰队、东海舰队两大舰队的部分编队与越南入侵舰艇进行了小规模的海战，取得胜利后即建设“高脚屋”对南沙岛礁进行警戒保护。从此开始，中国海军强势进驻南沙岛礁，到1994年已经进驻了6个南沙岛礁，在南海战略上占据了优势。面对紧张的军事斗争形势，张洪华带领南海舰队政治部政研室的战友，组织召开了南海军事斗争准备政治工作研讨会，并根据研讨会成果制定了关于南沙驻军政治工作、后方保障工作等方面的系列规范措施。

1991年至1998年，张洪华被任命为南海舰队政治部秘书处副处长、处长。为了系统总结军队政治工作方法，张洪华和战友于1991年合著出版了《思想工作方法纵横谈》，针对官兵存在的倾向性、普遍性的问题，从理论和实践相结合的角度，在思想政治工作方法上给予深入浅出的回答，以促进部队基层建设。① 1994年，张洪华与战友们一起，又写作出版了《国魂在南沙永存》。这本书的内容包括沧桑曲、物源叹、风情吟、海魂颂4卷，是我国第一部公开出版发行、介绍南海南沙自然资源和人土风情以及驻军战斗精神的文集。② 以上两部著作，在中国国家图书馆、南海舰队军史馆均有收藏。除此，张洪华还出版了《士兵修养漫谈》等共7部著作，发表有关部队基层政治建设的论文近百篇。在南海舰队政治部履职期间，张洪华结合本职工作需要，不断进取、不断学习，先后报考了广播电视大学南海分校，获得了大专文凭；报考中共中央党校，获得了大学本科文凭；报考湖南大学，并于2004年获得了科学技术哲学硕士学位。他的硕士学位论文从国家战略视野，运用哲学思维和系统思维方法，探讨了沿海

① 张洪华，杨亚平．思想工作方法纵横谈［M］．北京：国防大学出版社，1991.

② 张洪华，等．国魂在南沙永存［M］．北京：国防大学出版社，1994.

国防建设与经济建设的关系，提出要树立前位沿海国防发展观，走生产力与战斗力相互促进的路子，并提出了推动沿海国防建设和经济建设全面、协调、可持续发展的战略对策。① 此文获评全校硕士学位优秀论文。

1999 年，张洪华被任命为南海舰队湛江基地政治部主任，晋升为正师职干部。他在湛江基地干了三年，直到 2002 年 5 月被任命为广西壮族自治区北海水警区政治委员，才离开湛江。在湛江基地期间，张洪华经常到基地下属的一支负责驻守南沙的旅级部队进行调研。驻守官兵物质生活条件之艰苦、精神文化之匮乏，使张洪华内心触动颇深。他力主提高军需物资补给频率，将原来的每四个月补给一次的惯例改为每三个月补给一次。他提出建设“岛礁文化”，组织成立了“高脚屋”文艺演出队，每季度随军需补给艇到南沙开展文艺演出，慰问官兵。他每年都组织一次南沙宣传报道活动，邀请中央电视台、解放军报、人民日报、中国青年报等中央媒体到南沙参观考察，召开新闻发布会，推介南沙，呼吁社会各界关注南沙礁岛上的驻守官兵。他还设立心理辅导室，邀请心理专家对新驻守南沙礁岛或者从礁岛调回基地、一时难以适应环境的官兵进行心理诊疗和辅导。这些举措，极大地改善了南沙礁岛驻守官兵的物质和精神生活，也为驻守部队政治思想工作的开展创造了便利条件。“有活力，善研究，协调能力强，有思想，有创新性。”2000 年，总政治部考核军班子的一位领导人在考察南海舰队湛江基地领导班子时，对张洪华给出了这样的评价。

在军营这个大熔炉里，当年那个 19 岁的毛头青年，一步一个脚印地淬炼成一名果敢勇毅、自律严谨、扎实高效的政治军官。在部队政治工作中取得的丰富经验，对于此后他从事地方政务及公益慈善实务具有重要的意义。

2004 年 7 月，已近半百的张洪华从军营退役。虽然离开了那片曾经与自己息息相关的海洋，但南海舰队的光阴岁月已经镌刻在他的骨子里。32 年的从军生涯，让张洪华除了历练出一身军魂、军胆和干练缜密的做事模

① 张洪华．沿海国防建设与经济建设协调发展研究［J/OL］．湖南大学科学技术哲学硕士学位论文电子期刊，2004.

式，也收获了一帮好战友、好兄弟，其中就包括后来成为他亲密搭档的陈长贵，两人携手10年，深耕在宝安区慈善事业中。

快速实现职业角色转型

（一）“被要到深圳来”

2005年12月，张洪华来宝安报到，从部队领导干部转换为地方领导干部。不过，他的初衷并非想成为一个“深圳人”，而是想成为一个“广州人”。

“我是被要到深圳来的。”回忆成为一个“深圳人”的经历，张洪华记忆犹新。他告诉笔者：“实际上，我的生活基础全部都在广州，我的家属、孩子都在广州，房子也在广州，转业时我个人很希望回到广州。因为在部队工作了30多年，聚少离多，对家里边的欠账太多，就想着转业回到地方后能够给家庭一些补偿，多陪伴一下家人，想过一点天伦之乐的生活。另外，按照政策规定，转业到广州，省里能够给安排一个正儿八经的副厅级职位。没想到，当时深圳市到省委组织部要人，说是要一个‘当年转业的、硬朗的干部’。然后省委组织部就推荐我，告诉我说：‘深圳想让你过去，你去不去再说，先去看一看。’”

2005年年初，张洪华接受深圳市委第一次谈话，由当时深圳市委的一位副书记主谈。这位副书记向张洪华提问了三个问题：一是问他想不想来深圳工作；二是如果来深圳工作，他认为合适的岗位是什么；三是有没有什么困难。张洪华很坦率地回答了第一个问题，他不想来深圳工作，原因有二：一是他的生活基础在广州，既然转业了，就不想再过单身日子；二是“以往深圳安排转业干部，在省里头是最差的安排”。张洪华记得，那位副书记听了后点点头，然后让他回答第二个问题。张洪华说：“回答了第一个问题，那第二个、第三个问题就不存在了。”可是副书记却非要让他回答。张洪华就回应道：“如果我来了，我很希望能够跟我在部队的工作有衔接；如果我来了，就不存在什么困难。”那位副书记听了，没再说其他的，只让张洪华回去再考虑考虑。

此后张洪华又经历了6次谈话，找他谈话的领导，包括另两名时任深圳市委副书记、深圳市委组织部部长、深圳市市长、深圳市委书记。其中，最后两次是时任深圳市委书记找他谈的。一次又一次谈话，等于深圳市主要领导人依次对张洪华进行了考察，也等于深圳市委班子对张洪华的认可和期待。张洪华被感动了，心里也有点松动了。不久后，广东省委组织部一位常务副部长给张洪华打去电话，要他确定留广州还是去深圳。电话里，那位副部长告诉张洪华："你现在必须确定了，要么你不去深圳，在广州给你安排职务；要么你就去深圳，深圳市委整个班子对你都是认可的，很希望你能够去那工作，但也一定先说明白了，那里岗位重要、职位偏低。组织部的意见是，由你自己定。"

最终，张洪华确认到"岗位重要、职位偏低"的深圳。2005年10月，深圳市宣布了对张洪华的任职——担任中共深圳市宝安区委副书记。在深圳，区委副书记被称为"副局级"，可比照副厅级，不过这个"副局级"在省里组织系统是不认可的，而是将其称为"正处+"，比副厅级低了半格。按照军队干部转业到地方职级压半格使用的原则，张洪华是作为部队正师级干部转业的，到地方后可以担任副厅级干部职务，享受正厅级待遇。这种副厅级，也即张洪华口中的"正儿八经的副厅级"，是"不论去哪里都会被认可的副厅级"。"深圳是一个副省级城市，区里职能局的局长们是正处级，这是国家政策明确的。而区里副书记的级别是没办法明确的，因为深圳的城市级别不同于直辖市，所以只能叫'地方粮票'。就是说，深圳认可你是副局或副厅级，它可以按照这个级别给你待遇，但这不是国家明确的正儿八经的副厅级，因为走出深圳到别的地方，别人不认。所以说，我来到深圳，安排给我的就叫'正处+'。"张洪华回忆道。

2005年12月26日，张洪华来到宝安就职。头10个月，他的日子很轻松，工作上得心应手。用他的话说："一开始，分配给我的都是很开心的一些事情，像宣传文化、意识形态、群团组织、机关党委建设那些事儿。这些工作和我在部队的工作都能够衔接得上，我很熟悉。宣传文化、意识形态工作，这个在部队里就是我的长项，群团组织工作也是在我们部队一直做过的，干起来很轻松啊，我感觉挺开心的。那时候，周末不加班。我还在家里养了两条大狗，周末遛一遛，真是过上了地方上的日子，挺舒服的。”

话虽如此，但实际上初到宝安的张洪华还是挺忙碌的。他一一深入各个职能部门、群团组织和各个街道，调研和熟悉宝安的社情民意、文根文脉，很快就实现了从部队领导干部到地方领导干部的角色转变。他以在部队养成的严谨、扎实、高效的军人作风，推动宝安区的宣传文化、群团事业进步，在很短时间内打造了“广播剧”“打工文学”“万福街舞”“舞台童话”等一批宝安文化品牌。

以张洪华上任初年即2006年为例，一年间宝安区共举办区级大型文化活动50余场次，开展街道级群众文化活动1000余场次，送戏进社区活动500余场次，举办大型书画图片展览200余场次，开展外地采风及书画讲座交流活动20余次，区广电共采制播出广播新闻7670条、电视图像新闻15200条、电视专题420期、广播专题230期、电视公益广告17340多条次、广播公益广告2220条次，完成现场直播、录播50多场次，全年新闻播出量比上年增长35%。[①] 全区全年文艺精品共获得24项省级以上大奖。[②] 是年7月，宝安区还印发了关于加快文化产业发展的若干办法，推进全区文化产业化和产业文化化进程。《深圳特区报》《深圳商报》等地方媒体对宝安区文化活动的报道次数，从2000年至2002年的各1次、2003年的0次、2004年的2次、2005年的4次，迅速增加到2006年的24次，是历年来报道次数最多的一年。[③] 其中有关“宝安区廉洁文化周”“文化宝安”的活动，被《中国纪检监察报》《中国文化报》《改革与战略》等国家级报刊报道，“文化宝安”及宝安文化作为“深港文化之根”的话语开始扩大传播。“尽自己最大努力把事情做到最好。”这一在军营中养成的做事风

---

① 数据来源：《深圳市宝安区2006年国民经济和社会发展统计公报》。

② 王俊．小剧小团营造“文化宝安”大气候［N］．中国文化报，2007-01-22.

③ 本文笔者以“宝安文化”为主题，根据CNKI公开文献统计。

格，在张洪华初到宝安区的一年里立即再现。

（二）把急难险重扛到肩上

不过，轻松的日子没过多久。从2006年下半年开始，张洪华的工作量不断递增。“前面的工作没减，宣传文化、意识形态、群团组织、机关党建，一样儿没减，但压给了我一个新任务，就是分管政法。这之后，看我干得很顺畅，又逐年给我增加了计划生育、信访、安全生产，后来还分管商会。”新的任务中大多数涉及应急处突，被归为急难险重的工作范畴。“区委区政府把这些事情都让我分管，也是对我的信任，从此又开始了我艰苦的奋斗。”

深入摸底之后，张洪华才终于明白当初深圳市委为什么坚持向广东省委组织部要一名“硬朗的”军队转业干部。当时的宝安区，经过20世纪八九十年代的迅速转型发展，已经成为全国闻名的工业大区、出口大区和电子信息制造业大区、劳务工聚集的大区。进入21世纪后的头几年，宝安区依然处于二线关外①，是深圳市人口最多的城区，也是深圳市最后一个完成“城市化”的城区，当时全区150多个社区中一多半是“城中村”社区，被称作“深圳发展的洼地”。这体现在如下几个方面：一是城区建设欠账太多，基础设施、公共服务等硬件相对滞后，有些“城中村”甚至尚不通自来水。二是产业层次偏低，三次产业比例为0.26∶66.78∶32.96，第二产业中工业占比为64.75；在全区3万多家企业中，劳动密集型制造业占据绝对优势地位，“小、散、弱”制造型企业大量分布。② 三是人口结构严重倒挂，非户籍人口占到全区常住人口总数的90.02%。四是人口教育水平总体偏低，高中及以下学历者占总人口的90%以上（其中，初中及以下者、未受教育及文盲占62%）。③ 五是城市管理、行政执法和公共服务人力资源严重不足。六是社会治安形势复杂严峻。

---

① 即经济特区区域线之外。2006年时的深圳经济特区与宝安区、龙岗区之间依然设立隔离网和检查站，处于隔离网和检查站之外的宝安区和龙岗区被俗称为“二线关外”或“关外”。

② 三次产业比例数据来源于《深圳市宝安区2006年国民经济和社会发展统计公报》。

③ 有关人口结构的数据来源于《深圳市宝安区统计年鉴》（2007）；关于人口受教育程度的数据来源于2010年宝安区的“六普”结果，相较于21世纪最初几年的总人口受教育水平略高。

“我以前在部队时，知道深圳是改革开放的前沿，也看到过市区里那些繁荣繁华的地方，可没想到宝安是这么一个状况。那时候，宝安总体上还有很多困难群体和低收入人群，社会矛盾纠纷比较突出，不稳定不安全因素比较多，区委区政府门口堵门堵路事件经常发生，抢劫盗窃事件经常发生，晚上都不敢出来，每年的命案都在 300 起以上。媒体也很关注宝安，几乎没有一天没有负面新闻，搞得市里的压力很大，对宝安的班子是不满意的。2005 年 9 月，深圳市纪委副书记周林祥同志被派到宝安区委当书记，这就有临危受命之意。紧接着换届，原来区委班子里 11 个常委换了 9 个，新常委中有 7 个曾经是军人。我就是在那种背景下被要了过来，来到了宝安。”张洪华仔细回忆当时的情况。

新班子意气风发，决心扭转宝安区的社会气象。周林祥书记，一个身高超过 1 米 9 的东北大汉，解放军篮球运动员、公安系统干事出身，后来又长期在纪委系统工作，他的到来，自然给宝安带来一片刚硬肃然的气象。新的书记虽然刚到宝安，却对宝安的问题看得非常透彻，经常说“有什么样的产业结构就有什么样的人口结构，有什么样的环境就集聚什么样的人”，并有针对性地提出了建设“平安宝安”“和谐宝安”“繁荣宝安”“优美宝安”的目标。

张洪华新增加的分管任务基本上是难啃的“硬骨头”，往往面对突发事件，必须以最快速度着手应对。在应急处突、雷厉风行的行动中，还要掌握“一手硬，一手软”的时机和策略。不少时候，张洪华都亲自出马，到现场解决问题。不少事情处理起来都很艰难，比如重大劳资纠纷、执法人员过度执法等。张洪华已经记不清他处理了多少这样的事件，只记得当时几乎每天都睡不着觉。他的军人职业生涯和性格，在应对那些急难险重的任务时凸显出了优势。那段时期，他每天早上上班后，第一时间翻看当天早晨的新闻报纸，第一时间了解有关宝安的所有负面新闻。他告诉区委宣传部负责人：“宝安现在的情况，被媒体盯着是正常的，出现负面新闻也是正常的，只要不是整个版面一大版、一大版地出，只要不是连续不断地这样出，也就可以了。但如果出现这样的情况，宣传部门就必须担负起责任，要以最快速度去认真调查处理。”为了进一步提高区委区政府及各职能部门应对舆情的能力和处突能力，引导记者对新闻事件做客观公正的报道、正确引导舆论方向，2007年宝安区在区、街两级建立健全新闻发言人制度，出台新闻发布和突发公共事件新闻处置工作指引，开始每年举办新闻发言人培训班。张洪华自己还总结经验，撰写并发表有关普法工作、领导干部如何提升处理群体性事件能力的文章。[①]

2008年、2009年国际金融危机期间，宝安区劳资矛盾更加凸显。张洪华分管的区委政法委班子迎难而上，勇于创新，在非国有企业中创造性总结出一套有效预防和化解劳资纠纷的“1+3”劳资恳谈协商机制，并且在全区推广。[②]“1+3”劳资恳谈协商机制推行当年，全区受理来信来访案件同比下降35.3%，受理劳动争议仲裁案件同比下降13%，处理重大群体突发事件数量同比下降50%、所涉及人数同比下降76.1%，全年没有发生一起30人以上的集体上访事件。宝安区的“1+3”劳资恳谈协商经验，曾经被国家人力资源和社会保障部调解仲裁管理司作为教学培训案例在全国推广。

在政法工作实践中，张洪华发现，每年宝安区的信访总量中依法可调解解决的案件占比70%以上，这说明建立健全“访调对接”机制十分必要。在他的主抓下，2009年在福永街道试点，成立街道综治信访维稳中心，将劳动办、司法所、信访办等做群众工作的职能部门整合在一起，集中受理群众的诉求意见并按照相关流程处理到底。该街道综治信访维稳中心成立后，群众诉求可第一时间在此中心协调解决，从而将大量矛盾纠纷化解在基层，该中心也因此成为广东省矛盾纠纷调解示范点。为了继续拓宽民意诉求表达渠道，张洪华又于2010年推动组建宝安区信访大厅和宝安区综治信访维稳中心，并着手在全区铺开街道—社区（企业）综治信访维稳平台，初步实现区—街—社区（企业）三级访调对接工作的联动。

---

① 张洪华．继续当好普法工作“排头兵”［N］．深圳特区报，2006-12-14；提高领导干部处理群体性事件的能力［J］．特区实践与理论，2007（3）．

② 宝安区“1+3”劳资恳谈协商机制具体可概括为“一个目标、三种平台”。“一个目标”是指“劳资一心，互爱共赢”。“三种平台”是指企业首席管理者与员工直接对话平台、首席管理者委托中层管理者与员工对话平台、首席管理者授权生产管理者与员工对话平台。三个协商平台基本实现了协商对象的全覆盖，使公司最高层与最低层之间实现了意见流通。

从2008年至2010年，宝安区连续三年未发生非正常进京上访；2010年全区到市集体上访人次同比下降31.8%，欠薪逃匿案件同比下降25.5%，劳动争议案件同比下降13.3%。同时，在他的主抓下，宝安区采取强力措施维护社会治安，组成社会群防群治的平安网络，严厉打击刑事犯罪活动，强化安全生产教育培训，加大执法监察力度，在全市率先组建安全生产综合应急救援大队和专家队伍。到2010年，宝安区“两抢”、八类重大警情①分别同比下降23.8%、22.7%，② 在广东省123个区县的平安指数排行榜中进入前十名。2010年8月20日，深圳市委市政府发布“深委〔2010〕47号”文件，授予宝安区“深圳市2009年度平安建设先进区”称号，张洪华个人荣获了“深圳市2009年度社会治安综合治理先进工作者”称号。此后，宝安区社会治安形势和环境秩序持续好转，治安总警情连年大幅下降。到2019年时，宝安区“扫黑除恶”等18个专项行动成绩排名已均列全市第一。

对于老百姓而言，安全祥和的社会环境、社会秩序是最大的公益。宝安区委区政府新班子、张洪华及其政法系统的同事们积极进取、勇敢担当，赢得了广泛好评。但是，张洪华及其他战斗在政法一线的工作者，长期面对急难险重任务，长期面对负面社会事件，身心所承受的压力是不言而喻的。“一句话，就是太累了。”即使时隔多年，他回想担任区委副书记的那段紧张时光，依然摇着头说，“既然社会治安良好局面已经打开了，我也没什么遗憾了，那我就在最好的时候离开吧。”

2011年11月，从政6年多的张洪华申请了退休。

在慈善世界里肩负新使命

（一）成为专职公益人

宝安区委、深圳市委组织部在批准张洪华退休申请的时候，提了个条

① 八类重大警情：故意杀人、故意伤害致人重伤或者死亡、强奸、抢劫、贩卖毒品、放火、爆炸、投毒。

② 数据来源：《深圳市宝安区2011年政府工作报告》。

件，那就是他“必须继续发挥余热”，担任宝安区慈善会第二届理事会会长（以下简称慈善会会长），“退而不休”。

其实，在张洪华退休之际，他又一次面临着人生选择。早在他办理退休手续之前，有一家企业就闻风而动，拿着合同书来“挖”他，承诺年薪1000万元，合同一签为5年。张洪华拒绝了。“我对这个钱没有概念，因为我的生活已经很可以了，我追求那么多钱干吗？当然我很开心，人家这也是认可你，一开就开给那么多的钱。”张洪华很坦率地说，就像6年前很想成为一个“广州人”一样，这一次他依然很想遵循自己的心愿。“开始的时候，我是不想接这个事儿的（注：指担任慈善会会长）。因为我提前退休不是想干这个事儿的，我已经和我的战友商量过，准备一起做点儿事。”还有一个重要原因是他的太太已经退休，长期一个人在广州照顾年迈的父母，他对家庭的欠账总得有个偿还的时候。

然而，组织的要求和任命又是义不容辞的。一日为兵，终身军魂。最后，张洪华还是选择服从组织安排，转身投入慈善领域，成为一个不领薪酬的专职公益人，这一干就是马不停蹄的10年。对此，张洪华说：“因为‘服从组织’历来是我们脑子里的一个东西，是天命、天职，入脑入心太深了。让我在个人打算和服从组织之间选择，那实际上是没得选，你会不由自主地选择服从，身为组织的人必须服从组织安排。”

2013年1月，宝安区慈善会换届选举，张洪华被选为第二届理事会会长。同时他还把他在南海舰队时共同做过政治工作的战友陈长贵拉进来，担任兼职副会长。陈长贵从部队转业的时间比张洪华早一些，于2000年转业后来到了宝安区，先后在宝安区工商联、区人大常委会法工委、区劳动局、区人力资源局、区政协委员会工作过，与宝安区企业家建立了良好的关系，有利于宝安区慈善会动员企业家参与慈善事业。张洪华正是看中了陈长贵这一点。从此，两个老战友又比肩奋斗，深耕宝安慈善事业。

2018年5月10日，宝安区慈善会又一次换届选举，张洪华连任第三届理事会会长。其实，到他第二任时，全国各地都在探索推行这样的政策，即退休老干部原则上不再兼任行业协会的领导。深圳市其他区级慈善会中，有些在换届的时候已经让民营企业家来担任会长了。张洪华也打算趁势而退。“既然有这样一个趋势，我就不想干了，就打了报告，说我已经干了5年了，接下来就不干了。但最后找不到合适的人，组织部门就又来做工作，那就继续前行吧。”于是，张洪华继续带着真诚和爱心，肩负起一方的大爱担当。同样，陈长贵也陪着张洪华，一起留在了宝安区慈善会，担任副会长兼专职秘书长。

理论上，守护、确保一方平安和谐的政法工作更需要刚性角色，而以扶弱济贫为核心特质的慈善工作则更需要柔性角色。因为，无论是劝募善款、育化善心，还是慰问帮扶困难人群等活动，更需要春风化雨的方式。张洪华需要继续转型，用他的话说：“以前都是别人找我，现在我得去找别人、去求别人，为了募些善款。”张洪华用10年时间，演绎出什么是刚柔并济、硬汉温情，在公益慈善领域为深圳肩负的先行示范使命闯出了一条“宝安之路”。

第一任就职时，张洪华曾庄重承诺：“既然领了这个事儿，于我而言，每个岗位都是一样的，在哪个岗位都要有激情，我一定全身心地投入，追求做得更好。”在第一个任期内，张洪华的努力方向主要是继承与学习、调整与完善既有的做法和制度，并尝试探索新的工作方式方法。第二个任期，他在坚守前期有益经验的基础上大胆进行创新与超越。此外，每到一个节点，他都对所形成的经验做法进行沉淀与提炼，留下了薪火相传的传统。

两届10年，张洪华率领他不大的团队，创造了多个具有前瞻性和示范性的亮点，将宝安区慈善会打造成了深圳市最具有公信力和影响力的区级慈善会、在国内公益实践和理论界具有一定影响力的基层典范慈善组织。

（二）传承与学习

回顾自己的慈善事业生涯时，张洪华告诉笔者，冥冥之中，他和慈善会的缘分早就结下了。“2006年年初时，老书记（指周林祥书记，下同）提出来要成立区慈善会，我是非常支持的。后来8月成立慈善会筹备工作领导小组的时候，老书记让我当组长，我就当了这个小组长，所以我跟它有缘分在那儿，我很清楚为什么要筹建它，很清楚整个筹建工作的过程。”在回忆中，张洪华清晰地重现了宝安区慈善会成立的背景及其角色功能的地方性特点。

宝安区慈善会成立于2007年1月18日，是深圳市第一家区级慈善会。宝安区为什么要去尝试吃这个螃蟹？“因为老书记他知道宝安真的需要这个组织，因为宝安老百姓的生活环境、老百姓的幸福指数跟市里边相比，那差距太大了。那个时候，深圳还分关内关外，市财政的钱全铺在市里头，不管我们宝安，让我们自己去招商引资、自己去发展。宝安民生建设的欠账实在太多，比如小学还要村（指城中村）里去办，就是所谓的‘村小’。‘村小’意味着什么？就是政府没有能力去办这个学校。光靠政府去提升老百姓的幸福指数，是远远不够的。所以说，要动员社会和企业的力量一块帮政府来做事，提高民生服务水平，这就是成立慈善会的初衷。”也正因如此，宝安区慈善会的“慈善”二字，其内涵和外延从一开始就超越了传统的慈善概念，不是仅限于救助贫困人群，而是与广泛的公益服务密切联系在一起。“我们其实是个‘大慈善’的概念，就是要用慈善的力量在基本公共服务里边有所作为，这是宝安的特殊区情决定的。正是因为老书记的动议和支持，慈善会成立得非常快。”

成立宝安区慈善会的具体筹备工作，由区委、区人大常委会两名退休老领导即何植洪和张文枢负责，他们也是第一届理事会的会长和常务副会长，为期5年，实际上又延期了一年，到2013年年初才换届。何植洪和张文枢白手起家，不但为宝安区慈善会打下了厚实的家底和基础，也为张洪华留下了宝贵的工作心得和经验。为了方便讨教，更为了向他们表示敬意，第二届理事会专门聘请了何植洪、张文枢担任荣誉会长。

张洪华上任后，以“传承”和“学习”为第一要务，启动了第二届理事会的工作。他提出了“传承发展”的概念，具体含义是在继承中创新、在创新中发展、在发展中前行。他反复强调，第二届理事会是在首届理事会打好的基础上继续前进的。作为深圳第一家成立的区级慈善会，在全市是没有经验可借鉴的，那时候在全国也没有很多经验可借鉴，首届理事会硬是在一张白纸上描绘了图画。“我常常说，没有老会长（指何植洪，下同）他们，就没有宝安区慈善会的好家底。基础性的东西都是他们打下来的，包括慈善会章程、集体决策制度、慈善金封闭管理制度、财务审计制度，还有适合宝安社会救助需要的‘四个办法’①。他们还提出了‘阳光慈善’‘透明慈善’的概念和口号，用来规范自我、约束自我，并且把这个作为慈善会的生命所在、作为它最重要的工作内容来抓。等到我接手的时候，组织框架、制度规范、人员队伍等都是成型的，他们为我们奠定了很好的群众基础，经验也非常有价值，我们必须首先传承下来，再说创新发展。”

为了继承、传承已有的做法和经验，“学习很重要，”张洪华说，“既然接受了这个岗位，你就要进入角色，要全心投入。所以我进入了（角色）之后，首先是学习。”

第一个动作，是去和第一届理事会成员沟通交流。“首先是要把老会长他们头脑中的好东西挖出来，要去请教他们。所以我上任后就一个一个地去拜访上一届的会长、副会长、理事，去把他们的好想法挖出来。为什么要这样子说？因为文字那些东西我一看就知道了，但在和他们的直接沟通中挖掘到他们更多的想法，是属于骨架性的那些东西，这更给我力量，我就可以传承。”

第二个动作，是去香港学习。“因为我要开阔一下眼界。我一直认为，就专业化的慈善而言，我们做的时间毕竟比较短，香港、台湾做了那么长时间，应该比我们要有经验、要先进些。所以我就带着我们的团队去了香港两次，拜会了香港诸多慈善组织。比如，由苏洪根副会长牵线，我们去了香港的狮子会、赛马会，他们介绍的经验对我触发很大。”

第三个动作，是向学者学习。张洪华开始有意识地接触深圳学界有关学者，学习理论知识，学习新理念。“那时候我接触了阮萌（时任深圳综

① 这里的“四个办法”，是指宝安区慈善会第一届理事会制定的《关于资助户籍困难居民重大疾病医疗暂行办法》《关于资助劳务工重大疾病医疗暂行办法》《关于自然灾害和突发性重大事故救助暂行办法》《关于资助驻地困难官兵试行办法》。以下文中出现“四个办法”，均指这四个文件。

合开发研究院公共经济研究所所长），又通过她认识了一批学者，听取他们的一些意见和建议。后来我请阮萌为我们起草了第一部五年发展规划。”

此外，张洪华还率队与深圳市慈善会、深圳市其他区级慈善组织沟通交流，赴广州、佛山与慈善组织沟通交流，开阔并厘清了工作思路。

此后，张洪华把学习作为宝安区慈善会的传统一直保留并坚持下来，十年持之以恒，并与时俱进地拓展学习内容和学习方式。他创新了学习制度，打造了学习型团队。所采取的举措是：坚持会长办公会专题学习，提高政治素养；与国内知名高校合作，强化团队业务能力提升，每年学习培训不少于 2 次；每年与港澳地区、内地其他地区、深圳市内知名公益慈善组织或企业进行互访交流；积极参加国家级、省级公益领域交流会议；组织举办理论研讨会；定期与本会会员单位、理事会成员、街道和社区开展座谈。在第一任期，张洪华共组织开展了 7 场慈善理论专题讲座、10 场慈善救助业务培训、1 场全国性学术研讨会。在第二任期，自 2018 年 5 月至 2023 年 3 月底，共举行 14 次会长办公会、上百次业务交流座谈会和参观考察活动、6 次业务培训、2 次全国性学术研讨会。

“这么多年来，我一直把学习放在心上。我的每周例会、我的会长办公会，一定是把学习放在第一位、是所有议题里的第一个，学习上面的会议精神、政策文件，学习慈善的先进理念、理论，学习先进地区的经验。我每年都会带队出去考察学习，每次学习回来大家坐下来谈收获、谈体会。我们很多东西都是向人家学来的。我们的治理结构、制度规范，一开始是从香港学来的；我们的公益慈善项目大赛，是从佛山学来的；慈善空间，是从广州学来的。我们还‘走出去，请进来’，每两年开展一次高峰论坛，集思广益。我们都是真的学，但是我不是整个照搬照拿，只是学它的概念，然后接我的地气，这样我可能做得更好更实，这是我们的出路。”关于学习之道，张洪华如此总结。

凭借这样的学习强度，宝安区慈善会从无到有、从先行探索到先行示范，发展成为深圳市资金最雄厚、救助群体最多、覆盖面最广、影响力最大的区级慈善会。

2019 年 11 月，在北京大学政府管理学院举办宝安区公益慈善高级研修班（前排右六为张洪华）

2021 年 11 月 15 日，张洪华组织办公室人员专题学习《中国共产党第十九届中央委员会第六次全体会议公报》

（三）调整与进步

请教、学习，使刚接手慈善会的张洪华更深入、全面地了解了慈善事业、慈善组织的相关实践和理论、法律和政策，头脑里更加充实起来。他坦言，2006年时虽然当了区慈善会筹备工作领导小组的组长，但慈善会筹建起来后他就没有再分管相关事务，因此和具体的慈善事务没有直接接触过。“接过会长这个位子后，先不能说当行家里手，得先至少能够担起‘领导’这个角色。那要做到这一点，你自己首先应该熟悉这个领域。出去学习，的确充实了我。然后在学习的基础上，在熟悉业务的过程中，我逐渐厘清我这一届到底该做什么、能够做成什么、怎么去做。”

“得先有一个整体的筹划”：明确自身定位、方向和任务

军人出身的张洪华，拥有长期做政治工作的思维模式，“做事一定要讲规范，一定要有步骤地来做”。在学习和思考的过程中，他认为他这一届必须“得先有一个整体的筹划”，即考虑这一届慈善会的发展目标和指导思想是什么、任务是什么、措施是什么。“如果没有很好的筹划，没有吸收方方面面的经验、听取方方面面的意见，来综合形成一个整体考虑、整体目标，来明晰哪个阶段干什么、怎么干，那么我们的工作是没办法进行的。”

所以，上任伊始，他就在常务理事会办公会议上提出要制定本会的五年发展规划，获得通过后即联合深圳市综合开发研究院，在深入调研宝安慈善事业现状的基础上制定了《宝安区慈善会发展规划（2013—2017年）》。该规划第一次明确了宝安区慈善会在未来五年的发展方向及工作目标，使慈善会的工作遵循科学规范的路径和方式，有条不紊地展开。“没有学习的过程，就不会想到要去制定五年规划。有了五年规划，我当这个慈善会长，就很清楚这五年要干什么，所有团队成员也知道这五年要干什么。有了五年规划后，我们每个年度也有计划，把今年干什么、明年干什么也都说得清清楚楚，每一年都是在往五年的整体目标迈进。当时，深圳全市还没有一家慈善会独立出台五年发展规划，所以这项工作等于我们开了头。”张洪华说。

2016 年 9 月，第五届中国公益慈善项目交流展示会（以下简称慈展会）期间，宝安区新安街道海裕社区成为分会场之一，民政部副部长高晓兵女士一行前往海裕社区分会场参观。张洪华向她汇报了宝安区慈善会成立以后的工作情况。当高晓兵副部长听到宝安区慈善会的五年发展规划时感到很惊讶，反问道："你还搞个五年规划？"她高度肯定了宝安区慈善会有板有眼的做事风范，回到北京后还在说："我看到一个最好的基层慈善会，在哪？深圳宝安！他们做事情非常规范。"

2016 年 9 月 23 日，张洪华（右一）向民政部副部长高晓兵（左三）、宝安区委书记黄敏（左四）介绍宝安区慈善会展区情况

5 年后的 2018 年年初，当张洪华明白自己还须再干一届后，就开始着手安排第二个五年规划——《宝安区慈善会发展规划（2018—2022 年）》的起草工作。5 月，当第三届理事会成立时，第二个五年规划草案第 4 稿已经完成，经第五轮征询理事会成员意见后不久即定稿，成为他第二任期内的工作蓝图。每年年初和年末，他都这样要求他的团队："你们不要那么辛苦，不要去考虑那么多，因为我们的工作不要游离于五年规划之外。五年规划赋予我们今年的任务有哪些，你们就按照这个来做，你们的工作总结也不要那么多漂亮语言，你们就简单地报告我们今年干了什么、怎么干的、干得怎么样，就行了。"

相较于第一个五年发展规划，第二个五年发展规划有了系列新内容，其中最关键的是对慈善会自身的定位。第一个五年规划用“四力”来概括慈善会的目标定位，即成为一个“有活力、有凝聚力、有公信力、有影响力”的慈善会，但对其角色属性，尤其是与政府的关系没有明确说明。第二个五年规划对慈善会自身的定位更加明确，对政会关系作了清楚的说明。

具体而言，第二个五年规划提出以“社会化、规范化、专业化、特色化”（简称“四化”）作为思路、方向和抓手，开创新时代宝安区慈善事业发展新局面，打造一个集基金会功能和行业协会功能于一体的平台型公益慈善组织。张洪华把“社会化”放在“四化”之首，强调的是慈善会要自主发展。“我提出社会化的初衷是这样的，就是慈善会这个社会组织要想办法实行社会化运作，要离政府稍微远一点点，不要让人看成就是政府的。不能靠得太近，但不脱离政府监管，按照章程来做，所有的东西向政府汇报，政府给予指导。”因此在第二个五年规划的 6 个基本原则中，首个原则是“坚持党委领导、政府助推”，把政府的作用界定为帮助、推动和指导。①

显然，张洪华理解的“社会化”的内涵体现在两个方面。一方面，作为具有政府背景、兼具基金会和行业组织功能的慈善组织，应做好党和政府的有益补充；另一方面，顺应慈善体制改革的趋势和方向，进一步理顺慈善会和政府的关系，不脱离政府的管理，又拥有独立的法人治理结构，按照章程独立运作，自主开发、自我成长，走一条结合传统官办组织和新型社会组织两者优势的新路径。“社会化”标准的提出，既是对宝安区慈善会自身道路的思考，也是对当时有关政会分离、去行政化等潮流的一种回应。张洪华认为，去行政化不等于排斥政府，更不等于排斥政府与慈善组织的合作。慈善会实质上是对政府责任的补充，这是必须明确的事情。

---

① 其他五项原则是：坚持以法行善、依法行善；坚持相对独立、自主发展；坚持多元参与、全民慈善；坚持公开透明、自愿参与；坚持开放创新、全局视野。

走向规范化：要与时俱进地完善规章制度

第一个五年规划制定出来后，张洪华意识到还要逐步完善原有的规章制度，此时距他担任会长之日，已经过去了一年。在这一年里，他一直在执行原有的制度和方法，在实际操作中体验这些制度和方法，用心感受它们哪些方面是合理的，哪些方面需要调整。一年后，他深切地体会到，必须与时俱进地完善原有规章制度，根据形势需要丰富和健全。为此，他专门请示了包括何植洪在内的几位老领导。他说："我现在把这事儿接过来一年了，现在的形势跟过去不一样了，我们要对先前出的规章制度重新捋一捋，按照现在的形势看看哪些需要完善，然后做一些调整和修改。"老领导们很支持他的想法。

于是，张洪华把所有的规章制度找出来，首先是继续推行"阳光慈善"。他认为第一届理事会提出的"阳光慈善""透明慈善"的口号非常重要，要延续下来并更好地完善它。不过，他改用"规范化"这一概念来重新表达，并且定下了"一活动一制度、一项目一制度"的内部管理办法，着手全面完善和丰富各项内部治理规范，在全市区级慈善会中率先建立了第三方审计制度。自 2014 年至 2022 年，陆续新增了《关于困难群众个案救助暂行办法》《宝安区慈善会定向捐赠管理暂行办法》《宝安区慈善会慈善公益项目管理暂行办法》《宝安区慈善会义工管理办法》《宝安区慈善会冠名基金管理暂行办法》《宝安区慈善专项资金管理暂行办法》等。到 2022 年年底，宝安区慈善会共有 34 项有效的制度，形成了一套完整的制度规范体系。

对于原来的救助制度，他把调整完善的重点放在"四个办法"上。

第一届理事会出台的"四个办法"，初衷是照顾辖区特殊困难居民，慈善救助项目覆盖对象包括四类：宝安区患重大疾病的户籍困难居民；在宝安区各单位工作一年以上、个人月平均收入低于深圳市最低工资标准的 2 倍、在工作期间患重大疾病的非深圳户籍劳务工；驻宝安区部队困难官兵本人及其配偶、子女、父母；在宝安区遭受自然灾害和突发性重大事故，人身、财产遭受重大危害，需要慈善救助的家庭或个人。①

张洪华通过深入调查，发现“四个办法”的救助范围、救助标准还相对不足。因此，他对“四个办法”进行了较大的系统性的修改、充实和完善，扩大了辖区群众救助范围，提高了救助标准，且简化了救助的申请程序。具体包括：将救助项目从第一届时的25种拓展到27种；对户籍困难居民大病救助最高金额由原来的每年4万元提高到6万元；救助病种由原来的12种扩大到16种，覆盖更多的人群；提高困难官兵救助标准；每年拨出100万元，帮助辖区外来务工人员应对生活中的急难事件。

随着宝安区经济社会情况的快速变化，张洪华还根据实际情况陆续出台新的救助办法。比如2014年制定的《关于困难群众个案救助暂行办法》把救助对象和范围界定为：遭遇重大突发性事件或身患绝症危及生命并造成医疗费用负担过重的，需要慈善救助但不符合宝安区慈善会其他救助办法规定的救助范围的困难群众，包括户籍在宝安区，或工作在宝安区，或事故发生地在宝安区；救助金标准为3000元至10000元。此办法把因见义勇为等行为造成严重受伤或死亡导致生活困难的家庭、遭遇重大意外而导致生活困难的人士等都纳入了慈善救助范围。2022年，张洪华组织修订了该办法，在其中增加了“慈善微救助”项目。之所以如此，是因为，“我们发现，随着慈善工作的深入和慈善救助需求的细化，原有的救助办法仍需进一步完善。因为医疗保障体系逐渐完备和我们区不断加大民生保障力度，辖区内需要救助的困难群体逐年减少，用于区内的救助资金也在逐年下降，从2017年到2021年，区内资助人数减少了46.98%，救助资金减少了30%。为了更广、更细、更及时给予困难群众帮助，我们增加了‘慈善微救助’项目”。该项目的救助范围包括三项：一是在宝安区发生的公共卫生事件，即因医学观察或者政府要求其他限制措施导致基本生活困难的，给予救助，金额不超过1000元（含1000元）；二是在宝安区发生自然灾害，导致居民自住房屋倒塌（用于出租的房屋除外）、无人员伤亡的家庭，给予救助，金额不超过10000元（含10000元）；三是在宝安区发

① 这里的驻地部队官兵，指中国人民解放军和武装警察部队驻宝安区部队官兵。

生极端天气，导致群众得不到及时救助的，给予救助，金额不超过1000元（含1000元）。

走向规范化的大动作还包括修改章程。2016年《中华人民共和国慈善法》出台后，慈善活动的范畴大大拓展。2018年1月，张洪华根据慈善法的新规定，组织修订了宝安区慈善会章程并经会员大会表决通过。新的章程大大扩展了业务范围，包括：扶贫、济困；扶老、救孤、恤病、助残、优抚；救助自然灾害、事故灾难和公共卫生事件等突发事件造成的损害；促进教育、科学、文化、卫生、体育等事业的发展；防治污染和其他公害，保护和改善生态环境；符合法律规定的其他公益活动。这标志着宝安区慈善会正式确立了“大慈善”的格局和模式。

走向专业化和协同化：打造可持续的慈善工作主体体系

张洪华上任时就深知，宝安区慈善会的工作人员大多是半路出家的“慈善人”，全区也缺乏本地的、专业化的慈善专业人才，社会组织发展相较于特区内也相对滞后。为推动宝安区慈善事业从“小慈善”向“大慈善”转型发展，迫切需要培育一支职业化专业化的工作团队、建设可持续的协同合作网络，形成宝安区慈善工作的主体体系。因此，他采取“两手抓”的策略，一手抓内部团队建设，一手抓“合力慈善”。

第一，内部团队建设。走职业化、专业化道路，是张洪华为自身团队建设设定的目标。为此他主要在如下三个方面着力。

首先，健全内部治理结构是自身团队建设的基础。2007年宝安区慈善会成立时奠定了组织架构，实行会员大会下的理事会、常务理事会及其领导下的会长负责制。该架构下的主要成员包括：理事会会长、常务副会长、副会长、常务理事、理事、名誉会长、名誉副会长、办公室人员。张洪华当选第二届理事会会长时，整体上保持了治理结构的稳定。

连任第三届理事会会长时，张洪华开始根据新修改的章程和慈善会发展新目标，按照社会化、专业化要求，重新设计组织架构。一方面，继续健全法人治理结构，健全决策机构、执行机构、监督机构，形成权责明确、协调运转的体制；另一方面，进一步完善会员大会、理事会、常务理事会及其领导下的会长负责制，重点是改善执行机构，新设立资金募集组、救助项目组、项目监管组和宣传组，形成了包括行政办公室在内的“一办四组”的执行团队。第三届理事会的组织架构包括：领导机构成员、名誉职务成员、监事会成员、常务理事成员、理事成员、办公室成员。其中，领导机构成员包括会长1人、常务副会长1人、副会长兼秘书长1人、副会长12人；名誉职务成员包括名誉会长10人；监事会成员包括监事长1人、监事4人；常务理事成员共19人；理事成员共87人；办公室成员共6人，包括秘书长、办公室主任等。

上述团队成员中，副会长、常务理事成员及理事成员一般只参与慈善会重要决策、重大活动。日常工作由会长张洪华和办公室6名人员负责运行，这是宝安区慈善会的骨干团队，所谓“一办四组”的人员均由骨干团队成员分工，人人都必须身担多责。张洪华对他的团队很满意，他说：“从我们慈善会建立到现在一直就是这么点人，就是这么五六个人、七八条枪。这个团队我是认可的，这些人的确能够把事情做好。”

其次，保持骨干队伍稳定是自身团队建设的抓手。整体而言，这个骨干团队是稳定的。比如，刘曦光自2007年1月宝安区慈善会成立时就担任办公室主任，在这个职位上连续干了15年；陈长贵在第二届理事会中担任副会长，到第三届时除了继续担任副会长外还兼任秘书长，陪着他的老战友张洪华干了10年。办公室其他工作人员中，大多数人也长期被聘用。一支稳定的骨干队伍对慈善会的成长和发展是有利的，张洪华很清楚这一点。而要稳住这支有限的“常规军”，首要的着力点是努力保住宝安区慈善会的几个公务员编制。

2007年成立宝安区慈善会时，给了3个公务员编制，编制放在宝安区民政局，岗位设在宝安区慈善会，人就在宝安区慈善会上班。不过，虽然有公务员编制在，岗位却一直缺人。第一届理事会期间，有1个人在编在岗，即办公室主任刘曦光；第二届时，有2个人在编在岗，即刘曦光和一位被称为小郝的负责宣传工作的小伙子；到第三届理事会成立不久，小郝被区委组织部看中而离开了，从此就只剩下办公室主任一人在编在岗。

2018年机构改革，宝安区行政编制大调整，减掉了很多，原先给宝安区慈善会的3个公务员编制也被拿掉了。张洪华知道这事后就急了，他跑去找时任宝安区委书记姚任。“当时我说，书记，有个事我跟你汇报一下。慈善会成立的时候，有3个公务员编制。这次调整压缩编制，是为了深化机构改革，这个我理解。但是我不希望在你这任上，把我这几个编制给全抹掉了。他问‘是吗’？我说‘是’。然后我又说，你看现在组织部部长也在这里，我现在也不要三个了，你能不能给我两个？这也是在减编嘛。姚任书记想了想，然后就同意了，他让组织部部长回去为这事专门上了个会，把原来的编制撤出来，又重新下了两个编制。所以，从我第二届开始，那三个编就改为两个了。我争来了编制，就等于稳定了队伍。”

张洪华认为，宝安区慈善会工作人员并非都是公务员，公务员只是核心成员，保证了队伍的稳定。会计、出纳及其他办公室工作人员都是通过考试招聘来的社工等人，他们是配套的专职辅助人员，属于临时编制人员。如果整个队伍都是从外面招聘的临时编制人员，经常动来动去地大面积调整，就无法保证一支稳定的队伍。“核心成员基本上不会动，那么调整其他人员就不会出现大问题，动不了我的筋骨。”

最后，提升队伍专业化能力是自身团队建设的方向。到第二任时，张洪华越来越清楚专业化慈善的重要性，也越来越用心去提升团队的专业化水平。“对比以往，专业化这方面是我响亮地提出来的。我们第二个五年规划里提出要‘四化’，其中有一个是专业化。我越来越认识到，现在做慈善，你光有爱心、光有冲动，或者你有很多钱，都不一定能够把善事做好，必须要走专业化这条道路。我们这些专职做慈善的人更要有专业意识，只有这样才能做得更扎实、走得更远。”

张洪华推动团队走专业化道路的第一个办法是学习。“我这么多年来非常看重学习，把学习看作是走专业化道路的必经过程。尤其是领导层，包括我、包括副会长们，每年一定要出去学习，一定要让我们头脑里有个专业化的意识，要成为一支学习型团队。”

第二个办法是明确任务和责任。“一个整体的筹划太重要了。我们有五年规划，然后再在内部治理、项目开发、专业服务等方面进行细化、分解，量化了18项工作任务，明确完成时限及措施，这让团队的所有成员都非常清楚地知道要干什么，每个人都知道自己的角色是什么。我们还有年度计划，把任务细分到季度里面。我们每周一都有例会，把这一周的任务细化，干什么、谁来干、怎么干，都是清清楚楚的。所以我们的工作是不乱的，每个人都知道自己在什么时间该干什么，自己去落实就好了，不用去猜测、去琢磨我的想法。这样子推动工作，很高效。所以我们不需要那么多人。”

第三个办法是伴随成长。“伴随成长，就是在工作过程中带着他们干。任何工作都有一个完整的过程，开头是筹划，中间是具体干事，完了之后有个小结，最后把这件事情传播出去。在这样的过程中，我不用去说教，只是带着他们干，带着干的过程就是在指导他、在引导他、在教育他、在培训他。每项工作完成之后，他就知道怎么去干了，就把他培养出来了。所以，提升他们的能力，最重要的就是过程中的陪伴成长。”

第四个办法是建立兼职顾问队伍。第三届理事会期间，张洪华创新用人机制，从人大代表、政协委员、行业协会、新闻媒体、义工联等各个领域中聘请数十名知名人士，担任宝安区慈善会顾问。每遇重要决策事项，团队可以从顾问们那里博采众长，集思广益。

张洪华把上述做法概括为“创造一个工作模式”。这种模式的关键在于让团队成员都知道自己的角色、定位、功能、责任、做事方法，并且都养成时间观念、效率和效益理念。“伴随成长的过程，也是模式创造的过程。模式成型了，一切都是清晰的。我现在是越来越不用操心了，过去我要天天去办公室，现在我不用天天都过去了，因为他们都知道怎么干。”

在建设自身骨干团队的同时，张洪华也着手推进全区社会组织专业能力的提升，培养本地慈善专业人才。从2015年开始，他主要通过持续举办公益慈善项目大赛的方式，培养了一批宝安本土的、专业化、品牌化的公益组织和人才队伍。

第二，推进“合力慈善”。打造“合力慈善”模式，是为了落实宝安区委区政府提出的工作要求。2015 年深圳市民政局与宝安区政府签订《推进慈善事业创新发展合作框架协议》（以下简称“2015 年协议”）后，宝安区委区政府提出要凝聚慈善资源、打造“合力慈善”体系，要充分发挥慈善会作为平台型慈善社团的功能，推动全区慈善行业发展。

为此，张洪华领导宝安区慈善会实行协同化战略，采取如下三项举措建设可持续性的“合力慈善”体系：一是积极拓展会员。第二届理事会届满时，宝安区慈善会已拥有个人和单位会员 144 个。第三届理事会时，在原先吸纳企业会员的基础上，重点吸收社会组织成为单位会员，到 2022 年年底，宝安区慈善会个人会员数达到 160 多人，单位会员数近百个。二是建立专业志愿者队伍。第二届理事会期间，张洪华团队与宝安区义工联[①]合作设计专业志愿服务项目，在全市各区中率先成立了慈善会志愿者队伍，共吸纳志愿者 2000 余人。第三届理事会期间，更加注重慈善领域专业志愿者团队建设，到 2022 年年底已经成立了 10 支专业志愿者队伍，志愿者数量达 3000 多人。三是构建战略伙伴关系。2015 年，宝安区慈善会就与宝安区义工联、新安和松岗两个街道办、各个街道商会[②]签订了合作框架协议，共同推进公益慈善工作。第三届理事会期间，进一步扩大战略合作范围，到 2022 年年底，宝安区慈善会已经与全区所有街道办、街道商会签订了合作框架协议，建构了一张覆盖全区街道层级的慈善工作网络；此外，又与宝安区义工联、宝安区五类百强企业联合会、宝安融媒体中心、宝安日报社分别签订了合作框架协议。

经过数年推进，“合力慈善”已经成为宝安区慈善事业发展的品牌之一。回顾慈善工作主体体系的建构过程，张洪华觉得最满意的就是构建战略伙伴关系这一块，并一一解释了选择合作对象的缘由。

他最早开展、被认为推进得最好的工作，就是和街道商会签订战略协议。宝安区共有 10 个街道商会，拥有近 4000 家企业会员。“街道商会是我

---

① 深圳市宝安区义工联成立于 1995 年，2021 年改名为深圳市宝安区志愿者联合会，但习惯上仍称其“义工联”。截至 2022 年 8 月，注册义工人数达 68 万多人。

② 即街道工商联加挂街道商会牌子。

们的副会长单位，理所当然要跟他们签，这样他们不是更有责任打造‘合力慈善’了吗？再者说，街道商会都是宝安区中小企业的中介平台，和街道商会合作就是在向全区中小企业延伸。所以我们没有跟区总商会签，因为再通过它去转，没有更多意义。我们直接跟街道商会签，一下子就到基层了。”

和10个街道办签订战略协议，张洪华看中的是街道办向社区延伸的功能。截至2021年年底，宝安区10个街道下辖124个社区。“和街道办签，等于是把‘合力慈善’网络在社区铺开。”

宝安区五类百强企业联合会，是由宝安区内产值百强、增加值百强、纳税百强、出口百强和自主创新百强五类企业组成的联合性、地方性、非营利性社会组织。“跟它签，就是在向宝安区大型的企业延伸。”

之所以和宝安区义工联签约，张洪华看中的是它所拥有68万人的义工队伍。“跟区义工联签约，让他们发挥他们队伍的作用，有68万人去给你宣传推广，每次活动他们都来参与，这是多么大的力量！”

“我们跟两家媒体签约，也是借助他们鼓与呼的力量。战略协议签订之后，打造‘合力慈善’就是大家的共同责任，不光是我的，也是你的。这样就把整个社会都带动起来，有街道办和社区，有社会团体，有大、中、小企业，有媒体，还有义工个体，有这6个方面，就形成了大家一块做慈善的氛围。”

其实，除了上述举措外，宝安区慈善会还通过慈善文化宣传、社区慈善救助业务培训等活动，与全区小学、教育集团、社区建立起实质性合作机制。最终，形成一张覆盖辖区各街道、社区、企业、学校、媒体、人民团体和社会组织等各类单位的“合力慈善”网络。在宝安区慈善会带动下，全区专业化慈善组织取得了长足进步。到2022年年底，全区社会组织共有1175家，其中包括区级慈善组织3家，街道级和社区慈善帮扶协会、社区公益基金会40余家。此外，近90%的街道社区实现慈善冠名基金全覆盖，多层次、多元化的公益慈善事业体系已经形成。

（四）创新与超越

在调整和完善制度体系、改进和健全结构体系、努力建构“合力慈善”工作格局的同时，张洪华也在率领团队尝试业务创新，将他提出的“社会化”思路操作化。而“2015 年协议”的出台，为张洪华团队的创新提供了政策支持。张洪华团队的业务创新重点体现在如下三大方面：创新善款募集形式；创新慈善服务方式；打造特色慈善文化。通过这些创新，宝安区慈善会不断实现对自身的超越，也不断超越深圳市公益慈善界的同行。

“要想办法去募取更多的善款”：创建多样化捐赠模式

就善款募集而言，初创时期的宝安区慈善会，在动员企业和社会参与方面，主要依靠的是政府动员方式。“第一届理事会前期时，慈善会还处在原始阶段，还要靠政府领导去动员社会力量。就是说，处在那个阶段，募款还需要政府主要领导出面来做工作，去和企业家座谈。因为那个时候，光靠慈善会自身的力量，大伙儿还不信，只有主要领导出面了才可能办到。这种方式，行政色彩还是比较浓的，但开头时非常需要，也非常重要，为慈善会打下了一个非常好的基础，让我们能够接了班，在这个基础之上去前行、去发展。但是，第二届理事会就不能依靠这种方式了，我们必须创造新办法。”

第二届理事会制定的第一个五年规划，虽然没有明确提出社会化的概念，但在实际运行中，已经开始朝着社会化方向前进。试验操作的场域，就放在募捐领域。张洪华口中的募捐新办法，在宝安区慈善会的工作报告中有这样的表达：建立健全以企业捐赠为主、自身运作滚动为辅、社会广泛参与的捐赠机制，确立完善以定向与专项募捐、冠名基金、日常募捐三大板块为主的社会捐赠结构，丰富捐赠形式，扩展募捐平台。实践中，具体方式主要包括：常规性募捐；设立冠名慈善基金和专项基金；“慈善百强企业”认定；“‘与爱同行’慈善微跑”（以下简称“慈善微跑”）募捐。

一是常规性募捐。常规性募捐的方式和渠道多种多样。例如，张洪华团队在辖区重要公共场所设置爱心募捐箱和网点，到 2022 年年底，此类爱心募捐箱和网点共有 260 多个；互联网募捐；定期举行“广东扶贫济困日”募捐活动，筹款额度连续多年位居深圳市第一；不定期举办春节慈善晚会、慈善拍卖活动、专项募捐及其他灾害事故应急募捐活动。

在常规性募捐中，互联网募捐是近年来张洪华十分重视的一种方式，他不仅将其作为募捐模式，也将其视为慈善宣传教育、吸引市民参与的有效方式。凭借深圳的科技优势，张洪华团队从 2015 年开始利用科技手段打造了多样化的善款募集形式。在宝安区慈善会原有的日常慈善捐款热线电话 0755-2999977 的基础上，又通过本会官网和微信公众号开发了网上募捐形式。其中，官网“慈善捐助”栏目下有具体的“捐赠方式”说明，市民可以按照栏目中的账户信息，通过银行转账方式进行捐款。微信公众号则于 2015 年 5 月底开通，其最重要的功能就是通过微信开展“微公益”活动。宝安区慈善会微信公众号中有多个公益项目可供选择，市民可以在微信公众号“爱心捐助”之“我要捐款”栏目里选择相应项目进行自主捐赠。

2015 年 9 月 9 日，腾讯公益慈善基金会发起“腾讯 99 公益日”，旨在用移动互联网等新技术手段和形式发动网民参与公益捐赠。“腾讯公益”网络募捐平台甫经推出，即引起中国公益界的巨大反响，被民政部评为首批互联网公开募捐信息平台，2015 年的“腾讯 99 公益日”被誉为中国首个互联网公益日。在这一时代潮流中，宝安区慈善会没有落后，还抢先了一小步。

二是设立冠名慈善基金和专项基金。这是宝安区慈善会打造的新型募捐形式。鉴于“2015 年协议”提出要发展冠名慈善基金，2016 年宝安区六届一次人民代表大会政府工作报告明确提出未来 5 年要培育 10 家基金会和 100 家冠名慈善基金，重点对白血病、自闭症、特困特贫和留守儿童开展针对性帮扶。随即，宝安区慈善会将发展冠名慈善基金和专项基金作为重要的工作板块。

其实，早在 2013 年宝安区就成立了首个冠名慈善基金——宝青企协关爱基金，设置了自闭症儿童专项救助基金。2015 年以后，张洪华率领团队，多措并举，积极引导自然人、企业等单位成立冠名慈善基金和专项基金。其中，冠名慈善基金的成立、运行和存在都有一定条件。[①] 用张洪华的话说，“那是要一直‘冠’下去的，低于20万元时你就必须往里打钱，这个要一直做下去，除非你注销。同时我们还有专项基金，专项基金就是为某项事情设立一个专项，事情干完了，这个专项就没有了”。事实证明，冠名慈善基金和专项基金是丰富慈善捐赠方式、建立慈善资金稳定增长和长效机制的重要途径。至第二届理事会换届时，宝安区已经成立冠名慈善基金60多家，其中设立在宝安区慈善会的有16家，总共筹集了1800余万元善款。第三届理事会期间，截至2023年3月底，全区冠名慈善基金已发展到119家，累计募集善款近5800万元[②]，其中在宝安区慈善会设立的冠名慈善基金共有24个，累计募集善款4000多万元；专项基金共有16个，共募集善款1082多万元。

三是“慈善百强企业”认定。这既是提升辖区企业履行社会责任、促进经济社会和谐发展的褒奖举措，也是宝安区慈善会筹集善款的重要渠道。宝安区自2016年起计划在两年内认定100家“慈善百强企业”。2016年9月23日，宝安区慈善会与区人大、区政府、区政协联袂举行了第一届“慈善百强企业”授牌仪式，共有60家企业被认定为“宝安区慈善百强企业”。这60家企业在2014年和2015年两年间累计捐赠善款善物约2亿元。2018年4月，宝安区启动第二批“慈善百强企业”认定工作，计划认定40家为宝安区慈善事业发展作出积极贡献的企业，与首批60家慈善企业合在一起，达成宝安区认定100家“慈善百强企业”的目标。在第二批“慈善百强企业”认定工作中，全区共有96家企业参与申报，最终认定的40家企业均是慈善捐赠榜上的大户，例如深圳明德控股发展有限公司仅在

① 宝安区慈善会设立冠名基金，主要有四个条件，一是基金捐赠方拥有该基金冠名权，基金名称亦可根据捐赠方意愿，由区慈善会与捐赠方商定；二是基金设立的金额标准，单位和个人设立冠名基金，金额不能低于人民币50万元（含50万元）；三是捐赠方与区慈善会就冠名基金的使用意向、监督管理方式等内容签订书面协议；四是捐赠方根据协议将全部设立资金注入区慈善会后，该基金即正式成立。宝安区慈善会在日常的管理中，针对冠名基金建立了退出机制，首先慈善冠名基金成立后，一年内要实施救助；其次是慈善冠名基金成立并实施资助后，资金量不能低于20万元（含20万元），低于20万元半年内要补足。如果不符合这两项规定，该基金将被退出冠名。

② 其中有26家冠名基金注销，其募集的1083余万元善款已全部使用完毕。

2017 年一年捐赠善款就达 1.1 亿元。

四是“慈善微跑”。这是宝安区慈善会打造的新型募捐形式，同时也是慈善文化宣传的重要方式。“慈善微跑”活动于 2016 年 4 月首次在宝安区凤凰山森林公园绿道举办，此后坚持每年春天在同一地点举办，[①] 每次参加者从数千人到上万人不等。活动当天同时举办善款募集活动，现场设置募捐二维码，爱心市民可以通过扫码捐款。宝安区把“慈善微跑”活动筹集的善款设立成“慈善微跑专项基金”，由中国银行宝安支行进行专款管理，投入相关慈善项目。截至第六届“慈善微跑”活动，已通过此方式共筹集善款近百万元。“慈善微跑”活动已成为宝安区慈善事业的品牌项目。

谈到上述多样化、社会化的募捐方式，张洪华很有成就感，因为他实现了模式超越。第二届理事会期间，慈善会共募集善款 1.42 亿元，全部靠社会化渠道募得。对此，张洪华总结道：“我们应该把自身的社会组织角色提升上去。能不能有这种能力，那就要看我们自身能不能去找到恰当的方法方式拓展募捐渠道。慈善会的一个基本的功能，就是基金会的功能，是去募集更多的善款，帮助更多需要帮助的人，这是核心价值、核心使命，但要靠社会化来运作。我当时提出社会化概念，主要就是想运用社会化的手段来运作慈善业务，包括募捐。第一年没有募款，是想等到有一定能力的时候，靠自身的能力去动员社会力量来参与。第二年搞了一次大型募捐活动，这样的活动以前没有过。”而这一次尝试性的大型募捐活动，张洪华搞成功了。

这次大型募捐活动，名叫“慈心暖人间 · 善举行宝安”。之所以要搞一次大型募捐活动，也是形势所迫，因为当时宝安区慈善会基金池子的存钱已经不多了，第一届理事会募来的善款已经用出去百分之七八十。因此，2013 年 3 月，张洪华开始行动起来。他带着团队亲自干，深入工厂园区、社区、学校、医院、商场、银行，动员员工、居民、消费者，“每人捐一点，不需要给很多，人人参与才是活动的目的”。同时，张洪华团队

---

① 2020 年至 2022 年新冠疫情期间暂停了两届。

也经由街道商会动员了一批重要的企业家，其中捐款过百万元的有 6 家，短短 1 个月就募集到 3044 万元。“我们做到了！不靠区主要领导去站台，完全靠我们的力量募集到了 3000 多万元善款。这第一次成功了，就坚定了我们的信心。”

不过，这样一次性、大面积、广覆盖的大型募捐活动非常耗费人力物力，张洪华的核心工作团队只有六七个人，因此类似活动难以经常开展。张洪华决定今后不再依靠这种一次性大规模的募捐活动，而是把功夫下在平时，将募捐工作日常化。于是，才开拓出线上捐款、实时捐款、冠名基金、专项基金、项目对接、“慈善微跑”等一系列新办法，基金池子越做越大。“总之，要想办法去募取更多的善款，这样才能做更多的善事。这方面我们想了很多办法，我觉得是成功的，因为我们摆脱了依靠领导站台来募集善款的那种模式。”

到第三届理事会期间，宝安区慈善会的社会化募捐模式已经成熟，共募集善款 3.14 亿元。加上第二届理事会期间募集到的 1.42 亿元，张洪华主持工作 10 年间带领团队共募集了 4.56 亿元善款。他高兴地告诉笔者：“现在我们的基金池子里边一直能保持在 1.5 亿元至 1.6 亿元。” 2007 年到 2022 年年底，三届理事会累计募集善款 8.58 亿元，为全市区级慈善会之首。

“要想办法好好地把钱花出去”：优化慈善服务模式

一手接收善款，另一手投放善款，这是慈善组织的经典操作。宝安区慈善会一直坚持扶危济困、助医助残、救急赈灾的宗旨，始终把生活最困难、遭遇最不幸、群众最同情的困难群体作为救助重点，让需要帮助的人感受到慈善的温暖。自成立之后到 2022 年年底，宝安区慈善会接收了 8.58 亿元善款，支出了 7.2 亿多元，最近 10 年每年出去六七千万元，慈善金累计惠及人群 600 多万人，涵盖助医、助学、助老、助残、助幼、赈灾、社区发展、环境保护、对口帮扶与乡村振兴等多个领域、多个方面。

如果说，能否成功地募集到善款是衡量慈善组织核心团队能力的关键参数，那么能否用好善款则是衡量该团队品质的唯一标准。张洪华深深地明白这一点。在他看来，“有了钱后，就要想办法好好地把钱花出去。把钱尽快用出去，尽快发挥作用，把每分善款落到实处。善用善款，才对得起每一份善意”。他的办法，就是继承和完善第一届理事会创下的项目化运作方式，按照“立足宝安，适度外溢”的原则，突出重点对象和重点项目，开拓新项目，帮助项目成长，建设质量优良的慈善服务模式。

一是突出重点对象。作为一个基层慈善会，主要依靠本地慈善资源，也必须优先回应宝安本地的社会问题，突出重点对象，优先满足居住、工作在宝安区的困难家庭或人士的社会救助需求，建立健全宝安区本地的公益慈善价值链。张洪华团队首先发挥区慈善会的本质属性，重点突出扶危济困，从对辖区贫困群体的慈善救助做起。在对辖区内困难群众的日常慈善救助中，张洪华团队按照已经制定的关于户籍困难居民重大疾病医疗资助、劳务工重大疾病医疗资助、困难群众个案救助、自然灾害和突发性重大事故救助、驻地困难官兵资助这五个项目开展工作。为了使善款准确无误地惠及辖区困难群众，张洪华率领团队经常深入社区和困难群众家庭、深入福利机构和工厂企业，访查和掌握实际情况，保证善款善用。从2007年到2022年年底，宝安区慈善会共救助宝安区内困难群众6468人次，资助金额达1512万元。

二是突出精准救助。宝安区慈善会一直在推动直接救助向项目资助的转变，并且突出重点项目，长期把助医、助老、助学作为重点项目。2013年以后，项目运作过程又突出精准救助。精准救助项目通过冠名慈善基金和专项基金而设定，有针对性地帮助宝安区特定群体提高生活质量。例如，宝安区的“恒爱·善行”专项基金针对65个困难老人和失独老人展开帮扶，“麦轩慈善关爱基金”针对208户低保户开展帮扶，“奋成慈善基金”针对35名“五老”人员、烈属和抗美援朝老兵开展帮扶慰问，“正强慈善关爱基金”针对福永、福海的退役军人开展帮扶慰问，“西乡中学94届初中同学会关爱资金”的对象主要是西乡中心94届初中同学，“宝安区消防救援大队救助专项资金”针对消防救援人员开展帮扶关爱，“先天性心脏病关爱基金”针对先天性心脏病患儿开展医疗资助。各类项目中，医疗救助项目一直保持可持续增长，甚至拓展出新的子项目。例如2023年5月11日，宝安区慈善会捐资490多万元在宝安区人民医院设立了学生眼健康防治、关爱长者健康、腹膜透析患者居家照护三个慈善子项目。张洪华希望以此引导企业联手政府有关部门，推动精准帮扶项目的可持续、可复制。

三是落实对口帮扶。积极参与精准扶贫、脱贫攻坚、乡村振兴，也是宝安区慈善会的重要使命。自2007年到2022年年底，宝安区慈善会共募集对口帮扶资金2.33亿元，善款流向粤北贫困山区、广西贫困地区、新疆喀什等地，资助贫困学生、贫困家庭，建设残疾孤儿院、桥梁道路、饮水工程、农田基础设施、农村社区党群服务中心及教育、卫生、养老等公益项目。特别是在2020年和2022年，前一个年头是中国决战脱贫攻坚收官之年，宝安区慈善会全年共拨付善款7900万多元，其中用于扶贫的资金为5427万元；后一个年头是国家《乡村振兴战略规划（2018—2022年）》收官之年，在因新冠疫情等各种因素导致的募捐形势不佳的情况下，宝安区慈善会把打造一批乡村振兴项目作为年度重点工作，全年用于助力乡村振兴的善款达1519万元。从2020年至2022年，宝安区冠名慈善基金在对口扶贫项目中的支出占总支出近50%。

宝安区慈善会不仅为贫困地区筹集帮扶善款，而且秉持“真扶贫、扶真贫”原则，每个项目在确定实施之前，张洪华都会带领团队进行实地考察调研，预估项目的必要性和可行性，项目实施后还不定期组织监事会成员实地调研善款落实情况、使用情况，查看项目资金执行台账，以确保爱心款被真正用于为困难群体解决实际问题。

四是实施应急慈善。宝安区慈善会自成立之后，对宝安区内外、深圳市内外、广东省内外发生的重大自然灾害或突发重大社会事件，都积极配合政府职能部门做好赈灾援助工作。无论是2008年南方雨雪灾和汶川特大地震、2010年青海玉树地震、2013年雅安地震，还是2020年暴发的新冠疫情、2022年的河南洪灾，从来少不了宝安区慈善会的参与。以新冠疫情为例，疫情暴发后，张洪华和陈长贵的军人特质充分彰显。他们第一时间

2018 年 3 月，宝安区慈善会捐建龙川县的“宝安慈善楼”揭牌仪式（前排右六为张洪华）

2022 年 5 月，张洪华（右九）会长率队在粤北龙川县进行项目资助考察调研

启动应急救援机制，迅速从严谨的日常救助转为应急状态下的特事特办，快速部署行动，协同宝安区各方力量，组织开展抗击疫情“专项募捐”工作并发布相关指引，几乎每日在官网上公示接收抗击疫情捐款情况，到2020年5月11日共公示了45次，共接收抗击疫情捐款11399618.01元、支出7918560.30元。疫情之后，整体回顾、梳理、总结疫情期间应急援助工作做法和经验，形成一整套长效应对突发公共事件的机制，为今后的应急慈善工作提供参考和借鉴。

五是探索公益创投。通过资助宝安区社会组织公益项目，或者服务项目落在宝安区的其他市区级社会组织，以促进公益的社会价值最大化，这既是宝安区慈善会慈善帮扶、善款善用的创新举措，也是培育和支持公益组织走专业化道路的创新举措。张洪华用新学到的“公益创投”概念来表述这种新型的公益伙伴关系和慈善投资模式，而这一模式的具体操作办法是举办“宝安区慈善会公益慈善项目大赛”（以下简称项目大赛）。

项目大赛的创意，是张洪华团队从佛山市学来的。2014年年底，他们联合深圳市社会公益基金会等单位，成功举办了第一届项目大赛。这在深圳市区级慈善会中，乃为首创。张洪华感到很欣慰，他在接受《南方日报》记者采访时说：“这是我们的一次尝试探索。过去传统模式是通过调研自己定项目，常年按照既定项目来做。当我们募集到更多善款后，怎么帮助更多的人是慈善会的价值所在。但我们慈善机构人手不足，不可能做更多项目，于是想到借助社会力量来帮扶更多有需要的人，由公益组织和慈善机构申报项目，我们为他们提供资金支持，这样吸引更多人关注慈善、参与慈善。”① 后来，佛山的公益项目大赛停止了，宝安区却越做越好。

张洪华团队和合作伙伴分别于2015年、2017年、2019年、2021年举办了第二、三、四、五届项目大赛。宝安区慈善会为每届大赛设置资助金，其中直接资助的善款来自收到的非定向捐款。资助金中的90%左右用于资助优胜入选项目，另外10%左右用于深圳市社会公益基金会的项目运作，包括承办“大赛”事务、入选项目的后期跟踪服务等。

---

① 柳艳．宝安区“开门”做公益［N］．南方日报，2014-12-23.

2016年，张洪华（左三）率队调研获得宝安区慈善会第二届公益慈善项目大赛资助项目开展情况（右三是项目认领企业家苏洪根）

张洪华前排（右七）和陈长贵前排（右八）在宝安区慈善会第五届公益慈善项目大赛项目推进会上

截至2021年年底，经由五届项目大赛，累计吸引了410个项目申报，宝安区慈善会直接资助或经由认领企业间接资助的公益项目共计 54 个，金额达 1334.96 万元，覆盖老年人、妇女、青少年儿童、特殊群体、禁毒戒毒、志愿者服务、社区发展、环境治理等领域，合力构筑起了宝安区综合民生服务网络。项目大赛本身则成为宝安区慈善会慈善服务的优秀品牌，赢得了广泛的社会影响力。

六是打造“慈善空间”。这是 2021 年以后宝安区慈善会探索出的新的服务方式和载体，是深化和提升项目大赛社会价值的最新举措，是张洪华团队从广州学来的。具体而言，该举措要求受资助社会组织必须“有项目、有空间、有团队、有规划、有进展、有成效”，实质上是把慈善服务项目推向实体化，以期那些受资助的社会组织挖掘自我成长能力。2021 年 7 月，宝安区首个也是深圳市首个慈善空间——“星星童画梦慈善关爱空间”授牌启用，到 2023 年 1 月，宝安区慈善会已经打造了 8 个慈善空间。张洪华团队还建立了一套空间运营的规范标准，推动慈善实体空间建设和发展。

七是实施预后评估。通过项目化方式将资助善款投放出去之后，宝安区慈善会或自建小组或聘请第三方专业机构，进行跟踪检查、精细管理。借鉴国内外先进公益项目成果评估指标框架，制定指标体系，定期对所资助的慈善项目实施效果进行追踪评估，公开发布评估报告，促进慈善质量和公益效率。深圳市社会公益基金会作为宝安区慈善会长期的合作伙伴，从 2015 年第二届项目大赛开始，就接受宝安区慈善会的委托，对每届资助项目开展评估，查明项目目标和指标是否实现、经费使用与管理是否规范、项目实施管理情况是否规范及是否吸引到更多资源等，并对项目进行全面梳理和经验总结，裨益后进。除了跟踪大赛资助的项目外，宝安区慈善会每年还实地跟踪、监督检查所实施的对口帮扶、乡村振兴公益项目，以更好地提高公益项目的质量和成效。

“打造一种符合区情的慈善文化”：彰显特色文化

文化宣传工作，是张洪华的长项和最爱。在从军从政期间长期负责文化宣传、意识形态工作的他，对文化的作用有深刻的认识。他说：“文化

2017 年，张淇华（左二）在广西都安县下坳镇隆麻村村民莫大爷家了解“爱心水柜”建成后的用水状况

2020 年，张洪华（左二）带队到广东省揭西县实地检查由深圳市金环宇电线电缆有限公司通过宝安区慈善会定向捐赠给揭西县凤江镇东光村乡道建设项目实施情况

是有力量的。一个民族要有文化，一个城市、一个工厂、一个社区、一个家庭都要有一个魂，那就是文化。”当他主持宝安区慈善会工作之后，毫不犹豫地把推进慈善文化工作纳入业务板块，把打造宝安特色的慈善文化

当作宝安区慈善会义不容辞的责任和使命。

张洪华说，善款募集由两个方面组成，一是善款善物的募集，二是善心善念的募集，这两个方面不可分割。本质上，善款善物是善心善念的表征和体现。如果捐款捐物不走心，那慈善事业就没有感情的着力点，就没有可持续性。“所以，我觉得慈善文化太重要了。那慈善文化是干什么的？就是要让更多的人知道慈善、了解慈善进而支持慈善，形成一个良好的慈善氛围。有了那个氛围，才有可能形成企业家、市民主动参与慈善事业的局面。不是政府或者慈善会要你捐钱，而是你出自一种大爱、一种情怀去自觉主动地捐。所以，我就提出来要打造一种宝安特有的慈善文化，让慈善文化去温暖人，去感染人，去凝聚人。”

张洪华团队想出了一系列创意举措，将文化元素植入宝安区慈善会的日常工作和活动中。宝安区慈善会所开展的慈善宣传活动包括：升级本会网站，开通本会微信公众号，上线本会官方微信视频号；推进“慈善文化进校园”项目；从2015年起每年举办“慈善文化宣传周”；坚持常年在宝安各U站、各街道、各社区宣传发放本会救助办法手册；每年组织开展本会义工表演进社区活动；每年举办“慈善微跑”大型公益活动；每两年举办一次“宝安慈善奖”评选活动；推出“慈善娃”爱心玩具，由本会授权爱心企业生产销售，所得利润的50%捐赠给本会用于慈善事业；常年在《宝安日报》开辟“公益慈善”专栏；创办《善源》杂志；创作本会会歌《爱是唯一》；在全国范围内征集“宝安区十大慈善之语”；制作慈善动漫宣传片《大家一起做慈善》、公益微电影《金婚》和《焦点》；制作本会成立十周年专题宣传片、举办了十周年回顾展；开办了三届全国性研讨会“宝安慈善论坛”，邀请国内相关专家学者、公益组织代表，共话公益慈善事业改革创新发展之路；设立慈善地标；参与新老媒体节目，进行线上宣传；组织出版“宝安慈善实践探索丛书”……

张洪华刚倡导做慈善文化宣传工作时，团队里有人不太理解。“他就说这样的话：哎呀，不知道这个会长怎么想的，整天搞这些活动，有点儿虚。但是一两年后，他串起来思考，就明白了，因为其他工作更容易推动了。”以2021年河南省“7·20”洪灾援助工作为例。当时得知这一消息后，张洪华于7月21日组织召开紧急会议，启动应急预案，在宝安湾App① 发布了《宝安区慈善会助力河南抗洪救灾倡议书》。倡议书发布仅仅7分钟后，便有宝安区爱心市民、爱心企业陆续向宝安区慈善会捐款，还有很多咨询捐款事项的电话打进来，到8月5日就募集到了917万元。张洪华认为，这就是持之以恒的慈善文化宣传工作的社会成效，它使得慈善理念深入人心。

长期从事公益慈善研究的中央民族大学教授李健，曾来宝安区慈善会调研，询问张洪华，在上述诸多富有宝安特色的慈善文化创意中，他感到最满意的是哪些？张洪华回答说：“这些都是我的孩子，每个都很好，我都很呵护它，都很爱它。但是你非要我说的话，就是‘慈善文化进校园’。原因是这个项目推动起来太难了。如果没有宝安区政府和深圳市民政局签订的《推进慈善事业创新发展合作框架协议》，我们这个事搞不成；没有区教育局主要领导和班子认可，我们搞不成；没有学校的内在动力，我们搞不成；如果我们没有一个跟学校教育系统培养目标相一致、相适应的整体工作方案，我们也搞不成。我们整整花了8年时间，才实现全区小学全覆盖。”

2013年3月，宝安区慈善会响应中华慈善总会发起的“慈善文化进校园”项目，在全市率先探索“慈善文化进校园”工作，选择刚成立不到两年的坪洲小学作为全区“慈善文化进校园”试点学校。2013年年底，试点学校扩展到16所；2014年年底，试点学校扩大到23所，项目覆盖了近2万名小学生。到第二届理事会届满，此项目已经覆盖了全区44所公办小学。第三届理事会期间，试点学校的示范引领作用充分发挥出来，到2020年年底该项目实现了全区小学全覆盖，共计139所小学、13万余名小学生和教师参加了活动。

为了深化该活动的社会价值，张洪华团队于2014年组织编写了《我和慈善一起成长》小学生慈善读本，在试点学校发放。2020年，根据“慈

---

① 宝安湾App是宝安日报社为辖区民众打造的新闻资讯和生活资讯客户端平台。

善文化进校园”项目的实践和需求，组建慈善读本修订课题组，对慈善读本进行修订和完善。2016 年、2019 年，又相继组织试点学校开展“我的善缘”“慈善在我身边”征文活动比赛，将优秀作品汇集成册并正式出版，① 并向小学生免费赠阅。2022 年，组织举办全区小学生“我与慈善”书画比赛。上述活动在学生及家长、学校中产生了积极效应。对此，张洪华解释说：“我并不想孩子们参加了‘慈善文化进学校’活动，就回去给爸爸妈妈说，‘我们学校搞慈善文化活动，要捐钱了，你赶快给我 200 块、300 块’。如果是这样，那我这活动就失败了。我要的是，给孩子心里种下一颗善爱的种子，这就够了。”

宝安区“慈善文化进校园”项目产生了广泛的影响力，2023 年 3 月，该项目荣获了深圳市“第六届鹏城慈善典范项目”奖，吸引了深圳市内外众多基层慈善会纷纷前来取经。2023 年 3 月下旬，他和团队在宝安区图书馆举办了为期 10 天的“深圳宝安慈善文化进校园回顾展”，展示该项目推进的 10 年历程，供市民现场免费观看。有团队来观摩时，张洪华还数次亲自到现场讲解。

最近两三年，采取线上宣传、设立慈善地标、拍公益微电影，成为张洪华新的心头好。

采取线上宣传方式，是因为张洪华深知全媒体时代各种新媒介的重要作用，更因为新冠疫情暴发后线下活动的不便。平常，每年张洪华都会邀请宝安区融媒体中心（简称宝安融媒）②、宝安日报社领导和记者们，举行慈善宣传工作年度计划座谈会。新冠疫情暴发伊始，他迅速和宝安融媒合作，从 2020 年 2 月 1 日至 3 月 15 日连续一个多月，每天通过“宝安频道”“宝安第一课频道”，至少 20 次公益滚动播放慈善募集倡议，共滚动字幕 1720 次。这种宣传力度让更多社会爱心人士知晓了宝安区慈善会的抗疫专

---

① “我的善缘”征文活动共收到 200 多篇参赛稿件，评选产生了一等奖 1 篇、二等奖 3 篇、三等奖 6 篇、优秀奖 20 篇；“慈善在我身边”共收到近 3000 篇参赛稿件，评选产生了一等奖 30 篇、二等奖 60 篇、三等奖 90 篇、优秀奖 150 篇。参见：张洪华．我的善缘［M］．深圳：海天出版社，2016；张洪华．慈善的种子［M］．北京：中国社会出版社，2020.

② 2019 年挂牌运行，前身为深圳广播电影电视集团宝安广播电视中心。

款募捐倡议，积极参与抗疫捐助活动。2020 年 4 月 28 日，张洪华带队专门去向宝安融媒表示感谢，进行参观交流；2020 年 8 月 31 日，再赴宝安融媒，双方携手，用一个月时间，采用线上线下相结合方式，通过日常高频次新媒体，开展广播电视平台音视频宣传+融媒体矩阵宣传活动，对宝安区慈善会抗疫动员工作进行回顾、总结与反思。2020 年 9 月 16 日，张洪华接受宝安融媒广播电台 FM104.3 频率《民生访谈》栏目的邀约，向市民直播宝安区慈善会抗疫动员及筹集善款、物资等事项，并与市民在线互动交流，这次访谈也正式启动了宝安区慈善会“关于疫后常态化疫情防控宣传”系列项目的开展。2021 年 11 月 19 日，再次参与 FM104.3 频率《民生访谈》栏目，就宝安区慈善会的基本情况、宝安区慈善事业发展情况与听众进行交流和分享。

可能是因为张洪华的声音磁性有力，2023 年春季宝安融媒还邀请他做广播电台整点报时员。他抓住这一机会，再撒一波慈善话语：“听众朋友们，大家好！我是宝安区慈善会会长张洪华。奉献一份爱心，点燃一片希望，用慈善温暖宝安。携手做慈善，传播真善美。宝安区慈善会提醒您准确对时！”张洪华把这个小制作发给朋友们时，字里行间有藏不住的满意。“广电非要我报个时，也算慈善广告宣传，融入百姓生活的慈善宣传，又不花钱。”

宝安日报社更是张洪华常年的合作对象。宝安日报社长期支持宝安区慈善会，常年在纸媒上开辟“公益慈善”专栏，协助办理《善缘》杂志，疫情期间还在其“市民热线”组就慈善捐款等事务开启热线直播。2020 年 11 月 4 日，宝安区慈善会副会长兼秘书长陈长贵、办公室主任刘曦光赴宝安日报社接听市民热线，就如何开展慈善募捐活动、扩大慈善救助覆盖面、如何丰富慈善文化等问题与市民展开交流；11 月 18 日上午，张洪华亲自带队到宝安日报社调研座谈，希望宝安日报社帮助宝安区慈善会进一步提升本会微信公众号和《善源》杂志的版面、内容及宣传形式等。2022 年 6 月 1 日，张洪华再次带队到宝安日报社接听热线，与市民热聊慈善工作……

除了与本区媒体合作，张洪华还寻求与市级媒体合作。2020 年 12 月

11 日，张洪华带领副会长兼秘书长陈长贵、办公室主任刘曦光，一起参加深圳电台新闻频率（先锋 898）《民心桥》节目，介绍宝安区慈善会的公益之路。

上述流水账记录了张洪华及其团队与媒体的亲密互动，细致地展现了他为慈善文化宣传工作所付出的匠心。

2020 年 12 月 11 日，在深圳电台新闻频率（先锋 898）《民心桥》节目介绍宝安区慈善会的公益之路。（中为张洪华，左为宝安区慈善会副会长兼秘书长陈长贵，右为宝安区慈善会办公室主任刘曦光）

除了声音、视频外，慈善地标是张洪华团队宣传慈善文化的又一种创新手法。2019 年，张洪华团队提出设立“慈善地标”的建议，并与街道商会和企业家联合实施。他说：“不能仅仅靠在广播里讲、在电视上讲慈善，它作为城市的重要文化元素还应该能够固化，通过建立一个户外载体，给予人们一种现实的力量。”在他的倡议下，宝安区航城街道企业家黄耀文于 2020 年捐建了宝安区也是深圳市首个慈善地标——“‘与爱同行’慈善微跑”，把运动、慈善、文化相融合，让人们看到地标就能想起健康生活方式、想到献善心。紧接着，沙井街道、新桥街道、西乡街道、福永街道和福海街道的慈善地标陆续建成，每个慈善地标都蕴含着本街区的历史文化传统和当代社会风情。张洪华的计划是，倡导推动并实现“一街道一地标”的目标。

宝安区的慈善地标不但在深圳市属于首创，在全国也属于首创。作为永久性标志物，慈善地标见证和承载着深圳的公益慈善精神，是这个城市的慈善文化符号和集体记忆。其功能在于让市民了解慈善、追求慈善、参与慈善，进一步丰富了慈善文化的内涵。受宝安区慈善会的启发，深圳市民政局已经积极推动“慈善地标”认定工作，提出到2025年实现全市“慈善地标”认定100个的目标。

左上图：宝安区首个慈善地标——“‘与爱同行’慈善微跑”
右上图：张洪华与“慈善微跑”地标捐建者黄耀文合影
左下图：“沙井街道慈善地标”，把沙井蚝乡的蚝文化与当地孝文化传统、当代社会爱心融合起来
右下图：新桥街道慈善地标——“新桥·心桥”，把新桥辖区古人“倡捐建桥”精神与当代慈善精神相融合

公益微电影是张洪华团队宣传慈善文化的又一种创新手法。他说："香港、台湾都出了不少非常好的公益微电影、公益电影，很暖心、很励志。也许，今后我们也会出品公益电影。"2021 年 12 月 18 日，由宝安区慈善会出品、深圳市海岸明珠文化传播有限公司制作、著名演员李铁军主演的公益微电影《金婚》正式上线，在爱奇艺、优酷、抖音、学习强国等平台同步播出。该部微电影的目的是希望引起观众了解、关注和关爱阿尔茨海默病群体。2022 年 11 月，《金婚》荣获"2022 中国公益映像大赛最佳微电影奖"。2023 年 2 月，宝安区慈善会的第二部公益微电影《焦点》被推出，旨在关注青少年眼健康问题。

"回想起来，还是宣传文化这块儿工作最好做，也做得最好。"回顾所做的慈善文化宣传工作，张洪华这样总结道，"因为文化这个东西它是温暖的，它不是生硬的说教，它不是一下子起作用，它叫'润物细无声'。我觉得帮助一个人、帮助一个群体固然重要，但是在一个区域里形成一个良好的、爱和善的社会氛围更加重要，这只能靠慈善文化建设。为什么宝安区一遇到捐款的时候，就一定是全市第一？因为大家都知道应该这样做。现在很多企业家跟我说，'过去是政府压制我们做慈善，让我们去捐钱，现在我们发自内心地愿意做这么一件事，捐钱是帮助了别人，同样也慰藉我的心'。他们有这个认识，就是慈善文化长期起作用的结果。所以，我从一开始就把这个工作作为慈善会的一个重点来考虑。这么多年来，我们一直在坚守着这项工作，现在已经形成了一个体系。我觉得今后在宝安区的慈善历史上，我们这一段工作可能会是一个重要的节点。"

宝安慈善模式的形成秘诀

当年，以周林祥为帅的宝安区委区政府领导班子提出创建慈善会，初衷并非打造一个具有宝安特色的慈善模式，而是解决宝安的现实社会问题。16 年过去了，宝安区慈善会先以枢纽型慈善组织、后叠加公益基金会的角色和功能，凝聚全区慈善资源，成功地走出了一条具有宝安特色的慈善之路。2023 年 4 月 3 日，全国人大社会建设委员会副主任委员、中华慈善总会会长宫蒲光率调研组一行来到宝安区，就慈善事业发展开展专题调研，对宝安慈善事业发展给予了高度肯定，认为宝安慈善事业氛围浓厚，“有想法，有创新，很有代表性，值得推广复制”。这意味着，宝安慈善事业发展实践可以被称为一种“模式”，彰显了宝安慈善之力、宝安慈善之为，可学习、可推广、可复制。

能够成为一种先进模式，当然存在诸多不可或缺的力量促成要素。除了国家慈善事业发展的优良制度环境、深圳市的政策激励、宝安区经济社会中丰富的公益慈善资源，宝安区委区政府的支持和关键行动者的行动力发挥了行动中枢和铰链的作用。

（一）宝安慈善模式的特定性：体制层面

张洪华认为，于宝安区慈善会而言，政府“最大的支持是不干预”。其实，宝安区委区政府的支持，体现为直接的实力支持和间接的开明支持，可谓学习了“一臂之距”原则。

区委区政府直接的实力支持，至少表现在三个方面：人力、财力和公共权威。无疑，宝安区慈善会是一个官办慈善组织，成立它的决策是区委区政府作出的，[①] 筹建准备工作也是在区委区政府统一安排下开展的；理事会主要负责人均由区一级退休老领导担任，人选均须经区委区政府、市委组织部同意；同时，区政府为它拨出了一定的公务员编制；区财政拨出 990 万元专款作为它的创始基金，它每年的业务工作经费全部由区财政直接拨付，它的办公场所、设施设备均由区政府后勤部门按机关标准配置。

对此，张洪华解释说，我们承认宝安区慈善会是有政府背景的。他认为，作为全市第一个区级慈善会，宝安区慈善会是由党委政府决定、组织建立的，这是当时的宝安区历史形成的，只有党委政府有能力成立慈善会。至于慈善会拥有公务员岗位，张洪华认为这是队伍稳定的基本保证，而财政对慈善会的拨款，在实质上则与政府购买服务是一样的。“我一直

---

① 2006 年，有关“成立宝安区慈善会”的决定被分别写入了宝安区第四届人民代表大会第一次会议的政府工作报告、宝安区第四届党代会第一次会议报告。

就只有这么几个人，其中公务员是主力，保证了我慈善会队伍的稳定。退下来的老领导担任会长、常务副会长、秘书长，他们的政策水平、他们的能力、他们的影响力、他们的时间和精力等都具备，是真正在做事的。再说办公经费，慈善会成立时财政每年给了200万元，一直就是200万元，要养几个人，还要包业务经费。后来郭子平①区长来我这里调研，看看我有什么困难，我就提了这个事，2018年后增加到每年400万元。这几年疫情，财政紧张，直接给我砍掉了60%，只剩下160万元。我急了，让陈长贵去找财政局局长，把我们的情况诉苦给他，2022年又增加到368万元。这个经费，对慈善会的支持是很大的，这保证了慈善会不从善款中提成任何管理费。你政府出钱，我帮助你政府做事，成为你政府责任的补充，在我看来这也是政府购买服务。你政府既然可以购买其他社会组织的服务，为什么不能购买我的呢？"

话语代表的是一种立场。张洪华用"你"字加在"政府"前面，用"我"来代表慈善会，清楚地表达了两者之间的相对性。虽然用"你""我"区分了政府和慈善组织的关系，但张洪华明确表明，宝安区慈善会在成长和发展过程中，离不开党委领导、政府的帮助和指导。"我们就这么几个人为什么能够干那么多的事？这里边因素很多，我第一个要讲的就是，与党委政府的坚强有力的领导、指导是分不开的。我们每年度的工作会议，区里的主要领导和分管领导一定会来参加，他们在充分肯定的基础上一定会给我们提出一些希望和要求，给我们指出一个方向性的东西。但我具体业务的运作，是保持了一定的独立性的。"

让慈善会日常运作保持一定的相对独立性，正是宝安区委区政府开明支持的体现，这种支持使得政府与慈善组织之间保持了"一臂之距"。张洪华说："我们的日常业务，区主要领导他们不干预，从来不让你干什么干什么，从来不说你这做的怎么样怎么样。"事实上，宝安区委区政府的

---

① 郭子平，2016.08—2017.07，担任深圳市宝安区委常委，区政府常务副区长、党组副书记；2017.07—2018.01，担任深圳市宝安区委副书记，区政府常务副区长、党组副书记；2018.01—2020.07担任深圳市宝安区委副书记，区政府区长、党组书记。

确没有对宝安区慈善会的日常业务采取事事介入的方式，只是将其业务“事事”时时纳入眼中。而“纳入眼中”的方式，除了区里主要领导、分管领导会参加慈善会重要的工作会议、重大活动，媒体参与也是一种重要方式。这无疑表明，党委政府公共权威的在场，赋予了慈善会强有力的政治支撑和政治保障，既保证慈善会不脱离“党委领导、政府负责”的原则框架，又避免了政府的直接干预。

张洪华在感谢宝安区主要领导、分管领导的同时，也很感激媒体。他是一个尤其明白媒体力量的人，擅长与媒体打交道，通晓如何发挥媒体的效用。他担任宝安区委副书记时，因为分管文化宣传口，和宝安区广播电台、宝安日报社非常熟悉，也帮这两家媒体解决了不少难处，用他的话说，和媒体有着天然的感情。“我们要倡导一个良好的慈善氛围，确实要靠媒体帮助推动。如果没有媒体的介入、给你去宣传，谁知道你？这两家媒体非常重视我们这块儿的，我们外出考察，他们每一次都全程跟我们去。我们每一项活动，只要通知他们，他们一定帮我们去宣传报道。一年到头，这样的宣传真是太多啦！而且他们会把所有的手段都给我们用上，连抖音什么的都给我们用上，这点让我很感动。这样子成天宣传，今天不起作用明天就会起作用，市民今天不知道明天就会知道。”媒体是党和政府的喉舌，媒体的支持也等于是政府的支持。“媒体的支持，这个你一定要写，一定要写上。”

张洪华说，这种既有政府行政上的支持又保持慈善会独立作业的模式，可以实现政府和慈善组织的有效合作，是最适合当前社会发展情况的模式，也得到了深圳市民政局领导的认可。“我们作为一个区级慈善组织，有我们自身的特点，首先基于我们本地老百姓的需求。以这种模式来运作这个慈善会，政府很省心，远飞局长①他是认可我们现阶段这种模式的。在目前情况下，我们的这种模式，就是现阶段中国特色社会主义在基层的一种实践反映，我觉得应该是最好的一种。我们会按照这种走向做下去的。”

① 指深圳市民政局局长廖远飞。

从国际上看，宝安区慈善会与英国一种叫作“非部门公共机构”的组织有一定的相似性。在英国，无论中央还是地方政府，均可以对“非部门公共机构”出资、委任负责人，但后者按照其机构职责进行相对独立的日常运作，政府对后者保持“臂长管辖”，即两者之间保持“一臂距离”。张洪华提出的与政府“不能靠得太近”和保持业务相对独立的说法，与“一臂之距”原则的确很相似。近年来深圳市有些曾采取彻底市场化取向的区级慈善会，也开始向宝安区慈善会的模式学习。

（二）宝安慈善模式的特定性：关键行动者层面

宝安区慈善会三届理事会领导机构成员，是推动该组织成长、发展的关键行动者，在日常慈善工作实践中扮演着至关重要的角色，功不可没。

与深圳市其他慈善会比较，宝安区慈善会有一个明显的特征，就是其关键行动者中有不少人或自身有从军经历，或者出生成长于军人家庭。第二、三届理事会掌门人张洪华和陈长贵出身海军，刘国玲秘书长[①]出身于军人家庭；第一届理事会会长何植洪、常务副会长张文枢、副会长王挹之都是陆军出身。1946 年出生的何植洪曾从军 20 年，担任过炮兵团长，参加过 1979 年对越自卫反击战。1947 年出生的张文枢曾从军 17 年，历任班长、排长、团作训参谋、师教导队长等职。何、张、王三人转业后都曾长期从事纪委工作，2007 年均成为慈善会掌门人，都经历了从铁腕治事到“感情用事”的工作方式转变。何植洪给人们留下的印象是“谦虚、务实、厚道、与人为善、善于合作、执行力强”。张文枢性格直爽，对人更有非同一般的热心肠，口头禅是“共产党既讲国法，也讲感情”，被认识他的人形容为“铁骨柔肠”。王挹之更是一个有性格的领导干部，常常把“当官不为民做主，不如回家卖红薯”挂在嘴上并一直践行。

宝安区慈善会 16 年的发展史，一直由军队转业干部担任掌门人。“军人精神对我们慈善会一定是有影响的。”张洪华说，“因为什么？部队管理有它独有的特点，政治性、思想性、规范性、强制性、时效性和经常性等，你可以将它称作整体化。它要求必须集中统一、服从指挥，必须纪律

① 宝安区慈善会第二届理事会秘书长。

严明、令行禁止，必须快速反应、灵活多变。实际上咱们中华人民共和国成立初期国家管理的大部分做法都是从军队来的，那套做法在部队历练过，是很管用的。当然，地方事务不能照搬部队管理的做法，但一个人能把部队管理好，那说明他的管理能力一定是很强的。一直到现在，有些地方、有些企业还在讲'向部队学管理'。学什么？并不是说要搬它的那套做法，而是说要学那种精气神，比如说军人的服从意识、大局意识、担当精神、自律精神、吃苦耐劳精神、敢于攻坚精神、不计得失的精神、团队精神等。这些精神，有些地方干部是不具备的。"

因此也许可以说，由军队转业干部长期主导宝安区慈善会理事会领导班子，是宝安区慈善会源源不断取得可喜成绩的一个内在密码。"我们能经营好一个部队，把部队锻炼得那么好，那怎么不能管好一个地方？怎么不能经营好一个慈善会？一定会经营好的，一定会是这样的！"张洪华话语中充满了自信和自豪。他又一次叮嘱笔者："我们宝安区慈善会的这个特点，你一定写上去。"这句叮嘱也许投射出张洪华的内心世界：他始终牢记着自己是一名军人，并终生为之骄傲。与张洪华团队长期合作举办项目大赛的深圳市社会公益基金会秘书长杨钦焕，曾这样评价张洪华："张会长身上具有很强的军人气质和魄力，做事情很果敢坚定，又稳扎稳打。"

服从大局意识和岗位忠诚，是张洪华一直展现的最重要的本色精神。张洪华的职业生涯共有从军、从政、从善三个阶段，他始终都贯彻服从与敬业的精神。特别是退伍转业时来到深圳、退休时担任慈善会会长这两件事，均非他当时真正的初衷，但"身为组织的人必须服从组织安排"这一观念像钢印一样嵌在他心中。服从之后，就是激情奋发，全力以赴。正如张洪华所说："既然接了这个岗位，既然干了这个事儿，那对我来说，每个岗位都是一样的，我就认准了它。我认准了的事情，一定要把它坚持下来，不会半途而废，一定全心身地投入，追求做得更好。无论在哪个岗位上都要有激情，在慈善会我也是这样，能够做的都会发挥到淋漓尽致。我一辈子都是这样，尽最大的努力把事情做得最好，这是我一生的追求。"

这种特质在宝安区慈善会的第一位掌门人何植洪身上也深有体现。

2021 年 7 月，笔者曾经与何植洪有大约半个小时的对话。温文祥和的何植洪以不容置疑的真诚，对笔者解释他出任宝安区慈善会会长的动因及上任后的举措。他说："听党的话，跟党走，党让我干什么我就干什么，这是我始终都会牢记的。组织上安排我做这个慈善会会长，那我就会去做，还会全力以赴地去做。"

理想主义情怀，是张洪华展示出的第二种本色特质。"从事慈善工作的人需要有一种爱的情怀、善的情怀。如果没有这种情怀，只是当成一份工作，就很难全身心地投入其中。"这是张洪华经常说的话。而"情怀"两个字，只有在具体事务中才能够彰显。在他和宝安区慈善会其他关键行动者身上，很容易发现这两个字。

宝安区慈善会中，除了办公室主任及其下辖的工作人员，会长、副会长、秘书长及理事会其他成员都不从慈善会领取任何报酬，也没有任何待遇，完全是基于自己的使命感参与慈善工作。当笔者谈及这个问题时，张洪华笑了："待遇？没有这些东西！只要干好活就行。我跟你讲，我们一分钱也不能拿。只有光环，一分钱没有。不但没有一分钱，我和陈长贵还动用了我们所有的人脉，耗尽了我们的人脉关系为社会做事。"他给笔者讲了两个故事。一个是成立宝安中医药发展基金会的故事。宝安中医药发展基金会是全国首家区级中医药发展基金会，成立于 2019 年。为了筹措创始基金，有关领导找了张洪华，提出的理想目标是筹措 5000 万元至 7000 万元。张洪华通过自己的人脉关系参与筹资，最后总共筹得资金约 1.9 亿元。另一个是对口扶贫的故事。有一次，一个市领导要带着全市每个区的副区长去扶贫，要求每个区带 200 万元，并且任务安排得很紧急。宝安区主管扶贫的副区长找到张洪华，张洪华打了一个电话，立即解决了问题。"这种事情，说实在的，没有一个很好的人脉，是办不成的。"

对于一个已经不再握有党政部门实权的退休老人而言，人脉之所以能够发挥作用，究其实质是其人格魅力。宝安区各个街道商会会长都是宝安区慈善会的副会长，也都是企业家，有些人资产上百亿元，是宝安区慈善会募集善款的重要来源。要把这些人团结在身边，唯一的办法就是以人格魅力去换得人心。杨钦焕还曾经这样评价张洪华：张会长与人打交道的过程中虽然有些强势，但他往往很尊重他人，很愿意倾听他人的想法，真诚地信任他人，热心地帮助他人、支持他人，这种特质促使很多企业家愿意跟他来往。

追求精益求精、全始全终，是张洪华的第三种精神本色。本着“尽最大的努力把事情做得最好”这一行为准则和信条，无论任何工作他都要求有“一个完整的过程”，“要开一个好头，收一个好尾”。他所说的“一个完整的过程”，包括开头时的“好的筹划”、中间的实干苦干、干完后的总结、最后的传播，所有环节形成一项工作的闭环，缺一不可。对于一项工作，他如此；对于一年的工作，他如此；对于五年的工作，他如此；对于宝安区慈善会成立10周年、15周年这样长时段内的工作经验，他更是如此。“在一个节点上把前一段的工作系统地总结一下，看看工作过程中有哪些想法做法值得反思、有可取之处，有哪些问题需要今后避免，就把它们积淀下来、告诉大家。这是为了今后大家都能够更好地往前行。”回忆自己的经历，他说：“这是我们作为领导干部的一种工作模式。几十年来我一直按照这样的工作模式开展工作。”

到2023年5月，张洪华担任宝安区慈善会会长已经整整10年，宝安区慈善会又将换届。于是，“收一个好尾”就成为他近期的心头事。这里的“好尾”，自然包括总结宝安区慈善事业发展的实践。他认为宝安区慈善会经历了16年的发展，已经形成了一些基本价值和成型的经验，有必要做个系统的回顾，有必要传递下去，因此组织出版“宝安慈善实践丛书”。他说：“我的目的很简单，就是交一个好班。我希望为今后接我的人留一套东西在这里，希望其中那些得到公认的好东西不要断掉，希望他接了之后再去丰富它、完善它，再往前行，再把他的好东西积淀下来、传承下去。如果我们每一个领导都像这样一代又一代传承下来再继续往前走，我们很可能把宝安区慈善会建成百年老店。我认为一个单位应该是这样，我们国家同样也是这样。”

收一个好尾之后，年近古稀的张洪华下定决心退而休了。

从最初的不愿意到宝安，到服从组织安排来到宝安，在近20年的时光里，张洪华已经成为一个真正的宝安人。

“宝安是一个有着厚重历史的地方，是一个非常包容的地方。我身边的同事，我慈善会的副会长、理事们，我身边的宝安人，都善良又纯朴，你只要融入他们的生活里、融入他们的感情里，他们就认可你，无条件地认可你、支持你。我真的对宝安有感情了，已经不愿意离开宝安了。不过，我不可能再继续干下一届了，我把退休后最好的时光全部给了慈善会，全部交在了这里头。我也该有些时光给我和我的家人了。”

张洪华这样说着，有点如释重负的样子。

刘国玲：

“公益干部”是怎样炼成的

人物简介

刘国玲，祖籍广西，1961 年出生在北大荒。父亲曾是一名军医，参加过抗美援朝战争，支援过北大荒建设。1962 年，跟随父母迁移到海南岛，建设海南垦区。16 岁高中毕业，就职于五指山区的保亭热带作物研究所，成为一名割胶工人。1979 年考入海南省农垦通什师范学校，1981 年毕业，被分配到海南省三亚市南滨中学教书。1987 年，调入深圳市松岗中学任教。1993 年，调入宝安区松岗镇政府，历任办事员、副主任、主任、宣传部部长、党委委员；2007 年，调入宝安区福永街道，担任街道党工委副书记。2008 年 9 月，调入宝安区民政局，担任副局长、调研员，分管老龄事业、社会事务、社区基层政权、优抚安置、双拥、殡葬管理、慈善事业等工作。2013 年 1 月，当选为宝安区慈善会秘书长，2016 年 3 月从岗位退休，全身心投入慈善会工作。从 2018 年 5 月起担任深圳市慈善事业联合会常务副会长兼秘书长，2019 年 12 月当选为深圳市慈善事业联合会常务副会长兼秘书长，2023 年 4 月被深圳市社会组织管理局党委任命为深圳市慈善行业联合党委书记。

在深圳市公益慈善界，刘国玲的名字知晓度很高。她是宝安区慈善会向深圳市公益慈善界输送的管理专才。这位从宝安走出的慈善实务者，人生和工作经历丰富，谈起个人参与慈善事业的经历、宝安慈善事业发展历程、深圳市慈善事业演进现状，如数家珍。

她自 1987 年来到宝安后，从一个慈善事业的旁观者、见证者，逐步成长为慈善事业的专职参与者和管理者。刘国玲与公益慈善事业结缘的经历，既展示了一个公益慈善事业管理者的炼成过程和原始密码，也彰显了宝安公益慈善事业长足进步的点滴，透射了基层政府在公益慈善事业发展中角色功能的变迁、政府与社会关系的变迁。

笔者于 2015 年结识刘国玲。自 2021 年 7 月起，笔者多次访谈刘国玲。本文基于与刘国玲的多次访谈互动而成。

承自垦荒老兵的精神基因

谈起多年来何以在公益慈善之路上一直不停步，刘国玲总是要从她的父亲说起，因为这辈子事业生涯的几个阶段——从工、从教、从政、从善，无不渗透着她父亲的影响。

1958 年 3 月 5 日，正在广西老家探亲的父亲接到部队的命令：立即归队。这位从朝鲜战场上归来的战士，当即返回部队。回到部队接到指示：3 月 8 日到黑龙江省密山县报到。军人必须忠诚于党，以服从命令为天职，这是父亲常对她说的话。

1958 年 4 月 12 日，密山县火车站广场上，人山人海，王震将军正在这里召开进军荒原的誓师大会，向十万退伍军人发出动员令："英雄奔赴北大荒，好汉建设黑龙江。"退伍官兵们举着红旗、扛着行李，奔向了北大荒，为新中国垦荒史增添了壮丽的一页。刘国玲的父亲成为这十万官兵中的一员。他被编制在位于黑龙江省虎林市的八五六农场，该农场又名北大荒生产建设兵团四师第三十七团。

刘国玲的母亲——一个仰慕英雄的广西姑娘，经人介绍，从老家跨越8000多里路来到北大荒，与刘国玲的父亲成了家。1961年，刘国玲出生在北大荒。

刘国玲告诉笔者，她是家中5个孩子的老大，最受父亲宠爱。她这一生受父亲的影响最大，她的性格养成、入党入学、待人处世、职业选择及职业态度等各方面，都深受父亲的熏陶和教导。至于晚年走上职业化慈善工作之路，也是父母的自助助人精神在她身上的一种延续和呈现。

回忆起父亲，已逾花甲之年的刘国玲满怀着孺慕追念之情。

她的父亲出生于1934年，少年时代就在广西老家给部队当过通信员。1952年，她父亲跟随解放军第46军137师410团，从广东普宁出发，在樟木头集结，北上参加抗美援朝战争，当过侦察兵、工兵、卫生员。该师曾击败美军的“王牌”师，打赢了抗美援朝的最后一战。她父亲曾经告诉子女，他永远忘不了在朝鲜的日日夜夜，忘不了大战前夕以死决战的气概，忘不了当听到停战协定消息时战友们的欢呼和激动。1955年，她父亲随部队回国，在吉林市驻防。在部队里，她父亲受到过两次奖励。也是在部队里，他学习医学，成为军医。1958年随着他的部队去了北大荒，在东青山农场成为一名垦荒队员，被分到八五六农场的医院当医生。那艰苦卓绝的垦荒耕种是那一代人难忘的记忆。“那时候他们还是按部队的方式管理，大家穿的都还是军装，不过摘掉了领章帽徽。”

1962年5月，当时的国家农垦部根据党中央部署，下令抽调北大荒400多名干部支援海南垦区。刘国玲的父亲成为其中一员，被调到了海南岛五指山下的保亭育种站医院（以下简称医院）。一家人从酷寒的北大荒搬到酷热的五指山区后，父亲继续在医院当医生。

保亭育种站建于1954年，隶属于海南省农垦总局，是以橡胶选育种为主的热带作物专业研究和生产单位。该单位起源于部队建制，也是由一批从硝烟中走出的军人集体卸甲转业而建，虽然执行的是以橡胶为主的特种林业种植任务，但在管理体制上依然实施军事化模式，实行站、队两级管理。1969 年，保亭育种站被改制为广州军区生产建设兵团 3 师 4 团，“站”是团级，简称团部，其下属的生产单位被称作生产连队，或被简称为生产队或连队，共有 13 个。直到 1976 年“文革”结束，广州军区生产建设兵团 3 师 4 团建置被撤销，改名为保亭热带作物研究所。

也正因如此，20 世纪六七十年代的保亭育种站及其医院里，充满了浓厚的部队痕迹和军营氛围。来自天南海北的职工及其家眷们，彼此知根知底，挨家挨户住在统一修建、整齐罗列的茅草排房中，茅草排房后来变成了砖瓦排房。刘国玲正是在这样的环境下慢慢成长的。其间，有一件事情给幼小的刘国玲留下了深刻的印象。“那时候就看到我母亲帮助了很多人，哪个家庭有困难、有需要，我母亲就会过去。我印象最深的是，有个小男孩，他的母亲去世了，父亲忙得顾不上他。他整天脏兮兮的，衣服破旧不堪，挺可怜的。那时候大家还得用布票来买布做衣服，我母亲用我们家的布票买来布，还给他做了新衣服。”

1966 年，因为家庭出身属于富农成分，她的父亲被划为了“黑五类”，从团部医院下放到第 7 生产连队做赤脚医生。她的母亲则继续留在医院食堂里，既要工作又要照顾更年幼的孩子，父亲只好将她带在身边一起下放。刘国玲还清晰地记得，临行前夕母亲哭着叮嘱她，要听爸爸的话，自己能做的事情要自己做。她是坐着牛车跟着父亲下到生产连队去的，车上有一个父亲常用的漆着红十字的白色小药箱，她就坐在小药箱上。从此她母亲的那句叮嘱、她父亲的那个小药箱成为她铭刻一生的记忆。

连队在一个山坳里，离团部只有十几里路，他们父女却不能经常回家。连队里的老老少少两三百人，来自全国各地，也是住在一排排的瓦房或茅草房里。连队大礼堂是茅草房，隔出的一个小房间就是卫生站，既是父亲工作的地方，也是父女二人的新家。刘国玲跟着父亲下放的时候还没读书，父亲走到哪儿她就跟到哪儿。父亲每天早上都背着他的药箱出去给人看病，到人家家里，或者到工地上。晚上是卫生站最热闹的时候，很多人过来寻医问诊。她父亲是学西医的，下去连队后开始学中医。刘国玲也跟着父亲学干活。父亲开了一个草药园，她就去帮他拔草、浇水。父亲为针头针筒消毒、做药膏药丸、做棉球棉签，刘国玲也学会了在小竹签上缠上小棉球，再把那些东西放到药箱里面。有时候父亲去开会，没法带她，她就一个人到食堂打饭吃。连队的人一直在开荒，开辟出地来种橡胶树。到冬季的时候人们容易感冒，她父亲就用草药熬感冒茶，夏天还要熬凉茶，然后把熬好的茶挑到工地去给整个连队的人喝。那时候附近黎族村子的村民也都来找她父亲看病，时间长了她就听懂了他们用黎族语说的几个字——“找刘医生看病”。有时候父亲不在医务室，她就去帮他们找他。连队附近有一所中学，那些全寄宿的学生有病也会来找他看病。她父亲在连队里待了 17 年，直到 1983 年被摘掉帽子，才回到原来的医院。

在刘国玲的记忆里，她的父亲不像一般当过兵的人那样性格暴躁，而是一个温文冷静的人。也许是因为亲历了太多战场上的九死一生、日常中的生离死别，面对命运的无常安排，她的父亲始终平静接纳、淡定从容，从来没有抱怨，从来都是感谢党和部队对自己的培养教育，从来都怕给组织、给别人甚至给儿女添麻烦，始终一丝不苟地对待自己的工作，沉默而细致地照顾自己的病人。

父亲更是始终以无限的包容和宠爱对待自己的女儿，也将尽心尽责、悲悯关爱、扶危助弱等品质演示给了女儿。“在我成长的过程中，其实我父亲对我影响蛮大的。他的一切总是默默的，帮人也是默默的，他把大家的健康放在心上，连队里谁的身体怎么样，谁的家里有人有病，他都知道得很清楚。那时候有不少人挨批斗，有些人被红卫兵打成重伤，关在牛棚里。红卫兵担心人死了，让我父亲去治疗。连队队长也叮嘱我父亲去尽力救治。有段时间我天天跟着父亲到牛棚里去，从小药箱里帮他拿东西。我能看出来他非常用心，不仅是看病，还总是会牺牲更多的时间或者会做更多的事情去帮助人家。”

刘国玲认为，父亲那种敬业爱岗、尽心尽责、帮人助人的行为，不但对她的影响很深，而且也帮助他们度过了“文革”时期艰难的岁月。“因为我父母与人为善，尽可能帮助身边的人、帮助有需要的人，‘文革’时期虽然说人斗人、人整人，但我父母没有经受多大的冲击。我父亲虽然被划为‘黑五类’，连队大礼堂的大字报上也总有他的名字，被倒写着并打上叉，但也没有什么人去整他、打他、迫害他。大家觉得他是仁医、神医，都需要他。我父亲的那种人生态度，对我的影响是一生的。至今我还保留着我父亲的那个小药箱。”父亲闲暇的时候，会给刘国玲讲抗美援朝的故事、北大荒的故事，教她唱朝鲜歌曲《豆拉萁》。这首歌一直被她记在心里，至今依然会哼唱。也因此，童年少年时代动荡艰苦的生活并没有在刘国玲的心中留下阴霾，相反，她的性格像海南的阳光一样灿烂，爱说爱笑，爱动爱唱，大胆勇敢，勤劳善良，自助助人。

刘国玲在连队里念完了小学后，回到团部中学读书，寄宿在校。每次放假，她都会回到父亲身边帮忙。

1977 年 7 月，16 岁的刘国玲高中毕业，又回到父亲所在的连队，成为一名割胶女工，每月可以领到 28 元的工资。同年国家恢复高考，她也在劳作之余复习备考。

割胶工作非常辛苦，刘国玲干了两年。她记得，那时候工人每个人要负责两个林段，每个林段大概有 300 来棵橡胶树。两个林段的割胶时间每天错开，“今天割这一段，明天再割另一段，就是这样子交替重复”。如果遇到下雨天，一个林段的任务没完成，就必须得补回来，同一天割两个林段。几百棵橡胶树分布的面积很大，刘国玲负责的两个林段还不在一个山坳里，中间隔着一座山。她每天凌晨或者晚上去割胶，凌晨一般是在 2 点钟到 5 点钟出发，晚上会是七八点钟、八九点钟，要看天气或者连队的安排，再决定时间段。“我都是一个人去，也没什么害怕的，那里没坏人，要小心的就是毒虫，比如毒蛇、旱蚂蟥等。旱蚂蟥最讨厌，去之前要穿上水靴，还要用泡了药的棉布裹在靴子上面，要不然旱蚂蟥会爬得满身都是，扯都扯不下来。黄蜂也很讨厌，我被它蜇伤过，人都肿得变形了。我们有考核，那时总想着多采一些胶水，一滴胶水也不能浪费。装胶水的杯子必须擦得干干净净的，否则胶水装进去会变质，胶片质量就不能保证。所以，碰到下雨的时候，我会拿雨衣盖住胶水桶，即便来例假也宁可自己淋雨。”刘国玲叙述着这些往事，笔者眼前仿佛闪过了一幅幅画面。

繁重的劳动之余，刘国玲还在认真地复习功课，参加高考。她在橡胶林里做了个小沙池，白天采完胶、磨好刀后，或者在打理橡胶树、除草施肥的间隙，就在沙池上面用树枝做试题。1977 年 12 月第一次参加高考，报考文科，失败；次年报考理科，又失败。1979 年第三次报考时，她父亲建议填师范院校，理由是以后既能教书育人，也能让自己不断学习和提升，她听从了父亲的建议。这一次，她终于成功，被海南省农垦通什师范学校录取。总结这段经历时，她说："我高考考了三次，因为我当时不能离职去补习，我一去补习就每月少了 28 块钱的收入。我在家里是老大，下面有 4 个弟妹，这笔钱很管用，所以我不是会拼搏，是不得不拼搏。"

回忆自己的青年时代，刘国玲的话题最后又回到父亲身上。她的父亲一生都铭记着自己的从军生涯和在北大荒的岁月。他很想再去朝鲜看看，却没有机会。2009 年，刘国玲陪同父母回到黑龙江省虎林市的八五六农场，看看曾经抛洒青春的地方。临别前，老人家拒绝女儿的帮助，非得自己拿出 1 万元捐赠给八五六农场的子弟学校，这 1 万元相当于他近 5 个月的退休工资。

2009 年，刘国玲（右一）陪同父亲（右四）回到北大荒

82 岁的时候，老人家还为海南保亭热带作物研究所的干部、老工人、

家属义诊。83岁那年，老人家去世了，是穿着没有领章帽徽的军装走的。刘国玲在父亲墓碑后面刻了几个字："老兵永远不死"。

"我父亲这辈子，从南到北，从北到南，扛枪打仗，建设边疆，忠诚于党，热爱祖国，赤子情怀，军人本色，良医慈父。"刘国玲把她自己写的一篇追思父亲的小文拿给笔者看，并继续说道："'拓荒牛'不是深圳人精神的象征吗？我觉得我父亲那一代更是真正的'拓荒牛'，因为农垦一直是他的家、他的梦。现在想想，我从小跟着父亲下放连队，豆蔻年华的时候成天钻在橡胶林里劳动，还有那三次屡败屡战的高考，这些经历留给我的都是精神财富。这笔精神财富的源头正是我父亲。"在她的那篇小文里，还有这样的文字："他在下放时平静地学中医，我知道了什么叫坚强无怨；他风雨无阻上门给人看病，我知道了什么叫敬业尽责；他在别人需要时伸出援手，我知道了什么叫慈悲善良；三次高考他给我的鼓励，我知道了什么叫坚持不懈。我从小被熏陶得有点战士化、革命化了，有这样的精神财富，干什么事不能把它干好呢？干什么我都有信心把它干好，人不能被困难打倒。"

言谈至此，笔者也终于明白，刘国玲骨子里为什么有一种男儿般的豪放洒脱，为什么总是神采昂扬、充满激情，为什么总是带着感情做事、总是全心全力、总是追求精益求精。

初步感受慈善的震撼

1979年9月，刘国玲考入海南农垦通什师范学校。同年级的同学有100名，是该校专门为海南农垦系统的中学培养的师资力量。1981年7月，刘国玲毕业，被分配到三亚市南滨中学教书。刚走上讲台的她，教书育人，尽心尽责，给她的学生留下了深刻的印象。

此时期，正在崛起的深圳像磁铁一样吸引着全国各地的年轻人。刘国玲也有同学、同事已经调来深圳或者来过深圳，她听着他们描述深圳改革开放的故事，深深地被吸引。1986年，她在《南方日报》上看到宝安县招聘教师的启事，立即报名。1987 年 8 月正式调入宝安县历史名校——松岗中学①，担任初中班的班主任和语文老师。

刘国玲调到松岗中学时，松岗的行政建制刚刚由“松岗公社”改为“松岗区”，继而又改为“松岗镇”。这是深圳市最西北部的一个农村建制镇，辖区一大半与东莞接壤。因地处偏远，也因为体制改革刚刚起步，当时的松岗经济社会发展水平尚低。辖区内布满农田、山丘、坡地和滩涂，村落交错，村级经济占主体地位，1986 年时全镇的“三来一补”和“三资”企业仅有 87 家，工业产值仅为 3712 万元。松岗中学规模也不大，完全是按照辖区户籍人口而设置，绝大部分学生是本地村民的孩子。学校教学环境和条件比较落后，教室、教师办公室只有几栋平房或小楼。刘国玲觉得，松岗中学整体上和她在三亚南滨中学并没什么太大区别，除了一栋正在建的教学大楼。

刘国玲不知道的是，此时期正值中央坚定改革开放的方向、为经济特区发展奠定新基调的阶段，② 市场由此被进一步激活，为深圳经济快速发展注入了前所未有的动力。市场有活力，公益慈善就有支撑。此时期，公益捐赠最活跃的当数回报故乡的港澳企业家，他们在深圳掀起了第一波捐赠办学、捐赠兴医、捐赠助老助孤的浪潮，倾力支持故乡建设。

刘国玲原本以为，教书的日子就像她在三亚南滨中学里一样忙碌而平淡。但很快，刘国玲就发现了新奇的事物，感受到一种前所未有的震惊。她听说那栋正在建的教学楼不是由政府出资，其建设资金完全来自私人捐赠，捐钱的人是在香港被称作“钢铁大王”的企业家萧树强。她第一次知道了专业术语“慈善”“慈善捐赠”，第一次知道这世界上还有人做这样的好事儿。虽然和在三亚一样教书育人，但慈善故事为她打开了一扇新的视窗，并成为她日常工作生活中新的动力源。

她进一步了解到，萧树强是松岗镇江边村人，在 20 世纪 40 年代初出

---

① 松岗中学又名文存贵纪念中学，创办于 1945 年。其前身是东江纵队创办的东宝中学，是一所拥有革命历史和红色基因的公办学校。

② 20 世纪 80 年代晚期，国内舆论界出现了有关经济特区“姓社姓资”的争论。1992 年，邓小平发表南方谈话，从中央层面坚定了改革开放和经济特区发展的方向。

生，18 岁时去香港谋生，从建筑钢铁安装工程学徒做起，后来自己创业，承接香港各类楼宇和基础设施建设的钢铁安装工程，慢慢地获得了“钢铁大王”的称号。像其他爱国爱乡的香港企业家一样，萧树强虽然身在香港，但是心怀故乡。在香港，他名下有两家公司，其中一家叫“宝安工程有限公司”，“宝安”二字正寄托了萧树强对家乡的思念。改革开放伊始，已离别宝安 20 多年的萧树强回到家乡，决定助力家乡的经济社会发展和慈善公益事业，前后在松岗投资 1 亿多港元发展水产养殖、房地产等，并且和当时的松岗镇政府一起讨论、规划一揽子市政公共服务设施建设，其中包括幼儿园、小学、中学、敬老院、医院、桥梁、道路等项目。萧树强通过率先投资或者无偿捐建，启动这些工程项目。比如，1986 年萧树强捐资 13 万港元兴建松岗江边小学，捐资 23 万港元兴建松岗中学教学大楼，捐资 30 万港元兴建沙井中学教学大楼，并为一些困难学生提供每人 3000 元的奖学金。1987 年，他倡导并捐资 130 万港元兴建松岗萧树强医院（即后来的松岗人民医院）。后来，他又捐赠 10 万元购置医疗设备，并为医务人员提供到香港考察学习机会。他还多次向宝安区和龙岗区的残联、儿童福利基金会等社会福利机构捐款。多年来，他对家乡的捐助总计将近 1000 万元。①

萧树强的善举大大震撼了初来乍到深圳的刘国玲。她告诉笔者：“1987 年我来到宝安后，萧树强给我们学校捐的那栋教学大楼已经在建了。在这之前，我从来不知道有人这样去做事，捐献出这么大的资金去支持学校、医院。他捐给我们的那一栋教学大楼建好后，起名叫‘萧树强教学楼’，我们师生就搬进去使用了。新的教室宽敞明亮，桌椅崭新整齐。这栋楼彻彻底底改善了我们学校的硬件教学环境，看着孩子们能够在这样好的环境里读书学习，我心里特别震撼、特别感动。萧树强不但捐款建了学校大楼，还给优秀的学生发奖学金，给我们老师发奖教金。那时候松岗中

① 上述数据，除了来自对刘国玲的访谈外，还引自：白念平．萧树强：“钢铁大王”对故乡的似水柔情，绵延到了东江源头［N］．晶报，2022-12-05；柯东波，佘堉南．萧树强：热衷慈善公益 尽显家国情怀［N］．深圳侨报，2021-09-13.

学只有初中部，有很多学生考上深圳卫生学校、深圳财经学校、深圳师范专科学校、宝安中专等，凡是考上的学生都有奖学金。我们老师除了拿工资，他还给我们在工资之外发奖励和补贴。我当时一个月工资 180 块，到了学期末我还可以有几百块钱的奖金，那相当于好几个月的工资。你想象一下那感觉，哇！那是我初到深圳时最有感慨的一件事。因为我真实地享受到了爱心人士对教育事业的支持，我就惊讶还有人是这样来做好事的，还有这样的人生境界。我在三亚教书时从来没有听说过这样的事情，我把这件事情跟我以前的同学同事分享，他们都特别羡慕。”谈到萧树强，刘国玲话语里溢出真诚的钦佩与敬仰。

随着刘国玲对宝安的日益了解，她的惊讶也越来越多。她发现，除了萧树强，还有不少香港企业家回到宝安捐建各种公共设施，比如陈荣根在沙井镇捐建荣根学校的事例。松岗镇毗连着沙井镇，教育界的许多消息传递得很快。1987 年年底，松岗中学组织学生到荣根学校进行文艺联欢表演，她跟随前往，由此详细得知荣根学校是百分之百地由善款捐建而成，她再次被震撼到了。“那一次我才知道，陈荣根也是香港企业家，老家也是宝安的，而且他最先回来宝安捐建学校。陈荣根他全额捐建了整个荣根学校。他捐建的是整个学校哦，不仅仅是一栋教学楼！在我的身边居然还有这样的善举！”刘国玲反复说。这种强调，似乎能再现她当时心中的震撼。“他私人全额出钱建了整个学校，包括教学楼、行政楼、图书馆、校园和道路、大操场，还有老师工资奖金、学生奖学金什么的，全部都是他出资，而且他还引进了香港的校董管理制度。那是宝安区第一所最出名的由香港企业家完整捐建的学校，建完后他就全部交给了沙井镇政府。”

此后，刘国玲对企业家捐资办学助学的故事十分留心。她所在的松岗中学后来重新选址建设并增建高中部，又有更多的企业家捐款，有的捐建了教学楼、功能室，有的捐建了综合科学楼、教室、图书馆，每一栋大楼、每一间教室都以捐建者的名字命名，如文剑辉、文沛莱、文炳荣、忻元浦等。校区建设中，除了政府投入外，也有很多企业家、村集体股份公司、“三来一补”和外资工厂去捐钱。“那些设施现在还在使用中，那些名字现在还能看得到。那些人不仅捐建学校、幼儿园，还捐建了松岗医院、松岗敬老院。而且这种慈善精神一直传承下来，一直在发扬光大。比如，就在2006年，香港企业家文沛荣先生联合其他两位企业家，一起出资45万元，为松岗中学捐赠了一座新图书馆，还捐建了一所希望小学。”

在松岗中学的6年，是刘国玲受到慈善启蒙、感化、感动的6年。彼时松岗中学的外部环境还是一片田园风光，学校周围全是农田菜地，没有一点儿城市的味道，寻常生活并不便利，但萧树强、忻元浦等企业家的善举却具有温暖人心的力量。她说：“天天在萧树强大楼里上课，天天置身于从前从未见过的现代化教学环境，好像内心世界一直在经受着洗礼，那种幸福和感动会让你充满干劲，让你觉得人间美好值得！”

刘国玲几乎把自己所有的精力和情感都放在学生们身上，除了备好课、讲好课外，还和学生交朋友，班级各项成绩一直拔尖。刚来时她的孩子很小，当带着学生们到操场运动时，她就把孩子包裹在胸前或背上，陪着学生练操。课余时间，她经常踩着单车，沿着田间的小路，一个村、一个村地去做家访。如此付出，学校同事、家长和学生都看在眼里。每学年评优，她都被评选为优秀教师或优秀班主任。刘国玲觉得她作为一个外来人，大家这么接纳她、认可她，让她特别感动感恩。学校里很多老师包括领导，甚至镇里一些领导干部，都很愿意把他们的孩子放在她的班里头。“这种情况，不管我是在海南还是在这边，都是一样。我也都一视同仁。”

刘国玲的班级业绩突出，已经引起了松岗镇领导的关注。后来她在两件事情上的优异表现，让当时的松岗镇主要领导萌发决心，干脆把她从学校“挖”走了。第一件事是担任大型文艺活动主持人。当时松岗中学每年会组织举办一次大型歌舞活动，歌颂改革开放给松岗所带来的变化，每次活动都会邀请松岗镇主管领导出席。每次学校都让刘国玲担任活动主持人，并负责采写主持词的整个脚本。她连续多年成功主持了这样的活动。第二件事是参加镇、县、市、省四级演讲比赛。1988年，广东省妇联举行题目为“妇女与改革开放”的演讲比赛，从乡镇开始到区县、地市，再到省里，层层举办、层层选拔，共持续了一年多时间。松岗镇妇联到松岗中学来挑选参赛者，见刘国玲普通话相对标准些，又是语文老师，就动员她参加比赛，刘国玲答应了。到镇里演讲时她获得了第二名，随后代表松岗镇去参加宝安县的比赛。为了准备县里的比赛，刘国玲抽空专门走访了一名本地洗脚上田、历尽挫折、成功办起养鸽场的农村妇女陈喜珍，并且将其故事融入演讲稿中。结果，在宝安县演讲比赛时，刘国玲获得了第二名，包括她在内的前五名优胜者，共同代表宝安县到深圳市参加演讲比赛。在全市比赛中，刘国玲获得了第一名，然后她作为深圳市唯一代表去广州参加省级比赛。当时参加省级比赛的代表来自全省 19 个地市，刘国玲拿了第三名。经过层层比赛，当时的松岗镇和宝安县党政班子、全市妇联系统都知道了刘国玲的名字。镇党委书记和镇长都提议对刘国玲进行综合考察，将其调入政府部门工作。

在此期间，松岗镇妇联主席动员刘国玲入党。刘国玲与父亲商量，父亲坚决支持。刘国玲递交了入党申请书。1993 年 8 月，刘国玲正式加入中国共产党。她的父亲知道后非常高兴。“因为家庭出身，他被耽误了。我在政治上要求进步，等于是圆了他的梦。”同年，刘国玲被调去松岗镇政府计划生育部门工作。

随后不久，她将父母接到了宝安定居。父亲一如既往地关切女儿的成长。老人家把他的小药箱变成了存储箱，把从报纸上看到的有关女儿工作领域的文章和评论、政策等都剪下来放在药箱里，看女儿有空时就交给她看。随着女儿工作岗位和职责的变化，小药箱里的信息资料也适时变更。

走进基层的慈善场景

（一）发现村落慈善传统

刚到松岗镇政府工作时，刘国玲是一名办事员。为了抓好计划生育工作，她必须深入辖区各个村子里，这使她有机会全面接触当地村落社区和村民，并与之产生互动。于是，她发现并见证了松岗镇村落社区的慈善传统，以及正蓬勃兴起的企业慈善。

松岗，古称黄松岗[①]，自南宋中叶以降，松岗片区逐渐有黄氏、文氏、陈氏、萧氏、蔡氏等家族陆续迁入，各自聚族而居，开枝散叶，绵延生息。到了20世纪八九十年代，松岗镇共有18个村子，各村村民均以某个大姓构成。此时期松岗镇的“三来一补”和“三资”企业快速增加并吸引了大量外地打工者，原村庄经济社会结构开始发生显著变化。不过，村庄事务依然由本地原村民主导，无论是集体股份公司管理层，还是村党组织、村委会干部，均由原村民构成。在国家正式制度框架下，血缘关系、揆情度理、为善乡里，依然是这里的村庄生活和村庄事务运行的基础。

刘国玲见证了这一切，她对松岗镇每个村子的宗姓及原村民家庭都了如指掌。她感受着村民的朴实，发现了村中干群之间的融洽，也发现了充满乡土气息的慈善方式。“那时候，我一进到村里就发现，那些村干部和群众的关系都非常亲密。特别是妇女主任，村民都按辈分称呼她们，叫嫂、叫姨、叫姑等。通过这种称呼，你会发现村里的那种家族关系。我联系较多的是村里的妇女主任，每次我跟着她们去走门串户，就会真切地看到、感受到那种融洽关系。村里哪家夫妻什么时候结的婚，哪家小孩什么时候出生、是第几个孩子，哪家老人刚刚过世，哪家婆媳关系怎么样，哪家夫妻关系怎么样，哪个家里有病人，哪家经济比较困难，她们都能一一地讲出来。遇到这个村民，她们会问，‘你妈现在身体怎么样啊？老人家有病了，你要多点关心她呀’。遇到那个村民，哦，夫妻吵架了，那就劝劝。村里的红白事，她们都组织村民一起去帮忙。家里有困难需要帮助的，她们会去发动、筹集物资送过去。你能真实地看到，她们就是实实在在地把村民所有的大小事情都装在心中，深受村民爱戴。你跟她们到村民家里，村民就喊你一起喝茶，家里煮有什么东西也叫你一起来吃，或者是让你带走吃。那种很淳朴、很朴实的表达，给人的感觉就是一家人、亲人

---

① 据清朝康熙年间《新安县志》记载，南宋咸淳六年（1270年），一黄姓人士在此处一山岗上建村，山上有松林，敀名“黄松岗”，继而建圩。民国时期改名为松岗圩，现今“松岗”一名由此而得。

的那种感觉。”

刘国玲观察到，几乎每个村庄都保留有祠堂、私塾或书室、庙宇等古建筑，有些古建筑的名字在无声地传递着那里慈善传统的古今源流，如叶氏祠堂“集义堂”“广善庵”等。迄今为止松岗街道辖区依然保存有宗祠和书室41座、庙宇3座，其中绝大多数是由村民捐资修缮维护的。虽然宗祠代表着宗族的私益，但也彰显着民间公益的传统和作用。

她在松岗镇工作期间，当地村落社区中依然传承着乐善好施、守望相扶、互助自治的传统。邻里之间的互动互助表现为如下几种形式：第一种是随手帮扶式的。这是指村民们在日常生活中守望相助、相互关照，“你帮我看管下孩子，我帮你照护下老人，随时随地都能够进行”。第二种是应急救助式的。这是指，“一旦有村民遭逢重大生活变故、陷入困顿，亲邻们就有钱出钱、有物出物、有力出力，集体股份公司也出钱出物出人，帮助他走出困厄。这就是那种救急救难的模式”。还有第三种是结社性的公益慈善促进模式，主要体现在群众传统文体活动中。这一种尤能代表松岗地区、宝安地区、深圳地区乃至岭南地区乡土时代邻里互助自治的传统文化，历来村民踊跃参与。

（二）站台社区公益赛事

2002年，刘国玲被提拔为松岗镇党委委员、宣传部部长，在分管计划生育工作之外，还分管宣传文化工作。2003年，松岗镇的中小学及幼儿园教育工作也划归她管。2004年，松岗镇改为松岗街道，镇宣传部改为街道宣传文教办公室，刘国玲担任办公室主任。这些工作任务，使她对松岗的社会传统有了进一步的了解，见证了地方文化公益的传承和发扬光大。

松岗镇共有18个村子（2004年改制为社区），每村都有由本村村民组成的传统体育文化组织，主要是“赛龙舟”队、“醒狮舞”队、“麒麟舞”队。其中，“松岗赛龙舟”是当地重大的传统群众文体活动，被广泛誉为极具地方特色的一项民间习俗，有着逾千年的历史，并传播至广东沿海、港澳地区及东南亚、欧洲等地，已被列入广东省非物质文化遗产保护项目。“松岗赛龙舟”除了纪念屈原，还纪念文天祥。后一种内涵显然有着地方性观念，是清朝后期当地大族——文氏家族在操办赛龙舟时，为了纪念文天祥，而赋予这一民俗活动以祭拜先祖的特殊色彩。100 多年来，该活动逐渐形成了一套完整、严谨、规范的仪式。

“松岗赛龙舟”集中在每年端午节期间举行，每个村都组织多支龙舟队，每支队伍少则十多人，多则三四十人，均由年轻男性村民组成。1998 年，国际龙舟邀请赛在松岗举办，来自亚洲、澳洲、欧洲 16 个国家和地区的 16 支代表队参加比赛，观众达 6 万多人。东方村的村支书文康宁先生——文天祥第 25 代侄孙，带领松岗队参赛并夺得金奖，将松岗小镇推上了国际舞台。

“醒狮舞”“麒麟舞”也各有队伍，都是由年轻男性村民组成，在春节期间举行表演活动，挨家挨户给村民拜年，拜完后全体村民聚在一起吃大盆菜，然后各个村子再相互进行比赛。每年清明及重阳节祠堂祭祖，更是各村重要的传统民俗活动，一般由各姓的宗祠协会组织进行祭祖仪式，举行“醒狮舞”“麒麟舞”表演活动。此外，村民们举办婚庆迎亲、乔迁入伙等喜事，也都请醒狮、麒麟前来恭贺，以求添祥纳瑞、风调雨顺、国泰民安。

各支队伍的成员相对比较稳定。这些队伍有的可能在民政部门注册登记过，有的可能备案过，有的虽然没有登记或备案却也是常年活动、长期存在的准社团，其共同特征是民间性、文化性、公益性，在村民中有着很大的影响力。举办活动的经费和物资设备，往往由村集体股份公司、村里的企业家或者乡贤捐赠。例如，松岗镇下山门村的“山门七星文琰醒狮训练社”是由该村村民、文天祥第 26 代侄孙文琰捐资 7 万多元成立的，以收徒传授当地流传的、赫赫有名的“七星醒狮舞”文化为宗旨，先后培训了来自广东及其他省份的 3000 多名弟子。“松岗七星醒狮舞”已被列入国家级非物质文化遗产名录，下山门村也被命名为广东省非物质文化遗产保护村，它们均具有很高的历史文化价值。这些社团或准社团，作为乡土文化景观，数百年来贯穿于村庄民众日常生活中，是当地村民精神信仰的传承和寄托，培育村民相互依赖的集体意识和互助奉献的精神，促成村庄社会的有机团结，也成为松岗原居民社群生活中不可磨灭的人文记忆。

上述各类文体赛事，既是当地公益文化传统的呈现，也是全民健身运动，松岗街道党委、办事处非常支持。“其实，不需要政府去动员，它早就是村民的一种自觉，每年只要村里一发动，人们马上就响应，资金设备、组织训练都不需要政府插手。举办赛事时，那些场面都非常壮观、非常刺激，洋溢着非常浓厚的文化氛围。”

世纪之交时，宝安区委区政府结合辖区社会传统和现实，开始致力于打造节庆文化、企业文化、广场文化、社区文化、校园文化等品牌，各个镇街都挖掘自己辖区的特色，落实区委区政府的相关部署。“在镇里或者后来的街道里工作，最突出的地方就是大家会比较，去了解一下其他镇、街道，你是怎么做的？他那边又是怎么做的？然后我就想出最好的办法，打造最亮的品牌。”松岗镇政府和社会各界共同努力，推动松岗片区社区文化广场、社区邻里节、外来青工文化节、校园特色文化等建设，创建了一批新型群众文化品牌。

随着入驻企业的逐渐增多，外来办厂的企业家也纷纷赞助上述文化活动。他们或者通过捐资给社区来换得让本企业员工参与文体赛事的机会，或者自己出资组建文体队伍，举办现代体育比赛，如足球赛、篮球赛、乒乓球赛、羽毛球赛等。刘国玲印象深刻的是，有一家港资创办的企业，叫永正玩具厂，每年赞助举办“永正杯”篮球比赛，除了自己厂里的员工外，还邀请原村民中的年轻人、松岗中学学生及其他企业员工参加，影响力很大，以至于在松岗片区兴起了经久不衰的篮球文化。

（三）亲历松岗“慈善月”

企业家对公益活动的热情襄助，也激发了松岗镇党委政府的想象。1989年，松岗镇政府即成立了“松岗镇社会福利基金会”，“隶属于镇党委和镇政府的直接领导”，旨在为全镇盲、聋、跛、哑、老、弱、病、残、孤、寡、幼等无依无靠的社会困难人士服务，包括收养、救济、扶贫、助医、安置有劳动能力的伤残人士就业等。“为了广泛深入地发动全镇人民、机关团体和社会各界人士积极支持办好社会福利事业”，松岗镇政府决定从1991年起，每年10月作为松岗镇“公益金慈善筹款月”（以下简称“慈善月”），由松岗镇社会福利基金会具体负责筹款活动。这些举措在当时颇具创新意义，尤其是该镇慈善筹款月活动，大大早于后来的“中华慈善日”“深圳慈善月”等项目。募集的善款一开始是为了解决松岗敬老院的资金不足问题，后来覆盖到本地五保户和低保户等困难群众的贫困帮扶、灾害救助、教育发展、基础设施建设等方面。例如，第一届和第二届“慈善月”共收到善款205.6万元人民币、68.4万港元。依靠这些善款，进行了松岗镇敬老院工程扩建，增加了孤寡老人收养，解决了部分残疾人的医疗补贴，新建了一间福利工厂，安置了一些有劳动能力的残疾人就业，还设立了镇教育基金。

历届“慈善月”从发起到组织动员过程，都是在松岗镇党委政府直接领导下，由松岗镇社会福利基金会主办，通过动员、宣传，激励社会各界参与。刘国玲记得，每年的动员方式包括开座谈会、举办“公益筹款行”活动、举办晚会等。一般由镇长或副镇长、镇社会福利基金会理事长举行各界别的慈善筹款座谈会，例如驻镇机关单位座谈会、驻镇工程队座谈会、驻镇企业厂场座谈会、镇知名人士座谈会等。驻镇机关单位座谈会邀请驻镇各机关单位负责人参加，驻镇工程队座谈会邀请各工程队负责人参加，驻镇企业厂场座谈会邀请企业厂商代表参加，镇知名人士座谈会邀请各村干部、村贤达人士参加，然后再由各机关单位、工程队、企业厂场、村（居）委会对所属单位集体和个人进行发动。“公益筹款行”由党政领导带领，镇村干部、群众和中小学生参与，在指定的道路行走，一路彩旗飘飘，锣鼓喧天。至于宣传活动，主要采取了两种方式，一种是编印专门简报——《松岗镇公益金慈善筹款简报》（以下简称《简报》），另一种是发挥松岗电视台和《松岗报》的作用。

以1993年“慈善月”为例。刘国玲于1993年到松岗镇政府报到后，正赶上10月“慈善月”活动启动，中文背景的她就被领导派活，直接参与了慈善筹款月的宣传报道工作，具体负责募捐活动宣传文稿撰写、筹款简报的编写编印等事务。1993年10月6日到11月10日，刘国玲连续编写

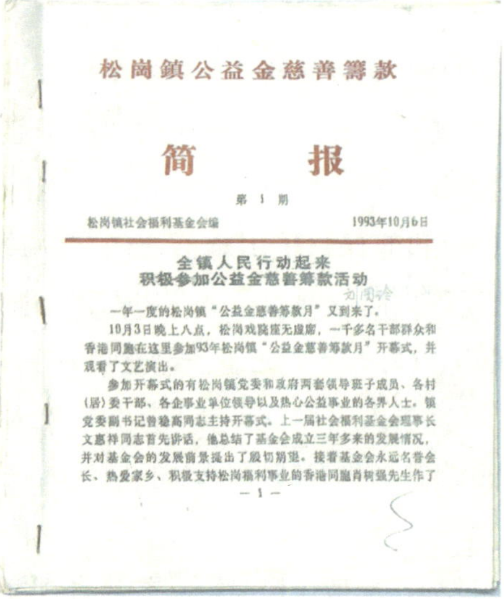

松崗鎮公益金慈善籌款

簡　　報

第 1 期

松岗镇社会福利基金会编　　1993年10月6日

全镇人民行动起来
积极参加公益金慈善筹款活动

一年一度的松岗镇“公益金慈善筹款月”又到来了。

10月3日晚上八点，松岗戏院座无虚席，一千多名干部群众和香港同胞在这里参加93年松岗镇“公益金慈善筹款月”开幕式，并观看了文艺演出。

参加开幕式的有松岗镇党委和政府两套领导班子成员、各村(居)委干部、各企事业单位领导以及热心公益事业的各界人士。镇党委副书记曾稳高同志主持开幕式。上一届社会福利基金会理事长文惠祥同志首先讲话，他总结了基金会成立三年多来的发展情况，并对基金会的发展前景提出了殷切期望。接着基金会永远名誉会长、热爱家乡、积极支持松岗福利事业的香港同胞肖树强先生作了

— 1 —

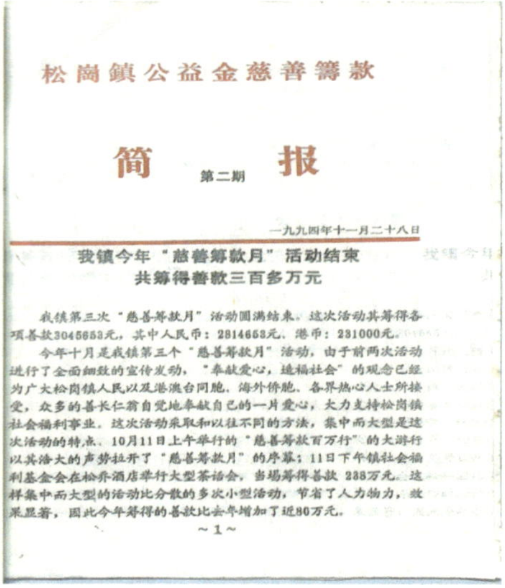

松崗鎮公益金慈善籌款

簡　第二期　報

一九九四年十一月二十八日

我镇今年“慈善筹款月”活动结束
共筹得善款三百多万元

我镇第三次“慈善筹款月”活动圆满结束。这次活动共筹得各项善款3045653元，其中人民币：2814653元、港币：231000元。

今年十月是我镇第三个“慈善筹款月”活动，由于前两次活动进行了全面细致的宣传发动，“奉献爱心，造福社会”的观念已经为广大松岗镇人民以及港澳台同胞、海外侨胞、各界热心人士所接受，众多的善长仁翁自觉地奉献自己的一片爱心，大力支持松岗镇社会福利事业。这次活动采取和以往不同的方法，集中而大型是这次活动的特点。10月11日上午举行的“慈善筹款百万行”的大游行以其浩大的声势拉开了“慈善筹款月”的序幕；11日下午镇社会福利基金会在松乔酒店举行大型茶话会，当场筹得善款 238万元。这样集中而大型的活动比分散的多次小型活动，节省了人力物力，效果显著，因此今年筹得的善款比去年增加了近80万元。

~1~

刘国玲编写的 1993 年、1994 年《松岗镇公益金慈善筹款简报》

了 5 期《简报》，详细记载、及时通报“慈善月”期间的各种活动、工作进度、社会各界参与情况、善款筹集成效、列示捐款者的“芳名榜”等内容。

在这次活动中，松岗镇政府、镇社会福利基金会为了鼓励和酬谢捐款单位、个人，决定对个人捐款 100 元以上、单位捐款 500 元以上者，在《简报》和《松岗报》上鸣谢；对个人捐款 1000 元以上、单位捐款 3000 元以上者，在《宝安日报》和《深圳特区报》上鸣谢，并赠送纪念品；对个人捐款 10000 元以上者，聘为松岗镇社会福利基金会当届名誉理事；对个人捐款 10 万元以上者，聘为松岗镇社会福利基金会永远名誉理事；另外，个人捐款 500 元以上、单位捐款 3000 元以上者，载入松岗镇慈善筹款《芳名册》永久保存。根据刘国玲当时的统计，1993 年松岗镇“慈善月”中，捐款 3000 元以上的单位有 60 个，其中万元以上的单位有 23 个；捐款 100 元以上的个人共计 519 人，其中 1000 元以上的 117 人，万元以上的 28 人，刘国玲敬仰的萧树强、文剑辉等松岗籍香港企业家都名列“芳名榜”万元以上捐款者行列，捐款额分别为 10 万港元、20 万港元。此次活动共举办了 10 多场座谈会，募得善款 2245698 元，其中人民币 1904298 元、港

元 341400 元，属集体捐款 1298541 元、个人捐款 947157 元。

1993 年和 1994 年连续两年时间，刘国玲具体负责募捐宣传文案的设计、编辑、印制工作，能够系统地收集到相关募捐信息。开始时，她创造、编写、收集了大量的宣传标语，看起来直白朴素，诸如“踊跃参加慈善筹款活动，办好我镇社会福利事业！”“社会文明，人人受益；造福社会，人人有责！”“尊老爱幼，吝贫恤苦，扶弱助残！”“培养民众公德心，弘扬民族优良传统！”“慈善筹款，奉献爱心！”“人人捐善款，爱心献公益！”“爱我松岗，乐捐善款！”“为发展社会福利事业，请献上一片真诚的爱心！”等等。随着捐款活动的火热进展，刘国玲的振奋和喜悦心情从她发表在《简报》的诗歌、散文中折射出来。在第 2 期中，她写了一首《七律·慈善筹款礼赞》，读起来像打油诗：“橙黄稻熟又金秋，慈善募捐热浪稠。片片爱心凝众志，涓涓善款汇洪流。孤儿寡老殊无虑，贫弱病残亦不忧。社会繁荣兴福利，松岗公益上层楼。”在第 3 期中，她写了篇小散文《特殊的爱》，直言：翻看着捐款名单，“一股特殊的爱意充满全身……这是怎样一种爱啊！这爱化作春风，吹开了残疾人士生命的花朵；化作甘泉，涓涓流入孤儿寡老的心田。我被这崇高而特殊的爱感染着，心情激动，难以入眠”。在第 4 期和第 5 期中，她又分别写了一首诗《茅洲河[①]不会忘记》和一首散文《一曲精神文明的赞歌》，直抒胸臆：松岗人的爱心奉献是支不灭的火炬，辉耀着茅洲河和松岗大地。

年年亲历松岗镇“慈善月”并主持《简报》工作，刘国玲对慈善内涵的理解逐渐深化，其角色也从之前的观察者变成了宣传者、倡导者、参与者，对自己从教育工作者变成政府公务员的角色转型，也有了更加自觉的认识。她回忆说：“那时候松岗镇政府每年只要一发动，大家都积极参与，真是热火朝天。对这种奉献爱心的行为或者叫慈善活动，我个人的认知也开始加深，更加理解了什么是慈善。看着那么长的捐赠名单，我内心一直被那些爱心人士、爱心企业打动。所以，我对自己从政的工作也有了比较深刻的认识，我认识到帮助困难群众、为基层解决实际问题、服务群众，

① 茅洲河为深圳市第一大河，流经松岗等地。

就是自己作为一名政府工作人员的职责，就是自己从今往后的一份使命了。所以对比下来，之后我在工作中会更有意识地关心我的工作对象。比如说，对待计划生育对象，我的工作方式就有了变化，我再去村子里时看到他们的孩子没有奶粉，就会自己掏钱买了送给他们，还买过当时很昂贵的纸尿片送给他们。工作中接触到一些真正遇到了困难或面临实际问题的人，我很愿意帮助他们，有时候我自己也会给他们一些钱。1993 年，我参加‘希望工程’，资助福建的一名贫困生，一次性捐出了从一年级到六年级所需的学费。这是我人生中第一次捐款。”

松岗“慈善月”活动，更使刘国玲结识了一批驻扎在松岗片区的爱心企业家，近距离地体会到了企业家的精神、企业家的能量和企业社会责任的重要性，初步认识到了政府并不是可以包办一切的“全能手”，“政府作用是有限的，社会事务一定要吸引社会公众参与”。2002 年松岗镇发生的一桩突发事件，使她更深刻地认识到了这一点。当时，松岗镇因工程建设导致地下供水管道破裂，长达一个星期整个镇辖区无自来水供应。镇政府依靠消防洒水车去邻近的沙井镇、东莞长安镇拉水，但杯水车薪，对于解决辖区“水荒”无济于事。“那时候，驻在各个工业区、各个村子里的企业都行动起来。那些企业家买来很多大水桶，去外面接来水，不但解决了企业员工的用水难题，还无偿贡献给村里，每天运水给村民们，村民们很感动。后来松岗片区的企业和社区的关系都一直维持得很好。其实越是这种突发情况、关键时候，政府越依赖社会力量的参与和支持。”

（四）推动“村小”改制转型

2003 年，刘国玲开始分管松岗镇的教育事业。刚接手工作，她就发现，随着松岗片区外来人口大量涌入、适龄学童急剧增加，各村办小学（简称“村小”）和幼儿园都逐渐不堪重负，学校之间存在严重的不平衡问题。

她立即展开调查研究，发现原因在于宝安基础教育多年来采取县/区、镇/街道、村三级办学模式。这充分调动了村级办学的积极性，许多村把最好的土地留给学校，尽己所能筹措资金建设学校、发展学校、招聘师资，村级资金投入占教育总投入的50%，大大减轻了政府的负担。但村级办学的投入不均衡，即“村小”的资金投入取决于股份合作公司实力的雄厚与否。资金投入的差异导致了办学水平不均衡、学生接受教育机会的不均衡、教师收入水平及其能力素质的不均衡、教师队伍的不稳定等问题。例如，松岗辖区“村小”教师结构中借调教师占比高达60%，教师队伍因编制、待遇不统一而人心不稳。

针对这些问题，松岗镇政府教育科在刘国玲的主持下，制定了统一的“村小”代课教师工资标准，设定了几个档次。比如，根据教师资格证、职称等级、学历等级、教龄等要素条件，分别定下标准。教师奖金标准也不再区分正式入编还是借调聘用，统一根据工作量考核发放。这两个标准都在全镇“村小”统一实施。“我们这个标准，在全区是第一个制定出来的，松岗代课教师的工资当时是全区‘村小’中最高的。这个措施保证了我们教师队伍的素质水平和稳定性。”

2004年，深圳市实行最后一轮“镇改街、村改居”的城市化行动，为了使“村小”教育体制适应城市化发展，政府要求加快改制转型的步伐。刘国玲撰写了题名为《城市化进程中宝安农村小学改制后的发展方向》的调研报告，提出城市化后宝安基础教育体制要进行真正的变革，举措包括：取消三级管理模式，调整村办小学布局，改村办小学为街道办小学，由政府统一管理；彻底按照市场运作机制优化教师队伍，建立专业化的小学校长队伍，荡涤原来农村教育模式的遗留物；促进公办、民办教育的和谐发展。

但是，在推进过程中，有些村子将“村小”与民办学校合并，甚至卖给民办学校，导致其原来的教育功能丧失。有些街道收回“村小”后，根据辖区整体情况对其进行撤并整合，并改变了原来学校的功能，引发居民的担心和不满。为了防止松岗也出现这样的情况，刘国玲代表松岗街道办与辖区内各“村小”签订协议，承诺由街道办把辖区内所有“村小”收回，并对其进行投资改造和直接管理，但不改变学校的教育功能。为保障“村小”的顺利移交，刘国玲足足忙了一整年。“总体上看，在‘村小’

收归政府的过程中，我们松岗做得最好。”到 2004 年下半年，宝安区绝大部分“村小”都变成了政府管理的公立小学，学校建设投入和办学经费全部由政府财政负担，这不但为原村民集体大大减轻了经济负担，也为在全区范围统一实行优质教育提供了条件。

在推动“村小”改制工作的间隙，刘国玲也关注着其他地区的贫困小学生。2005 年，她“承包”了湖北省谷城县赵湾乡渔坪村一名小学生全年的书杂费。

（五）“民间有感动人心的力量”

回顾自己在松岗镇的岁月，刘国玲说她特别感恩松岗人，是松岗人接纳了她，并在她个人的职业发展中给予了巨大的帮助和理解。她内心特别受到触动的是，松岗人为她打开了公益慈善世界的门窗。她特别不能忘记的是，当时的松岗镇妇联主席叶媚鼓励她积极入党，是她政治生命的启蒙者。她特别感到自豪的是，2002 年她当选为松岗镇党委委员的历程。“那时候，镇党委委员全部是经由选举产生的，即经由全镇各个村支部、各个村委会的党员代表真正投票选举出来的。我的党委委员资格，就是那 18 个村子加上单位企业的党员，一票一票把我给选出来的。”无疑，常年深入社区的经历，为她奠定了坚实的群众基础。

2007 年年初，在松岗土地上工作生活了 20 年的刘国玲，被调到成立不久的宝安区福永街道，担任党工委副书记，分管组织人事、文化、教育、工青妇和街道办公室。刘国玲在福永街道任职时间比较短，只有一年零八个月。在这短暂的时期内，她又结识了一批爱心企业家，其中包括担任宝安区慈善会首届副会长苏洪根、黄尔春、文汉根等人，并见证了他们的善行义举和蓬勃的能量。尤其是在 2008 年 1 月南方发生特大雨雪灾期间，她目睹当地大批企业家和市民群众倾力支持政府工作，全力安置无法回乡过年的务工人员。一个个救灾救急的生动事例，一遍遍令她感动。

她告诉笔者：“真的，那个时候，你到哪个地方去都会被感动。我到机场、火车站、汽车站，到社区、企业里去，安抚那些滞留人员。[1] 我看到那么多的义工，在那里为那些回不了家的人提供服务。各个社区都开辟了临时安置点，村集体股份公司出资买床买被、买吃的喝的，有些居民把自己家里的东西拿出来，都无偿提供给滞留人员。企业也在做安抚工作，免费安置其员工。随便到哪里，都没有人埋怨，大家都把这个事情作为自己应该做的。我在自己的身边，看到、感受到了活生生的公益精神。”

2008 年 5 月汶川地震发生后宝安社会各界的反应，也令她深有感慨。当时，宝安区捐款捐物量在全市各区排在第一名。“宝安真是一片热土，它有着那样一种乐善好施的社会底蕴和氛围。一到关键的时候，你就会看到人们自觉地充分地爆发出来的爱心，从企业家到普通百姓，都积极响应政府的号召，社会参与效果非常好。这背后当然是因为政府的引导，因为每次突发事件时政府都有非常有序的动员计划，那种强有力自上而下的动员能力和影响能力是没得讲的，但是如果没有老百姓自愿参与，就不可能有那么好的效果，民间有感动人心的力量。”

主管一方慈善事务

（一）“管慈善的人要懂慈善”

2008 年 9 月，刘国玲被调进宝安区政府，担任民政局副局长。

“民政领域的事务，我差不多都管了一遍。”刘国玲笑言。她认为，民政部门主管的就是基本民生保障事务，不少工作都是兜底性质。既然是兜底，政府的角色固然必不可少，但社会协同、公众参与更是必不可少的补充。在镇和街道工作的经历，已经使她认识到了社会的力量。

在民政部门的工作经历，使刘国玲对慈善事业有了更全面的认识和把握，对慈善力量在社会发展中的作用有了更深刻的体会。

她说，当年在松岗中学时看到的是一个个的个体对一所学校、一所医

① 指 2008 年 1 月深圳特大雨雪灾期间，大批无法回家过年的人员滞留在车站、工厂或社区应急避难场所。

担任宝安区民政局副局长时的刘国玲

院的爱心奉献，到了松岗的政府部门后看到了各个机关单位、各个村子、各个工厂企业以及干部职工、村民居民、企业家等对一个区域的公益事业发展的影响，但她那时候的着眼点是捐赠者，对慈善的理解，是将其等同于“奉献爱心”。即使在2007年听到宝安区慈善会成立的消息时，她也不曾有更多的认知和理解。“那时我已经到福永街道担任党工委副书记，我们在基层都知道成立区慈善会这事儿。它是按照高标准、高起点来筹备的，区委区政府主要领导亲自去抓，区民政局一把手亲自去落实。成立的时候整个宣传工作也做得非常好，宝安电视台、《宝安日报》都在做宣传，福永街道的企业家们都积极地响应。不过我那时候对它的理解是，让干部群众、企业家有个共同的平台一起奉献爱心。”

到宝安区民政局分管全区慈善事务以后，刘国玲所接触到的不仅是捐赠者，还有公益慈善的专业机构和专业队伍，深入细致地了解受助者，还要从国家相关法律制度层面、从政府的宏观视野和全局立场上着眼着手，来推动慈善事业发展，这使她感觉到她对慈善事业的理解不够透彻深入。“政府要负责、要引领，要为专业公益机构服务，让那些专业公益组织、公益人才成为社会服务、慈善服务的生力军。要构建这样一种格局的时候，那对我的要求又是不一样的，我的感觉也是不一样的，我感觉自己对慈善的认识还比较肤浅。”

宝安区慈善会有三个公务员编制放在了该区民政局，“那民政局就要参与它的重要事项”。而在参与区慈善会工作之后，她才明白自己还是个门外汉。“我要参与慈善会的一些工作，比如依照章程开展活动，对慈善金的管理和使用、项目的运作，那时我才明白它的运作跟政府还是不一样的。有时候一些社会救助事项，政府不能做的，慈善会可能能够支持，这就需要我去搞明白慈善法律法规、章程规则、业务内容等，因为你不能一支笔一划，就把慈善金给调动出去。”

在深入了解慈善会运作模式的过程中，她越发认识到，管理慈善事业应该懂得也必须懂得慈善事业。“你自己都不懂，你怎么跟人家谈慈善工作？你怎么能够倡导、推动慈善事业发展？”其实，刘国玲在松岗街道主管教育的时候，就曾经提出过这样的观点：主管教育的政府官员应该懂教育。曾拥有 12 年教龄的她，分管教育时很有自信心。进入民政部门后，她还分管过双拥和优抚安置工作。“带着感情拥军是我坚持的。我现在主管慈善事业，道理也是一样的，管慈善的人要懂慈善。”

为了懂慈善，刘国玲买来大批相关书籍阅读，去参加国内相关学术研讨会议，与深圳、广州、北京等地高校、科研院所的专家学者交流，跟随宝安区慈善会团队去拜访深圳市内、市外的公益慈善组织。不断的学习取经，使刘国玲深受慈善法规政策、理论和业务知识的浸润，逐渐成长为一名热爱慈善、懂得慈善、管理慈善的领导干部。

（二）协助建构基层慈善组织体系

21 世纪的头一个 10 年间，深圳市快速建构社会力量参与社会服务的格局和体系。例如：2002 年，经公安部、民政部等 9 部门批准，全球性慈善服务组织——“国际狮子会”把中国地区总部设在深圳，这是由国家批准的第一家在中国大陆设立的国际性服务性社团；2005 年，由深圳香江集团出资 5000 万元设立“香江社会救助基金”，这是第一个国家级私立公益基金会；2007 年，腾讯公益基金会诞生，这是中国第一家由互联网企业发起成立的公益基金会；2008 年，经民政部批准，深圳桃源居集团捐资 1 亿元，成立桃源居公益事业发展基金会，这是全国第一家社区公益基金会；2010 年，深圳市壹基金公益基金会注册成立，成为全国第一家民间发起的地方性公募基金会。此外，此时期，市—区—街道—社区四级社会捐助服务网络在深圳辖区实现了全覆盖。[①] 标杆树立起来之后，深圳市委市政府把社会领域的改革摆到了更加突出的位置，着手构建社会工作制度体系、推进社会组织和志愿服务快速发展，各区都纷纷落实市委市政府的这一部署。

身为宝安区分管慈善事业的副局长，刘国玲尽心尽力协助时任宝安区民政局局长王挹之，在全区打造街道和社区层面的公益慈善组织体系。之所以推动这项工作，是因为“区一级已经有了慈善会，作为枢纽型慈善组织，它还需要引领示范，让基层公益慈善救助成为政府救助的有力补充”。另外，宝安区人口规模及街道、社区管理幅度都比较庞大，数十万以上人口的街道比比皆是，有些街道人口甚至上百万，因此在街道和社区层级设立慈善组织很有必要。

从 2009 年起，在时任宝安区民政局局长王挹之主抓、副局长刘国玲分管下，区民政局逐步在街道推广成立“慈善帮扶促进会”，在社区推广成立“慈善帮扶协会”或其他形式的慈善组织。各街道对设立社区慈善帮扶协会很重视，街道党工委、办事处对社区慈善帮扶协会的组织架构、资金募集使用都制订了规范，对其理事会人选进行存档。“说白了，政府是在为社区慈善帮扶协会站台。因为有政府出来站这个台，企业家们对它的响应就会不一样了。”到 2012 年年底，宝安区绝大部分街道均成立了慈善帮扶组织，绝大部分社区也设立了多种形式的慈善组织。宝安区慈善会作为全区慈善行业枢纽型组织，则与街道和社区层次的慈善组织、其他类型的社会组织形成联动，在全区构筑了一种立体式全覆盖的公益慈善组织网络。

---

① 乐正 . 2006 年：中国深圳发展报告［M］. 北京：社会科学文献出版社，2006：360-361.

街道层级的慈善帮扶促进会具有社团性质，社区层级的慈善帮扶协会则带有基金会的属性。实际上，全国第一家社区公益基金会——桃源居公益事业发展基金会，就位于宝安区西乡街道桃源居社区。该基金会的创建和创意，无疑给宝安区民政局提供了启发。不过，之所以叫社区慈善帮扶协会而不是社区基金会，是因为“那时候如果按照基金会的运作模式，就需要很大的投入，成立门槛很高，对后续资金的持续增加、人工投入专业要求也很高，而且还可能会受制于基金会的那种管理办法”。所以，宝安区民政局进行了创新变通，大大降低了社区慈善帮扶协会的成立门槛，注册资本只要 1 万元就行。

社区帮扶慈善会的铺开，在社区自助互助、吸引居民参与方面产生了明显的成效。“说到它的好处，我当时感受到的就是，社区慈善帮扶协会最了解本社区情况，它清楚哪个家庭有困难，是疾病困难、生活困难还是孩子读书困难，然后它可以动员社区里单位、企业家、居民去捐款，实现最快速、最高效、最精准、最清楚明了的帮扶，捐款资助对象可以精确到具体的家庭、具体的人、具体的事，受助者和捐助者之间互相都知道谁是谁，这就有助于信任的建立，这是很重要的。要吸引居民来关注慈善、参与慈善，除了政府动员外，还需要有一种居民身边的慈善组织，在他们身边引领和示范、影响和带动。”以新安街道为例，该街道于 2007 年 10 月就在翻身社区成立了慈善帮扶协会，这是广东省首个社区慈善机构。到 2009 年 6 月，新安街道 22 个社区慈善帮扶协会同时挂牌成立，成为全国首个社区慈善机构全覆盖的街道。仅在 2009 年，新安街道社区慈善帮扶协会就募得善款近 870 万元，帮扶社区困难群众 260 人、捐助善款 65 万元，在数次重大灾难的捐款活动中都发挥了积极作用。

宝安区的这一探索，为 2014 年深圳市民政局开始在全市推进社区公益基金会积累了经验。

（三）努力变换双重角色

面对辖区内如雨后春笋般崛起的社会公益组织，刘国玲越来越多地面对一个新问题，即如何厘清政府和社会的关系问题。早在街道办主持工作期间，面对非专业化、非组织化的公益慈善力量，刘国玲已经切身体会到，“政府和社会是相辅相成的，但是两者之间也是有边界的”。不过，边界在哪里，她还没来得及换位思考。身为官员，她知道公益慈善力量是政府职能的必要补充。但具体如何做好补充的角色，她尚不清楚。当她被提名为宝安区慈善会第二届理事会秘书长人选时，这个问题已经摆在了她的面前。

2012 年下半年，宝安区慈善会筹备换届，刘国玲亲自负责各项筹备事务。正在申请从宝安区委副书记职位上退休的张洪华被区委区政府提名，拟任宝安区慈善会第二届理事会会长。张洪华则提出了一个要求：请刘国玲担任秘书长，理由是她分管慈善工作，且几年来一直参与宝安区慈善会的工作，慈善会也有公务员编制放在宝安区民政局里。刘国玲欣然同意，她的初衷是，既然要管慈善、要懂慈善，不如更深入其中，摸清其运行的各种细节。2013 年 1 月，刘国玲正式当选为宝安区慈善会第二届理事会秘书长。

对于这种带有明显行政性的治理结构，刘国玲解释说，“宝安区慈善会是在宝安区委区政府关心支持、民政局指导下成立的，从一开始就确定了这样的模式，应该说这种模式还是有行政化倾向的。但我觉得，作为官办背景的慈善会，资金安全、管理结构必须有保障，同时它又是独立运作的。第一个是，它是按照章程开展活动的，不是按照政府的命令，民政局没有用行政形式来干预它的日常活动；第二个是，不管是区委区政府还是民政局，并没有直接对它所有的开支采用审批流程，财务开支是独立的；第三个是，慈善金实行封闭管理，不抽取一分钱管理费，全部用于慈善活动。即使在某些政府救助工作方面需要支持，只要是慈善会章程或者它的管理办法中没有体现的，任何领导也无权调动善款”。

不过，虽然慈善会的日常运转有明确的制度规范和要求，但刘国玲在具体情境中如何区分自己的官员角色和慈善会秘书长的角色，具体工作中如何开展不同的行动，就需要她自己判断、自己把握，这充满了机动性。在此过程中，她也清晰地看到，困难群众对政府救助与社会慈善帮扶两种行为，有着微妙的不同反应。

当她以官员的身份去现场时，受助群众表达的是对政府的感激。她举例说，比如2008年雨雪灾，当她以福永街道党工委副书记的身份，冒着寒冷去各个安置点看望时，被安置好的群众说的都是感谢党和政府的话，同时他们也认为这是政府及其官员的职责所在、应该那么去做。到宝安区民政局工作后，刘国玲经常在节日期间带领民政局工作人员去慰问辖区特殊困难户。“看到他们的境况，真难以想象在深圳这样的城市还有那么困难的家庭，他们的的确确需要关心和帮助。他们收到物资和慰问金，会特别感谢党、感谢政府的关心。他们知道我们去慰问只是我们的一种工作。”

然而，当帮扶的力量来自社会爱心时，受助者不仅心怀感恩，还能进一步激发他们内心的正能量。她曾跟随宝安区新安街道商会企业家去社区慰问，感受到了不一样的氛围。宝安区新安街道商会，每年中秋和春节举办“乐善社区行”活动，到社区慰问困难群众，慰问物资全部由商会会员企业捐资购买。“那些企业家知道他们所在的社区里哪些是困难的群体，哪些是最需要帮助的。我跟政府部门去，和跟那些企业家一起去慰问这些困难户时，我发现还是不一样的。企业家们拿出物品来，困难户会说‘你们真是好心人啊，真是有爱心啊。’他知道那些爱心人士对他并没有责任，却去给他送物资，去关心他、慰问他、关注他，所以他会被感染、被打动，他虽然也说感激的话，但感谢的是具体帮他的人，然后会说他也要去做个义工、去帮助别的有需要的人。所以说，政府帮他，他有感激，却是抽象的，内心不一定被打动。但是，爱心人士去帮他，它是一种善，一种爱，一种传递，激发出来的效果是不一样的，爱心人士给他一种榜样示范的力量，能激发他也去参加慈善行动。”

正是因为这些亲身经历，刘国玲非常认同当下的社会治理体制。她说，“政府不仅是要兜底保障，政府更要动员社会，然后由社会主体去做慈善，那会有更好的效果”。应该说，刘国玲的亲身观察发现很有说服力。她强调的是在社会服务、公益慈善领域，政府的角色应该主要是主导者、引领者、动员者，政府不一定事事亲力亲为，但是必须推动并激发社会广泛参与，因为只有爱心才能激发爱心。

刘国玲也非常注意不同场合下的角色扮演。当她跟随宝安区慈善会团队开展慈善活动，一起去慰问辖区困难户，或者到对口帮扶地区走访当地家庭时，她完全不提宝安区民政局副局长的身份，仅仅表明自己区慈善会秘书长的身份。而且每次都务必说明，资金物资来自爱心企业、爱心人士的无偿赞助。“我以副局长的身份去的时候，我代表的是政府，我就觉得这是我的工作，应该去。但是当我以秘书长的身份跟慈善会团队或者那些企业家一起去的时候，我觉得这是一种爱心表现。你还必须告诉老百姓，这些都是爱心人士捐献的，因为这也是在传递爱心、宣传慈善。”

不过，要在日常工作中彻底厘清“副局长”和“秘书长”两种身份、两种角色功能，“其实挺难的”。刘国玲感叹道：“为什么呢？因为民政局的工作是我的主业，慈善会秘书长是兼职，都要兼顾好。民政局的事务特别多，慈善会日常的工作也必须去落实，光是救助审批的票据，我稍微几天不到，没有及时地去核对签署，就是厚厚的一沓。还有那么多的慈善活动，要到社区里、到学校里、到街道里去讲课，去传播慈善知识，还得去走访会员单位，走访企业，走访其他公益慈善机构，走访那些捐赠者或者受助者，还要开监事会、开理事会、开会员大会、举办项目大赛，还有各种报表、各种材料，这一摊子工作是挺多的。两头去兼顾，你天天就在这种角色变化里，天天要去分离这双重角色，太累了。”

这种双重重叠的身份，刘国玲干了三年。后来她还发现，当她跟随慈善会团队跟社会人士接触、募集资金的时候，虽然她清楚自己“此时”是秘书长的身份，然而政界同行、社会人士不一定真的是按秘书长的身份来看待她。她举例说，2014 年，张洪华会长率领宝安区慈善会举行了第一次大规模社会化募捐活动，她作为秘书长积极支持，并自告奋勇去联系她熟悉的松岗街道、福永街道。不过，不论是那里的街道办党政人员，还是那里的企业家、社区干部们，见了她一律称呼她“刘局”或者“刘书记”，前一个称呼当然是指她的民政局副局长的身份，后一个称呼则是沿袭她以前在街道的职务，没有人叫她“秘书长”。而她也很难彻底讲明白其中的区别。“这样两头扒着很辛苦，我就提前退休了。”

2016 年 3 月，刘国玲 55 岁，申请提前退休。本来按照处级女干部的待遇，她可以干到 2021 年 60 岁的时候退休。“退休了以后，我就不再在民政局任职，就纯粹是做秘书长，就可以全身心投入慈善工作中了。”在宝安区慈善会秘书长的位置上，刘国玲干了整整 5 年，前三年兼职，后两年专职，都没有领取薪酬和补贴。

2018 年 5 月，是宝安区第二届理事会换届的时间，刘国玲被深圳市民政局“挖”到了市里，担任新成立不久的深圳市慈善事业联合会（简称深慈联）常务副会长兼秘书长，也没有薪酬。

站在更高的公益平台上

（一）打造“三型四化”① 行业组织

刘国玲在深慈联任职后，在前期班子搭建的工作框架基础上，迅速适应了工作。她围绕深慈联的章程和宗旨、使命和愿景、职责和功能，规划并提出打造“三型四化”行业组织的目标，围绕该目标做了诸多工作，主要体现在如下几个方面。

一是创新深慈联党建工作。接手之后，她即代表深慈联积极与深圳市社会组织管理局党委沟通，筹建中共深圳市慈善事业联合会联合党委。2018 年 9 月 5 日，联合党委正式成立，这是全国慈善行业第一家联合党委。联合党委成立后，充分发挥作用，探索“党建+慈善”工作思路，配合上级党委、民政部门进行慈善行业生态系统的建设。2023 年 4 月 27 日，刘国玲被深圳市社会组织管理局党委任命为深圳市慈善行业联合党委书记。她现场发表感言说：“担任深慈联党委书记倍感荣幸，同时深感使命重大。”并代表深圳市慈善行业联合党委，表示将继续“讲政治、强党性”，“聚共识、做表率”，“促规范、创品牌”。

---

① “三型四化”，即开放型、联合型、枢纽型，规范化、标准化、专业化、平台化。

二是加强会员服务工作。深慈联在 2016 年成立时，拥有创会会员 115 家。至刘国玲 2018 年接任秘书长时，共有会员 126 家。她上任后，按照深圳市民政局工作部署，在张思民会长的领导与李罗力执行长的带领下，把重心放在凝聚并维护现有会员方面，积极稳妥发展会员，确保服务会员质量。2019 年 12 月 30 日，刘国玲担任深慈联第二届理事会常务副会长兼秘书长。2023 年 4 月底，会员已经增加到 236 家，其中社会组织会员 185 家、企业会员 22 家、个人会员 29 名。在服务会员方面，刘国玲每年都带领团队，定期走访会员，积极参与会员活动，加强与会员的互动联系；动态了解会员需求，制订并定期发出《会员需求服务调查表》，根据会员需求精准开发服务项目；为会员和慈善行业提供政务、法务、财务、党务四大方面的咨询服务；通过“内参”方式撰写政策建议提交政府职能部门，反映会员和行业诉求，维护会员权益；密切关注行业发展动态，帮助会员探索和实现与政府、企业、媒体、院校、社区的跨界合作；开设“深慈研习社”，举办“深圳公益组织能力建设专题培训班”“西丽湖影响力投资大讲坛”“深圳市公益慈善专业人才培养计划”等培训班，针对会员和业内需求开展专业与实践经验分享活动，定期形成《深圳市慈善事业发展案例分析报告》；与深圳国际公益学院合作，启动全国首个针对公益慈善组织从业人员职业能力认证项目。

三是继续完善内部治理。上任后，刘国玲首先注重优化内部结构，组建专家委员会，作为深慈联的决策咨询机构，打造慈善行业智库；整合执行部门，选优配齐专业人员，优化内部工作流程；新设立深慈联慈善服务中心并启动运营。其次，着手修改完善内部管理规章制度，涉及人力资源管理、信息公开管理、财务管理、档案管理及秘书处议事规则、监事会议事规则 6 项制度。将宝安区慈善会的传统嫁接过来，与第三方机构合作，制订了《深圳市慈善事业联合会五年发展规划（2021—2025）》；2020 年新冠疫情暴发后，又新制订了《深圳市慈善事业联合会重大自然灾害应急预案》。再次，强化员工学习培训，要求每年每人学习培训不少于 2 次，以提升团队专业水平。最后，保值增值资金实力。在 2016 年至 2017 年由企业家捐赠到位的1000万元创始资金的基础上，努力推动深圳市慈善会落实已签署的捐赠资金，并继续做好创始资金的理财工作。

四是加强品牌传播宣传。刘国玲上任后，在宣传工作方面采取了如下举措：第一，继续办好内部信息刊物。深慈联在成立时编印了几份内部刊物，包括《深圳市慈善事业联合会专刊》《深圳市慈善事业联合会简讯》《深圳市慈善事业联合会工作简报》《慈善大视野》。这些内刊聚焦慈善行业动态与发展趋势，集中展示宣传深圳爱心企业、公益慈善组织和个人典范，总结慈善创新模式，目前均已成为本地业界熟悉和广受称赞的窗口品牌。第二，建设并不断完善深慈联门户网站，开通深慈联微信公众号并努力提升其运营传播能力。第三，打造面向市民的“慈善大讲堂”，举办多场大型公益慈善研讨会和论坛，与深圳市主流媒体合作开展慈善主题宣传。

五是主动对接政府工作。相较于前届，刘国玲上任后更重视并强化与政府工作的对接，积极服务政府和行业，承接政府购买服务项目，开展政府委托课题研究。2018年至2023年4月底，承接了16项共计480余万元的政府购买服务项目，包括：举办深圳慈善日、“慈善月”和“中华慈善日”系列活动，协助举办“中国公益慈善项目交流展示会”，编制“深圳慈善捐赠榜”，主办“鹏城慈善奖”；组织编撰《深圳慈善口述史》及系列《深圳市慈善事业发展蓝皮书》，编制《慈善百问》《深圳市慈善组织分类汇编》；开展深圳市慈善行业从业人员薪酬调研，起草《深圳市慈善行业薪酬体系指导方案》；制定《深圳市慈善组织行业规范（草案）》《深圳市慈善组织登记与认定操作指引》《深圳市非营利组织免税资格申请指引》《深圳市公益性捐赠税前抵扣资格申请指引》《深圳市公开募捐资格申请指引》。此外，还积极推进深圳市慈善立法工作，促进慈善行业健康发展。

六是建立行业应急指挥平台。新冠疫情暴发后，刘国玲率领伙伴们迅速行动，积极应对突发事件，充分发挥深慈联的综合性平台作用，一方面代表行业发出联合倡议，通过会员制度实现整合联动、通过信息联动促成行业互动，努力推动形成全市慈善行业的抗疫合力；另一方面探索成立深圳市慈善行业应急指挥中心，并被纳入深圳市应急指挥中心体系。

短短数年间，刘国玲带领团队克服各种困难，将深慈联这一全市慈善领域的行业组织和枢纽平台运转得风生水起，很快使之成为深圳市公益慈善界的新“亮片”，深圳慈善行业伙伴把她当作娘家人。她的秘诀是：“带着感情去做事”！

（二）回望宝安慈善模式

即使离开了宝安区慈善会，刘国玲也一直关注宝安区的慈善事业进展，宝安区慈善会的任何重要活动，基本上都能看到刘国玲的身影。站在全市慈善行业大平台上回望宝安时，刘国玲对宝安区的慈善实践模式有了一些新的认识。

她说，她一直对宝安有感情。自 1987 年来到宝安后，一直生活在宝安、长期工作在宝安，宝安成就了她几乎全部的事业和生活，宝安区慈善会是她实践公益慈善事业的试验田。因此，“我一直密切关注着洪华会长的行动，并且非常愿意去参与他的活动。只要有请，凡会必到，凡活动必参加。有时候还主动要求去参加，去交流，是人到、心到、感情到、看法到、支持到。有个区的慈善会秘书长开我玩笑，说我偏心宝安，我说那是必须的，我拿得出来理由”。而宝安区慈善会作为深慈联第一批创会会员、副会长单位，也积极支持深慈联的工作，双方互动密切。

刘国玲所说的“看法到”，是指她站在深慈联的角度，通过对全市慈善组织尤其是慈善会系统的比较，再来看宝安区慈善会的运作所产生的评价。“走出来看它，会更客观些。”对于宝安区慈善会团队凝聚资源的能力和创新能力，她高度肯定，“它的确在一个区级层面上有力地推动了慈善事业发展。不管是它的规范运作、资金实力，还是它的品牌打造、联动各界，尤其是它联动媒体所做的公益慈善宣传，都能够深入民心，形成良性循环。我站在全市慈善行业的角度看，它所具有的影响力，在区级慈善会里是走在前列的。”

尤其是在立足宝安、服务本地群众、扶持本地公益组织成长方面，宝安区慈善会的做法甚至矫正了深圳市不少公益组织存在的偏颇，这是刘国玲到了深慈联之后才体会到的。在一定意义上，作为基层慈善组织，因其

2022 年 12 月 9 日，刘国玲（前左二）与宝安区慈善会会长张洪华（前左三）等人察看宝安区未成年人保护慈善关爱空间的建设情况

资源来自本地，也应该优先用在本地，解决本地的社会问题。但是，几乎一直以来，深圳的慈善资源，大多数是面向市外。例如，“十三五”期间，深圳年均捐赠额达 58.6 亿元，不过其中绝大部分资金是往外援助的，在深圳落地生根的少之又少。不少注册在深圳、资源主要来自深圳的著名慈善组织，都把自己大多数公益项目落在深圳之外。其实，深圳也存在不少社会问题，也有不少弱势群体和困难群众，特别是到原关外的社区看一看，有不少地方看起来“很不深圳”。如何充分利用本地资源、解决本地社会问题，是值得深入思考的。

在这方面，宝安区慈善会的做法是值得肯定的。宝安区慈善会的项目绝大多数落地在宝安，其日常救助项目更是全部落地宝安。特别是张洪华会长上任后，明确提出“本土化”的概念，后来又改为“特色化”，主要意思就是落地宝安、服务宝安，体现宝安特色。“洪华会长常说，‘我们全国有将近 3000 个县级区域，如果这几千个县区都能够把自己的事情做好，照顾好当地的老百姓，国家不就好了吗？我这儿作为一个区县单位，我一定首先要解决我这儿的老百姓的事’。所以，宝安区慈善会在他带领下，挖掘出很多适宜于宝安的特色服务项目，造福宝安老百姓，真正是有效补充了区政府的角色。其实，你要在你的辖区推动慈善事业发展，最有效的办法就是让公众看到慈善的效果。”

在肯定宝安区慈善会优点的同时，刘国玲也坦诚地指出了它的不足。例如，团队专业化程度尚有待进一步提升、存在一定程度的魅力型领导效应、较多依赖企业家参与等。“这些事情，我在一定的场合也会和洪华会长直接交流，我会分析、诠释各区慈善组织，把人家一些好的东西拿出来说一说。比如说，有些区的慈善会队伍建设是完全按照职业化公益人的要求去做，以职业为追求才会在专业上有发展。比如说，慈善之道最终还是要根植于社区、吸引更多居民参与、联动更多社会组织，形成助人自助的社会氛围。此外，还要强调政府对慈善事业的支持、投入与效益产出。”

忠直的人在一起是开诚布公的，密切地交流互动，双方都相得益彰。

刘国玲说她很幸运，她在宝安区慈善会的 5 年，深受前任和现任老领导的感染，张洪华会长还是她走上专职公益生涯的引路人。“他们中不少人都是军人出身，做事情雷厉风行、有情怀，更是非常有爱心的人，都很用心。第一届真的把基础打得非常好。我们第二届的会长、副会长们也都真正把从事慈善会的工作变成自己的一份使命和责任，既是为了宝安区慈善会这个机构的发展，也是为了宝安区慈善事业的发展。特别是洪华会长，特别爱学习，他对全国公益慈善行业动向的把握、对政策的把握都很到位。他去游说政府领导，去争取更多的支持，去吸引更多的人参与，去积累更多的资源，全是很用心去做的。他把他退休后的时间精力已经全部用在这方面了，他是有情怀、有大爱的人，也以他的情怀大爱去影响他身边的人。有句话说得好，你跟什么样的人在一起，你最后也变成了什么样的人。”

从初到宝安时的完全不懂慈善，到成为分管全区慈善事务的领导干部，从亲自入场进行慈善实践，到成为深圳市级慈善事业枢纽型平台的掌门人，刘国玲用了 30 余年的时间。回首自己的公益之路，刘国玲只用了简单几句话来概括：“在我完全不懂的时候，我受到震撼了，然后我旁观，我见证，我参与，我主管，我投身于此，用余生热爱。”

张百松：

千年古县脱贫路上的“宝安加持”

人物简介

张百松， 1971 年出生于广东省河源市紫金县。1993 年毕业于中南财经大学，自此 30 年来一直在深圳市宝安区工信系统工作，现为深圳市宝安区工业和信息化局二级调研员。从 2006 年开始参与宝安区对口帮扶工作，迄今为止已长达 17 年。2013 年被宝安区派驻广东省河源市龙川县，并被任命为“深圳宝安对口帮扶河源龙川指挥部”常务副总指挥，2016 年被任命为“深圳宝安对口帮扶河源龙川指挥部”总指挥、“深圳市精准扶贫派驻龙川县工作组”组长，挂任龙川县委常委。自 2013 年至 2021 年，驻守龙川县长达 8 年多。2021 年 6 月，被评为广东省脱贫攻坚突出贡献先进个人；2023 年 3 月，荣获龙川县首届“荣誉市民”称号。

联合国秘书长古特雷斯曾说：消除贫困不是一个慈善的问题，而是一个关乎社会公正的问题。而消除贫困、振兴乡村，最大限度降低城乡之间、地区之间存在的各种形态的不平等，可以说是当下中国至大的公益慈善。

在最近几十年消除贫困的历程中，深圳市一直把“感恩改革开放、回报全国人民”作为义不容辞的政治责任。按照广东省委省政府的部署，自1990年到2020年，先后与全国17个省份35个地级市（自治州）及所辖109个县（区）开展结对帮扶合作，累计投入帮扶资金超过1200亿元，实施帮扶项目4万余个，选派干部人才8500多人，助推42个国家级贫困县摘帽、340余万贫困人口脱贫。①

相对于其他省市而言，深圳市所结对帮扶的大多数地区，都是任务最重、多年脱贫攻坚“没有啃下的硬骨头”。相对于深圳市其他区而言，宝安区则在全市扶贫工作大局中扮演着“啃硬骨头”、担“龙头”重任的角色。与宝安区结对的龙川县就是这样的“硬骨头”。从2009年到2020年，宝安区先后向龙川县援派扶贫干部259名、300多人次。这支队伍真情融入、真心付出、真抓实干，成为宝安区推动扶贫大业顺利进展的路基、齿轮。

张百松，是深圳市8500多名援派扶贫干部中的一员，更是深圳市及宝安区援派龙川县扶贫干部队伍的带队人之一。他八年如一日奋战在对口帮扶一线，带领团队有力推动了龙川县脱贫致富，使宝安区在龙川县所负责的每个贫困村年集体收入都达到30万元以上，贫困村居民人均可支配收入、有劳动力贫困人口人均可支配收入水平，远远超过广东省及河源市建档立卡贫困人口出列标准。

因此，宝安公益慈善发展的微观行动史记中，不能缺席张百松和他的

① 中共深圳市委组织部，中共深圳市委党校，深圳市扶贫协作和合作交流办公室．深圳帮扶30年［M］．深圳：海天出版社，2021：19.

“扶友”们。2021 年 11 月 10 日下午，笔者在宝安区慈善会办公室主任刘曦光的陪同下，前去拜访张百松。我们的对话主要围绕如下问题展开：宝安对口帮扶的历程；宝安与龙川结对帮扶的缘起、举措、进展与成效；个人参与扶贫事业的动因、印象、感悟等。

常年奔波在龙川县田间地头的辛劳，磨不去张百松一身温文儒雅的书卷气息。在他轻声缓语的娓娓叙述中，宝安区扶贫大业的画卷徐徐展开。访谈结束，他还细心地唤来助手，赠送了两本关于宝安与龙川结对帮扶合作的资料。本文主要基于此次访谈和相关资料而成。在书写时，笔者以各级政府扶贫政策过程作为个体行动的背景，使宏观制度与微观行动形成同频互动，尽可能形成一张全息图景，努力达到既见森林也见树木的效果。

帮扶龙川就是帮扶家乡

1993 年 7 月，张百松从中南财经大学毕业，被分配到深圳市宝安区贸易发展局工作。2002 年，宝安区贸易发展局与宝安区经济发展局合并，成立宝安区经济贸易局，此后该机构不断变革，2004 年改为宝安区贸易工业局，2011 年改为宝安区经济促进局，2019 年又改为宝安区工业和信息化局。30 余年来，虽然张百松所在的工作机构名称及其职能历经变迁，但一直是宝安区的经济窗口，张百松也一直守在这条战线上。从 2006 年起，张百松参与宝安区对龙川县的对口帮扶工作，2013 年以后更是长期驻守在龙川县，把最美好的年华奉献给了宝安区的扶贫支援大业。

张百松来到宝安区的前一年，正值撤县建区改革。广东省经国务院批准，撤销宝安县建置，成立宝安区和龙岗区，直属深圳市管辖。原宝安县西部的 8 个镇和 2 个街道办事处归新成立的宝安区管辖；原宝安县东部的 10 个镇划出并新成立龙岗区。这次改革，是古老的宝安在最近 40 余年来的第二次重大瘦身。① 不过，虽然宝安的管辖幅度和经济体量缩小了，但

① 第一次重大瘦身就是 1980 年将原宝安县的县城单独划出，成立深圳经济特区，共 327.5 平方千米。

自1991年启动的扶贫支援工作不仅没有停止，而且任务逐渐加大。远至新疆、陕西、贵州、重庆、江西、广西等省（市、区），近至广东省内的梅州、河源、汕尾等地，其扶贫减贫脱贫进程中都有宝安区的助力和加持。宝安区与广东省河源市龙川县的结对帮扶工作正式始于2002年，在长达20年的对口帮扶历程中，张百松不仅是一个见证者，更是一个重要的亲历者、实践者，是这段历史的造就者之一。

张百松是广东省河源市紫金县人。追溯紫金县的早期历史源头，它曾经属于龙川县。作为珠江水系干流之一的东江，流经两县。张百松说："同饮一江水，紫金是我的家乡，龙川也是我的家乡。"说起龙川县史地、文化和社会经济诸般情况，张百松的确是数说家珍。

龙川县位于广东省东北部，距深圳市260余千米。境内群山连绵，河流纵横，自然资源丰富，是广东省重要的生态屏障和水源涵养地、全国重点生态功能区。1988年，广东省调整部分行政区划，撤销惠阳地区，设立河源市，龙川县成为河源市辖县。龙川县东西横距45千米、南北纵跨103千米，总面积3081.31平方千米，辖24个镇、315个行政村、42个居委会、1379个自然村、5658个经济合作社，户数28.82万户，户籍人口98.18万人，常住人口69.52万人，海外华侨和港澳台同胞34.1万人，[①]是河源市拥有镇村最多、人口最多的县。

龙川县也是一个千年古县，是整个岭南地区最早建县的四县之一，历史源远流长。公元前214年，秦始皇派屠睢、赵佗率50万大军平定岭南，在番禺设南海郡治，下辖番禺、龙川、博罗、四会四个县，赵佗首任龙川县县令，岭南正式纳入中原政治文化体系。自建制以来，龙川县历经2237年[②]风雨沧桑，县名未改，是中国保留最古老县名的县份之一。自然而然地，龙川县是岭南最早的客家先民发祥之地，素有岭南古城、客家古邑之称。龙川县也是革命老区，是全国第二批、广东省第四个被确认的"中央苏区县"，红色传统丰富而浓郁。

---

① 2022年年底数据。

② 时间截至2023年。

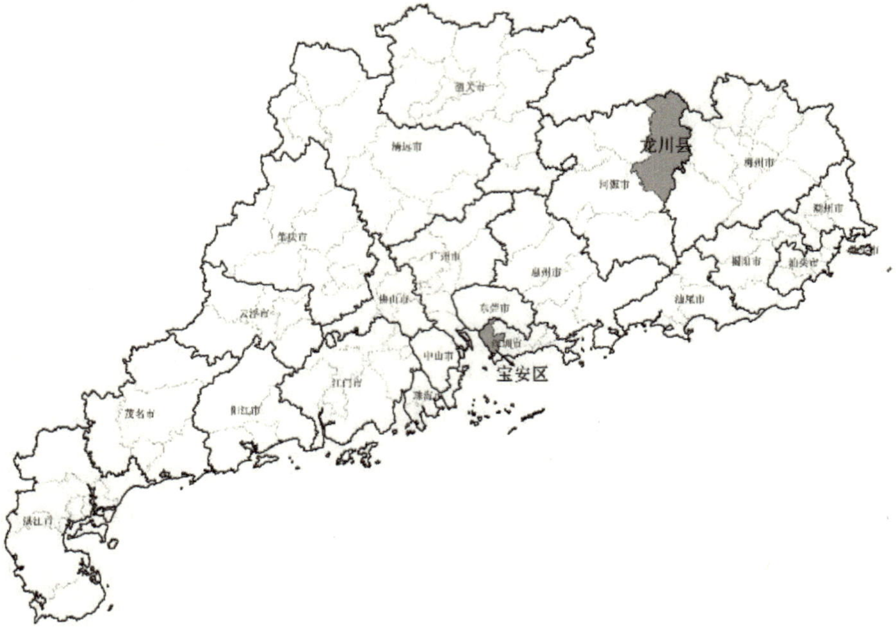

龙川县在广东省的位置（示意图）

然而，拥有悠久历史、厚重文化、充沛自然资源的龙川县，却长期贫困落后。1985 年，广东省共 121 个县级行政单位中有 50 个是山区县（市、区），而这 50 个县级行政单位中有 31 个是贫困县，龙川县名列其中且属于最贫困的山区县之一，1985 年当年人均纯收入不到 200 元。① 到 20 世纪 90 年代中期，包括龙川县在内的河源市 5 县被广东省核定为“特困县”，而全省特困县为 16 个。进入 21 世纪后，龙川县依然深陷贫困之中，被列入广东省“省级重点扶贫的特困县”“扶贫开发重点县”名单。2018 年年初，广东省有 2277 个省定贫困村，其中河源市有 255 个，龙川县则有 70 个，全县贫困户达 11193 户、相对贫困人口② 29694 人，占全县农村总人口的 3.57%，是河源市脱贫攻坚任务最重的县。

① 崔健，陈国珊，郑宏宣，赵兴齐．广东扶贫开发工作的回顾与前瞻［J］．中国贫困地区，1998（7）．

② 广东省以农村居民年人均可支配收入低于 4000 元（2014 年不变价）作为相对贫困人口的认定标准，同时综合考虑“三保障”和家庭支出等实际情况进行评议。

根据张百松的分析，龙川县之所以长期贫困，客观上主要是由于其地理环境和在广东全省乃至粤港澳大湾区经济社会发展格局中扮演的角色所致。首先，多山的地理特征。广东多山，全省地理地形地貌可谓是“七山一水二分田”，粤北地区大多是石灰岩山地。地处粤北的龙川县及河源市其他县基本上都是山地丘陵，素有“八山一水一分田”的说法，耕地稀缺，交通不便，基础设施建设长期不到位。其次，河源市境内分布着东江、北江、韩江三大流域，龙川县则位于东江、韩江的源头地带，是为珠三角地区供水的水源保护地和广东省生态保护屏障，工业开发建设的步伐必须谨慎，这也在客观上导致整个地区经济发展缓慢。最后，就贫困家庭来说，致贫的原因不外乎收入渠道狭窄、观念陈旧、缺乏新知识技能、老病残或自然灾害等。

深圳市从 1990 年开始自发扶持河源市，2002 年正式与河源市结成对口扶持关系。30 余年来，河源市一直是深圳市帮扶时间最长、支持力度最大的省内地级市。宝安区从 2002 年开始对口扶持龙川县，从此两县携手治贫，结下深缘。用张百松的话说就是：“自 2002 年起，宝安和龙川的结对帮扶关系一直没变，可以说有着深厚的感情。这种感情首先体现在，宝安区委区政府一直非常重视对龙川的帮扶工作，要求在帮扶力度上坚决不能落后于全市其他区，而且还要做出亮点；其次就是宝安区的挂职干部都把驻守龙川、帮扶龙川当作一种事业追求，当作一种情怀。”

深圳市委市政府于 1990 年成立“深圳市对口扶持工作领导小组”及其办公室，各区和有关部门及单位也成立了相应的工作机构。宝安区对口扶持工作领导小组办公室一直设在区贸易发展局。深圳市对口帮扶工作起步时，张百松刚刚离开老家河源市紫金县，赴武汉市念大学，并在毕业后顺利地成为宝安区贸易发展局的一名公务员。一开始，他并没有介入扶贫工作。2006 年年底，张百松被安排负责宝安区贸易工业局的办公室工作，开始具体接触、负责办理宝安区与龙川县对口部门的结对帮扶业务，逐渐熟悉了相关政策和业务流程。2013 年 6 月，张百松被派驻龙川县，并被任命为“深圳宝安对口帮扶河源龙川指挥部”常务副总指挥，从后方转到了前线，直接进驻龙川；2016年5月，被任命为“深圳宝安对口帮扶河源龙川指挥部”总指挥、“深圳市精准扶贫派驻龙川县工作组”组长，并挂任龙川县委常委。

深圳市及宝安区对张百松的这种“派驻”，是实实在在的“派驻”。“完全是全脱产，只是行政人事关系没过去，党组织关系是过去了的，还挂了龙川县委的一个常委职务，常住龙川。”张百松说。从2013年6月至2021年8月，张百松驻守龙川，妻儿在深圳，两地奔波成为一种生活常态。“实际上，对家庭尤其是小孩的陪伴和教育，都顾不上了。”但是，“帮扶河源，帮扶龙川，就是帮扶家乡，于我而言，义不容辞，更何况是组织安排的任务”。驻守龙川县期间，他所想的唯一事情，就是“多做些实事，把扶贫当作事业，把这项伟大的工程当作情怀，全身心投入工作当中，攻坚路上，奋战到底”。

宝安—龙川结对帮扶模式的变迁

中国的扶贫大业是一部史诗，党中央、国务院是总设计者。在顶层设计之下，近40年的扶贫开发历程，有着不同的情节，其中包含诸多政策文本，内蕴不同阶段的目标愿景、手段技术以及一茬又一茬的扶贫工作者，体现着扶贫工作模式的更替演进、与时俱进。

在张百松的记忆中，宝安区与龙川县20年的对口帮扶经历了不同的政策阶段，帮扶工作模式的关键词也几经变化。2002年至2008年，启动部门结对帮扶模式；2009年至2015年，实行的是扶贫开发“双到”工作模式；2016年至2018年，强调的是精准扶贫精准脱贫模式；2018年至2020年，强调的是脱贫攻坚模式；2021年以来，强调的是乡村振兴“驻镇帮镇扶村”模式。

每个阶段、每个模式并不是截然分开的，而是在继承和巩固前一个阶段工作和经验的基础上作出的新探索，都有其特定的宏观政策背景、议程框架和基层行动。关键词的不同，反映了不同阶段扶贫工作的重点、特点和策略，本质上都是基于广东省贫困地区经济、社会发展变化的态势而被灵活推出，有机衔接、环环相扣、步步高进，既体现了国家扶贫政策的发展历程，也体现了广东省各级政府对扶贫工作机制的探索和进步。

（一）宝安与龙川“结对”缘起

作为深圳的一个市辖区，宝安区对口帮扶龙川县，首先体现的是政治担当和政策执行责任，属于“规定动作”。国家扶贫战略，广东省、深圳市有关对口帮扶的统筹规划和策略安排，是宝安区帮扶行动的首要驱动力和指导方向。两地结对帮扶，直接源于20世纪80年代中期广东省委省政府对贫困山区县市的扶贫开发政策。

1984年，中共中央、国务院发布《关于帮助贫困地区尽快改变面貌的通知》，要求重点关注革命老根据地、少数民族聚居地区、边远地区、贫困山区，即“老、少、边、穷”地区。从1985年起，广东省开始针对贫困山区县采取政策举措，有计划、有组织地开展扶贫开发工作。1988年3月，广东省委省政府组织的首批扶贫工作组抵达河源市，进行扶贫工作考察。1990年3月，全省贫困地区工作会议在龙川县召开，研究部署加快脱贫致富工作；同年，广东省委省政府根据邓小平“先富帮后富，实现共同富裕”的思想，印发实施《关于进一步支持山区和新建市发展经济的决定》（粤发〔1990〕28号），要求省内“经济发达地区的市县与经济落后的市县建立长期稳定的经济挂钩关系，帮助穷区发展经济，培训人才，解决生产和建设中碰到的特殊困难。经济发达地区的市县要抽调得力干部到经济落后的市县去挂职，为贫困地区改变面貌出谋献策，帮助挂扶对象办好几个有效益的经济项目”。该文件还规定，珠三角7市（即广州、深圳、佛山、江门、中山、东莞、珠海，以下略去城市名）分别对口扶持广东省东西北6市（即清远、梅州、汕尾、韶关、阳江、河源，以下略去城市名），建立市与市、县与县、乡镇与乡镇的对口扶持责任制。[①] 这标志着珠三角沿海市对粤东西北山区市县对口帮扶制度正式启动。就龙川县而言，

---

① 根据该文件，深圳对梅州的挂钩帮扶从1990年持续到2003年。2003年年底，深圳对梅州的挂钩帮扶任务完成，双方脱钩。

中山市、珠海市在20世纪90年代都曾与之正式结对，但历时较短。

根据粤发〔1990〕28号文件有关帮扶梅州市的安排，深圳市于1990年专门成立了“深圳市与梅州市对口扶持合作领导小组”和“深圳市对口扶持工作领导小组”，前者由一名副市长担任组长，后者由一名市委副书记担任组长，领导开展了以基金贷款扶持为龙头、以区县结对帮扶为重点的对口扶持活动。根据深圳、梅州两市的相关部署，宝安区（当时仍为县制）结对帮扶梅州市大埔县。这是宝安首次与广东省内贫困县建立对口帮扶关系。

在贯彻执行广东省委省政府扶贫部署的同时，深圳市也自觉扛起“先富带后富”的重责大任，从1990年开始自发扶持河源市。一开始，是深圳市及个别区的政府职能部门、一些市属企事业单位与河源市及下辖县相应职能部门“结对”，帮扶关系比较零碎、松散。从1995年起，深圳市主动发起“特区与老区、山区心连心”活动，动员全市主要单位与老区、山区单位结对救助，无偿提供财政性扶持资金、仪器设备及其他物资，援建医院、学校、道路、桥梁等基础设施。1996年至1997年，深圳市委书记厉有为、深圳市市长李子彬相继亲自率领对口扶持考察团到河源市紫金县考察，捐赠扶贫款。深圳市政府还发布了《关于调整我市龙岗区福田区对口扶持地区有关事宜的通知》（深府〔1996〕81号），规定从1996年起龙岗区对口扶持河源市紫金县，宝安区依然与梅州市大埔县结对。此后，按照深圳市统一部署，福田区、盐田区从1998年开始分别与河源市和平县、东源县结对。此时期，宝安区虽然没有和龙川县结对，但它与梅州市大埔县的结对扶持为其后对龙川县的帮扶工作奠定了经验基础，深圳市其他区与河源市的帮扶工作也为宝安区提供了先期经验。

在多层次、多渠道扶贫开发机制运作下，到20世纪90年代末，广东省消灭了绝对贫困，解决了全省农村温饱问题，提前三年实现了国家“八七”扶贫攻坚计划的目标。但是，山区县贫困村、贫困户的生产条件和生活质量依然需要提升，基础设施依然落后，区域贫困问题依然存在。特别是随着珠三角城市群的强势崛起和繁荣发展，珠三角地区和粤东西北山区的差距越来越大，省内区域发展不平衡愈益成为一个突出的问题和短板。因此，致力于破解区域发展不平衡难题、加快推进区域协调发展，成为21世纪广东省扶贫工作的新任务。

2002年9月和10月，广东省连续出台政策文件，推动珠三角沿海市对粤东西北山区县的对口扶持从探索性、松散性、临时性转向制度化、紧密化、稳定化，从单一的救穷济困转向帮助推进基础设施建设和产业转型发展。其中，最重要的是《关于加快山区发展的决定》（粤发〔2002〕13号）和《关于珠江三角洲经济发达市与山区市县对口帮扶实施意见》（粤府办〔2002〕78号）。这两份文件要求进一步加大对省内山区县扶贫开发力度，继续组织珠三角地区对山区县的对口帮扶，调整粤发〔1990〕28号文件安排的珠三角7市对粤东西北6市20个山区县（市）的帮扶关系，其中把深圳市的帮扶对象，调整为河源市及其下辖的五县一区。[①] 深圳市与河源市正式建立起城市间的全面对口扶持关系。

2002年年底，深圳市政府发布实施《关于我市对口帮扶河源市工作的实施意见》（深府〔2002〕176号），决定深圳市六区[②]分别对口帮扶河源市五县一区：福田区、龙岗区、盐田区分别继续对口帮扶和平县、紫金县、东源县，增加宝安区、南山区、罗湖区分别对口帮扶龙川县、连平县、源城区。这是宝安区接到的帮扶龙川县的第一份任务书，它开启了两地此后长达20年并仍在继续的携手治贫、振兴乡村的史诗。

（二）部门结对帮扶模式

宝安区与龙川县正式结对初期，沿袭了20世纪90年代的帮扶经验，即以“一帮一”的形式开展。“一帮一”实践模式的理论和政策基础是一组概念，包括“对口支援”“对口扶持”“对口帮扶”“结对扶持”“结对帮扶”等。其中，首先提出的是“对口支援”概念，该概念是在中共中央于1979年4月25日召开的全国边防工作会议上提出的。随后，在20世纪

① 河源市辖1个区、5个县：源城区、东源县、和平县、龙川县、紫金县、连平县。数据来源：龙川县人民政府门户网站，http：//www.longchuan.gov.cn/，登录时间：2021年12月20日。

② 当时深圳市下辖6个城区，包括福田区、罗湖区、盐田区、南山区、宝安区、龙岗区。

八九十年代一些地方的扶贫开发实践中，“对口支援”概念被演绎、拓展开来，形成了多种类似的术语表达。上述概念的共同要点在于，强调发达地区对落后地区同行业的扶助与支持。在具体操作中，同行业扶持的牵引者、实施者是党政机关、企事业单位。例如，《国务院关于印发国家八七扶贫攻坚计划的通知》《中共中央 国务院关于尽快解决农村贫困人口温饱问题的决定》，都强调了“部门任务”，强调党政机关、企事业单位根据本部门的特点，充分发挥自己的优势，从各方面支持贫困地区开发建设。后者还要求凡有条件的单位都应确定自己的定点帮扶对象。不过，随着扶贫事业进程，这些概念有了微妙的区分。如，“对口支援”更强调省际之间的帮扶，与后来出现的“扶贫协作”几乎成了同义语；“对口扶持”的外延相对广泛，涵盖省际省内；“结对帮扶”则强调的是省内地区间的帮扶。

因此，深圳市与河源市、宝安区与龙川县“一帮一”模式是分层次的，落脚点就在于部门和单位的结对帮扶。根据深府〔2002〕176 号文件，深圳市与河源市结对帮扶的指导思想是按照“优势互补，互惠互利，长期合作，共同发展”原则，开展全方位、多层次的帮扶和经贸合作。两市政府签订帮扶合作协议，分别指定相关机构专门负责对口扶持工作，建立联席会议制度，每年召开 1 至 2 次。深圳市建立帮扶工作责任制，市政府安排所辖 6 区与河源市 5 县 1 区建立结对帮扶关系，结对的区县之间再进一步签订帮扶协议、制定相关计划和工作制度。该文件还明确要求，深圳市经贸部门、旅游部门、农业部门、水务部门、劳动部门、教育部门、卫生部门以及市计划、规划、环保等部门，都应在各自职责范围内做好结对帮扶工作。以此为据，深圳市 6 区再将任务细分，由区直机关、职能部门与河源市五县一区的机关、部门形成结对帮扶关系。宝安区结对龙川县后，也是如此操作，区直机关在与龙川县党政机关实施结对后，还在各自系统内选出实力较强的企事业单位与龙川县的相关单位结对，并确保帮扶工作归口管理。2006 年 5 月 12 日，宝安区对龙川县的结对帮扶工作因成效显著、业绩突出，在深圳市对口扶持工作会议上专门做了经验介绍。

2007 年 9 月，深圳市委办公厅、深圳市政府办公厅印发《关于进一步加强全市对口扶持工作的通知》（深办〔2007〕41号），微调全市对口扶持结对单位名单，安排宝安区与新成立的光明新区共同扶持龙川县，再次强调要“发挥部门作用”，并开始要求动员社会参与。宝安区各机关与职能部门、各类企事业单位，继续与龙川县相关对口单位开展挂钩结对。这种“部门结对帮扶”模式一直延续下来，帮扶维度、程度、深度不断拓展。不过，早期的“部门结对帮扶”重在通过资金投入切实解决龙川县人民群众的基本生活问题，与后期的帮扶模式相比较，早期模式中双方虽然结对、保持经常性沟通和联系、共同开展项目和活动，但总体上是松散的，各单位通常并未派出干部常驻龙川县，扶贫工作的目标更偏重救贫济困。

（三）扶贫开发“双到”模式

所谓“双到”，即扶贫开发工作“规划到户，责任到人”，简称“双到”模式。“双到”模式的思路是：通过采取“靶向疗法，定村定户，定责定人，驻村帮扶，一村一策，一户一法，一定三年，限期脱贫，分轮分批地解决农村贫困问题”。“双到”模式要求帮扶市必须确定分管领导、责任部门、责任人、联系人，须成立并向被帮扶市县派驻工作组；承担具体帮扶任务的城区或单位主要领导每年至少一次、分管领导每年至少两次到贫困村中实地检查指导工作。总体上，“双到”模式要探索解决的是“谁来扶贫、扶谁的贫、用什么扶贫、如何扶贫”的问题，着力点在于建立一套比较精确的扶贫工作机制。

“双到”模式是汪洋同志在广东省时提出的。汪洋于2007年12月至2012年12月任广东省委书记，曾走遍了广东省的山山水水，多次到粤东西北贫困县、贫困村调研。看到山区县的贫困情况时曾感叹指出：“到现在这个发展阶段，全国最富的地方在广东，最穷的地方也在广东，这是广东之耻，是先富地区之耻。因此，必须坚决打好缩小贫富差距这场硬仗，并以此把转变发展方式的工作落到实处。”[①] 他上任当月的首次调研就安排在粤北的阳山县、连南瑶族自治县两个山区县，走进贫困村中、贫困家庭

① 胡键，岳宗．汪洋到河源调研指出：最穷地方在广东是广东之耻先富之耻［N］．广州日报，2010-03-31.

中，一线考察贫困现状和扶贫政策实施情况。也正是在此次调研中，他要求创新扶贫工作机制，首次提出了扶贫开发工作要“规划到户、责任到人”的“双到”思想。

2009年6月，广东省委省政府作出扶贫开发“双到”决策部署，广东省委办公厅、省政府办公厅联合发布了《关于我省扶贫开发“规划到户责任到人”工作的实施意见》（粤办发〔2009〕20号），要求派出干部驻村开展扶贫工作，实施扶贫开发“双到”工作责任制。其要点在于：第一，定点帮扶、动态管理。即把当时全省3409个贫困村和村内贫困户70万户共316万人的帮扶任务、目标、要求，具体分配落实到省直和中直驻粤单位、珠三角7市、贫困村和贫困户所在市县（区）的党政机关、事业单位和全省国有企业、社会团体。第二，明确任务、责任到人。贫困村、贫困户所在的市、县（市、区）各级党委政府负责组织制定本地扶贫开发“双到”的规划措施和年度实施计划，把定点帮扶的贫困村和贫困户的任务具体分解到所属的单位和部门，落实挂村挂户责任人，做到定单位、定人、定点、定责包干扶持，保证每一贫困村、每一贫困户都有责任人挂钩联系，有具体的脱贫措施。第三，政府主导、社会参与。即以政府投入为引导，广泛动员社会力量，开创多种扶贫开发形式。

“双到”模式共分两轮进行，即2009—2012年为第一轮，任务是依托产业和劳动力“双转移”战略，进一步发挥珠三角对粤东西北地区在市级合作产业转移园上的帮扶作用；2013—2015年为第二轮，任务是进一步优化完善省内的对口帮扶关系，在全面建成小康社会的目标下将贫困治理与区域协调向纵深推进。

张百松记得，汪洋同志主政广东省5年，就扶贫开发工作而言，至少作出了两项重要贡献：一是提出并确定了扶贫开发“双到”模式，这可谓是后来国家层面上提出的精准扶贫模式的先行先试；二是倡议设立“广东扶贫济困日”，在全社会树立扶贫济困责任意识。①

① 2010年6月，经国务院批准同意，广东省委与省政府确定自2010年起每年6月30日为“广东扶贫济困日”，每年在全省开展“扶贫济困日”活动。

开展第一轮“双到”工作期间，珠三角7市对口帮扶对象基本保持不变。但根据粤办发〔2009〕20号文件，深圳市除了定点帮扶河源市外，新增加了湛江市。深圳市与河源市、湛江市分别签订了扶贫开发“双到”工作的框架协议。为了顺利完成任务，深圳市于2009年9月制定并发布了《关于新时期我市扶贫开发“规划到户责任到人”工作实施意见》（深办发〔2009〕13号），把任务分解到全市各区、市直机关、市各人民团体及部分市属重点企业，宝安区分到的任务是帮扶龙川县40个贫困村、东源县5个贫困村。全市6区均开始向河源市5县1区派驻开展“双到”帮扶的工作组，组长必须为处级领导干部，并争取协商挂任当地副县职领导岗位。

“双到”工作进行到第二轮时，中央对广东省委主要负责人职务进行了调整，汪洋不再担任广东省委书记，胡春华接任，新的主帅也高度重视广东省内区域发展不平衡这一最大的短板问题。2013年，一系列新的政策出台，主要包括：《关于进一步促进粤东西北地区振兴发展的决定》（粤发〔2013〕9号），《关于调整珠三角地区与粤东西北地区对口帮扶关系的通知》（粤委办〔2013〕27号）、《〈广东省新一轮扶贫开发“规划到户责任到人”及重点县（市）帮扶工作实施方案〉的通知》（粤办发〔2013〕14号）、《关于调整合并对口帮扶关系的通知》（粤办函〔2013〕118号），等等。这些文件提出了“振兴粤东西北”的系统性战略框架，要求在巩固全省前三年扶贫开发“双到”成果的基础上，继续加大“双到”工作力度和精度，继续强化珠三角城市的对口帮扶责任，调整了结对帮扶关系，实行新一轮的珠三角6市（广州、深圳、佛山、东莞、珠海、中山）与粤东西北8市（梅州、清远、河源、汕尾、阳江、云浮、韶关、潮州）结对帮扶。据此，深圳市在广东省内的对口帮扶对象除了原有的河源市，新增加了汕尾市、潮州市，不再承担对湛江的对口帮扶任务。上述文件明确要求帮扶市应向被帮扶地派出常驻干部，设立对口帮扶指挥部。

宝安区根据本区的扶贫工作进度，于2013年7月就先行审定并通过了《深圳市宝安区新一轮扶贫开发“规划到户责任到人”及重点县帮扶工作实施方案》及《深圳市宝安区新一轮扶贫开发“双到”驻县、驻村干部名单》。根据前一份文件，宝安区所负责帮扶的24个贫困村被具体分解给各街道，其中，西乡街道帮扶6个，沙井街道帮扶5个，松岗街道帮扶4个，新安街道、福永街道、石岩街道分别帮扶3个。

深圳市委办公厅、深圳市人民政府办公厅则于2013年11月印发了《〈深圳市新一轮扶贫开发“规划到户责任到人”及重点县帮扶工作实施方案〉的通知》(深办发〔2013〕12号)，于2014年1月印发了《深圳市进一步深化对口帮扶工作总体方案》(深办〔2014〕1号)，于2014年2月印发了《深圳—河源对口帮扶工作实施方案》(深发〔2014〕2号)和《深圳—汕尾对口帮扶工作实施方案》(深发〔2014〕3号)，细化、完善、明确了新的对口帮扶工作机制、组织框架和帮扶举措。其中包括：将已有的“深圳市对口扶持工作领导小组”调整变更为“深圳市对口帮扶工作领导小组”(办公室设在市经贸信息委)，负责全面统筹全市对口帮扶工作，各区也成立相应的对口帮扶工作领导小组；成立前方指挥部，即分别成立了“深圳对口帮扶河源指挥部”和“深圳对口帮扶汕尾指挥部”，各区也成立相应的驻某个帮扶地的对口帮扶指挥部（日常工作中，这些指挥部一般被口语化为“前方”），指挥部总指挥、副总指挥是对口帮扶工作的直接责任人；① 各区与扶贫开发“双到”重点县及其他县（区）开展新一轮结对帮扶工作，原来各区与贫困县合作共建的产业园区也被适当调整。

在此次调整中，宝安区与龙川县的结对帮扶关系不变，但深圳市政府将原来由南山区与龙川县合作共建的“南山（龙川）产业转移工业园”，调整为由宝安区与龙川县结对共建，变成“宝安（龙川）产业转移工业园”(以下简称宝龙工业园)，宝安区有责任促进产业园区扩能增效。为此，宝安区成立了“深圳宝安对口帮扶河源龙川指挥部”。

也正是在第二轮“双到”工作开展初期，张百松被委以重任，成为深

---

① 到2020年，深圳已经形成了“1+1+5”整体推动的矩阵式工作架构。其中，两个“1”指深圳市对口帮扶工作领导小组、深圳市扶贫协作和合作交流办公室，统筹领导全市对口帮扶工作，负责全市对口帮扶统筹协调工作；“5”指5个前方机构：新疆、广东河源、广东汕尾3个前方指挥部和广西、西藏2个工作组，负责前方规划实施、项目落实、沟通协调等。

圳宝安对口帮扶河源龙川指挥部常务副总指挥、总指挥，开始了常年驻守龙川、在村舍田野中奔波的生涯。

（四）精准扶贫模式

精准扶贫模式对应的是以往相对粗放扶贫的概念和方式，是党的十八大以后所形成的党和国家扶贫工作的精髓和亮点。2015 年，中共中央、国务院印发《关于打赢脱贫攻坚战的决定》，第一次以中央文件的形式明确把精准扶贫、精准脱贫作为国家扶贫工作基本方略；2016 年，国务院印发《“十三五”脱贫攻坚规划》，要求高质量打赢打好精准脱贫攻坚战。此后，国家相关部委又陆续出台了配套实施政策。

广东省在多年的扶贫开发实践中，其实一直注重工作的精细化、精准化，尤其是“双到”模式已经贯穿了精准扶贫的工作理念，也对精准扶贫政策的一些要点进行了实践探索。

张百松根据自己践行“双到”工作的经验，对国家“精准扶贫精准脱贫”政策内涵与广东省“双到”工作模式的内在联系作出了如下理解：“全国精准扶贫工作的要点在于 6 个‘精准’，即扶贫对象要精准、项目安排要精准、资金使用要精准、措施到位要精准、因村派人要精准、脱贫成效要精准。广东省先行探索的‘双到’扶贫模式，叫作‘规划到户，责任到人’。‘规划到户’，就是一户一户的贫困户，每户都要帮到，每户都要脱贫；‘责任到人’，就是派人进去每个贫困村、每个贫困户，因地因户施策，因贫困原因施策，因贫困类型施策。所以应该说，广东的‘双到’模式在全国精准扶贫工作中起到了先行先试的作用，因为它在工作理念和方法上体现的就是精准到村、精准到户、精准到人、精准施策、定点清除。”

因此可以说，两轮“双到”工作为精准扶贫、精准脱贫模式的开展提供了丰富的经验。国家精准扶贫精准脱贫方略实施时，正值第二轮“双到”工作结束，全省立即将精准扶贫精准脱贫工作与“双到”工作模式有机衔接起来，进一步完善了结对关系。2016 年 6 月至 11 月，广东省出台《关于新时期精准扶贫精准脱贫三年攻坚的实施意见》（粤发〔2016〕13 号）、《关于深化珠三角地区与粤东西北地区全面对口帮扶工作的意见》

（粤委办〔2016〕81号）、《新时期相对贫困村定点扶贫工作方案》（粤扶组〔2016〕4号）等文件，把“双到”工作时期的经验以更详细科学的政策文本形式呈现出来。上述文件核定全省共有2277个贫困村、70.8万贫困户、176.5万贫困人口，提出“到2018年全省贫困人口全部脱贫，与全省人民同步迈入全面小康社会”的目标，确定珠三角6市（广州、深圳、珠海、佛山、东莞、中山）与粤东西北11市（梅州、清远、韶关、河源、汕尾、湛江、茂名、阳江、云浮、揭阳、潮州）及肇庆市建立精准扶贫精准脱贫帮扶关系，要求承担帮扶任务的省直单位、中直驻粤单位、珠三角6市分别向所帮扶的贫困村选派驻村工作队和第一书记，对贫困户建档立卡，驻村开展扶贫工作。

根据广东省委省政府的安排，2016—2018年深圳市定点帮扶省定贫困村共323个，其中河源市5县1区共214个，汕尾市城区及3县（海丰县、陆丰县、陆河县）109个。相应地，深圳市也开始了新时期精准扶贫工作，并决心在全省树立全面对口帮扶、精准扶贫的工作样板。2016年6月，深圳召开全市扶贫开发工作会议，贯彻落实中央和省扶贫开发工作会议精神，总结过去三年扶贫开发工作情况，研究部署新一轮精准扶贫精准脱贫三年攻坚工作，印发了《〈关于新时期精准扶贫精准脱贫三年攻坚的实施方案（2016—2018年）〉的通知》（深发〔2016〕11号），安排具体帮扶任务。据此，深圳市直机关和相关企事业单位共承担118个贫困村的精准扶贫任务，各区共承担205个贫困村的精准扶贫任务。

宝安区分到的任务是帮扶龙川县13个镇33个贫困村。宝安区立即“以帮扶工作的连贯性、任务安排的均衡性、管理工作的集中性”为原则，制订《宝安区新时期精准扶贫精准脱贫三年攻坚实施方案（2016—2018年）》。2016年11月10日，宝安区区长姚任主持召开区对口扶持工作领导小组会议，审议通过该方案。根据此方案，宝安区将所负责的龙川县贫困村划分为6个片区，由宝安区6个街道各负责统筹一个片区，同时6个街道和21个区直机关、企事业单位作为定点帮扶责任单位，按照扶贫对象、项目安排、资金使用、措施到户、因村派人、脱贫成效“6个精准”

的要求，负责定点贫困村精准扶贫精准脱贫工作。调整宝安区对口帮扶河源龙川指挥部人员，任命张百松为总指挥；从全区各单位各部门选调了工作能力强、经验丰富的骨干为驻村工作队长，包点到村到户，全脱产参加精准扶贫工作。

鉴于前期宝安区帮扶龙川县所取得的突出成就，深圳市委、市政府新成立的“深圳市精准扶贫派驻龙川县工作组”组长，由宝安区对口帮扶河源市龙川县指挥部总指挥张百松担任。

（五）脱贫攻坚模式

广东省的“精准扶贫”工作也分为两轮。2016 年至 2018 年为第一轮，2019 年至 2020 年为第二轮。第一轮工作的要义在于扶贫行动精准化、精细化，第二轮工作的要义在于克服前期存在的瓶颈，如驻村帮扶干部队伍能力提升机制缺位、帮扶资源投入差异引发的帮扶对象心态失衡及非贫困村非贫困户的心态失衡、贫困人口返贫问题等，因此第二轮工作的实质是扶贫脱贫的攻坚战。

2018 年 3 月至 10 月，习近平总书记两次对广东省区域发展不平衡问题作出指示。① 省委办公厅、省政府办公厅印发了《关于打赢脱贫攻坚战三年行动方案（2018—2020 年）》，提出聚焦深度贫困地区，举全省之力、以超常举措加大帮扶力度，深化精准帮扶，如期完成脱贫攻坚任务，要求到 2020 年，“现行标准下农村相对贫困人口全部实现稳定脱贫，2277 个相对贫困村全部出列”。也正是因为该文件，2018—2020 年的“精准扶贫”工作与“脱贫攻坚”4 字紧密地联系在了一起，扶贫工作者更愿意把这三年的实践比喻为“啃硬骨头”，更愿意用“脱贫攻坚战”这一术语来概括这三年的工作。表现为：首先，进一步加大了督导考核力度，在全省实施“新时期脱贫攻坚督查巡查”，对全省地级以上城市党委政府脱贫攻坚工作实行最严格的考核评估，层层督查工作，层层压实责任，层层传导压力；

---

① 2018 年 3 月 7 日，习近平总书记在第十三届全国人大一次会议广东代表团审议时指出，广东区域发展不平衡是一个突出的问题和短板；同年 10 月 22 日至 25 日，习近平总书记视察广东，又专门指出“城乡区域发展不平衡是广东高质量发展的最大短板”，“广东要提高发展的平衡性和协调性”。

其次，进一步加大珠三角和粤东西北区域全面对口帮扶力度，更加突出帮扶干部选派和培训的重要性；[①] 最后，在更大程度上动员社会各界力量参与，企业、社会组织成长为脱贫攻坚的重要参与者。

2020年3月，深圳市召开全市决战决胜脱贫攻坚推进会，出台《关于建立健全扶贫工作机制的意见》和《深圳市推进乡村振兴战略实施精准扶贫打赢脱贫攻坚战工作方案（2019—2020年）》等3个具体工作方案，提出2020年要稳定实现深圳市帮扶的河源、汕尾两市、深汕特别合作区共324个相对贫困村全部出列；同时，建立“领导推动、统筹协调、社会参与、市场运作、决战督战、长效治贫、宣传引导、扶贫保障”八项机制，形成了市、区、街三级领导班子成员全体出战和社会各界精锐出战的格局。

宝安区于2017年下半年就进入了脱贫攻坚战状态，集中资源和力量帮扶龙川县33个贫困村脱贫出列。第一，强化组织保障，加强沟通交流，创新工作方法。成立区委书记任组长、区长任常务副组长的脱贫攻坚工作领导小组，下设区对口扶持工作办公室，统筹负责宝安区扶贫工作。向龙川县派出驻县工作组、驻村第一书记、驻村工作队。建立宝安区与龙川县联席会议制度、前后方互动交流机制，实施“一图一表”工作法。第二，聚焦精准，因村、因户、因人施策，对症下药，精准滴灌、靶向治疗，切实扶到点上、扶到根上、扶到家庭。第三，政府搭台，企业主导，以市场为导向促进合作协作。把突出市场导向作为对口帮扶、合作共赢的长久之计，立足对口地区资源禀赋和产业基础，探索“总部+基地”模式，引导宝安区的产业按照市场规律向对口地区拓展，实施全产业链帮扶。第四，构筑帮扶体系，汇聚社会力量形成大扶贫格局。实行区、街道、社区分级结对帮扶，组织发动宝安区10个街道[②]与龙川县13个镇结对帮扶、宝安区124个社区及上千家企业、社会组织与龙川县贫困村结对帮扶，实现未

① 仅在2019年，珠三角6市累计向粤东西北对口帮扶的12个市1719个贫困村派驻2157名驻村干部，调整轮换驻村干部12038人。数据来源：广东年鉴编纂委员会编．广东年鉴2019［M］．广州：广东人民出版社，2020：38.

② 2017年深圳市行政区划调整，宝安区6个街道办被调整为10个。

脱贫村“村村结对全覆盖”。第五，实施“党建+人才”工程。在龙川县援建33个农村社区党群服务中心，帮助贫困村实施“头雁”工程，将贫困村党支部书记列为重点培训对象，依靠村党组织开展贫困人口识别、精准帮扶、贫困退出。实行龙川县党政干部、技术人才、贫困村党支部书记和致富带头人到宝安区挂职、跟班和培训制度。第六，巩固成果，建立健全稳定脱贫长效机制。建立健全返贫监测预警和动态帮扶机制，推进全面脱贫与乡村振兴有效衔接。第七，统筹战疫战贫，以不变节奏推进对口帮扶工作。面对2020年突发的新冠疫情，宝安区坚持抗疫、扶贫、复工复产相结合，推出统筹疫情防控和脱贫攻坚“组合拳”，坚持做到脱贫攻坚进度不慢、要求不降、力度不减。①

截至2020年11月30日，宝安区帮扶龙川县的33个贫困村全部出列，所有建档立卡贫困户均已达到“八有一超”② 要求和脱贫标准。深圳市对口帮扶全省的10个贫困县区全部摘帽，324个贫困村全部出列，22097户贫困户、79249名贫困人口全部实现脱贫。2020年12月，广东省政府新闻办公室举行广东省脱贫攻坚系列新闻发布会，宣布省内2277个相对贫困村全部出列，161.5万相对贫困人口“两不愁三保障”③ 全部稳定实现；全省承担的东西部扶贫协作4省（区）14个市（州）93个贫困县业已全部实现摘帽。

（六）“驻镇帮镇扶村”模式

2021年2月25日，习近平总书记在全国脱贫攻坚总结表彰大会上宣告：我国脱贫攻坚战取得了全面胜利……同时，脱贫摘帽不是终点，而是新生活、新奋斗的起点。④ 同月，国务院直属机构国家乡村振兴局正式挂

---

① 宝安区工业和信息化局．2020年宝安区对口扶贫协作工作总结报告［EB/OL］．http://www.baoan.gov.cn/xxgk/zdly/tpgj/fpxm/content/post_8854508.html.

② “八有”指有稳固住房、有饮用水、有电用、有路通自然村、有义务教育保障、有医疗保障、有电视看、有收入来源或最低生活保障。“一超”：家庭人均纯收入超过国家扶贫标准。

③ “两不愁”：稳定实现农村贫困户“不愁吃、不愁穿”。“三保障”：保障基础教育、保障基本医疗、保障住房安全。

④ 习近平．在全国脱贫攻坚总结表彰大会上的讲话［EB/OL］．（2021-02-25）．http://www.xinhuanet.com/politics/leaders/2021-02/25/c_1127140240.htm.

牌。这标志着，脱贫攻坚目标任务完成后，全国“三农”工作重心转向全面推进乡村振兴。

广东省根据国家乡村振兴战略部署，实施了从“驻村帮村扶户”机制向“驻镇帮镇扶村”机制的转移。2021年上半年，相继出台《广东省乡村振兴驻镇帮镇扶村工作方案》（粤委办〔2021〕60号）、《关于做好乡村振兴驻镇帮镇扶村组团结对帮扶工作的通知》（粤农组〔2021〕5号）等文件，提出在全省开展分类分级“驻镇帮镇扶村”工作，全域全覆盖全面推进乡村振兴。全省1127个乡镇被分为“重点帮扶镇”、“巩固提升镇”和“先行示范镇”三类，不同类型乡镇由省、市、县三级帮扶。[①] 同时，“驻镇帮镇”与“扶村带户”密不可分。所谓“扶村带户”，即从之前针对全省2277个省定贫困村的帮扶，扩大到对面上村特别是前两轮扶贫开发“双到”村、薄弱村、落后村的帮扶；从扶持贫困户脱贫增收，转向推动乡村产业、文化、人才、生态和组织等的全面振兴。

不同于之前脱贫攻坚时期由单一地区、单一部门、单一单位定点某些村或某个村、定点某些户的帮扶形式，这一轮的帮扶工作采取的是组团结对形式，即采取“党政机关+企事业单位+科研力量”等多种力量组团结对，帮扶工作队由过去的“驻村扶村扶户”转变为“驻镇帮镇扶村带户”。同时，也不同于之前每一轮扶贫工作平均只有三五年期限，这一轮驻镇帮镇扶村工作期限被定为15年，分三个阶段进行：2021年至2022年，全省脱贫攻坚成果进一步巩固拓展，镇村“同建同治同美”取得显著成效；到2027年，乡村振兴取得战略性成果，镇村面貌实现根本改变；到2035年，农业高质高效、乡村宜居宜业、农民富裕富足目标总体实现，乡村基本实现现代化。

按照广东省委省政府工作部署，深圳市对口帮扶河源、汕头、汕尾三

① 其中，粤东西北12市和肇庆市（截至2021年，共901个乡镇）综合实力较弱的600个乡镇为“重点帮扶镇”，肇庆市综合实力较强的301个乡镇被列为“巩固提升镇”，珠三角7市所辖226个乡镇被列为“先行示范镇”。其中，“重点帮扶镇”由广东省直单位、中直驻粤单位、珠三角6市及属地市直机关按2∶5∶3比例开展帮扶；“巩固提升镇”由属地县（市、区）自行组团帮扶；“先行示范镇”由属地市、县结合实际全面推进强镇兴村。

市的76个重点帮扶镇，包括河源市5个县44个镇、汕头市4个县（区）13个镇、汕尾市4个县（市、区）19个镇。深圳市立即出台了《深圳市对口帮扶汕头、河源和汕尾市驻镇帮镇扶村行动方案》（深对字〔2021〕1号）、《深圳市2021年实施消费帮扶助力乡村振兴工作方案》（深府办函〔2021〕19号）、《深圳对口帮扶河源指挥部关于帮扶河源市乡村振兴示范带建设的工作方案》（2021年9月17日发布）等文件，新成立深圳市乡村振兴和协作交流局。上述文件部署了全市在乡村振兴时代的结对帮扶工作，明确了全市按照“大稳定、小调整，帮扶责任全覆盖，各区（新区）与河源、汕尾市原县（市、区）结对关系不变，市直部门牵头结对汕头市有关县（区）和所辖重点镇及河源、汕尾市部分重点镇”的工作原则，并决定向三市选派400名左右年轻优秀干部，组建驻市帮扶指挥部、驻县帮扶工作组、驻镇帮镇扶村工作队三级帮扶工作队伍。其中，在市一级，除了已设立的2个对口帮扶指挥部外，新组建“深圳对口帮扶汕头指挥部”；在县一级，由各区（新区）和牵头结对的市直单位组建13个驻县帮扶工作组；在镇一级，则从各区（新区）和市直单位中选派优秀年轻干部，按照“党政机关+企事业单位+科研力量”的组团要求，选派76支驻镇帮镇扶村工作队。

深圳市在龙川县的驻镇帮镇扶村工作对象是8个镇，其中宝安区负责5个镇。2021年上半年，宝安区解除了与龙川县33个已脱贫村的结对帮扶关系，新成立1支驻县帮扶工作组、5支驻镇帮镇扶村工作队；2021年下半年，新的帮扶工作队伍已奔赴龙川县。这意味着，宝安区与龙川县已长达20年的结对帮扶关系将继续下去。

宝安与龙川结对帮扶合作的细节

从2006年开始参与宝安区对龙川县的对口扶持工作，到2021年，张百松一直奋斗在这条战线上，其中有长达8年多时间驻扎在龙川。作为河源人，他为家乡的转变、进步和发展而高兴；同时作为深圳人，作为宝安人，他又为深圳的担当、宝安的贡献而自豪。16 年帮扶龙川的工作经历，满载着各种行动细节和动人故事，记载着光荣、梦想和辛苦。他对宝安区及深圳市对龙川县、对河源市帮扶工作的整个历程，包括阶段演进、帮扶幅度和力度、人财物投入、技术支援、日常工作方法及其内蕴的智慧、工作成效、经验教训与问题等，都有着全面清晰的了解和深刻理性的认识。

（一）“宝安区勇于承担重责大任”

张百松有这样的发现，“深圳 10 个区中，我们宝安所承担的帮扶工作，可以说是任务最重，强度最硬，难度最大，出人最多，出钱最多”。

首先，就省内帮扶来看。直到 2017 年，梅州市仍然是广东省最贫穷的地级市，龙川县则是广东省级重点扶贫的特困县之一。而这两个地方，都曾是深圳市及宝安区脱贫攻坚的对象。2009 年至 2020 年，深圳市累计帮扶河源市 504 个贫困村，占河源市行政村总数的 40. 3%；龙川县总共 315 个行政村中，深圳市累计帮扶了 137 个贫困村，其中宝安区累计帮扶了 130 个贫困村，占比 94. 9%。龙川县下辖的 24 个镇中，几乎每个镇都有深圳扶贫人的身影，2016 年至 2020 年深圳市累计帮扶了 21 个镇，其中宝安区累计帮扶了 13 个镇，占比 61. 9%。

对于宝安区帮扶任务历来相对最重、所帮扶的村数和户数最多，是相较于深圳市其他区（新区）而言的，数据说明了这一点。

在 2009 年之前，注重的是区一级和县一级的对口、职能部门与职能部门的对口，尚没有大规模开展对贫困村、贫困户的定点扶持。2009 年至 2012 年开展第一轮“双到”工作期间，深圳市结对帮扶河源市 190 个、湛江市 100 个贫困村，共涉及农户 17. 5 万户、人口 85. 4 万，其中贫困户 8. 6 万户、贫困人口 42. 1 万。此三年内，深圳须确保两市定点扶贫村 80%以上被帮扶贫困户人均纯收入达到 2500 元以上，基本实现稳定脱贫。根据当时实施的“深办发〔2009〕13 号”文件规定，宝安区结对定点、“双到”帮扶的是河源市龙川县 40 个、东源县 5 个贫困村，共有贫困户 9529 户、贫困人口 46788 人。福田区、罗湖区、盐田区、南山区、龙岗区分别单独帮扶或交叉帮扶河源市其他 4 个县，其中福田区负责 36 个贫困村、6850

户贫困户、31390名贫困人口，罗湖区负责27个贫困村、3990户贫困户、18120名贫困人口，盐田区负责15个贫困村、2428户贫困户、11289名贫困人口，南山区负责27个贫困村、5153户贫困户、24235名贫困人口，龙岗区负责40个贫困村、7394户贫困户、38654名贫困人口。显然，宝安区的帮扶任务最重。

2011年，深圳市进行行政体制改革和区划调整，相继从宝安区内划出了4个街道办分别成立光明新区、龙华新区，宝安区仅剩余6个街道办。因区划缩小，帮扶任务也略有减少，宝安区对口帮扶龙川县贫困村数调整为40个。

2013年至2015年开展第二轮“双到”扶贫工作期间，深圳市负责河源100个、汕尾市90个重点帮扶村，涉及农户12万户、人口64万，其中贫困户1.9万户、贫困人口6.5万（其中河源市贫困户1.58万户、贫困人口5.27万）。帮扶目标是：到2015年年底实现有劳动能力贫困户人均纯收入达到或超过当年全省农村人均收入的45%，并实现稳定脱贫，重点帮扶村全村农民人均纯收入超过当年全省农民人均纯收入的60%，村集体经济收入达到或超过5万元。根据深圳市对190个重点帮扶村的任务分配表，宝安区对口帮扶龙川县24个重点帮扶村，其他区的任务是：南山区负责15个，龙岗区负责25个，罗湖区负责13个，福田区负责23个，盐田区负责19个，4个新区及市直机关、国有企事业单位分别负责其余的重点帮扶村。

2016年至2018年，广东省扶贫工作进入“精准扶贫”阶段。深圳市承担河源、汕尾两市共323个省定贫困村（其中河源市214个、汕尾市109个）的帮扶任务。帮扶目标是：到2018年，实现“两不愁三保障一相当”① 目标。各区（新区）分到的任务如下：宝安区33个，龙岗区33个，南山区27个，福田区25个，罗湖区26个，盐田区20个，龙华新区20个，光明新区6个，坪山新区6个，大鹏新区5个，其余由84个市直机

① “两不愁三保障一相当”：稳定实现农村相对贫困人口不愁吃、不愁穿，义务教育、基本医疗和住房安全有保障，基本公共服务主要领域指标相当于全省平均水平。

关、市属国有单位、驻深单位分别负责。

2019年至2020年为两年期的脱贫攻坚战。深圳与河源、汕尾两市323个省定贫困村结对帮扶关系不变，增加了1个深汕特别合作区的省定贫困村，因原属于汕尾市，因此列入汕尾市省定贫困村之列。324个村子涉及22097户贫困户（河源11482户、汕尾10615户），79249名贫困人口（河源36666人、汕尾42583人）。深圳市委、市政府规定维持前一轮结对关系，宝安依然负责帮扶龙川县的33个省定贫困村，负重格局没有改变。

2021年开始启动驻镇帮镇扶村工作，深圳市向龙川县选派8支驻镇帮镇扶村工作队，其中宝安区选派5支，市直机关、市属国企组团选派3支。此外，宝安区还结对帮扶深汕特别合作区赤石镇4个村。“宝安依然是占大头的”，张百松说。

总之，宝安区成立之前，就开始承担对口帮扶任务。从1993年开始，先是龙岗区，然后是光明新区、龙华新区，相继从宝安区分离出去。宝安区越来越小，但在深圳的扶贫大业中始终发挥着龙头的作用。

其次，就省外支援来看。历年来，宝安区的扶贫协作网络至少伸展到7个省和自治区，如贵州省毕节市纳雍县，四川省甘孜藏族自治州德格县，西藏自治区林芝市察隅县，新疆维吾尔自治区喀什市，重庆市巫山县，黑龙江省哈尔滨市宾县，广西壮族自治区都安瑶族自治县、大化瑶族自治县和环江毛南族自治县（以下分别简称都安县、大化县、环江县）等。这些地方，大多是全国扶贫工作中的“重中之重”，宝安区对其或全面扶持，或捐赠资金物资，或培训干部人才，或派驻干部挂职帮扶。与深圳市其他区相比较，宝安区在省外帮扶中也担负了“重中之重”的任务。

以2016年至2020年这一轮的东西部扶贫协作为例。按照粤桂扶贫协作协议，这一轮由深圳市牵头负责，并重点对口支援广西百色、河池两市17个贫困县。根据深圳市委市政府部署，宝安区与河池市都安县、大化县、环江县建立扶贫协作关系。在广西壮族自治区内，这三个少数民族自治县，可谓贫困人口最多、贫困程度最深、贫困面最广、脱贫任务最重、搬迁人口总量最大。2015年年底，都安县精准识别贫困村147个、贫困户3.52万户、贫困人口15.03万，大化县精准识别贫困村92个、贫困户2.25万户、贫困人口10.43万，环江县精准识别贫困村60个、贫困户1.84万户、贫困人口6.66万，三县共有299个贫困村、7.61万户贫困户、32.12万贫困人口。

相较之下，深圳其他区对口情况如下：大鹏新区对口百色市巴马县，精准识别贫困村57个、贫困户1.44万户、贫困人口6.52万；光明新区对口百色市田林县，精准识别贫困村103个、贫困户1.42万户、贫困人口5.81万；坪山区①对口百色市田东县，精准识别贫困村53个、贫困户1.33万户、贫困人口5.21万；龙岗区对口百色市那坡县和靖西市（县级市），两县市共精准识别贫困村182个、贫困户4.47万户、贫困人口17.96万；龙华区对口河池市东兰县和凤山县，两县共精准识别贫困村119个、贫困户2.9万户、贫困人口11.58万；盐田区对口百色市凌云县和乐业县，两县共精准识别贫困村77个、贫困户3.39万户、贫困人口13.89万；罗湖区对口百色市隆林县和西林县，两县共精准识别贫困村129个、贫困户2.61万户、贫困人口10.84万；福田区对口河池市环江毛南族自治县和罗城仫佬族自治县，两县共精准识别贫困村158个、贫困户3.04万户、贫困人口15.05万；南山区对口百色市田阳县和德保县，两县共精准识别贫困村132个、贫困户3.95万户、贫困人口14.60万。②

数据对比清晰地凸显了宝安区在深圳市扶贫工作中所担当的“龙头”重任。虽然就GDP指标而言，宝安区不是深圳市的经济最强区，但它依然是深圳市的经济大区、产业强区和人口大区。从深圳城市发展史的角度看，宝安是深圳之根、深圳之基、“深圳之母”，宝安各界也一直有这样的角色担当认知。也正因如此，宝安区委、区政府始终将省内对口帮扶、省外扶贫协作作为政治任务，举全区之力勇挑重担。同时也表明，张百松及

---

① 2016年9月，国务院批复广东省人民政府，同意深圳设立龙华区、坪山区。2017年1月，龙华新区正式改制为龙华区，坪山新区正式改制为坪山区。

② 均为2015年年底数据。

其“扶友”们一直在负重前行，且是负重中之重。

（二）“最重要的是干部人才队伍”

无论多么宏大的战略规划，多么完善的政策设计，多么光荣的使命任务，最终都须落实在执行层面，须依靠由具体的人组成的执行团队去具体实施。作为深圳市精准扶贫派驻龙川县工作组组长、深圳宝安对口帮扶河源龙川指挥部总指挥的张百松，对此深有体会。“打赢打好脱贫攻坚战，扶贫工作干部队伍是关键，最重要的是干部人才队伍。”他认为，扶贫干部队伍建设，要从帮扶地和被帮扶地两个方面同时着手。就帮扶地而言，要诀在于选好配强扶贫干部人才；就被帮扶地而言，则在于加大干部尤其是农村基层干部、科学技术人才的培训力度，提升本地干部人才队伍整体能力。

宝安派驻龙川的工作队伍概况

深圳市自1990年首次承担对口帮扶任务起，一直高度重视帮扶干部队伍的选拔、培训和管理工作。2009年扶贫开发“双到”工作启动，开始正式地、成规模地向被帮扶地派驻帮扶干部，把懂扶贫、会帮扶、作风硬的年轻干部选派到扶贫大业一线，努力做到“尽锐出战”。

相应地，宝安区也是从2009年10月开始正式向龙川县派驻帮扶干部。当时担任宝安区党员电化教育办公室副主任的蔡英权被派驻龙川县，任宝安区驻龙川县扶贫开发“双到”工作组组长，同时挂职龙川县委常委，这是第一个挂职龙川县委常委的宝安干部。随同蔡英权前往龙川县的，还有40多名来自宝安区各机关、国有单位的干部，从而保证宝安区帮扶的每个贫困村中都驻扎着一支来自宝安区的扶贫工作队，每个村最少有一个工作队长。

此后，根据扶贫工作强度及其实际开展情况，宝安区及其下属各帮扶单位不同程度地增派了人员，有些单位会常年派出两三名扶贫干部。2013年至2015年第二轮“双到”工作开展期间，宝安区推荐3名干部组成驻龙川县扶贫开发“双到”工作组，宝安区各街道则联合辖区内单位共同选派干部组成24个驻村工作队，总共派出了31名综合能力强、基层工作经验丰富的干部职工，负责龙川县24个贫困村的帮扶工作。每个街道根据自己结对村的实际情况，少则派出一两名干部，多则派出五六名干部，保证3年间每年至少都有二三十名来自宝安区的干部扎根在龙川、驻守在帮扶工作一线。从2009年到2016年年底，全区先后向龙川县派出驻县驻村干部146名。仅在2016年，宝安区派驻龙川县贫困村的驻村工作队成员就增加到55人。

2019年，宝安区根据本区扶贫工作安排，进入了脱贫攻坚战状态。为了强化组织保障，宝安区成立了区委书记任组长、区长任常务副组长的扶贫攻坚工作领导小组，下设2名区领导、2名处级干部、9名专职工作人员组成区对口扶持工作办公室，统筹负责宝安区扶贫工作。同时，向龙川县派出新一批帮扶工作队，包括：由1名处级干部、3名在编干部组成的驻龙川县工作组，39名来自宝安区各单位的党员干部组成的驻村工作队，共同执行龙川县33个贫困村的脱贫攻坚任务。2019年到2020年，宝安区陆续向龙川县派出驻县驻村干部113名。

2021年脱贫攻坚任务完成后，深圳市抽选了228名优秀年轻干部①组成5支驻县工作组、44支驻镇帮镇扶村工作队，奔赴河源市5县44个镇，并迅速开展进驻对接工作，落实防止返贫监测和帮扶工作，推动脱贫攻坚成果与乡村振兴有效衔接。其中，向龙川县选派的8支驻镇帮镇扶村工作队中，有5支是由宝安区牵头选派的，每支工作队原则上不少于5人，每3年轮换一次，采取分批次滚动轮换方式进行，工作队队长必须是中共党员，年龄一般为50周岁以下，由牵头单位副科级以上干部担任，挂任被帮扶乡镇党委副书记、副镇长；队员一般也是中共党员，年龄在45周岁以下，根据需要到重点村②担任驻村第一书记。这一轮，宝安区向龙川县共派出26名优秀干部。

---

① 228名干部中，本科以上学历196人，占比86%；副科级及以上干部144人，占比63%；“80后”“90后”干部占比60%。来源：陈海峰，李红淼，罗诚，桑晓，朱洪达．新一轮深圳对口帮扶河源工作全面铺开228名驻镇帮镇扶村干部“齐步走”［N］．深圳特区报，2021-8-11.

② 所谓重点村，包括如下类型的村子：创建乡村振兴示范村、红色村、集体经济薄弱村、软弱涣散村。

2021 年，宝安区派驻龙川县新老帮扶工作队交接时集体合影（张百松前排居中）

总之，从 2009 年到 2021 年年底，宝安区共向龙川县派驻帮扶干部 5 轮，共计 5 支驻县工作组、5 支驻镇工作队、102 支驻村工作队，300 多人次，占深圳市派驻龙川县帮扶干部总人次的 3/4 以上。

锻造一支帮扶“铁军”

“要想把工作做好，带好队伍很重要。”张百松说。这支干部队伍来自各单位，每个人的能力、素质无可挑剔。但正是因为他们来自各个单位，需要解决组织协调、工作搭配问题。张百松和他的指挥部，共有 4 人，主要责任是通过做好对帮扶干部队伍的管理与服务、抓好队伍的作风建设与业务提升、推进省市关于帮扶干部各项福利政策的落实，锻造一支帮扶“铁军”。

对于张百松来说，解决帮扶干部的组织协调、工作搭配等问题，压力倒不大。“我感到压力大的是他们的人身安全，他们的思想政治工作，还有其他方方面面的工作，这个压力更大。”张百松之所以这样讲，是因为驻村工作队的干部们初到龙川县时所面临的新环境和工作适应难题。每一轮驻村干部，一下子从高度现代化的大都市去到小山村，远离家庭和亲人，首先遇到的就是生活环境适应问题。此外，还可能面临语言不通、沟通困难、村民排外、工作不配合、思想不开放、“等靠要”观念严重等问题，“一线扶贫干部必须克服这些日常困难”。所以，每轮驻村工作队去龙川县报到时，张百松都会提前给他们打预防针，把这些琐碎问题念叨一遍，告诫一番；每次工作队长、队员们遇到问题时，张百松都要给予安抚、提供服务和帮助，手把手地传授实际工作经验。

他告诉笔者：“每次工作队来报到，我就跟他们开会。我说你要来做好扶贫工作，我们就只有16个字，‘带着责任，带着情怀，沉得下心，耐住寂寞’。带着责任就是政治责任，这是你的一个责任，你必须完成的。你还要带着感情，有一种情怀在里面，你要沉得下心，要耐得住寂寞。你从大城市来到最基层的乡村，你不带着感情，你沉不下心，你怎么做？只有这几个方面你做到了，你才能够做得好。”

每个月，张百松还要和他的驻村队长们开一次会，深圳各单位负责的57个村的驻村队长全部到齐。“我请他们吃两顿饭，住一晚。指挥部不仅要部署工作，更要搭个平台，让大家交流、相互学习。交流大会就跟那个吐槽大会差不多。发牢骚没问题，发完以后，大家心里轻松一些，然后回去村里继续工作，还要把工作干好。”

在“吐槽大会”上，张百松常常强调的是两个方面的事情：一是思想工作，二是工作方法。

思想工作要解决的主要是“寂寞”和“委屈”问题。驻村工作队的队长队员们，往往都是一个人驻守一个贫困村，有的住在农户家里，有的住在村委会里，有的住在小学校里。“白天还好，晚上黑灯瞎火的，就他一个人住着。网络发达一点的村子里还可以上上网，没有网络的话，的确挺无聊的。所以，我跟我的队长们讲，驻村首先要耐得住寂寞。”

然后，“还要耐得住委屈，学会怎么样排解自己”。日常工作中，驻村工作队有时候会遇到一些难以理解的事情，也面临着苦恼。“因为有时候跟村里群众、‘两委’干部沟通时，双方思考的问题不同、想法不同，方向不在一个频道上，争论什么东西，沟通不了。所以会挨骂，挨贫困户骂，挨村干部骂，那不讲道理的还会侮辱你。我们的队长队员就会觉得很委屈，因为挨了骂，还不能还嘴，不还的话又觉得委屈难受。”

张百松告诉他的队长们：“你觉得很受委屈时，你就换个角度去理解。你可以这样去理解：我来到这里帮助你们，我是做了好事善事，我是积德的。这样你就可以安慰自己、释怀自己。”

讲工作方法，“就是该怎么样跟村里面的人打交道”。特别是在关键问题上，比如扶贫资金如何使用的问题。“往往扶贫资金来了以后，就开始要跟他们（这里指贫困村的干部群众，下同）斗智斗勇。因为扶贫资金必须按规矩来用，项目要按规矩来做，我们希望资金用到实处，要发挥效益，做出成果，要保证资金安全。而他们就觉得：呀，这个钱，这个东西，是给我们村里的，我就可以随便用。他们可能就想着自己，自己从中能得到什么利益。那怎么和他们斗智斗勇呢？我给我的队长们说，你要学会‘打他左边’‘摸他右边’，‘打他右边’又‘摸他左边’，什么意思呢？就是要打又要宠。你打他，你打得狠了，他真的甩手不理你，甚至还使绊子，那你工作怎么办？可你又不能一味宠他，让他牵着鼻子走，那你的工作就被动，就可能会失了原则性啊。所以我说，要打一下又摸一下，原则+灵活。你先立一个形象给他，然后你可以个人出钱请他吃饭，增加感情，这也是工作，但不要让他们请你吃饭。请他们吃饭，其实我们工作队长都得自己贴钱，因为超过中央八项规定标准多出来的，都是自己贴哦。所以这个不也是积德行善！”

张百松很喜欢用“扶友”一词。他认为，无论是驻县还是驻村，扶贫干部们都来自深圳，因为扶贫结缘在龙川，奔向打赢脱贫攻坚战这样一个共同的目标，所以大家都是扶贫的战友，处于平等的位置上。他没有把驻村工作队当作下属看待，队长们可以随时给他打电话，“深夜 12 点都行，什么问题都可以给我”。因此，驻龙川县贫困村的 57 个工作队内部氛围十分融洽，充满情怀和战斗力。

张百松特别看重情怀在扶贫工作中的效用。2020 年 8 月 27 日，他在接受“光明日报客户端”记者采访时曾说：“扶贫如今对我而言早已不是工作，而是事业，是情怀。”正是揣着这种情怀，张百松带领他的驻村干部团队，和龙川县的干部团队、社会各界通力合作，打赢了脱贫攻坚战。新疆、广西等地在评价深圳帮扶干部时曾说：“深圳干部人才政治站位高、思路非常活，工作积极性高，发挥作用好。”“深圳干部带着感情、带着责任、带着使命来帮扶，脚板沾泥、工作扎实，不仅带来项目和资金，还带来了特区敢想敢试敢闯敢创敢干的理念。”这些赞扬和评价同样适用于张百松和他的“扶友”们。

回忆驻守龙川县的岁月，张百松有两大欣慰：第一是打赢了脱贫攻坚战，第二是保证了驻村干部团队的整体安全。这里的安全体现在两方面：一是干部自律严谨，政治生命和职业生涯安全。这些帮扶干部每年都要经手大量扶贫资金，但多年来，社会各界对扶贫团队在扶贫资金及其他连接资金的安排使用上没有发生任何投诉。二是干部个人人身安全没有出现问题。河源及龙川多山多水，台风、暴雨等天气灾害及次生灾害如山体滑坡、洪水等时常发生，一旦发生这样的灾害，驻村干部基本上都要冲在最前面，面临的风险可想而知。新冠疫情暴发后，张百松更为他的团队队员们揪着心。

尤其是2021年，正是新、老两届帮扶干部交接工作的关键时期，也是新冠疫情防控的紧要时期，深圳市要求新、老帮扶干部全部驻守龙川县，“一手抓抗疫，一手抓帮扶”。张百松团队是老团队，前期扶贫工作的各方面资料都要交接，不但不能“收队”，还要按照深圳对口帮扶河源指挥部的要求，仔细做好“六个一遍”工作：新旧帮扶干部把文件资料仔细整一遍，将工作要求交清；把贫困村和共建园实地走一遍，将帮扶情况交明；把财务认真核一遍，将家底交准；把有关部门真诚访一遍，将工作关系交好；把贫困户挨家挨户访一遍，将贫困情况交细；把扶贫项目逐项查一遍，将工作成果交付。交接工作期间，帮扶干部们需要在村子里、村子之间频繁走动，疫情感染风险比较高。2020年至2021年两年间，张百松的心里一直压力山大，担心着他的队长们的身体健康。幸而，他的团队成员没有发生一起事故。

打造“永不走的驻村工作队”

多年的帮扶实践经历，使深圳市及宝安区的帮扶干部们深深体会到，脱贫致富、乡村振兴需要外力帮扶，更需要内力和内功，需要依靠本地干部人才队伍，才能激活乡村振兴的“造血干细胞”。但是，河源市及龙川县人才缺乏，农村基层干部队伍整体素质与认识水平偏低。因此，深圳市及宝安区除了向龙川县派驻干部人才，还帮助培训龙川县干部尤其是基层村干部，力促打造当地高素质干部队伍和“永不走的驻村工作队”，破解当地干部人才瓶颈问题。

从2003年起，深圳市与河源市合作，围绕乡村经济社会发展、新型工业化建设等主题，开始成批次地为河源市及下辖各县区培训干部人才，到2021年上半年，共培训干部2.6万多人次，全市各级干部普遍受到了培训。例如，2014年深圳对口帮扶河源指挥部成立后，联合河源市委组织部和河源市扶贫办，每年为河源市95个乡镇的党政领导干部举办党建培训、政策理论、扶贫脱贫业务能力培训班，每年为河源市255个省定贫困村党支部书记实施“双千人培训”计划，每年推荐河源市及其下辖县区干部到该指挥部挂职学习，每年组织河源干部到深圳考察交流等。上述培训学习、参观交流的费用，深圳市一般会帮助支付1/3到1/2甚至免费。

宝安区委区政府职能部门也发挥各自的优势，帮助龙川县打造干部人才队伍。

例如，宝安区委组织部每年安排专门经费，重点用于龙川县薄弱村党员活动阵地建设，并为贫困村建档立卡户考上大学本科及以上的学生提供教育补助，阻断贫困代际传递。“深圳宝安对口帮扶河源龙川指挥部”则联合龙川县委组织部，实施龙川县乡村振兴战略“村村优”人才培养工程，计划从2020年到2025年年底前，通过组织基层一线干部参加成人高等教育，建立起一支450名左右、拥有农林水和环保等涉农专业本科学历的专业人才队伍，实现全县24个镇315个村全覆盖，从而有效优化农村基层干部的学历结构和知识结构。2020年12月，首批153名龙川县村“两委”干部和镇优秀青年干部正式入读华南农业大学。

此外，宝安区委党校与龙川县委党校也签订结对帮扶干部培训工作备忘录。一方面，通过派遣优秀教师送课送教、培训龙川县委党校骨干教师、龙川县委党校教师到宝安跟班学习、改善龙川县委党校办学条件等措施，帮扶龙川县委党校进一步提高教育水平；另一方面，举办系列培训班，直接免费帮助培训龙川县党员干部，例如县直单位和乡镇年轻干部培训班、村（居）“两委”干部培训班、镇村后备干部培训班等。这样的培训，宝安区委党校每年都要举办两三次，每次都有四五十名学员，其吃住、学习全部免费。从 2016 年到 2020 年，宝安区委党校为龙川县共举办了 13 期共 1038 人次的各类干部培训班，先后选派 5 名骨干教师到龙川县委党校“送课上门”，对方也派出 5 名教师到宝安区委党校跟岗学习。

宝安区医疗部门、教育部门则实施医疗结对帮扶和教育结对帮扶。截至 2020 年年底，宝安区共有 18 所医疗单位与龙川县 24 所医疗单位结对，帮扶内容涵盖医院管理、人才交流、业务培训、学科建设、设备援助、组建医疗体等；共有 12 所中小学校与龙川县 12 所中小学校结对，帮扶内容涵盖资助教学设备、图书馆和运动场建设、互派教师交流等。从 2016 年到 2020 年，宝安区 18 所医疗单位在龙川县组织开展义诊活动 40 场，两地医疗人才双向交流培训 770 人次，举办学术讲座 40 次、教学查房 71 次、参训人员 1900 余人次；宝安区 12 所学校累计派出骨干教师 100 人次到龙川县结对学校开展教学研讨、交流、培训等活动，对方累计派出教师 300 人次到宝安区相关学校跟岗学习。

宝安区人力资源局和职业训练中心积极对接龙川县有关部门，制订具有针对性的贫困劳动力职业技能培训方案，其中包括农业种养技术、保育员、保安员等诸多技能工种。同时，将龙川县残疾人技能培训列为重点工作，规定贫困劳动力技能培训人员必须有一定比例的残疾人。同时，支持宝安区企业面向龙川县贫困劳动力提供岗位培训和上岗机会。

宝安区民政局在 2016 年至 2020 年间共接纳龙川县跟岗学习 20 人次。同时，还专门派宝安区社会福利院骨干过去，指导龙川县相关机构进行社会福利“三院一中心”① 的规划、建设、运营和技术、财务等方面的管理。自 2017 年起，每年投入近 50 万元设立宝安区驻龙川对口帮扶社工站，派去专业社工驻站开展知识讲座、宣传教育、辅导培训、创意手工坊、特殊群体关爱活动等。宝安区推动社工参与扶贫的案例，曾被国务院扶贫办（2021 年 2 月改为国家乡村振兴局）社会扶贫司评为“社会组织扶贫案例 50 佳”。“在弱势群体关怀这块，我们区民政最早去龙川设了社工站，采取义工+社工模式，去帮助培养社工服务队伍，这是我们的特色。”张百松颇为自豪地说。

宝安区工业和信息化局作为负责统筹落实全区对口帮扶、乡村振兴和协作交流相关工作的职能部门，除了组织选派帮扶干部人才，还不定期组织专家学者、企业高管、银行代表等赴龙川县指导考察。此外，宝安区规划、交通、旅游等部门都与龙川县对口部门建立结对帮扶关系，开展互访活动，交流碰撞，启迪思维。

（三）“龙川所需，宝安所能”

宝安区自与龙川县结对以来，区委区政府就打出“龙川所需，宝安所能”的口号，坚持举全员之力，多年来持续发力，在人才、资金、物资、技术、管理智慧等各方面不遗余力地帮扶龙川县脱贫振兴。其中，强化资金投入和产业技术帮扶、人才帮扶，是帮扶工作的重点、要点。

确保财政性资金帮扶

对龙川县的帮扶资金，由深圳市区两级财政资金、各街道统筹及帮扶单位自筹资金、社会帮扶资金构成。市委市政府、区委区政府的首要责任在于，保证财政性帮扶资金足额按时到位；其次是积极引导、调动社会各界帮扶积极性。

财政性帮扶资金的规模，一般是按照广东省委省政府的要求而安排。深圳市与河源市的最早结对是在 2002 年，根据当年省政府办公厅印发的“粤府办〔2002〕78 号文”，帮扶市要协调确保财政每年无偿支持每个对口县 500 万元，并按 5% 逐年递增。此后，广东省委省政府又数次提高了

① “三院一中心”：光荣院、福利院、儿童福利院及救治中心为一体。

帮扶标准：2009年，要求珠三角帮扶市确保财政每年无偿支持每个对口县1000万元；2013年，要求珠三角帮扶市对被帮扶市每年安排不少于5000万元对口帮扶专项资金，广州、深圳可以适当增加帮扶资金；2016年，要求珠三角帮扶市市级财政对被帮扶市每年安排不少于1亿元对口帮扶专项资金，县级相应安排帮扶资金，列入年度预算。

不过，深圳市及其各区对结对河源市5县1区的帮扶力度，远远超过了广东省委省政府提出的标准。深圳市区两级政府从2002年起按照各自承担的责任，分别落实对河源市5县1区的财政性无偿帮扶资金。2002年至2005年，深圳各区扶持河源市对口县区的合计资金均超过2000万元；2002年至2006年，深圳市无偿捐助河源市资金物资达4.57亿元，其中安排财政性无偿帮扶资金3.38亿元。2007年9月，深圳市委办公厅、市政府办公厅印发的“深办〔2007〕41号文”微调了深圳市安排河源市5县1区的财政帮扶资金规模，规定：“十一五”期间，以2006年河源市每县（区）600万元为基数，每年增加30万元，由深圳市财政、区财政各承担一半；2007年至2010年，深圳市财政每年至少扶持5个村，深圳市各区都至少扶持1个村，每个村安排扶持资金150万元至200万元。

实际上，宝安区投入龙川县的扶持资金规模早已超过深圳市规定的上述标准。张百松记得，2008年，他曾代表宝安区去市里汇报扶贫工作情况，发现其他区汇报对对口县投入的帮扶资金都只有3000万元左右，而宝安区则达到8000多万元。

“从资金帮扶力度来看，宝安区一贯以来都很重视扶贫工作，非常非常重视。不算结对帮扶之前的投入，仅仅从开展‘双到’工作时算起，用10年的时间帮扶龙川，我们深圳，包括宝安，整个投入的资金力度是比较大的。仅2016年到2020年就有10亿元。这些帮扶资金是实打实的，物资还没折算进去，都是真金白银。这个统计数字是有账户的。我们和当地的扶贫部门设立了一个共管账户，我们的帮扶资金，所有的帮扶资金，包括财政、单位自筹、企业直接捐赠、其他的慈善捐款，原则上都要求进入这个共管账户。如果没通过共管账户的话，如一些直接捐赠，也会到驻县工作组或指挥部来报备，我们也会做统计，但这种情况极少，数量也比较小。”张百松说。

从2002年12月到2020年12月，宝安区扶贫资金逐年上升，累计向龙川县安排到位帮扶资金达10亿元，累计转化为约5000个富民强县帮扶项目；其中，2016年至2020年累计投入6.45亿元，占此期间深圳全市投入龙川县帮扶资金总额的60%以上，在龙川县实施帮扶项目2203个。

强力实施产业技术帮扶

“对口帮扶龙川县，宝安区的确作出了努力，也作出了贡献。”张百松用“八个一批”，总结了20年来宝安区对口帮扶龙川县的主要工作方式。所谓“八个一批”，就是指：政策兜底一批，教育扶持一批，医疗救助一批，住房改造一批，技能培训一批，转移就业一批，产业扶持一批，实施“短、平、快项目”快速脱贫一批。

而按照帮扶的历史进程和顺序，一开始是帮助贫困户解决生活困难，如住房、医疗、子女教育等方面的困苦，直接出资解决问题；然后是帮助建设村子公共设施，如道路、桥梁、学校、医院、水利、电力工程、通信工程、文化设施、村公共服务中心等。2009年开始的扶贫开发“双到”工作模式，强调要在贫困地区发展产业，实施产业帮扶，也即从“输血”式帮扶转向“造血”式帮扶。自此后，产业扶持逐渐成为扶贫工作的重点。

张百松从自己的实际体验中，发自内心地认为，“产业扶贫是整个扶贫工作的重中之重，是稳定脱贫的治本之策、活头源水。因为你搞基础设施或其他那些事情，只能说是提升、改善了当地的生产生活条件而已，产生不了直接的经济效益。只有把产业扶持起来，才能保证以后的长效脱贫、长效增收。因此，从2015年、2016年以后，产业扶持就成为最重要的工作，但这又是最难做的事情，是难中之难。”

为了扶持龙川县产业起步和发展，宝安区委区政府、张百松和他的驻龙川县工作组、指挥部及驻村团队想尽了办法，关键举措有二：一是促进宝龙工业园扩能增效，二是帮助其壮大村集体经济。

强力助推工业园区发展

宝龙工业园前身是由深圳市南山区与龙川县合作建立的，正式创建于

2007 年。2014 年宝安区接手后，以其为温床和平台，不但直接出资帮助建设园区项目，并且积极帮助招商引资，引导企业尤其是宝安区外溢产业转移进园，锻造龙川县贫困村的造血功能。

宝龙工业园区规划面积是 30.68 平方千米，截至 2022 年 10 月，已经开发了 7 平方千米，进驻企业 115 家，产业集聚率达 84%，已经初步形成了电子信息、空气能、建筑工业化、新材料四大主导产业融合发展的格局。园区年税收约占龙川县年税收的一半，吸纳就业人口约 1.5 万，其中龙川县本地人员占 80%。

“这个工业园是河源市 5 县 2 区中建设成效最好的一个，在整个河源市，只有我们龙川县建成了成效最好的工业园，因为它的规模以上工业总产值、规模以上工业增加值、税收三项指标增幅均在河源市排名第一。”张百松颇为骄傲地说。2022 年龙川县政府工作报告指出，宝龙工业园在广东省级高新区创建工作中排名全省第一。

宝龙工业园区外景

首家入驻企业“景旺电子”外景

宝龙工业园的一大特色是“乡贤反哺”，也就是出自龙川县的企业家早年出外打拼，现在又返回家乡投资兴业。进驻该园区的首家企业是总部位于宝安区的深圳市景旺电子股份有限公司，该家企业的老板赵国文先生就是龙川人。这是一家全球领先的印制电路板及高端电子材料研发、生产和销售的高新技术企业，2008 年 1 月率先入驻宝龙工业园。入驻十几年来，形成了总部、研发、销售在宝安，生产集中在龙川县的“前店后厂”

模式。这种模式成为宝安区和龙川县携手推动两地产业错位分工、互为补充、互为促进、互利共赢产业体系的蓝本。2018 年，该企业发展成为上市公司。

张百松认为，这种乡贤反哺方式，对于龙川县的可持续有效发展而言，比外来企业家投资显然具有更重要的意义。他说："他（指赵国文）在外面打拼，可是他始终有一种对家乡的情怀，所以他在 2007 年就回乡投资。那时候园区刚刚开始建，各方面条件还没那么成熟，可他还是回去了，带回去一些产业链，还把技术、理念、生活方式也带回去，还带动更多的在外面打拼的龙川企业家回家乡搞建设，这就是'乡贤反哺'。目前它也是园区投资最大的一家，员工占了园区员工的差不多一半，税收也将近占园区税收的一半，它的产值有 30 多个亿，整个园区也就是 80 多亿，它差不多快达到一半了。"

帮扶壮大村集体经济

为了推动龙川县贫困村产生自我"造血"功能，壮大村集体经济，张百松带领扶贫团队，结合当地的实际，主要采取了如下帮扶举措：一是帮扶发展特色种养产业；二是帮扶打造参股分红产业；三是帮扶实施消费扶贫工程。

为了激励各村做产业，张百松在帮扶资金支出环节"想办法"，尤其是 2016 年以后，"不做产业就不给钱"，成为深圳市精准扶贫派驻龙川县工作组的一项工作原则。对这一原则，他解释说："有些村喜欢做基础设施，因为效果来得快。再讲难听一点，做工程的话，可能还能搞点好处，搞两条烟抽，是吧？对这样的情况，我说，'不行，你必须做产业，你不做我就不给钱，我就给其他愿意做产业的村。'我一定要强迫他做产业这一块。我们对每个村都有两三百万元的投入，支持他们做产业。"

首先，结合龙川县域实际情况，从若干重点方面入手，采用"公司/合作社+基地+农户"模式，帮扶发展特色种植产业；采用"帮扶单位+帮扶村（农户）+项目承接人+养殖公司"模式，帮扶发展特色养殖产业。"第一个是油茶产业。龙川县是全国油茶示范县，我们就根据各村的情况去发展油茶种植。对贫困户，我们通过免费发育茶苗、发放肥料来支持他，让他去用自己的山地来种。第二个是水稻种植。水稻属于传统农业，我们支持他们大面积种植。我们组织村委会、农户成立合作社，让他们几百亩几百亩地去承包、去种植。现在已经有一个品牌了，就是黑米。除了水稻这样的传统农业外，还有一些经济作物的种植，比如猕猴桃、橘子、柚子等。第三个是养殖产业，比如温氏养鸡。当地的养殖业类型还有很多，像养鹅、养鸭、养那种麻鸭。宝安松岗那边有一种传统食品腊鸭，养殖户就可以把鸭供应到松岗来。龙川还有一些特色农业，比如腐竹加工，等等。我们结合每个村的实际情况，做到'一村一品，一村一业'，每个村都有产业，不同的村有不同的产业。你那边种养，我们帮你回收。"

"公司/合作社+基地+农户"模式及"帮扶单位+帮扶村（农户）+项目承接人+养殖公司"模式的关键，是把相关利益者捆绑在了一起，通过解决技术问题、市场销售问题，为贫困户提供了极大的激励和保障，有效地推动了龙川县贫困村特色种养产业的发展。

两个模式既有相同之处，也略有差异。对这两个模式，张百松做了细致的解释。"我们采用公司或者合作社+基地+农户这种模式，就把他们捆绑在一起了，因为有龙头企业带动，效果要好得多。毕竟只靠农户甚至靠村委会自己去做，他们的经营管理水平、能力、市场信息等各方面还是不行。所以，我们采用这样一种捆绑模式去带动。……公司或者合作社+基地+农户模式的好处，就是解决了农户最担心的问题，他最担心的就是种出来卖不出去怎么办。这个模式就解决了市场销售问题。比如说农户自己种植 5 亩，有 2 亩自己吃，多出来 3 亩可以卖，我们就帮助他回收。这样他就可以在家门口就业，既照顾了家庭，自己又能够就业。这个模式实施下来，以前的撂荒地也就可以复种复耕了。我们今年（指 2021 年）要求他们必须复种复耕，不复种复耕的话，就要回收基金，现在已经开始行动了。……温氏养鸡模式，采用的是'帮扶单位+帮扶村（农户）+项目承接人+养殖公司'模式，就是我们建好基地，农户来承包。我们提供技术支撑，提供鸡苗、防疫、饲料供应，然后以保护价回收，就解决了市场销售问题。”

通过这些模式，张百松团队帮扶龙川县贫困村、贫困户，打造了油茶、蔬菜、花卉、水果、药草等种植业，水稻等粮食种植生产加工业，家禽家畜、蜜蜂、水产等养殖业。

回忆推动、帮扶贫困村发展集体经济的经历，张百松认为道路和方向都是正确的。“我们其实从2010年搞‘双到’的时候就开始要求贫困村发展产业，我感觉我们提前强调他们要做产业，路子、方向是对的。宝龙工业园区是我们两地产业共建中最大的一块，公司+农户又是一块，它直接增加了村集体收入、增加了农户收入。乡村振兴战略重点就强调一定做产业，而且在20字方针里面，第一个就是产业兴旺，‘产业兴旺、生态宜居、乡风文明、治理有效、生活富裕’。所以，我们的方向是对的。”

其次，在帮扶推进工业园区建设、发展特色种养产业的同时，还帮扶打造参股分红产业。换言之，正是在帮扶龙川县工农产业发展的过程中，张百松团队探索出了收租金、挣薪金、分红金的“三金”之路，即通过土地流转给企业和合作社发展扶贫产业，引导农民把财政专项扶贫资金入股到工业园、合作社或企业，吸引有劳动能力的贫困户进企业务工，使龙川县的贫困户从传统农民转变为土地经营者、产业股东、职业工人，高山油茶、优质水稻、特色水果、生态养殖、光伏发电等项目成长为拳头产业，成为群众增收的主导产业。从2017年起，张百松团队帮助龙川县57个贫困村均通过产业帮扶资金入股宝龙工业园区，投资回报期限为30年，每年按投资额的12%分红，每村50万元投资每年可增加6万元集体收入。

最后，实施消费扶贫工程。宝安区消费扶贫最早源于2013年的“扶贫超市”慈善理念，2016年开始实践探索消费扶贫行动，在全区发起“宝企帮百村”行动方案，动员辖区内33家企业与龙川县33个贫困村结对，到村到户设立帮扶项目，在龙川县33个贫困村设立了33个农产品电商网点，各帮扶单位、各驻村工作队积极想办法，通过直播带货、直播助农、线上线下等不同方式销售龙川县的农产品。2019年宝安区政府试行消费扶贫的政策举措，旨在通过消费扶贫专柜或专区、消费扶贫超市、消费扶贫中心等不同层次的销售空间形式，实现每个被帮扶县年度销售农副产品1000万元，并鼓励全区各机关事业单位与贫困村户签订农畜产品订购合同。2020年4月宝安区政府正式出台消费扶贫补贴政策，将消费扶贫纳入结对帮扶工作。

截至2022年年底，宝安区设立了区级扶贫消费中心1个，引导辖区企业设立了4个消费扶贫专区、15家消费扶贫超市、59个消费扶贫专馆、253个消费扶贫专柜、3家线上消费扶贫平台，与被帮扶县贫困村农产品电商网点一一连线。龙川县的油茶、腐竹、黑米、花生、蜂蜜、五指毛桃等农副产品，通过线上线下方式输送到宝安，昔日的贫困村、贫困户从纯粹的受助者，已经转变为深圳市场经济洪流中的参与主体。就龙川县来看，从2016年至2022年，宝安区通过各种渠道帮助该县贫困户销售农产品达3500万元。

2020年，张百松为龙川县农产品做宣传

（四）“慈善帮扶也是我们的一大亮点”

宝安区在长达20年结对帮扶龙川县的历程中，的确做出了不少亮点。“产业扶持是我们的亮点，慈善帮扶也是我们的一大亮点。”张百松说。

如前所述，自2002年至2020年，宝安区安排龙川县到位帮扶资金累计达10亿元，在这一资金结构中，来自全区社会各界的扶持资金约占1/3，这部分资金均可谓善款。宝安区通过专职扶贫工作队伍、区慈善会、区义工联合会、各街道商会、各类企业、各类社会组织等渠道，动员社会力量参与扶贫大业，出钱又出力，形成了脱贫攻坚的源源不断的合力，也形成了不少富有影响力的慈善扶贫工作品牌。

对此，张百松评价说，虽然就帮扶资金投入情况看，主要还是财政主导，但是关键还要全社会参与，政府必须引导全社会参与。“成百上千、上万个企业就是社会力量，社会力量参与扶贫，实际上就是慈善，我的理解是这样。”2010 年以前慈善资金对龙川县的支持情况，张百松已经不记得了，但之后的数据他记得很清晰。“我记得 2013 年到 2015 年就有近 1000 万元，由宝安区慈善会纯粹从慈善口转过来的，2016 年到 2019 年有三四千万元，全是来自宝安区人民的爱心善款。建宝龙东江大桥就给了 2000 万元，这是区委区政府、区慈善会在 2016 年 3 月至 10 月发动宝安区企业家捐的。还有一个儿童福利院的那栋楼，就是‘三院一中心’，我们冠名‘宝安慈善楼’，区慈善会就给了 300 万元，这是作为民政直线口的结对帮扶，属于社会保障项目，我们不仅给钱，还专门派人去指导福利院建设运营。2017 年，龙川县委县政府还专门为‘宝安慈善楼’立了块功德碑。福海街道结对了一个贫困村，从 2016 年至 2020 年共投入了 2300 万元，其中企业捐赠投入达 1400 多万元。”

宝安区慈善会捐建龙川县的福利院大楼
——“宝安慈善楼”

龙川县委县政府为“宝安慈善楼”
建立的功德碑

张百松叙述这些数字、故事时，特别感佩他的驻村工作队长们，感谢宝安区慈善会，感谢宝安区的企业家们。“这些社会力量是怎么发动起来的？相当一部分是通过我们那些队长。他们有这个情怀，他们去跑，拉下面子来，充分利用自己的人脉关系，去找企业，去找‘城中村’的村书记，请人家支持自己的工作。结果呢，既支持了他前方的工作，又让企业放心地献爱心。还有一个重要渠道就是宝安区慈善会，通过冠名基金、定向捐赠方式，让企业家知道他们捐的钱用在了什么地方。所有资金都到了我们指挥部的共管账户，监管很严格，企业也放心。就是因为有这种社会力量的参与，我们才会取得那么好的工作效果。”

宝安区自 2002 年与龙川县结对伊始，就已经意识到社会力量参与扶贫工作的重要性。2003 年，宝安区企业就捐赠了 105 万元帮扶龙川县农业龙头企业发展；2005 年，龙川县遭遇特大洪灾侵袭，宝安区各单位、市民捐赠救灾资金 100 万元。2007 年，宝安区慈善会成立，就开始积极配合对口帮扶龙川县的工作大局，成为宝安区慈善资源与龙川县扶贫需求的链接枢纽，在帮扶工作中发挥着重要的补充作用。

例如，2008 年至 2009 年，宝安区慈善会募捐 1000 万元帮扶龙川县建设宝龙东江大桥。2010 年，开始启动“6·30”慈善资金①募集活动，将其作为开展省内扶贫开发工作和宝安区内困难群众救助工作的爱心平台，2015 年通过“6·30”慈善资金帮扶龙川县 941 万元，2017 年将“6·30”慈善资金募集活动主题定为“关爱贫困人口，助力脱贫攻坚”，专门为龙川县贫困村和贫困人口筹集资金，共筹集善款 1716.97 万元，其中定向捐赠 400 万元。

2015 年以来，冠名慈善基金成为宝安区慈善事业发展和扶贫工作的新抓手，也是搭建企业与公益慈善项目之间互动的桥梁。从 2015 年到 2021 年年底，仅设立在宝安区慈善会的冠名慈善基金累计募集善款就达到 3400 多万元，全区冠名慈善基金累计募集善款 3820 多万元，冠名慈善基金在宝安区对口扶贫慈善项目中的支出占相应总支出的 50%左右，实施对口扶贫民生项目 32 个，在支持宝安区打赢脱贫攻坚战中贡献了不可忽视的力量。

① 即“广东扶贫济困日”捐赠资金，是具有广泛影响力的扶贫资源。

“扶贫超市”也是宝安区发动社会力量帮扶龙川县的亮点举措。“扶贫超市”这一概念和实践形式，于21世纪初出现在上海市、温岭市、沈阳市、重庆市、郑州市等地，与其类似的名称还有“慈善超市”“爱心超市”“救助超市”等，其运作机制是通过这一形同“超市”的空间，将社会各界的慈善捐赠物资与城市贫困户有机链接起来，贫困户如同到超市采购物品，需要什么就领取什么。然而，宝安区的“扶贫超市”却不同于上述形式，而是扶贫工作者将自由选择的超市模式移植到扶贫工作中所形成的一种精准扶贫参与模式。具体而言，宝安区的“扶贫超市”，就是把龙川县内涉及教育、医疗、交通、农业等领域各项具体的待援助项目，如同商品一样陈列展出，动员社会爱心人士和企业自由选择扶贫项目，或认领或凑份子，从而解决扶贫资金瓶颈问题。这种意义上的“扶贫超市”，正是宝安区扶贫干部在对口帮扶龙川县的过程中探索出来的，是方便社会力量精准参与扶贫的一种模式。

宝安区的“扶贫超市”源起于2013年5月龙川县铁场镇发生的重大水灾。灾后次月，由宝安区沙井街道5名扶贫干部组成的“双到”驻村工作队进驻铁场镇贫困村。他们所面临的当务之急是重修被冲坏的道路及铁场镇瑞厚村陈屋大桥，解决当地1500多名村民的出行问题。赈灾修桥需要120万元资金，5名扶贫干部认为单靠政府财政投入是不够的，必须依靠社会募资。他们将自由选择的超市模式移植过来，决定在宝安区创设一家“扶贫超市”，将陈屋大桥重建项目作为“商品”向社会推广，以此募集资金解决大桥重建费用。同时，还对铁场镇贫困村进行深入摸底调查，确定了近百个需要帮扶的项目，把这些项目也当作一个个“商品”，犹如超市商品般集中陈列，供爱心企业、社会服务单位、社会组织和市民自由认捐，项目认捐金额从5万元到100万元不等。认捐者像逛超市一样，可以全套“购买”，亦可以拆分“购买”，可以独自“购买”，亦可以凑份子“购买”。“扶贫超市”募集的资金通过宝安区慈善会、宝安对口帮扶河源龙川指挥部、沙井街道扶贫工作小组、认捐者等多方进行监管，不定期把项目进展情况、资金使用情况告知认捐者，项目完工时还邀请认捐者参加竣工剪彩仪式。

这一创新理念首先获得了宝安区沙井街道党工委的积极支持，该街道拨出 10 万元应急启动基金，资助搭建起“扶贫超市”。2014 年 7 月，“扶贫超市”项目认捐活动启动，首批有 6 个项目被不同形式地认捐，资金达 125 万元。最终，在深圳市工作的龙川县铁场镇乡贤，以及沙井街道商会的全体企业家成员，整体“购买”了陈屋大桥这项“商品”。2015 年，桥梁重建工程完工，被命名为“沙井商会大桥”。到 2016 年 3 月，通过沙井街道“扶贫超市”，社会认捐总额达到了 1600 多万元。用这笔钱，驻村工作队帮助铁场镇的贫困村完成了 65 个项目，包括支持各村入股宝龙工业园，建设村道、大桥、医疗卫生站、学校等一批基础设施，实施安全饮水、“一户一法”养殖项目等一批民生工程。

“扶贫超市”的最大亮点在于慈善行为的私人定制化、捐赠平台的常态化，它使帮扶项目具体精准、帮扶过程公开透明、帮扶成效清晰可见，使捐赠者在全程自由参与中获得了很强的成就感，不但有助于汇聚全社会的爱心力量，而且实现了爱心资源的有效配置。“扶贫超市”这一理念、工作方式和实践成效获得了各级领导的重视和支持，时任深圳对口帮扶河源指挥部总指挥钟荫腾、宝安区委书记鲁毅、宝安区区长王宏彬等不但给予较高的评价，并且建议总结经验，适时向各帮扶单位推广。2016 年 3 月 20 日，沙井街道的“扶贫超市”被中央电视台《新闻联播》节目播报。①

随着扶贫工作的重点转向产业扶持，“扶贫超市”的运作机制也开始转型。2019 年 5 月，宝安区对口扶持工作领导小组会议审定通过《深圳市宝安区扶贫超市扶持政策（试行）》，将“扶贫超市”政策修改为“消费扶贫”政策，并在全区大力推动消费扶贫工作。

“功成不必在我，功成必定有我”

脱贫攻坚任务考核完毕后，新一轮的乡村振兴工作开始。宝安区委区

---

① 刘钢，唐成茂，叶剑锋．沙井首个“扶贫超市”项目本月动工［N］．深圳晚报，2014-08-01；叶志卫．“超市模式”自由选择扶贫项目［N］．深圳特区报，2016-03-25.

政府对张百松的工作进行了调整，他不再担任新一轮的驻龙川县工作组组长、龙川指挥部常务副总指挥、总指挥而是回到宝安区工业和信息化局，担任二级调研员，统筹负责全区乡村振兴和协作交流工作。2021年8月，他辞别了驻守8年多的龙川，返回宝安。“脱贫攻坚战的仗打完了，第一个百年奋斗目标实现了。现在我们正在做巩固脱贫攻坚成果与乡村振兴的衔接，从此要转向乡村振兴，我们还要继续砥砺前行的。”在接受笔者访谈时，张百松这样说道，从容且自然。

在脱贫攻坚、振兴乡村的道路上，像张百松这样的扶贫干部，长期驻守扶贫一线，以“功成不必在我”的精神境界和“功成必定有我”的历史担当，发扬“钉钉子”精神，一任接着一任干，奋战到底，为如期打赢脱贫攻坚战作出了不可磨灭的贡献。以下数据见证了对口帮扶以来龙川县经济腾飞和社会巨变：

从2002年到2020年，龙川县地区生产总值从26.86亿元上升到161.97亿元，人均地区生产总值从4356元上升到26796元，第一产业增加值从8.98亿元上升到34.12亿元，第二产业增加值从6.86亿元上升到35.59亿元，第三产业增加值从13.91亿元上升到92.30亿元，地方一般公共预算总收入从6058万元上升到68.66亿元，地方一般公共预算支出从4.32亿元上升到67.99亿元。

自2002年建立对口扶持关系以来，宝安区对龙川县的帮扶工作经历了6个周期，即2002年至2008年、2009年至2012年、2013年至2015年、2016年至2018年、2019年至2020年、2021年至2024年，除了最新一轮周期正在进行中外，前面每个周期都圆满完成了任务。特别是自2009年“双到”工作模式启动之后，每一轮行动都取得了优异成绩。

例如，2002年龙川县贫困村的集体收入几乎为零，到2012年第一轮“双到”工作结束时，实现了6个100%：贫困户“摘帽率”100%，参保率100%，适龄子女入学率100%，输出劳动力就业率100%，住房改造完成率100%，“双到”工作群众测评满意度100%。龙川县8000多户有劳力贫困户人均纯收入达到7405元，比2009年增加了5105元，是2009年的

3.2倍。宝安区对口扶持办也因此被评为广东省扶贫开发工作优秀集体。2015年第二轮“双到”工作结束时，宝安区帮扶的24个贫困村均脱贫出列，7000多名贫困村民人均纯收入达到9600元以上，比帮扶前增长了2倍。广东省扶贫开发工作成效考核组对宝安区的对口帮扶成就高度肯定，中央电视台从2016年1月22日至24日对宝安区的做法进行了连续3天的专题报道。①

2016年至2020年年底，经过连续5年的奋战，宝安区负责帮扶的13个镇33个贫困村、1661户贫困户5940人全部脱贫出列，每个村年集体收入都达到30万元以上，贫困村居民人均可支配收入达21123元，有劳动力贫困人口人均可支配收入达16929元，远远超过广东省及河源市建档立卡贫困人口出列标准9060元。在深圳各区、各单位和社会力量帮扶下，全县9649户、26257名贫困户全部达到“八有一超”脱贫标准，70个省定贫困村全部摘掉“穷帽子”。

千年古县历史性地消除了绝对贫困，实现了从解决温饱到总体小康、再到全面小康的历史性跨越，农村基础设施全面建设健全，群众的出行难、喝水难、用电难、通信难、上学难、就医难、住房难等问题得到历史性解决，基本公共服务均等化程度前所未有地提高，村容村貌极大改善，生态环境明显改善。时任国务院副总理胡春华、广东省委书记李希、省长马兴瑞以及国务院扶贫办、民政部、教育部等领导，都曾对宝安区的对口帮扶工作予以充分肯定。

对于张百松而言，驻守龙川县的8年多时间，是他人生体验极其丰富的8年。脱贫攻坚工作收尾后，张百松总结这8年多的经历，这样感言：“历经八年风雨，脱贫奔康，收获满满哦。帮扶工作带来的农村变化是非常大的，体现了五个变：一个是农村变美了，通过环境卫生整治、道路硬底化建设，村容村貌得到了极大改善，环境各方面都变美了。一个是农民变富了，我们所帮扶的贫困村，在没有帮扶之前（指2013年前），贫困户人均可支配收入才3900多元，通过帮扶以后，比如2020年人均可支配收

① 资料来源：《宝安区经济促进局2015年工作总结和2016年工作计划》。

入达到了21000多元，有劳动能力的贫困户人均可支配收入也达到了16900多元。那些没劳动力的，没办法，必须政府去兜底了。一个是产业变现了，就是说，通过发展产业以后有收入，产业就变现了。一个是城乡差距变小了，像水泥路、大马路、园林、路灯，那以前都是城市才有的，现在村村通、村村亮，文化广场也有了，文化设施也有了，卫生站也有了，这些城乡的差距一个个都变小了。一个是党建变强了，通过向村里派第一书记，通过党建促扶贫、脱贫须党建，村里治理能力也变强了。整体来说，龙川有这5个变化，非常明显。贫困户、村民感受这些变化，以前想都不敢想的，现在都实现了，他们发自内心地感谢党，感谢政府，感谢帮扶单位，感谢我们工作队，他们真的是发自内心的。特别是这几年，你能够看到他们脸上的那个幸福，那种获得感啊，非常强，非常明显。从这些来说，就是帮扶的成效。所以说，我还是很有成就感的。”

如果说数据和工作总结彰显的是对口帮扶的总体成效，见证的是一个贫困县乡村经济社会面貌的整体变迁，那么贫困家庭及个体命运因扶贫工作者伸出援手而得以向好转变，则使扶贫行动具有了人性的温暖和光辉。

张百松记忆深处，铭刻着他所经历的一件事情。2015年，龙川县有一户困难家庭给龙川县政府写了一封求助信，请求帮助解决住房问题。这封信到了县委书记手中，县委书记将信转到县扶贫办公室。当时，恰巧张百松去到县扶贫办，扶贫办陈奇明主任就把信拿给张百松看，并询问能否帮助解决问题。张百松看完信后了解到，这户人家小孩的一个叔叔在龙川县第一中学当保安，了解到宝安区与龙川县的结对帮扶关系，求助信就是那位叔叔帮忙写的，但这户家庭所在的村子并不属于宝安区负责帮扶的村子范畴。不过，信中反映的情况使张百松感到，应该帮助这户家庭。他当场答复陈主任：“情况属实的话，我觉得没问题，虽然它不属于我们帮扶的村，是其他村的，但值得帮，我可以想办法。”

后来，张百松实地走访这户家庭，看到情况属实。“这户家庭有四口人，瘫痪在床的妈妈和三个孩子，其中两个儿子、一个女儿。孩子妈妈已经瘫痪了差不多10年，孩子父亲因患癌症已经去世两三年。三个孩子都在读书，大儿子在中山医科大学肿瘤临床医学专业就读，本科硕士连读，已经读到大学三年级；二儿子正读高三，成绩非常不错，应该可以考上重点大学；女儿正读初三。这样一个家庭，一方面充满希望，孩子毕业后，整个家庭就可以解困了，帮助他们也等于在帮助培养社会栋梁；另一方面现实困难的确明显。住房非常糟糕，一下雨就漏，需要打伞遮雨。女儿很辛苦，早上先做好饭给妈妈吃，然后去上学，中午不回来，晚上回来再照顾她妈妈。看到这种情况，我心里真的觉得很沉重。这样的一个家庭，他们并不是好吃懒做，是真正的天灾，是各方面因素造成的真实的困难。”

张百松当场自掏腰包捐助了 800 元，并估算了造房的价格，大约需要 10 万元。回到指挥部后，他就让助手写了份募捐倡议书，召集驻村工作队长开会，要求他们动员各自单位捐款。“10 万元是吧？我们这么多街道，发动一下，力量还是可以的。一个街道至少发动出 1 万元，然后我们帮着把房子建起来。”后来，有些街道出了 3 万元。新房建成后，宝安区福永街道的香江家私城还无偿提供了全套家具，沙井街道商会的两个企业老板则赞助那户人家的孩子读书。后来，这户人家的大儿子顺利地就读了研究生，二儿子也考上了大学。

这件事一直使张百松铭记在心，并深有感触。“把这样的一个家庭从困厄中挽救出来，从这样一件事、这样一个过程，我感受到了整个扶贫工作的意义，更深层面的意义。帮扶了这个家庭，那三个孩子他们会感受到这个社会、政府给他们的温暖，他们将来也会回报这个社会。所以说，我感觉真正做好自身的事，就是在做好事、做善事。”

张百松有一种很朴素的观念，就是做好事、做善事的人会获得福报，他用一个切身的体验来印证这一点。2020 年，张百松回宝安参加常规体检，医生发现他的甲状腺、前列腺问题都比较大，让他去广州复查复诊。在广州复查时通过做 CT 等，医生在诊断书上直接写了“重复诊断可能是癌”的结论。后来又做了活检穿刺，结论被排除了。那里的医科主任当场告诉他说，这种情况（指结论最后被推翻）是比较少的。张百松感慨道：“我为什么说，做这个扶贫工作，我很有成就感，感觉是做好事、做善事，那这个身体上发生的事情，就让我觉得是有福报的，真的。当时病房里面有6个人，其中有4人是前列腺有问题的，那3人都确诊是癌，我被排除了。后来，我还跟医生护士们讲，我说我在龙川搞了8年多扶贫工作，我这是属于做好事、做善事，这样上天也照顾我了。我刚开始怀疑得了癌症，就排除了，这是上天对我的回报啊，是福报啊。我是这样跟他们说的。”

如果说这件奇事遵循的是善有善报的天道，那么，龙川县人民则用实实在在的大红烫金证书和隆重的仪式，表达他们的真情感激，佐证了人间正道。2023年3月31日，龙川县举行“千名乡贤返乡助力乡村振兴动员大会”，为该县首届4名“杰出乡贤”、首届2名“荣誉市民”颁发证书，张百松是“荣誉市民”之一。张百松在龙川的工作经历被大会提炼为如下几行字：“张百松，深圳市宝安区工信局二级调研员，先后两次获得全省脱贫攻坚突出贡献先进个人。有16年的龙川对口帮扶工作经历，其中派驻在龙川开展帮扶工作8年多，为龙川县筹集帮扶资金超8亿元，协助引进深圳企业36家，助力龙川县57个省定贫困村如期顺利脱贫，帮助龙川产业园连续6年获得全省优秀园区称号。”

短短数语，记载的是张百松最美好的岁月年华。为了扶贫大业，他去时一头青丝，回来鬓角华发。从2013年至2021年，在驻守龙川县的岁月里，张百松累计行程50多万千米。“每个月跑5000多（千米），8年算下来有多少？每年得换好几次轮胎。”他笑着说。

扶贫路上的车轮数他记住了，但记不住自己获得的荣誉。他交给笔者的简历，是临时手写在一张A4纸上的，加上名字，只有141个字，只有4行半，只有最基本的信息，只有最后一句话提到获得了个人奖。其余的，他显然没想起来。2023年春获得“荣誉市民”这事儿，也没写进去。2023年8月2日，笔者再度去拜访张百松，讨论稿件修改问题，聊的时候他才忽然想起自己还获得了个“荣誉市民”称号。幸好，这份证书储存着这段有关扶贫的社会记忆。

面对张百松，笔者想起几句话：“那美好的仗我已经打过了，当跑的

2023 年 3 月 31 日，张百松荣获龙川县首届“荣誉市民”称号

路我已经跑尽了，所信的道我已经守住了。”似乎有点对照性。当然，当跑的路他还要继续跑。“龙川，我每年还要回去几次，看一看。”说完这话的第二天，他又驱车到深汕特别合作区调研，那里有宝安区新一轮对口帮扶协作和乡村振兴“驻镇帮镇扶村”工作对象。

第二篇

慈善企业家

苏洪根：

参与慈善事业是企业家应有的初心

人物简介

苏洪根，1943 年出生于广东省新兴县太平镇，1957 年定居香港。1967 年，毕业于台湾大学土木工程系，并先后修读英国赫尔大学（University of Hull）硕士、南澳洲大学（University of South Australia）博士学位。苏洪根的职业生涯起步于香港，在香港电子行业打工、创业。1987 年，苏洪根来到宝安投资办厂，扎根宝安 30 多年，担任邦深电子（深圳）有限公司、邦深投资管理（深圳）有限公司等企业董事长。从在香港创业时期开始，苏洪根就在做实业的同时参与公益慈善事业，与香港狮子会同人一起在内地扶贫济困，捐建教育、医疗、敬老扶孤等公益设施和项目。在宝安，苏洪根继续秉持公益理念，担任宝安区慈善会两届副会长，并历任福永街道商会常务副会长，积极致力当地社会公益。鉴于苏洪根多年的付出，2011 年，苏洪根获得“深圳市荣誉市民”称号，邦深科技（深圳）有限公司于 2016 年被评为“宝安区慈善百强企业”。

少小离家

苏洪根的故乡太平镇是一个有着悠远历史的岭南小镇，现为广东省云浮市新兴县下辖镇。新兴县置县始于西汉元鼎六年（公元前 111 年），县名始定于东晋永和七年（351 年）。太平镇位于新兴县南端并毗邻县城，市镇的西部与六祖惠能的故里六祖镇接壤。这里丘陵连绵，山峦叠翠，一条叫共成河的小河穿越镇境。1943 年，苏洪根就出生在这个美丽的小镇，是家中的独子，没有兄弟姊妹。

在他童年时期，他的父亲就已经离家到香港谋生，逐渐经营起海产生意。他在村里的小学念完二年级后，要到 140 多千米外的广州去继续上学。彼时的交通极不方便，从太平镇到广州，需要一天一夜的时间。年少的苏洪根须起早去县城搭公共班车，先坐一个上午的班车到肇庆，再从肇庆搭一个晚上的船去广州。苏洪根虽是父母的独苗，却非娇生惯养，反而独立性很强。从家乡去广州求学的几年间，寒暑更替，路途往来，舟车转换，他都是一个“无人陪伴儿童”，艰辛劳顿，唯有自知。

无数旅途故事中，有一个令他印象最深刻。他记得，有一次在肇庆没有买到当晚去广州的船票，需要在肇庆住一个晚上，但去旅馆开房间时已满员。“搭船搭不到，住酒店又不行了，那我就看谁可以帮我。看来看去，看到一个人应该是老实人，我就上前跟他讲，我要去广州，我买不到船票，今天晚上能不能让我跟你住一个晚上啊？结果那次很幸运，碰到的是一个老师，他还请我吃饭、请我去看戏。”小小少年，就那样为了前途去闯荡，也练就了聪慧识人、善于求助、自我保护的意识和能力。“我那个时候年轻，什么都不怕，我就觉得自己很勇，是一个独立又坚强又有点小聪明的人。”暮年的苏洪根回忆少小生涯，这样认知自己。幸运的是，少年求学路上所遇到的人们大多善良质朴、乐于助人，也许从那时起，一颗为善的种子就在苏洪根的心中播下。

20 世纪 50 年代中期，香港与广东内地之间的大门还没有完全关上。中英双方实行了“出入平衡”政策，即香港每天过来多少人，广东每天也放多少人过去。1957 年 6 月 29 日，中共广东省委、广东省人民委员会批准，广州、佛山、珠海等 11 个珠江口以西靠近澳门的市、县，惠阳、汕头等珠江口以东靠近香港的各有关县，“放宽”人民群众前往香港。同年暑假，苏洪根小学毕业，前往香港探望父亲。根据当时香港的儿童身份证制度，苏洪根符合申领身份证的条件。他就听从父亲的话，去排队领取了身份证，从此正式成为香港居民，留在父亲身边生活，并顺利地进入香港的中学继续读书。

由于家庭经济条件不是很好，在报考大学时，苏洪根选择了去台湾。苏洪根回忆这段历史时说：“我念完中学考上大学了，才有机会穿第一双皮鞋，以前都是穿那些胶鞋的，家里不是很有钱。我报考台湾大学，就原因来讲呢，一是香港大学要求很高，对于香港学生来讲，等于在北京你要进清华北大，就有很高的要求，那我还没达到；二是有钱的人可能选择留学，我家里条件没那么好，台湾就是个很好的选择，所以那时候就报考了台湾大学。”

1963 年，苏洪根进入台湾大学土木工程系攻读本科学位。毕业后又回到香港，踏上了打工、创业之路。本来按照大学时的专业，他应从事土木工程，诸如建筑、修路、建水坝等，但他改变了职业方向，进入电子行业。这是当时香港最新潮的行业，他做得很成功。苏洪根回忆这段往事，告诉笔者：“我做电子，先是在英特尔的一个工厂打工，做半导体，做了 9 年，然后就出来自己创业，第一个产品是电子表。那个时候的电子表是时髦产品，求过于供，生意真是太棒了，人家拿了一箱一箱的现金来找我求货。后来，我公司继续生产的产品还有电脑、通信器材、对讲机、电子磅秤、电话，几乎大部分电子产品我都制造过。”

岁月如梭，在香港打拼的苏洪根，不知不觉已人到中年，立业成家、养老育幼。青葱少小时代生活过的故乡太平镇，已沉淀在他心海深处。直到他年逾花甲、在离开故乡长达半个世纪之后，才终于“回家看看”，乡音未改，却鬓毛已衰。

投身宝安

1978 年 12 月 18 日，中共中央第十一届三中全会在北京开幕。同一天，香港怡高发热线圈厂投资的“上屋怡高电业厂”在宝安县石岩公社上屋大队落地成立，这是中华人民共和国首家“三来一补”外资企业。从此，宝安从“三来一补”加工制造起家，拉开了工业发展的序幕。

所谓“三来一补”，是指来料加工、来样加工、来件装配和补偿贸易。其中的“三来”，对于香港人来说十分熟悉。20 世纪，普通的香港人家几乎每一家都是一个小工厂，在家中进行来料、来样加工或来件装配，规模稍大一点的，就再租一个厂房，把材料带进去做成产品再卖出去。对于当时的港商而言，宝安因拥有合适的地理区位、广阔的腹地空间、优越的政策条件、廉价的土地和劳动力等因素，是一个理想的生产加工基地。将“三来一补”这样的生产方式搬到宝安，生产经营者无疑就有了更大的发展前景。因此，20 世纪 80 年代，各类“三来一补”外资企业在宝安如雨后春笋般迅速发展，到 90 年代初已有近 3500 家。

在这股大潮的促动下，1987 年，苏洪根也将他的电子产品生产线从香港转移到了深圳，成立恒星电子（深圳）有限公司，性质为合作经营模式。厂址位于原宝安县东南部的新安镇，临着珠江口东岸。他的公司主要生产电子衡器、磅秤、压力传感器、跑步器、电话机、对讲机、温度计等。他招了第一批工人，有百名左右。公司经营合理，业务进展得很快，1989 年他的公司于美国纳斯达克挂牌上市。为适应需求扩充产能，1990 年他与罗湖区黄贝街道办合作，在莲塘村新建工厂。此时工人规模已达五六百人，且产能还在不断壮大。1994 年，苏洪根在宝安福永镇大洋开发区购地自建厂房，建成后的厂区面积达 3 万多平方米，主厂房 4 栋，配备办公大楼、员工宿舍和食堂、康乐中心等设施。自此，苏洪根算是在深圳拥有了自己的工厂和生产线，真正安顿下来。1996 年，他把恒星电子（深圳）

有限公司更名为邦深电子（深圳）有限公司，性质为独资企业。1997 年，公司正式迁入投产。按照广东话发音，“邦深”取自谐音“帮苏”。他说：“我自己买了地、盖了工厂后，最高的时候有 5000 多名工人在厂里做工，我觉得公司的每一个成员都是来帮我的。这个事业，就一直这么坚持做了下来。”

在深圳这座崭新城市迅速崛起的早期阶段，土地是升值最快的“商品”。有不少人看到了契机，靠着买卖地皮而发了财。苏洪根是有这个机会的，他初到新安镇的时候，“那里全部是黄沙地，没人要的”，地价非常便宜。如今那里是宝安区委区政府驻地和宝安区政治、经济、文化中心，大型商场、场馆、写字楼、居民住宅楼鳞次栉比，华光异彩，寸土寸金。但当时的他一心想着要做实业，没考虑别的事情，更没想过搞土地投机生意。“我们当年做工厂的，没有人想到会发达，连想都不会想。我们就很踏实地要把事情做好，能够有三餐饱饭吃，把工厂做好，把工人养好，我们就觉得很舒服。从来没有人想过以后这个地很值钱，以后你会发达，想都不想。”

他和工人们默默地工作，将一个个小小的元器件组装成产品，一件件产品成就了他的电子事业。他很坦诚地讲：“其实我们做实业的，很多不赚钱，真的很艰辛。但自己赚不赚钱是另外一个问题，我们为这个社会提供了很多就业机会，为社会发展作出贡献。举个例子，很多人因为我们建的工厂而有个职业了，那些工人，他不单单养起了他的家，并且还把整个片区的社会经济也都带起来了。就是说，他在这边做事，就把这边带旺了。他出去吃个饭，去买个衣服，去理个头发，等等，那些消费就让整个片区热闹起来、兴旺起来。所以说，实业是很重要的。如果大家都没有工作做，就都没有办法去消费，那这个片区经济一定不行，我觉得这是很重要的一点。”

2007 年年底，汪洋被任命为广东省委书记，开始正式推动经济结构转型。2008 年 5 月，广东省委、省政府出台《关于推进产业转移和劳动力转移的决定》。该“双转移战略决定”，被民间俗称为“腾笼换鸟”政策。

从此，深圳开始改变自建市以来一直采取的粗放增长模式，推动产业结构从制造业向高精尖、低碳科技产业和第三产业转型。苏洪根的工厂产线属于电子行业，基本上属于电子产品制造业范畴。因此，他响应政府的号召，开始一方面着手转型，另一方面着手搬离生产线，回归故土，发展家乡经济。

2007 年至 2009 年，苏洪根在离开太平镇 50 余年后，回到了故乡，投资 1000 万美元，在新兴县新成工业园买了约 230 亩土地，新注册成立了恒星高新科技（新兴）有限公司，主要生产制造和销售各种电子衡重器、对讲机、电话机、压力传感器、五金、塑胶制品、电子宠物产品、测试仪器及工业模具等。

同时，他向宝安区政府申请旧改，把在宝安的厂房、地块纳入城市更新系统。按照当时深圳市的旧改政策，工业行业改造须采取“工改工”模式，即对工业用地再开发，实现产业转型升级。“工改工”模式又包括两种形式，一种是 M1 形式，即将现有存量工业用地升级改造，但继续做工业，这是一种比较低档次的城市旧改形式；另一种是 M0 形式，即将现有存量工业用地的性质改变为新型产业用地。按国家规定，苏洪根的旧工厂改变为新型产业园区。2010 年，所有生产线全部撤离并搬到新兴县后，他新注册成立了邦深投资管理（深圳）有限公司，经营商务信息咨询、市场营销策划、投资管理顾问、企业经营管理顾问、写字楼和场地租赁等业务。旧改前的厂房、场地出租，每年可以收到约 1000 万元的租金。最近几年，由于新冠疫情，旧改延期，原来厂房已不能用作工业生产，只好租给物流公司，一年租金收入只有数十万元而已，不到原来的 1/10。已至耄耋之年的苏洪根，也将生活和工作重心回归到故乡。

从 1987 年至 2021 年年底，苏洪根在宝安的企业吸纳了数以万计的工人就业。“工人们来来去去，流动性较大，有些人来了几个月就走了，也有些人做了几年、十几年，还有人坚持了二三十年。但从工厂员工编号来看，工人总数超过 30 万人。”苏洪根将关爱员工、保障员工福利待遇视为企业的第一社会责任，一直将以人为本的原则贯彻在员工管理和服务上，体现在：特别设立公司膳食委员会，保障员工享有高质量的食宿服务；建立学习培训制度，定期组织员工培训技能知识；从20世纪90年代早期开始，就在公司内部配齐配全文体康乐设施，如图书阅览室、台球室、乒乓球室、棋类室、卡拉OK室等，向全体员工开放，并不定期举办舞会、运动会、文艺演唱会等集体活动；设立员工关爱基金，帮助公司内部员工解决生活困境。

在带领企业成长的同时，苏洪根个人也在不断进步。2011年，他荣膺亚洲知识管理学院资深院士，还获得了美国林肯大学管理学荣誉博士学位。

鉴于苏洪根为宝安区经济社会事业所作出的贡献，2003年，苏洪根被推举成为宝安区第二届政协委员、福永街道商会常务副会长。2011年9月，深圳市人大常委会表决通过《关于授予第四批“深圳市荣誉市民”称号的决定》，并经由深圳市《政府公报》向全社会发布。第四批“深圳市荣誉市民”共有48人，苏洪根荣列其中，在香港立法会前主席范徐丽泰的名字下面，这是他一直感到十分骄傲的一项荣誉。

“深圳市荣誉市民”制度，从1994年开始实施，旨在对那些为深圳经济社会发展和文化建设作出突出贡献的港澳台同胞、华侨和外国人予以表彰和鼓励。根据深圳市人大常委会2019年第二次修正、2020年发布的《深圳经济特区授予荣誉市民称号规定》，凡遵守中国法律的港澳台同胞、华侨和外国人，在以下5个方面的其中一个方面贡献突出者，经过推荐、初审、公示、审核、审批等程序后，可授予“深圳市荣誉市民”称号（简称“授荣”）：在城市建设、环境保护与资源合理利用、社会管理或者推动社会公益事业等方面；在直接投资，引进外资、人才、高新技术和先进设备，传授新技术、提供新信息、开发新产品、培训专业人才等方面；在开拓国际市场、促进经贸活动方面；在促进教育、科技、文化、卫生、体育、旅游等方面对外交流与合作；在促进对外交往，建立友好城市关系等方面。获得该称号者，享受深圳市政府规定的礼遇。例如，享受深圳市重大庆典活动的贵宾礼遇；每年可获取《深圳统计年鉴》《深圳投资指南》

等可公开的经济社会发展最新资料；确有需要约见市领导和有关部门负责人的，由市外事部门负责安排。

不过，深圳市的这项“授荣”制度，规定的条件相当严格。其中，被推荐人除了为深圳经济社会发展作出突出贡献这一要件，还须洁身自好，不能有污点。按照苏洪根的话来讲：“在公示的两个月期间，任何人提一些不同意见，你都得泡汤。比方说，你这个工厂随便排放污水废气垃圾、克扣工资或者欠薪拖延、欠缴税款、发生重大安全事故，你这个人曾经受过法律处罚、违反社会公德、弄虚作假、信用不良，那就麻烦了，只要有人一举报，政府来查，只要打上一个叉，那就没有机会了。所以说它的条件特苛刻。”也因此，对于苏洪根而言，获得“深圳市荣誉市民”称号，“其实等于一个梦”。他认为这个荣誉相当于香港的“太平绅士”称号，代表着正直不阿、造福社会、立德立功、荣誉加身、地位崇高。

2011 年 11 月 22 日，“授荣”仪式在深圳市五洲宾馆举行，时任深圳市委书记王荣、市长许勤、市人大常委会主任刘玉浦、市政协主席白天，四大班子“第一把手”全部莅临活动现场。为苏洪根颁发“深圳市荣誉市民”证书的是许勤市长，苏洪根十分激动。“当时，就像做梦似的，真的是。这可能是深圳市政府能够给予境外人士的一个最高荣誉吧，一般是没办法去争取到的，我也没想到能够得到。所以去到现场接受证书的时候，我只会说‘谢谢谢谢，谢谢政府’。只能够这样子讲一句，只能是感动、感恩、感谢！”

2021 年 8 月，笔者在苏洪根位于新兴县的企业办公室发现，入门处矗立着一排高大的展示柜，里面陈列着他的各种证书和照片。他把“深圳市荣誉市民”证书放在一个十分显眼的位置，进来的人抬首即能瞧见。10 年时光弹指而逝，他对此事当然已经淡定了。当笔者问及此事时，他很谦虚地说，“这个‘深圳市荣誉市民’，是深圳市政府对我的奖励，就是奖励我三十多年对宝安那个片区作出的一点点贡献吧”。不过，当他把该证书取下来再次凝视时，那种自豪和骄傲慢慢又浮上脸颊，欢快得像一个少年。“你们要知道，在深圳得到这个称号的，至今不到 200 个人。这是一个很大的荣誉，就像那个亚运会的金牌，很珍贵哦。”

一路行善

苏洪根很敬佩曹德旺。

30多年前，他曾经和曹德旺有过一面之缘，还一起打过一场高尔夫球。当年，苏洪根的生产线需要玻璃，而曹德旺的福耀玻璃集团刚成立不久，苏洪根专程到福州与曹德旺洽谈，使福耀玻璃集团成为苏洪根的供应商。当时的曹德旺还没有什么名气，但是苏洪根已经感觉出曹德旺与众不同的地方。

苏洪根记忆犹深的是，“那个时候他的工厂里就设立了一个福耀管理学院，他所有的管理人员都必须从这个学院毕业才行。如果不毕业，那就不够资格做他的管理人员，所以要在那个学院里学习锻炼。这说明他这个人有理想，有格局，他不怕把人才培养出来人家却跳槽了，他这样做等于是在为社会培养新型的企业管理人才。后来他事业做大了，到现在已经捐了100多亿元出来，他建好的学校也全部献给国家，连他自己的名字都不冠名。”苏洪根谈起曹德旺来，话语滔滔，反复强调的都是曹德旺的格局、善举。他将这种格局、善举视为评价当下的企业家是否具有国家民族意识的重要标准，并认为“曹先生真的是一个拥有国家民族意识的人”。

心有共鸣，方有同行。半个世纪以来，苏洪根像曹德旺一样，一边做企业一边做慈善公益，可谓“一路走来一路行善”。当雪鬓霜鬟话当年时，那些与同道人一起做慈善的经历和故事，是苏洪根感到最快乐的回忆。在与笔者交流的时候，他多次用“勇”这个词形容自己。他给自己的定义是，“我是很勇的一个人”。这里的“勇”，不仅指寻常意义上的“勇敢”“勇猛”，也有着豪气洒脱的意涵，是“一手赚钱一手撒钱”的大方，是“千金散尽还复来”的快意。

苏洪根的慈善行为大致可分为如下几个阶段和方面：

（一）在香港创办公益组织

20世纪70年代中后期，苏洪根开始职业转型，逐渐从打工生涯转向创业生涯。1980 年，苏洪根成立香港恒星电子国际集团。繁忙工作之余，他爱好围棋，并与一班围棋爱好者一起，于 1981 年非正式创办了香港第一家围棋组织——“香港围棋社”。1982 年围棋社更名为“香港围棋协会”并正式注册成立，苏洪根任会长，还请来著名作家金庸先生担任名誉会长。金庸先生将其位于九龙尖沙咀赫德道的一处物业，以每年 1 港元租给协会作为会址和活动场所。

1986 年，金庸先生因个人原因出售尖沙咀的物业，苏洪根同意以市价购入该物业，然后也以每年 1 元之租金租给下棋人士继续使用。为此他发起捐款活动，筹款为该协会购买会址。担任会长的他率先捐款，他的捐款占全部所得捐款的一半以上。款项到位，购得会址，香港围棋协会从此拥有了自己的物业。

担任香港围棋协会会长的苏洪根

事业重心转到深圳后，苏洪根也一直关心着香港围棋协会的事业发展，积极参与各类重大会务或赛事活动，积极组织香港围棋队到内地各城市及外国参加赛事、交流和学习，且每逢赛事必亲临现场献策助阵。在苏洪根及其同人的努力下，香港围棋协会主办、参办的各种富有影响力的赛事活动，打破了长期以来香港被称为“围棋沙漠”的说法。2015 年，因香港围棋协会会员人数日益增加，会址场所不敷使用，苏洪根再次发起捐款活动筹集资金，使协会购买了新的、更宽敞的会址场所，目前会址之价格已超过 1500 万港元。苏洪根因年事已高，不再担任会长职务。为铭记他为香港围棋协会所作出的贡献，协会理事会敬奉他为该协会的“永远名誉会长”。

除了长期担任香港围棋协会会长、倾力倾资支持香港围棋事业发展，苏洪根还捐出一笔资金，于 2011 年加入了“香港六祖禅文化学会”，至

2014年成为该会长。作为新兴县人，苏洪根为自己是禅宗六祖家乡的人而自豪。“六祖是我的乡亲啊，他在这里出生，在这里圆寂，作为六祖乡亲，我觉得我有义务传承、弘扬六祖禅文化。所以我在香港就搞了一个六祖禅文化学会，我捐了约200万港元给学会，还有其他人也捐了，现在我们整个学会的资产大概有350多万港元吧。这个学会为香港正式注册的慈善团体，其宗旨主要是发扬六祖禅文化以及推广佛教慈悲为怀的精神，帮助有需要的人，也会资助别人进行禅文化活动。我希望一代又一代、一个会长又一个会长接力，为这个学会添砖加瓦，能够把它发扬光大。”

苏洪根介绍，香港六祖禅文化学会以弘扬禅文化为目标，并以慈悲为怀做慈善事业，广泛发动社会各界捐款做慈善以利益社会。他说：“我们学会一直学习、传播禅文化理念；一直在提倡三善，即善心、善行、善意，提倡在生活中能日行一善；希望与社会大众一起共同弘扬六祖禅文化，共行善事，共修福慧，光大慈善精神，做好慈善事业。”香港六祖禅文化学会成立后，苏洪根联合学会同人多次举办“重走六祖之路”活动，到新兴县国恩寺、四会市六祖寺等地，联谊内地禅文化爱好者，共同学习、交流禅文化。

此外，从1990年开始，苏洪根担任香港中文大学新亚书院校董，每年捐出20万港元成立奖学金，20多年时间，从无间断。但香港“占中”事件发生后，香港中文大学学生会组织学生参与“占中”行动、张贴“港独”海报的行为，令爱国的校董们心寒且气愤。苏洪根因此辞去校董职务，退出该校董会。他说：“这些教授及学子，反中乱港，我与他们理念不同，耻与为伍，只好自我退出了。”

（二）通过狮子会而专业化施善

成立于1917年的国际狮子会，是当今世界上最大的慈善组织之一。在香港，首个狮子会成立于1955年，其后多个狮子会相继成立；1960年，国际狮子总会批准成立“国际狮子总会中国港澳303区”。近70年来，许多港澳企业家、白领人士和公众人物都纷纷加入狮子会，成为“狮子之友”（以下简称“狮友”），热心公益、造福社群。苏洪根大约于1982年加入狮子会。与众多“狮友”一起，在内地从事慈善工作。2002 年 5 月，中国大陆首批两个狮子会——广东狮子会、深圳狮子会，分别挂靠在广东省及深圳市的残联部门，并成为国际狮子会的会员。这为包括苏洪根在内的诸多以粤港澳为根据地、面向内地施善的“狮友”们提供了更为便捷的行动途径。

苏洪根通过狮子会而进行的公益慈善工作，主要包括如下内容：

援助“希望工程”

苏洪根所在的狮子会，“捐建了四五十家中小学校，最早是在贵州、云南、广西、四川、重庆等地，后来也在浙江山区捐建学校。”苏洪根回忆道，“每家学校捐款 10 万元到 12 万元的样子，每年捐建 4 家，坚持做了 10 多年。当学校建成后，我们都亲力亲为去那些学校回访，看看学校的设施，如果没搞好就加码捐助以完善这些设施。每次去拜访的时候，我们都一定买很多书啊、笔记本啊、糖果啊等这些礼物，送给那些学生，每年都是这样子做。”讲到早年去云贵地区捐建“希望小学”的经历，苏洪根对其中的细节印象深刻。他说：“我们是 40 年前去贵州做善事，以前贵州哪有现在这些高速啊?！那时候当地的政府开一台面包车，载着我们在山路上走。那是贵州的山啊！悬崖峭壁，你扔一块石头，5 分钟才听到有回声的，很惊险。我们就想，哇！这些路，要是掉下去就死定了。但我们那时候不怕，不怕！我们是来做善事的，上天一定会庇佑我们，真的就那样想。”近年来，苏洪根已经不再通过狮子会捐建“希望小学”，也不再像以前那样采取“普惠”方法对每家学校资助 10 万元至 12 万元，而是借助宝安区福永商会这一平台，独资出资，集中力量帮助广东省内最困难的地区发展基础教育。

参与“视觉第一中国行动”

1990 年，国际狮子会发起了自其创办以来最大的慈善服务活动——“视觉第一”行动，在全球开展防盲治盲工作。1997 年，国务院批准卫生部、中国残联与国际狮子会总会合作，开展“视觉第一中国行动”，以 5 年为一个规划期，在中国 31 个省份的偏远贫困地区免费施行白内障治疗手术，“国际狮子总会中国港澳 303 区”负责执行及监管的工作。

苏洪根通过“国际狮子总会中国港澳 303 区”，参与了“视觉第一中国行动”第一期（1997—2002）和第二期（2002—2007）。“我们一共做了 10 年，负责的是浙江省。每年我们都去浙江，跟杭州那边的残联都很熟了。那个时候呢，我觉得，这个合作计划，国家分到每一个省的钱很少，给浙江的大概每年 30 多万元。我说太少了，这样子吧，政府给你们多少钱，我个人同样给你们这么多的钱，希望浙江把这个事情做得更好。那个项目对中国的贡献应该是蛮大的。试想，那些患者看不到东西，等于是个废人，要别人照顾他，当你把他医好了后呢，他变成了一个有生产能力的人。他会下地种田啊，能干好多事情啊，所以整个社会劳动力增加了。再者，你为他做了这些事情，他和他的家人会很感动，会感到我们的社会很温暖。所以说，那个项目对整个社会的贡献是非常大的。”

捐建肾病中心

慢性肾病是香港严重的健康危机之一，21 世纪初的 10 多年间，全港有 80 多万名患者。早在 1991 年，“国际狮子总会中国港澳 303 区”就创办了肾病教育中心及研究基金，与香港宝血医院合作，在医院内设立第一间血液透析中心（俗称洗肾中心）。2000 年，又建成了第二间洗肾中心。两间洗肾中心每年可以提供 1.2 万次洗肾服务，并长年以私家医院三成的费用为经济困难的肾病患者提供质优价廉的洗肾服务。随着香港肾病患者的增多，拓建相对独立的洗肾中心及增置更多分中心成为必要。

2006 年 8 月，苏洪根当选为“国际狮子总会中国港澳 303 区”肾病教育中心第 16 届董事局主席；10 月，苏洪根邀请曾志伟、李克勤、古巨基等影视明星，共同在香港无线电视翡翠台举办筹款晚会，筹集到约 1000 万港元，从而为增设新的洗肾中心奠定了经济基础。截至 2021 年年底，“国际狮子总会中国港澳 303 区”肾病教育中心的洗肾中心已经增设到第四间。

除了通过狮子会参与内地慈善事业外，苏洪根还和香港影视明星联手，帮扶贫困地区弱势群体。例如，1999 年，洪金宝与谭咏麟等香港明星共同为广西玉林市新桥镇捐建养老院。2004 年，洪金宝和谭咏麟、樊亦敏

2006 年 10 月，苏洪根（右二）在香港为增设洗肾中心而举办筹款活动

等人在广西玉林捐建了玉林东昌孤儿院，并命名为“东昌之家”。苏洪根也一直积极参与该孤儿院建设，并一直在资助这些孩子，几乎每年都来看望孤儿院的孩子。“孤儿院收养的孤儿，到现在已有约 100 人。对这些孤儿，我们有规定，院方养育他到初中毕业，然后出去工作；自力更生者考上大学，我们就帮助他申领奖学金，继续求学。孤儿们出来工作后，我们鼓励他们拿出其收入的 1/10，去帮助其他人，这是自愿性质。希望他们养成人人为你、你为人人的良好情怀。”

（三）参与宝安本地慈善事业

如上所述，苏洪根虽然在 20 世纪 80 年代就已经来到深圳，但直到在宝安购地自建工厂和生产线、1997 年公司正式迁入福永新厂投产后才真正安顿下来。世纪之交，他的公司获得了较大飞跃，治理结构日益完善，产品种类迅速衍生，订单量突飞猛进，员工规模相应扩大，企业效益显著提升。随即，苏洪根开始回报本地社会事业。

加入宝安区慈善会

2007 年，苏洪根捐款 100 万元，参与筹建宝安区慈善会，并被推选为宝安区慈善会副会长。当时，宝安区委书记周林祥动员辖区 50 多个企业家，筹款组建宝安区慈善会，苏洪根是被邀请的企业家之一。对于当时筹建的细节，他还保有生动的记忆。

“那时林祥书记想在宝安区搞一个慈善会，就叫了50多个企业家吧！其中福永商会去了3个人，黄尔春会长、文汉根①和我。周书记就给我们开了个会。周书记说，‘今天请大家来没饭吃啊，抱歉啊，就是有个想法来讲一讲。我想成立一个宝安区慈善会，我们宝安区也有一些生活很困难的人呢，我们要想办法去多帮他们。政府带头先捐900万元，然后呢，我希望大家今天也给我一点答复’。然后，在每人面前拍下一张纸，大家签字。我一签，签了100万元。黄会长坐在我旁边，他说苏会长啊，你捐100万元，那我不能比你少了哦，他写了120万元。文汉根写了30万元。所以，就等于我们福永商会跟着捐了250万元。结果那天真没吃饭，也都乐呵呵的。最后开完会后公布数字，有五六千万元的样子，这事就马上搞定了。”

苏洪根被推荐为宝安区慈善会副会长的原因，并非他捐了100万元，而是他熟知香港公益慈善制度规范，拥有在香港管理公益机构的理念和实践经验，这对于成立初期的宝安区慈善会而言十分重要。

对此，从一开始就加入宝安区慈善会并担任了15年办公室主任的刘曦光女士回忆道：“我们是深圳市首家区级慈善会，刚成立的时候要面对好多问题，好在我们毗连香港，好在我们有苏会长这样的人才。香港的现代公益慈善事业比较发达、经验比较成熟，苏会长在香港举办过、管理过公益机构，也参与过很多慈善活动，所以他就有很多先进理念，有资历、有经验，还有影响力。比如说，善款能不能放出去理财？苏会长说这个钱是不能去理财的。你知道那时候炒股票、买地皮什么的，都非常兴旺。当时也有人主张拿这个钱再去‘生财’，然而苏会长说不可以。为了去说服那些人，苏会长专门安排我们去了一次香港。我记得很清楚，那次我们是带着两个问题去了香港：第一个是政府出资给慈善会以及慈善会的整个运作

① 文汉根，深圳市红发实业有限公司董事长、深圳市宝安区福永暨福海商会常务副会长、香港福永同乡会会长、深圳市政协委员。

合不合适，第二个就是慈善机构的钱是否可以理财。我们带着这两个问题去香港，苏会长带着我们去拜访香港的有关部门和一些公益机构。比如去香港的马会①调研，了解了马会与它旗下的慈善机构的关系、马会的慈善信托基金制度。这对我们都有很大的启发，帮助我们初步形成了共识。”

苏洪根（右二）与宝安区慈善会会长张洪华（左二）、秘书长陈长贵（右一）、办公室主任刘曦光（左一）

自2007年至2017年，苏洪根担任了两届宝安区慈善会副会长；第三届换届时，已是75岁高龄的苏洪根卸下副会长职务，被推选为名誉会长。无论是担任副会长，还是名誉会长，苏洪根都将参与慈善事业当作他的责任和义务，尽全力支持宝安区慈善会的工作。

十几年间，一方面，他传播现代慈善理念，出谋划策、牵线搭桥，协助宝安区慈善会建章立制、规范运作。在他的理解中，做慈善并非有钱就能做好，而是需要规范化的管理和严格的章程制度约束，才能长期坚持下去。正是在包括苏洪根在内的三届宝安区慈善会全体成员的共同努力下，宝安区慈善会发展成为深圳市最大的区级慈善会，因其公平、公正、公开和透明而在宝安区企业家中具有广泛的号召力。对此，苏洪根评价说，“作为企业家，我们都觉得把钱捐给宝安区慈善会很放心，我们捐出的每一分钱都有明确的云向，这些钱能真正去到有需要的人手中”。

① 即香港赛马会。

另一方面，苏洪根亲力亲为地支持宝安区慈善会的运行和发展，出钱又出力。15 年间，他个人向宝安区慈善会捐赠的善款有数百万元。此外，宝安区慈善会组织的各类重要慈善活动，他从不落下。无论是对辖区内困难群众的送温暖、对军属烈属群体的慰问活动，还是远赴贫困山区的扶贫帮扶活动，抑或是举办理论研讨、远赴外地参观学习，他都充满热情地加入其中。

以宝安区慈善会公益项目大赛活动为例。自 2015 年至 2021 年，宝安区慈善会举办了 5 届公益项目大赛，获胜项目由宝安区企业家认领资助。2016 年，苏洪根以他企业的名义，认领了由深圳市融雪盛平社工服务中心申报的“让空巢老人不再孤单”项目，给予 10 多万元的资金支持。认领该项目的初衷有二：一是作为宝安区慈善会副会长，他认为参与慈善事业是他的责任和义务；二是作为福永商会常务副会长，他对福永有特殊的感情，而这个项目正是为福永片区的老人提供照顾，能实实在在地帮助老人，他认为他和这个项目有缘分。他表示：“我公司里的很多员工都是义工，如果项目开展过程中需要帮助，可以随时联系我，我和我公司的员工都是这个项目的强大后盾。”认领之后，他不仅给予资金支持，而且还监督项目进展及财务，提出进一步优化服务的建议。

鉴于苏洪根多年的付出，他的邦深科技（深圳）有限公司于 2016 年被评为“宝安区慈善百强企业”，他本人于 2017 年被福永·福海街道商会授予“慈善企业家”称号。

积极效力社区公益

2003 年，苏洪根被选为福永商会常务副会长，这为他及他的企业开展公益慈善活动、履行社会责任提供了一个良好平台。如下不完全统计的数据，显示了苏洪根借助这一平台，为福永本地社区所进行的一系列公益行动：

2005 年，福永商会理事会举办“年终慈善行动”，旨在春节期间在辖区慰问扶贫，苏洪根捐款 4 万元。此后，每逢春节、中秋等重要节日，他都向福永商会捐出数额不等的慰问金，并和商会同人一起慰问福永街道辖区内的老干部、孤寡老人、困难群众、边防官兵、派出所干警等。

2006年7月，福永中心小学的乒乓球队被日本邀请参加乒乓球友谊赛，但因为经费不足而犹豫不决，苏洪根知道这一情况后，迅速捐出5万元，使福永中心小学乒乓球队赴日参赛得以成行；11月，苏洪根为宝安区光明街道困难群众捐款2万元；12月，福永商会举办十周年庆典暨慈善基金晚会，筹集善款成立福永商会慈善基金，苏洪根捐款15万元。

2010年，他在邦深电子（深圳）有限公司发起"以助人为乐为格言，追求人生价值"的活动，在福永街道团工委指导下成立了"宝安福永邦深义工队"，并亲自带领义工们参与社区环境提升、慰问社区老人等活动。

2011年，福永商会成立义工服务队，这是当时深圳市最大的企业家义工队伍，苏洪根成为首批队员。年近七旬的他身穿红马甲，拿着扫帚、小铲子等工具，在街头参与"大运会"环境净化活动。

苏洪根（居中）身着红马甲，在福永街头参加2011年"大运会"环境提升行动

2014年，宝安区慈善会联合福永商会举办"慈以为福，善而贵永"慈善文艺晚会，苏洪根捐出30万元。

2015年，福永商会公益基金会成立，苏洪根以儿子苏振邦的名义，向该基金会捐款33万元。

2019 年，苏洪根出资 100 万元，在宝安区福商公益基金会设立冠名基金“苏洪根博士教育基金”，2020 年又增资 100 万元，使该基金池资金增加到 200 万元。该基金用于捐助建设学校、改善教育设施、奖励中小学校品学兼优的学生，并以宝安区福永中心小学、福永中学、桥头学校、塘尾万里学校以及他的故乡太平镇小学为主要捐助目标。该基金每年评选一次奖学金，每年评选奖励共 40 名学生，奖励标准为每人每年 3000 元。评选范围为中小学校品学兼优的学生。2021 年 9 月 1 日，“苏洪根博士教育基金”正式启动，对福永中学、福永中心小学、桥头学校、塘尾万里学校共 160 名优秀学子进行奖励，共计颁发 12 万元奖学金，苏洪根亲自为部分获奖学生颁发奖学金。

2020 年，深圳市正强投资发展有限公司董事长陈乐雄注资 50 万元作为初始资金，计划在宝安区慈善会设立“正强慈善关爱基金”。该基金主要用于帮扶在宝安辖区内工作，生活困难、患有重大疾病或其他急需帮助事项的退伍军人和现役军人及其直系亲属。苏洪根获悉后，提出再增资 50 万元，联合做强该基金，使该基金的初始启动资金达到 100 万元。

苏洪根告诉笔者：“正强冠名基金是专门帮助那些退伍军人的。那天陈会长成立这个基金时，洪华会长去了，我也去了。我本来想用我孩子的名字在宝安区慈善会搞个冠名基金的，看到陈会长这个基金后，我当时就想，那我不一定要用自己的名字啊，那我帮你就行了。我就说，‘哎，陈会长，你拿 50 万元出来，那行了。我也拿 50 万元给你，用你的名字来把这个基金做大。我不要再搞自己的基金了，用你的基金就行了。’他们大家就说，那好啊好啊。就这样子啦。”

该基金成立后，积极帮扶困难退役军人，每年通过“八一”、春节定期开展慰问活动，截至 2022 年年底，共为宝安辖区内生活困难和患疾病的 40 位退役军人发放节日礼品和慰问金，共帮助重大疾病的退伍老兵 3 人累计金额 6 万元。

2021 年 12 月，福永商会在宝安区慈善会设立冠名基金——“福永、福海商会公益慈善基金”，苏洪根为该基金捐赠 50 万元。

右三为苏洪根

协力福永对口帮扶。除了效力宝安区本地社区公益慈善事业，苏洪根还结合宝安区及福永街道、福永商会对口扶贫的任务，在贵州、广西、广东省内贫困地区捐资助教、护老慈幼，并对全国受灾地区捐款救助。根据福永商会对本会公益事业活动史的记载，苏洪根捐资贫困山区兴建希望工程小学，金额为数百万元。例如，2009 年，在贵州黔东南州台江县甲基村捐建希望小学。同年，苏洪根捐出 80 万元，在梅州市平远县石正镇中心小学建设新的教学楼，命名为“深圳福永商会教学楼”；此后，又捐出 50 万元，帮助梅州山区的 2 所学校维修基础设施。2011 年，福永商会捐资 100 余万元，其中苏洪根捐资 75 万元，在广西玉林东昌孤儿院建成慈幼楼，该楼被命名为“宝安福永慈幼楼”。如前所述，东昌孤儿院是苏洪根的朋友、香港影视明星洪金宝捐建的，苏洪根自始至终参与其中。2011 年 11 月 14 日，东昌孤儿院举办慈幼楼捐赠揭幕仪式，苏洪根请来了香港影视明星樊亦敏一起参加活动。

多年来，苏洪根一直弘扬“奉献、友爱、互助、进步”的慈善精神，在企业发展的同时一直热心公益，回报社会，捐资助学、捐资建路，扶贫济困，向中国残联等各种慈善基金会和关爱行动捐款捐物，积极践行企业社会责任。2015 年，中国残疾人福利基金会会长邓朴方专门向苏洪根颁发了证书。

2011 年，苏洪根（左六）等在广西玉林东昌孤儿院慈幼楼前合影

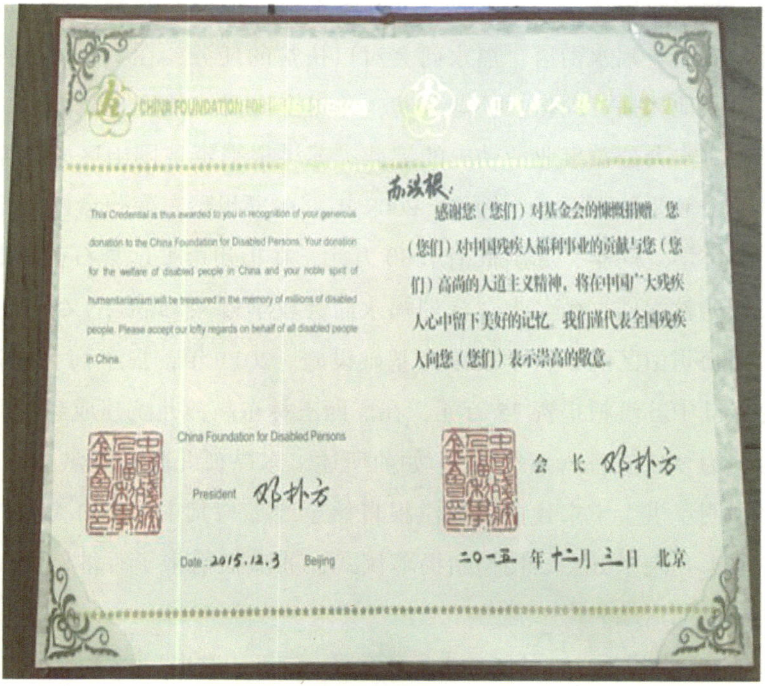
This Credential is thus awarded to you in recognition of your generous donation to the China Foundation for Disabled Persons. Your donation for the welfare of disabled people in China and your noble spirit of humentarianism will be treasured in the memory of millions of disabled people. Please accept our lofty regards on behalf of all disabled people in China.

China Foundation for Disabled Persons

President 邓朴方

Date 2015.12.3 Beijing

苏洪根：

感谢您（您们）对基金会的慷慨捐赠。您（您们）对中国残疾人福利事业的贡献与您（您们）高尚的人道主义精神，将在中国广大残疾人心中留下美好的记忆。我们谨代表全国残疾人向您（您们）表示崇高的敬意。

会长 邓朴方

二〇一五 年 十二 月 三 日 北京

中国残疾人福利基金会会长邓朴方向苏洪根颁发的证书

回报故乡

近年来，耄耋之年的苏洪根已经从企业和公益机构的各个岗位上退了下来，常居新兴县，落叶归根。在安享晚年的同时，依然热心公益、报效家乡。回到故乡的这几年间，苏洪根做了如下几件善事。

一是重建小学母校。他回到太平镇后到他儿时的母校探访，发现教室、操场等设施都年久老化，于是毫不犹豫捐出资金，重建校舍。“我看到我上小学时的母校，就觉得它是比较长久失修了，我就提议重新改建。我许诺捐500万元给他们，再想办法向我的朋友募捐500万元，整数1000万元给我的母校，把学校的环境全面改造，并且扩大校园面积，增加学位由500人至1000人。”不过，扩大学校的面积，需要再征些地，政府已经同意了征地规划并且负责统筹建设。至本文撰写时，该计划依然正在落实中。

二是资助优秀学子。除了报效儿时的母校，苏洪根还殷切希望故乡能多出人才、出拔尖人才。2019年，新兴县太平镇的高中生邝永胜、苏喆分别被清华大学、北京大学录取，苏洪根非常高兴，向两名学子分别捐赠25万元，作为奖助学金。这次捐赠活动比较高调，苏洪根还专门请来了当时的新兴县委书记唐宜、副县长梁志莲参加捐赠仪式，目的就是奖励和认可邝永胜、苏喆两名学子之前的努力和付出，希望两名学子再接再厉、奋发向上，将来以更优异的成绩回报家乡，为家乡发展、国家建设奉献力量；同时，以此吸引故乡更多的学子努力学习、发愤图强，争取以优异的成绩叩开中国顶级学府的大门。苏洪根在捐赠仪式上表示：“祝愿新兴培育出更多的清华、北大学子。以后任何新兴籍学子考取清华、北大且家境贫穷的，我将一律对其发放奖助学金，有一个发一个，考到100个我奖100个。我就希望更多人考上清华、北大。我也希望他们不是光看这个奖学金，而是要真的融入这些顶级学府，能够学到东西，以后报效国家。”

苏洪根也强调说，并不是所有考上清华、北大的学生，都能拿到他的奖励。2020年，有一个从美国留学回来又转到北大的学生也来申请这个奖学金，苏洪根婉拒了。他说："既然有钱去留学了，家庭环境应较富裕，所以就不用再拿这个奖学金啦，奖学金还是留给那些真正有需要的同学吧！"

在苏洪根所从事的各项公益事业中，他最支持的是教育，将捐资助学放在第一位。对此，苏洪根有清醒的认识。他说："对于我们的国家、我们这个社会、我们的民族而言，这帮年轻人就是我们的希望，把他们培养好，才有未来。所谓治贫先从治盲开始，你给他教育，给他学问，他有知识，他自己会创造财富，你就不用给他钱啦。所以，把他们培养成才比做什么事都重要。"

三是推动成立县慈善会。2006年，苏洪根被推选为新兴县政协常委。成为政协委员后，苏洪根就倡议成立新兴县慈善会。2011年6月，新兴县六祖慈善会正式注册成立，该慈善会秉承"六祖慈善，慈济众生"的宗旨，从帮扶社会最困难、最值得同情、最不幸的弱势群众出发，把大病救助、扶贫助学、救孤助残、奖励义举作为施助重点。基于新兴县是广东省著名侨乡这一特点，新兴县六祖慈善会将开展国内外及港、澳、台地区慈善交流活动，吸引新兴籍华侨、港澳台同胞报效桑梓作为日常工作的一项重要内容，并组织举办各类慈善活动，协助政府、民间发展各项慈善事业。

新兴县六祖慈善会成立时，苏洪根虽然没有在其中担任职务，但为其捐资108万元，寓意"108颗佛珠"，并且还表示"以后每年都要捐资"。同时，苏洪根还努力将宝安区慈善会制度建设的成功经验与新兴县六祖慈善会嫁接，推动后者实行"阳光慈善""诚实慈善""规范慈善"。

除了上述善举，苏洪根还在太平镇自然村之间修筑道路。虽然从新兴县到太平镇之间的公路、太平镇主干道都已经由政府修建完成，但自然村之间多是土路，无法开车通行。苏洪根就修建了一条硬化道路，将他祖籍所在的小村子上沙村与太平镇主干道连接起来，路长约800米。

结语

虽然与那些闻名全国、驰名国际的顶级企业家相比，苏洪根并非豪富大鳄，但几十年来，苏洪根在香港、宝安、新兴县担任了不少基层公益机构的负责人，在每个机构都要带头。他捐出的各类善款累计有4000多万元人民币。仅就担任福永街道商会常务副会长后，以该商会为平台捐出的善款就超过500万元。

回忆自己的公益慈善生涯，苏洪根说："说老实话，我这个人就是这样，捐钱呢，我是年年捐月月捐，有时候是即兴捐，就是看到哪里发生自然灾害、艰难困厄、实际需求什么的，都马上捐。我捐钱从来没有手软的感觉，很怪哦，捐得越多就越要捐。我觉得，这个钱，你不花出去，存在银行里就是人民币，花出去了才是你自己的钱。所以，在宝安也好，在新兴也好，有人要募捐呢，那他百分之百一定找我，找我就一定有收获。当看到需要帮助的人因为我而得到帮助时，我也会觉得很开心、很满足。"

苏洪根信佛，他的言谈中不由自主地透溢出善因善果的淳朴逻辑。回顾大半个世纪的职业生涯和慈善经历，他有着浓浓的感恩情怀，强调的是"回报家国"四字。他说："我在深圳三十几年，我过去在香港的二三十年，现在回到新兴的这些年，我实际上是个获得者。因为我给出去东西，老天就会还给我更多的东西。我给出去的东西，和老天给我的东西相比，那真是微不足道。老天给了我太多的回报，我一直是感恩的。"他特别强调："我作为20世纪40年代初出生的人，看着我们国家的变化，看着我们国家走出战乱，走出动荡，渐渐繁荣富强。是国家发展成就了我个人的发展。改革开放初期，内地的人口红利、城市政策为我的企业发展打下了坚实基础，那企业做大了之后，就要担起社会责任，就要回报国家、回馈社会。参与慈善事业是企业家应有的初心。一个企业家，必须有家国情怀。"

苏洪根设在新兴县的公司办公室窗外，远处是满目青山、车间厂房，近处是果园鱼塘。办公室内的展示柜里，除了他获得的各种证书、奖章、奖杯，还有不少各种场合的合影。在一张全家福中，他与温婉的老妻并坐一起，三个英挺的儿子及清丽的儿媳围绕身后，三个稚孙则倚在膝下。显然，那几个展示柜所展示的，不仅是苏洪根个人的生命轨迹，更是中国国家和社会的变迁路径。里面有时代风烟，也有个体温馨；有艰难困苦，也有玉汝于成；有奉献和付出，也有收获和恩惠。

作为珠三角企业家群体中的一个，苏洪根的身上有着很明显的地方特征：低调、务实，国际视野和爱国情怀兼具，常怀仁爱慈悲之心，秉持取之于民、用之于民的情怀。回想 20 世纪 70 年代末的深圳，改革开放大门徐徐打开，城市发展需要资金，改革需要路径，从香港返粤的企业家就成为助推改革开放的首选助力，他们通过提供资金、技术信息和先进的管理理念、经验，助力深圳及珠三角地区乃至内地的改革开放驶入了快车道。

时代成就了苏洪根们，苏洪根们也成就了时代。

黄尔春：

企业家要懂得回报社会

人物简介

黄尔春， 1957年生于广东潮州揭阳县（现揭阳市）。1985年来到深圳宝安福永，扎根福永30多年，现为深圳市金港实业有限公司董事长。2003年至今，担任福永工商联（商会）主席（会长）、福海工商联（商会）主席（会长）、宝安区工商联总商会常务副主席、宝安区慈善会副会长、宝安区政协常委、深圳市人大代表等职务，被称为不领薪水的“超级义工”。长期以来，黄尔春秉承“办好实业，回报社会”的宗旨，出钱出物扶弱助贫，资助孤寡老人、贫困学生和陷入困境的群众，并带领商会会员企业积极投身社会公益慈善事业。1994年至今，他个人累计捐款5000多万元，用于各项社会公益慈善事业等。2004年，黄尔春被民政部授予“热心社会公益先进典型”；2006年，当选“广东省社会主义新农村建设作出突出贡献的民营企业家”；2008年荣获深圳市首届“鹏城慈善奖-慈善个人”奖；2011年被评为“宝安区建区20周年50名优秀人物”；2012年被评为“深圳潮商30名影响力人物”之一；2015年荣获宝安区总商会“杰出贡献奖”；2017年荣获“宝安区慈善捐赠个人奖”；2021年被深圳市宝安区人民政府授予“慈善企业家”荣誉称号；2022年被授予“广东百佳爱心乡贤”荣誉称号。

谁言少年不胜苦

粤东古邑揭阳县是广东省乃至全国最古老的县份之一。秦始皇三十三年（公元前214年），设戍所于五岭之一的揭阳岭，后设置揭阳县，隶南海郡，自此潮汕地区始有正式建制。2000多年沧桑变幻，揭阳县逐渐成为广东三大汉族民系之一的“潮汕人”重要的祖籍地、聚居地，潮汕文化历史悠久，浓郁厚重，独具特色。

黄尔春是典型的潮汕人。1957年8月5日，他出生于揭阳县①东部的玉湖镇西门村，这是一个山光水色如同水墨画一样秀美的自然小村落。然而，在黄尔春的记忆里，青少年时期的田园生活却是粗粝苦辛的。

黄尔春是家里的长子，他下面还有三个妹妹。作为家中唯一的男孩、“独苗”，黄尔春是祖母和父母的“心头宝”，但生活的艰辛使长辈们没有能力给予他过多的关爱。9岁那年，他刚上小学二年级，他的父亲因为一场重病丧失了劳动能力，家中生计一下子举步维艰，连他一学期8毛钱的学费都交不起，因此他不得不早早辍学回家，扛起家庭重担。

回忆自己少年时代的艰辛，黄尔春边摇头边叹息。“我上小学二年级时，上了上一学期，再上下学期还要8毛钱书杂费，但是家里没钱啊。我爸有病了，哪里去找钱？我爸就说，‘没书读也好，回来干活啦’。我就回来干活，从9岁就开始干活，12岁开始干大活养家，15岁主管这个家庭，一家七口都是我在管。”

刚开始干活时，黄尔春帮母亲在农忙时节耕田种地、为生产大队养鱼，挣工分，农闲时他就想办法到集市上做点小买卖。但无论他和母亲如何努力，都改变不了家里的拮据困窘。“家里七口人，仅有一双木头做的鞋，一家人轮流穿，晚上洗好脚，就穿那个木头鞋走到床边。你洗好你到床上，木头鞋再换给别人。到了冬天，没厚衣服穿，我就穿我奶奶的棉

① 1991年，揭阳县升格为地级揭阳市。玉湖镇现为揭阳市揭东区下辖镇。

袄。那个棉袄就像有100年了，里面的棉纱全是硬的。”黄尔春还记得，小时候曾经一条裤子穿了5年，补丁补了五六层，洗后拧干时重达30斤。纵使缝缝补补满是补丁，还是舍不得扔掉。

随着年龄稍长，十五六岁的黄尔春开始跟着同村人去梅州五华县挑木材或者到江西拉木材，再回到揭阳县卖掉，也就是他所说的“干大活”。那弯弯的山路，给他留下了深刻的记忆。“我们去五华县挑木材，那里到我家乡有70多千米。挑一担木材，100多斤，三天三夜在山路上转。走70多千米的山路，3天才能回到家。没鞋穿，只能穿草鞋，草鞋走到烂，脚底啊，全是血。一担木材，赚10块钱到20来块钱的，这是很大的钱啦，可以养活一家人呢。”

根据《揭阳县志》记载，1954年，国家开始对木材进行管理，同年揭阳县木材供应站成立，负责管理私营木材购销；1956年公私合营后，不准私营木材。1958年起，木材统由国营木材供应站经营，但在20世纪六七十年代，揭阳县木材供应站还兼营计划外木材，比如1969年计划外购进木材占比34.53%，计划外销售木材占比35.46%，1974年计划外购进木材占比33.96%，计划外销售木材占比35.76%。这在一定程度上为民间经营木材留下了空间，也等于是使不少贫困农户多了一条生路。尽管走得战战兢兢，但在这条路上，黄尔春走了七八个年头。

就这样，为了父母亲人的生计，少年黄尔春不得不在“社会大学”这座熔炉里锤炼着自己，一步一步地走着自己的路，在贫困面前始终不低头。“当时尽管生活非常艰苦，但我从未失去信心，我坚信，总有一天日子会变好。劳作之余，我也常常坐在田间地头思考，要是自己多读点书，说不定命运早就改变了。”

20世纪70年代中后期，黄尔春的命运开始向好。1976年，年仅19岁的黄尔春在老家开办了自己的塑胶厂，生产塑料桶、塑料脸盆、塑料碗等注塑日用品，正式走上企业家之路。刚成年不久的黄尔春之所以有那样的经商头脑，既是由于生活的迫不得已，也与潮汕地区深远悠久的经商传统、创业文化浸润有关。

历史上，潮汕地区地狭人稠，不少人外出到海外谋生，在商业上极善经营。揭阳县的练江和榕江流域早在唐代就与东南亚各国通航通商，明清时期，这里的手工业、商贸业都比较发达，形成了独具特点的潮汕商业文化。20世纪二三十年代，随着现代工业技术的输入，揭阳县的手工业开始向简单机械生产转型。据《揭阳县工业志》记载，当时揭阳县出现了简单机械加工的小五金制品行业、服装加工行业和棉纺织业、塑料加工行业。其中，以民生制品为主的塑料加工业首先在广州兴起，并迅速传至潮汕地区。至新中国成立前夕，潮汕地区的私营塑料厂能够生产塑料梳子、肥皂盒、纽扣、发卡、瓶盖等塑料日用品，初步形成了具有一定集群效应的粤东塑料制品加工业。新中国成立后，民生日用需求快速增长，促进了塑料加工业的发展，至50年代中期，潮汕地区塑料日用制品年产量可达十三四吨。至六七十年代，塑料的应用领域不断扩大，不少塑料产品已开始取代铝、铁、铜等传统金属和木器日用制品。至改革开放前夕，揭阳县大量的中小微作坊式注塑制造商已悄然兴起，它们生产的注塑日用品也已经有了一定的区域品牌和产业效应。

黄尔春正是基于当地的商业传统和新机遇，加入了塑料家居用品制作商的行列。塑料产品做出来后，黄尔春到东莞、广州去推销。四五百千米的乡村公路甚至泥巴路，他舍不得搭乘公共汽车，一直骑着摩托车来回奔波，塑料桶、塑料盆等就拴在摩托车后面。从老家去广州，他通常在清早五六点钟出发，开到广州就已经是下午一两点钟。长达七八个小时的颠簸，到广州时整个人风尘满身。

在推销产品的过程中，20多岁的他看尽世间百态。记得在20世纪80年代中期，广州花园酒店刚刚建成、名声大作，这是当时国内罕见的五星级酒店。有一次他实在忍不住，想进去看一看酒店里面长什么样，想去体验一下在里面吃饭是什么感觉。他穿着当时流行的军大衣、军鞋，戴着军帽，身上背着一个军用挎包，推着摩托车，摩托车上挂着塑料桶。到了广州花园酒店门口，服务员对着他“哎哎哎”喊叫，不让他进去。他问为什么不让进去，服务员反问他：“这是五星级的，你这样儿能进吗？”他就把身上的挎包拉开，露出满满一包钱，全是 10 块、5 块的钞票。服务员一看，眼睛大大地瞪起来，因为当时罕有人能背着那么一大挎包的钱。黄尔春抓着他的塑料桶给那服务员看，并向他说明那一包钱是卖了自己的产品所得的，是正当合法的。然后问道；“我这钱可以收吗？我可以进去吗？”服务员眨了眨眼睛，立马回答“可以可以”。“哎呀，钱啊钱啊，太现实了！”黄尔春感叹。

在开厂立业、推销产品的间隙，黄尔春成家了。从此，他生活中有了贴心的伴侣，事业上有了得力的助手，而肩上的责任也更重了。

骑着摩托车闯深圳

1980 年 8 月，深圳经济特区诞生。伴随着周峰那首红遍了大江南北的流行歌曲《夜色阑珊》，深圳像绚丽明亮的新星一样，吸引着无数国人把青春和希望投放到这里。1984 年 2 月，邓小平首次视察深圳，为深圳写下那则著名的题词：“深圳的发展和经验证明，我们建立经济特区的政策是正确的。”这使“深圳”二字更加火爆。火热的深圳，火热的经济特区，使黄尔春感觉到中国大发展大变革的时代来临了。

早在家乡时，黄尔春就听说在深圳能看到香港的高楼大厦，他还有个亲戚在当时的宝安县福永镇开饭店。1985 年，黄尔春从老家骑着摩托车，一路奔驰近 400 千米，第一次来到了深圳。黄尔春的初衷是来宝安福永镇看亲戚，并打算为他的塑料产品找到新市场。当他来到深圳，站在珠江口的岸边，激动地发现这个正在崛起的新城市确实毗邻着香港，对面的高楼大厦清清楚楚地进入了他的视野。“对面就是香港，是香港哦，那么近！我就在香港的对面哦。那时候提到香港，是真的很香啊，因为老听说香港很好，广东人都向往它，有不少人逃过去。”于是，他决定留下来，就留在“香港的对面”，留在了当时依然是一片汪洋、田野、鱼塘的福永。从此，福永成了他的第二家乡。

20 世纪 80 年代初，深圳城市初建，百业待兴，到处是热火朝天的基础设施建设工地。这对于拥有潮商文化基因的黄尔春而言，满地都是新的商机，但具体从何处入手，他有些茫然。因为他资金不足，最大的本钱是自己的青春。因此，他只好先在建筑工地上做了一段时间的小工。对于这一段经历，他曾于2018年12月4日接受《深圳晚报》记者采访时回忆过。黄尔春记得："有一天黄昏，我站在尘土飞扬的福永街头，望着漫天晚霞和工地上热火朝天的景象，我想自己在这里一无资金二无门路三无学历，那就先在工地上老老实实从小工干起，等手头有些钱了，懂些建筑技术了，再干大工，然后拉一帮人干包工。"① 这表明，初来乍到的黄尔春其实已经有了梦想。当时深圳万丈高楼平地起的激情和速度激发着他，他希望参与深圳的基建大潮，成为这个城市千千万万的创造者、建设者中的一分子。

在做小工期间，黄尔春最初意识到的商机是木材业。他认为既然深圳到处都在搞基建，那么这里未来木材、木料需求量一定很大。于是，1986年3月，他利用早年在老家做木材生意积累的资金和经验，在福永开办了锯木厂。但是，情况没有想象的那么乐观，当时的福永地处经济特区关外，各路建设资本主要集中在罗湖区、上步区（福田区的前身），还远远辐射不到偏远的福永，因此他开办的锯木厂说不上赚钱。没多久，他又发现饮食行业和洗车业也是个不错的选择，因为来自全国各地的打工者正在海量涌入深圳，于是他又兼营洗车业、餐饮业。他玩了命地干，干一天顶别人干两天，并一直坚持自己做老板。虽然是做老板，但苦活累活，黄尔春都亲力亲为，真正践行了那句"潮商最会吃苦耐劳"的传统。"自己给自己打工，小营生，哪能去雇个人啊?！我自己上阵，全部自己干！"他记得当年开洗车店时，洗车要用消防枪，大而笨重，一冲水就漏一身，冲洗的对象并非小轿车而都是大车。"当时都是香港过来拉猪的大车，臭臭的，可是我最开心的就是洗那些香港的拉猪车，洗一辆车就是10块钱啊。过年的时候，我们夫妻两人也在洗车。哎呀，冻死啦！我对司机说要加5块，

---

① 邱志东，刘洁．黄尔春：从福永打拼出来的企业家和慈善家［N］．深圳晚报，2019-02-26.

因为那时候在过年呀。那时候的5块钱相当于什么？我们5块钱就可以过大年三十了。”就是凭着在这些平凡行当里的玩命拼搏，黄尔春逐步积累起资金实力。到20世纪80年代末，他把手中的资金集中起来开办了一家铸造厂。因为总结吸取了之前营商中的经验教训，这次的经营成功了。几年下来，他积攒下了一笔可观的本钱，终于可以投入深圳城市大开发、大建设行列中去了。

1988年11月，中国民用航空总局批复了选址在宝安福永的深圳机场总平面规划方案。1989年5月，深圳机场正式开工建设。黄尔春又遇到了大好时机，他于同年在老家注册成立建筑工程公司，1991年他签下深圳机场附近的西海堤工程，开始为深圳机场做工程，主要承担的是机场及其周边的海堤工程、道路工程，亲自参与、见证了深圳机场的建设历程。

西海堤工程从机场延伸到沙井镇辖区，约7.5千米，工程量巨大。在黄尔春之前，已有4个工程队接过手，但都没完成作业，黄尔春所带领的团队是第五个工程队。工程艰难且巨量，黄尔春的施工设备又比较落后，因此做得非常辛苦。在工程实施的过程中，黄尔春已经意识到他从该项目中赚不到钱，但他不能放弃。他把坚守信用放在了第一位，坚持施工并保质保量如期完成。

“虽然西海堤工程我没挣到钱，但工程质量过硬，赢得了市场信誉和客户口碑。那工程要是放在今天，十几亿元都做不来，现在回想，我们当年真是不简单！”黄尔春对这一段经历非常自豪，他告诉笔者，“我做的海堤，现在还在跑100吨的车，海堤都没事。这是什么概念？已经过去30多年了，还可以跑100吨的车啊！”也正是因为信守合约、坚持质量为王，在西海堤工程之后，黄尔春很顺利地签下深圳机场周边及福永辖区内的多项道路市政工程并顺利完成，这也使他的资金积累日益丰盈。

1992年1月18日，邓小平发表著名的南方谈话，按停了全国范围内关于姓“社”姓“资”的争论；同年10月，中共十四大明确提出建立社会主义市场经济体制，中国改革开放掀起了一个新的高潮。邓小平南方谈话也给黄尔春吃下了一颗定心丸。在他的记忆和认知里，1992年“春天的故事”发生以后，中国才真正步入改革开放的轨道。因为，“长途贩运”、“做小生意”和“投机倒把”的概念正式区分开来了。“你把很远的货物拉到潮州去卖，不算是‘投机倒把’了，不算是违法了，‘投机倒把’真正从中国人生活中消失了。”在此大形势下，他看准房地产业的大好前景，创建了揭阳市榕江建筑工程总公司驻宝安分公司，进军建筑市场。

如他接到的西海堤工程一样，当建筑公司初见起色时，他又遇上了一笔亏本生意。“当时我竞标拿下一个工程，按预算这个工程正常做下来可以有几十万元的盈利，但没想到开工后原材料价格突然暴涨，加上人工费上涨、施工地基遇到系列难题。如果按照标书要求做下去，这个生意我忙上一年多不但没得赚，还要赔进去几十万元。”在当时的情况下，他依然如同做西海堤工程时所坚持的“客户至上”“信用至上”原则一样，虽然明知道是亏本生意，但还是坚持做下来并保质保量如期完成。

“很多人都说我们傻，但我觉得这不是傻，而是本分守信。……今天很多人讲潮州人中有钱人多，那潮州人经商有他的道理，他在经商这条路上最注重的是为人处世。经商的关键就是为人处世。为人处世的关键就是讲信用。我答应了你这件事儿，那就一定给你做好。”而黄尔春的这一次吃亏，让建筑行业内的客户都非常认可并信赖他，他的业务也越来越多。在黄尔春精心经营和团队的共同努力下，他的公司靠着过硬的队伍素质和优良的工程质量，迅速占据了福永辖区乃至宝安的建筑市场。

此后，黄尔春涉足的行业越来越多，家底也日益发展壮大。1995 年，他又瞄准机会进入珠海，成立鹏州实业公司，开始在深圳、珠海两大经济特区建筑市场和房地产业中大展拳脚，先后完成了大型商业街、工业园区、大型住宅区、高层商住楼、公寓、酒店等一大批“信用工程”的开发建设。随着企业规模的逐步扩大，他开始走多元化发展之路，相继涉足运输、百货、酒店等行业，并且一直坚持“不负债”“零负债”经营发展策略。2004 年 1 月，他在宝安投资 1 亿元建设工业园，第二年又成立了深圳市金港实业有限公司，并担任法人代表。该公司主要经营物业管理和租赁、房地产营销策划及经纪业务；此外还对外投资了 10 家公司。

从1985年到2023年，38年弹指一挥，黄尔春的商业生涯从揭阳县的塑料厂起步，涉足了锯木业、餐饮业、洗车业、建筑业、房地产业、运输业、百货业、酒店、物资供销、商业物流、租赁和物业管理等行业，真正经历了多行业、多城市、多场域的转换和发展。一路走来，磕磕碰碰，历经艰辛却始终坚韧刚强，被业界称赞为“硬汉企业家”；一路走来，他积累了财富，积累了信誉和人格魅力，积累了洞察社会万象的视界，更积累了做公益慈善的坚实基础和坚定情怀。

功成不忘桑梓故里

“桑梓雨露，育吾潮商，海风潮韵，养吾潮商。”数百年来，“潮商精神”的基因链条包含的碱基中，除了脚踏实地、勇于开拓、勤奋刻苦、诚信重义，还有抱团取暖、不忘根本、报效桑梓、造福社会。没有故园就没有远方，无论人如蒲公英般飘落于何方、无论商场拓展到哪里，潮商的灵魂总是皈依在故乡，他们时刻谨记“树高千尺不离根”、自己的“根”在潮汕。正是这种代代传递的乡恋情结，引领一批批海内外潮商情系桑梓、解囊相报、反哺家乡。黄尔春的身上，当然也闪烁着这种“潮商精神”之光。

20世纪90年代，为了解决公共财政不足的问题，黄尔春老家玉湖镇的党委政府开始高度重视吸引本地外出企业家反哺家乡。基于“潮汕人重乡情，出门致富不忘根”的传统，玉湖镇政府将外出乡亲视为“玉湖的财富”，把发挥外出“能人”捐资建设家乡当作“玉湖的经验”。1994年，玉湖镇党委政府组织成立了“玉湖镇驻外企业家公会”，号召玉湖镇外出企业家有序地、规范地为家乡经济社会建设、公益福利事业发展作贡献。1997年，黄尔春被邀请担任玉湖镇驻外（深圳）企业家公会会长，他的责任就是组织玉湖镇驻深圳企业家矢力同心、相互扶持、回馈家乡。黄尔春积极响应、立即上任，做的第一件事情就是“回老家打水泥路”。

当时，有一句流行全国的口号叫“要想富，先修路”，它深入人心并成为推动农村经济发展的一个基本理念，各地都兴起了“村村通公路”的热潮。黄尔春也理所当然地加入了这股潮流，不过，他是从自身的切实感受出发，把“回老家打水泥路”作为他必须做的事情。他记忆中比较深刻的是，20 世纪 90 年代的揭阳农村，到处都是泥巴路。“我回老家，那个路我车子进不了。这路是泥巴路，不单是泥巴，还是那个淤泥路，一下雨都是泥浆，要穿水鞋。看到这情况，我就跟当地政府讲，我说我既然当了老家驻深圳企业家公会的会长，我就要带领我们企业家回到家乡来，出钱打水泥路，要修路造桥。这个从 1996 年开始正式搞，搞到 1999 年才搞好。整个镇的乡村道路全打成水泥路，全部由我们企业家发动去打的。你是那个村出来的，那就你负责，回去嘛，去捐建。我这个村的，我来。就是这样子搞起来的。”

为了给家乡“打水泥路”，黄尔春个人于 1994 年捐出了 70 万元，其中 50 万元为西门村修建了一条干净整洁的水泥马路，20 万元用于建设玉湖镇政府新大楼。这 70 万元，是他人生中第一笔重要的捐款，也是他慈善事业的开始。此后，他对玉湖镇基础设施建设及公共服务项目的捐款不断追加，累计达上千万元。

到 20 世纪 90 年代末，玉湖镇全部实现了道路硬化，不但村与村之间全部由水泥路连接在一起，而且也与县级道路连接起来。2021 年 7 月 23 日，在宝安区福永商会信息大厦的办公室里，黄尔春回忆这段经历，依然自豪地说：“我们打的水泥路到现在还在用，1996 年打的，现在都很好。大路好漂亮，路通财就通了。”经过 20 多年的建设，到 2020 年 6 月，包括黄尔春的老家西门村在内，揭阳 1446 个建制村全部实现了“村村通公交”的梦想。

“水泥路打好了之后，我们就陆续建学校。”在世纪之交的那几年间，捐建文化教育基础设施成为黄尔春反哺家乡的主要举动。他回忆说，年少时因贫穷而无法读书的遗憾和惆怅，铭刻于他内心深处。虽然在社会大学堂里，他靠着自身的发愤图强成为建筑行业的专家，但他始终认为：“乡村孩子，有书读才有出路，要想发展一定要有文化。”借助玉湖镇驻外

(深圳) 企业家公会会长这一身份，黄尔春为老家的教育基础设施建设作出了重大贡献。

黄尔春的老家玉湖镇原来有一所玉湖中学，创办于1956年，性质为揭阳县属完全中学。此后几经改制，到1991年，玉湖中学被改为县职业高中，虽然也兼办普通高中，但由于学校性质导致的生源流失，玉湖镇的普通高中事业渐陷低谷。到21世纪之初，玉湖镇的高中生只能到其他镇去求学。除了高中缺位外，因地方财政吃紧，玉湖镇的村级小学也基本上处于年久失修、校舍破烂、难以为继的状态。

黄尔春告诉笔者："那时我们11万人的一个镇，连所高中都没有。原来的那所县职高，也全是瓦房，都烂掉了，是危楼。有一次我回老家，看到村里孩子们仍在破旧的校舍中上课，看着他们趴在破烂不堪的桌椅上看书写字，那个情景让我的内心难以平静。当时我就萌发了一个心愿，要尽自己所能，为家乡的孩子们盖一所漂亮的学校。"

因此，黄尔春在担任玉湖镇驻外 (深圳) 企业家公会第二任会长期间，把建设玉湖镇高中和希望小学作为头等大事，积极动员玉湖籍驻外企业家捐款。"我回老家时就对我们镇的书记提出建议，我说：'书记，我当那个会长，第一任，就回来打水泥路，现在全部水泥路都打好了。现在这一任，要把这所中学盖起来。一个11万人的镇，连所高中都没有，小孩子们要去到其他镇读书。我们企业家回老家，都没面子。我建议要建一所高中。'书记说：'会长，建所高中多少钱你知道吗？'我说几千万元是要的。他说：'那不是开玩笑的，几千万元是很大的事情。'在2003年以前，几千万元的确是个很大的事情。我就说：'我给你建议，我这个驻深公会会长，我带头捐款，再发动我们镇出去的企业家捐款，政府再补贴一些，几千万元就起来啦。'"

2003年，玉湖镇党政班子作出了新建玉湖中学的决定。学校实行独立招生，服务全镇高中学生及部分乡村初中学生就读。学校规划占地120亩，总建筑面积2.6万平方米，预计投资2500万元。黄尔春组织玉湖镇外出企业家捐资1200万元，他自己的建筑公司带资1000万元建设该所学校。他个人捐资128万元，为玉湖中学捐建了一座“尔春楼”。为了支援家乡中学建设，和黄尔春一样个人认捐、额度超过百万元的玉湖镇外出企业家，还有4位，他们全部是中共党员。

黄尔春捐建的玉湖中学“尔春楼”

在玉湖中学的校史上，有这样的记载：“2004年4月15日新校举行奠基典礼。在驻外企业家黄尔春、黄畅然、黄国团、黄玉龙、田伟明、王旭文、纪少文等有识之士慷慨解囊的带动下，全镇干群共同努力，工程进展顺利。2005年8月完成了四幢教学大楼。2006年8月建成了综合大楼、食堂、篮球场等，9月全部迁至新校区。”

而在黄尔春的记忆里，这段历史被简化成这样几句话：“我们就把它建好啦，然后交给了政府，无偿交付。”他喜欢用“漂亮”二字去形容他参与建设完成的基础设施。“这学校很漂亮，有时间带你去看，真的很漂亮，很大规模，有会堂，宿舍区，做得很大，很漂亮。所以呢，学校好漂亮，大路好漂亮，一个镇经济上来了，乡村才能振兴。”

在兴建中学的同时，玉湖镇外出的企业家们也关注着家乡的小学教育事业发展，他们或者对村级小学的危房进行全面改造，或者建设新的小学。2003年和2004年，黄尔春个人捐资近500万元，为家乡兴建了一所希望小学。该学校命名为“春兰学校”，取自他和妻子名字中各一个字。校址位于玉湖镇西门村，全校占地面积超过1万平方米，其中教学楼主楼面积3000平方米，教职工宿舍面积1200平方米，可容纳学生1200人。学校建设过程中，从校址选择、图纸设计到建筑施工，黄尔春和他的团队都亲力亲为。学校落成后，各项设备完善，教学装备现代化。然后，他将其无偿移交给了玉湖镇政府。

黄尔春夫妇捐建的“春兰学校”外观

为了持续支持春兰学校，黄尔春夫妇还成立了“春兰学校基金”，奖励该校师生。到2023年，该基金已经顺利运营了20年，黄尔春为该基金前后注资约400万元。“这个基金，我还没停过。每年从里面拿出利息，去奖励老师和学生。这些都是小事，一点一点的小事去做，只要不停下来就好。”

2006年，黄尔春当选为深圳潮汕商会副会长，这为其动员在深潮籍企业家回馈家乡提供了更大的平台。2010年，潮州市揭东区慈善总会成立，黄尔春为其捐出100万元。2011年，黄尔春又专门捐出100万元，用于支持整个粤东地区33所中小学校建设图书室。

如果说修路造桥、捐建学校是黄尔春造福桑梓的宏大举措，那么为乡亲们解困纾难、为孤老弱幼送去温情关爱，则是他始终萦绕心头、付诸行动的日常慈悲。2005年，黄尔春牵头，组织玉湖籍企业家共同注资600万元，在家乡成立了一个慈善基金会——“玉湖镇企业家基金会”，其中他个人捐赠100万元。这600万元为母基金，放在银行不动，每年所生的利息用于慰问全镇贫困家庭。黄尔春说：“现在这个600万元的基金还在那里一直运作着呢，到今年（指2023年）已经18年了。这个母基金不动，一年可以拿到二十五六万元的利息。我们每年过年派到困难户手上，每家1万元、5000元、3000元、2000元，看他的情况去分配，每年都需要五六十万元的样子。那这个利息不够，我们再垫个20多万元进去，每年都要垫，保持在50万元水平上。18年下来，事情就是这样运作的。”

如今，年逾花甲的玉湖乡贤黄尔春离开老家已近40年，他的儿孙后辈业已定居深圳，但时空隔离却丝毫没有淡化他的故乡情结。他说，玉湖镇是他的家乡，作为在外发展的玉湖人，始终铭记玉湖。近些年，他时常回到玉湖镇小住，只要发现家乡建设过程中需要添砖加瓦的地方，他都及时出资出力。新冠疫情期间，他积极地向玉湖镇捐赠防疫物资、环卫车以及大戏台等乡村振兴项目，合计资金近600万元。

报效第二家乡

福永、宝安、深圳，是黄尔春的第二家乡，这里成就了他的事业、他的梦想，这里托起了他的人生高度，他也把这里作为他挚爱的地方，而他的爱是实实在在的。

作为一个企业家，首要社会责任就是对自己的员工负责，黄尔春一直秉承这一理念。来到宝安福永后，黄尔春是从做建筑小工起步的。打工者的艰辛，他深有体会，这使他在与农民工群体交往时更能保持共情和同理心。他的公司在建筑地产及市政工程建设中，累计为上万人次提供了务工岗位。他不仅与工人们称兄道弟，更处处为员工的切身利益着想，把维护员工利益作为企业第一社会责任，先“把身边的工人照顾好”。众所周知，在国内建筑行业，拖欠工资是一种常态。但几十年来，黄尔春从未拖欠过他旗下企业的工人工资。他记得，有一年直到春节前夕，工程款依然没有到账，他没钱发放工资，但工人们都等着他发工资回家过年。他想方设法、四处奔走，最后在银行贷到了一笔款，然后如期如数给员工发放了工资。正是因为秉持这种“诚信”的初心来管理企业，他的企业从未发生过员工因工资福利问题而投诉的事件。偶有员工遭遇急难，黄尔春更是急员工所急，个人慷慨解囊为员工纾困。

如果说照顾好自己的员工，是企业家黄尔春的首要责任，那么作为福永商会会长的黄尔春，则把帮扶会员企业、照顾会员企业的员工视作更高层级的社会责任。经年累月，他始终坚持不懈地做着如下两件事：一是做不领薪酬的商会会长，二是带领会员企业家一起做慈善。

（一）福永商会的“超级义工”

改革开放以来，我国各级工商联按照党中央的决策部署，积极培育和发展中国特色商会组织，逐步形成了较为完备的商会组织体系。工商联所属的基层商会同民营企业的联系最直接、最密切，一般由民营企业家自愿组建、自筹经费、自主管理，已经成为集聚广大民营企业家投身社会主义现代化国家建设的重要平台，也是当地党委政府联系和管理民营企业的桥梁和纽带。

1996 年 11 月，宝安区率先全市在福永镇成立了基层商会（简称福永商会），这是深圳市第一家基层商会。黄尔春的企业立即加入其中，成为福永商会的首批会员。2003 年 8 月，福永商会理事会换届，黄尔春当选为会长，到 2023 年 8 月，他在这一会长任上已经整整干了 20 年。其中，2016 年年底，宝安区行政区划调整，原福永街道一分为二，划分为福永街道、福海街道，黄尔春同时担任了福永商会、福海商会会长（两会两块牌子，一套人马）。

商会会长不是一个实职，也没有任何报酬。但黄尔春将其视为一种责任，这份责任源自商会会员的信任。他说：“既然大家选了我，就是对我的信任，我就要全心全意为商会干些事。”在商会会刊 2019 年第 12 期中有一篇《会长专访》，其中有这样一句话：“一个人能挣到钱是本事，而带领大家共同成就一番事业，为一方经济的发展当好参谋，则需要更大的能量和胸怀。”这句话是对作为商会会长的黄尔春的写照。他在去商会上班的第一天，就深感责任重大。因为在此之前，他作为一个企业家，更多的考虑是和他自己的企业团队打拼天下开创业绩，但是成为商会会长后，角色突然变了，他从一个商人变成了管理者和服务者，变成了福永片区商业劲旅的领头人，这意味着他要有更大的能量和耐心。为了做好商会事务，他把自己的企业交给家里人打理，他自己的大部分时间和精力投入商会事务中，经常在商会、政府相关部门、会员企业之间奔波，成为一个名副其实的“超级义工”。他的朋友这样评价他：“干商会的事没一分钱工资，有时还要贴钱，可他干得比自家公司的事还上心费神。”

在20年的时光里，黄尔春作为基层商会的领头人，带领班子审时度势，遵从市场经济发展规律和宝安、深圳的实际情况，以会员服务为宗旨，把基层商会的统战性、经济性、民间性有机结合，不断完善组织架构和服务机制，创建基层商会魅力机制，引导会员企业服务地方发展，服务社会进步。

首先，落实商会的政治责任。商会虽然是由民营企业、民营企业家、个体工商户组成的协会，但不同于其他行业协会、职业协会，商会更强调承担政治责任，更强调其在促进非公有制经济健康发展、非公有制经济主体健康成长中的作用。为此，黄尔春带领商会工作团队，全力促进商会多赢发展，为政府分忧，为企业解难。第一方面，强化商会政治建设。1999年加入中国共产党的黄尔春，在2003年当选为福永商会会长后，立即成立了商会党支部，使福永商会成为深圳市最早成立党支部的基层商会之一。至2022年年底，商会党支部共有30多名会员企业家是“党员老板”，他们在各自的行业中发挥着模范带头作用。第二方面，充当政府的“传声筒”。商会定期举办各类讲座，邀请工商、税务、劳动、安监、消防、海关、外贸等职能部门向会员企业宣讲最新的政策法规。第三方面，担当企业的代言人。商会利用与企业较为密切的联系，及时将企业的诉求意见和生产经营状况向政府反馈，协助政府相关部门履行其联系、管理和服务辖区非公有制企业的功能。第四方面，通过商会这一平台，拓展民营企业家参政议政的渠道，倡导和带领会员企业家参政议政，积极举荐会员企业家进入各级人大和政协。截至2022年年底，福永商会共有10多名会员企业家成为各级人大代表和政协委员，成为福永街道和福海街道工商界的重要代言人。黄尔春本人于2006年当选为宝安区第二届政协常委，2011年当选为宝安区第三届政协委员，2015年当选为深圳市六届人大代表。

其次，全力服务会员企业。1996年福永商会的成立，意味着福永片区的企业家有了一个共同的家。黄尔春当选为福永商会会长后，决心把这个“企业家之家”打造得更强更好。他的举措包括：

一是创建商会“以会养会”格局。福永商会是深圳市第一个拥有自己的物业的基层商会。黄尔春当选会长伊始，就表示要“承先启后，继往开来”。他在前一届理事会工作的基础上，继续推进福永商会办公楼宇“侨商大厦”的建设进程。2003年当年，福永商会就基本形成了“以会养会”的格局。2009年，黄尔春又聚集会员之力，修建商会信息大厦，使商会拥有了近1000平方米的新办公场所。

二是创办商会内部报刊。福永商会是深圳市最早办报办刊的基层商会之一。2005年，黄尔春创办《福永商会信息》和《福永商会会刊》，自己担任总编，常务副会长和执行副会长均为编委，并聘请专职主编和责任编辑，组建了相对专业化的编辑团队。这两份报刊都定期发布会员企业和商会的活动信息，宣传会员企业和商会的形象。

三是凝聚和团结会员企业。从2003年起定期举办福永“商会杯”运动赛，自2011年起定期举办“企业家沙龙”，此外还举办春节联欢、企业文化建设等联谊活动，强化商会内部会员企业之间的沟通、交流与合作，促进商会与会员企业之间保持良好的互动关系。

四是帮助会员企业扩展商机。从2005年起，商会相继成立法律服务部、商务部、信息中心、商贸拓展中心，倾心为会员企业提供各种服务。开创性地实施抱团发展战略，每年都组织会员企业“走出去”，到国内外考察交流、参加商贸展销活动，还与宝安区其他基层商会、区级商会及市级商会定期联合召开主题活动和会议，与广东省内、外省市多个基层商会开展结对友好共建活动，帮助会员企业寻觅商机，拓展空间。

五是营造良好的政企关系。福永商会常年在政企之间上通下达、促进对话，保持与政府部门的交流和沟通，帮助企业协调与政府职能部门的关系或纠纷，全心全意为会员企业排忧解难，确保会员企业正常的生产秩序。此外，还根据不同行业会员的不同需求，整合社会资源，提供有针对性的服务。

六是积极吸纳和发展会员。2003 年换届之前，福永商会只有 150 家会员企业，且以小型、个体经营业者居多。黄尔春接任后，福永商会凭借良好的服务吸纳和发展会员入会，不断加大覆盖网络，并且注重在质量上下功夫，提高了入会门槛，淘汰了一批不良企业，有选择性地争取吸纳具有自主创新能力的企业入会，保证并提高了整个商会会员队伍的质量。截至 2022 年年底，福永商会、福海商会共有会员企业 600 多家。

动员、带领会员企业参与公益慈善，也是黄尔春一贯所坚持的事情。如今，公益慈善事业已经成为福永商会、福海商会的一张闪亮的名片。有关细节，下面再作叙述。

在黄尔春做商会“大当家”的这些年里，该商会始终是深圳市最具活力的基层商会之一，被誉为“全市基层商会的一面旗帜”，多次被省市区各级工商联评为“先进商会组织”，全国人大、全国政协、全国工商联、中共中央统战部领导多次到该商会调研，可谓荣誉等身。对此，黄尔春实事求是地表现了他的政治智慧，正如他身边的工作人员所说：“黄会长挂在嘴边的一句话是，‘没有各级政府、各级领导的关心和支持，我们商会是寸步难行的’，这是他的肺腑之言。”

（二）“和商会会员一起做慈善”

福永商会成立后，不仅凝聚和团结当地企业共谋发展，而且形成了“兴公益、泽社会”的共识和理念，会员企业以商会为平台积极参与扶贫济困等公益慈善事业。1997 年至 2003 年间，福永商会会员捐献各类公益资金近400万元。这些公益资金投向四面八方，例如为贵州省纳雍县捐建希望小学、救助长江流域和嫩江流域水灾、捐建福永敬老院、捐建福永侨商大厦等。可以说，做公益慈善，福永商会第一届理事会留下了良好的传统。

黄尔春当选为商会会长后，也把“和商会会员一起做慈善”列入他的常规性工作目录，鼓励和引导会员致富不忘国家、致富不忘社会。每年都组织开展系列公益活动，会员企业中涌现出一批卓有影响力的爱心企业家，他们的爱心足迹涉及粤省内外贫困地区及教育、医疗卫生、社会救助、市政建设、文化体育、生态保护等行业。截至2021年年底，会员企业累计为社会捐赠善款达2亿元，一直被广东省和深圳市总商会誉为“爱心商会”。

为了使善行更专业、更规范，黄尔春及其伙伴们在商会这一平台上，成立了公益慈善基金会。应该说，福永商会是深圳最早成立慈善基金的基层商会之一。早在2006年12月11日，黄尔春带领福永商会会员们举行十周年庆典暨慈善基金晚会，近50家会员企业进行捐款，总额达168万元，并以此款成立了“福永商会慈善基金”。其中，黄尔春和常务副会长苏洪根捐款数额最多，各15万元。黄尔春等人在口语中把这笔慈善基金叫作“关爱基金”，用来帮助福永辖区的老弱病残等困难人群，专款专用。依托这笔基金，黄尔春每到逢年过节就带领商会班子慰问社区困难户、敬老院等，推进商会、会员企业与社区的有机融合，从而在福永片区打出了知名度。

在该慈善基金运行的过程中，黄尔春等人发现，每年都有一些外来务工者找到商会求助，求助原因往往是其本人或家中遭逢急难变故，如患上尿毒症、白血病等重大疾病，而他们打工的公司却难以为他们提供更多的支持。当时有不少外来劳务工还没有享受到社保、医保，或者即使参与了医保，但一旦患了大病、需要救命钱时，申请医保费用也根本来不及了。

黄尔春记得，2014年，福永街道辖区内有一名18岁、刚在公司干满一年的打工者患了白血病，治疗费用需要90多万元，患者家属与其打工的公司因为治疗费用担负问题及致病原因闹得不可开交，患者哥哥正在借高利贷给弟弟治病。患者哥哥听说福永商会有笔“关爱基金”后，就联系黄尔春。黄尔春记得是在一个晚上，10点、11点的样子，“那个年轻人（指患者）的哥哥就过来找我，我也在等他。他说他弟弟已经从广州转回到了宝安医院，浑身出血，他拿图片给我看，说公司支付的慰问金不能支撑治疗。这个事儿就促发我，我想这样的事情是不是应该有个公益机构去关注？我们每年做这么多公益，是不是更应多关注一下身边的员工，多做一些身边的公益？就是这么个起源，我们决定多做身边的公益。所以在年底的会长会议上，来了十二三个常务副会长。会上我就把这个来求助的案例展示了一下，而且刚好我那儿还有五六份案例，都是打工的小孩得了重病的，他们的公司对他们的帮助不多，解不了困境。我就提出要搞个‘关爱基层劳务工’的公益基金会，大家如果同意的就举手，最后全部人都举手了。”

此后，黄尔春派助手去深圳市民政局查询注册非公募公益基金会需要什么条件、什么程序，同时他自己带头捐出34万元，常务副会长们也积极出资，或33万元、32万元或20万元不等，筹集了启动资金。当时福永商会的其他副会长们得知消息后，也纷纷与黄尔春联系，积极表态：“会长，你说多少你就讲，你说多少就多少！”黄尔春回答说：“不论多少，重在参与，自觉自愿。”于是，那些副会长或10万元、8万元或三五万元不等，慷慨解囊。2015年9月，福永商会在深圳市民政局注册成立“深圳市宝安福永商会公益基金会”，简称福商公益基金会。黄尔春的次子追随父亲行善的步伐，也积极投身公益慈善事业，担任该公益基金会理事长，黄尔春的助手之一、福永商会专门负责公益慈善事务的专职工作人员姜晓辉被推选为该公益基金会秘书长。福商公益基金会的成立，标志着福永商会旗下的公益慈善事业开始迈向常态化、专业化、规范化道路。正如姜晓辉秘书长所言：“基金会就像个火车头，带动企业与社区联动，带动更多企业家、企业员工、社区居民等联动，践行公益，合力公益。”

作为一家非公募的公益基金会，福商公益基金会依托于福永商会、福海商会，专注于企业家跟公益的融合。在福商公益基金会的宣传册上，有这样的简介："福商公益基金会的宗旨是'关爱员工，公益在身边'，致力于企业家与公益慈善事业的持续性融合，专注于来深建设者的关爱与支持，儿童教育事业的建设与发展、赈灾济困，推动企业公民、社会责任的积极实践。"自成立之后，福商公益基金会不断完善机制，创新公益项目，强化公益宣传，吸引企业融入公益。截至2023年6月底，福商公益基金会募资总额达1600多万元。

福商公益基金会设立的主要公益慈善基金和项目包括：

——"福商困难家庭救助基金"。专门用于会员企业员工重大疾病医疗救助。会员企业员工只要有这方面的求助需求，就可以向福商公益基金会填写申请表，每人最高资助是1万块，原则每人只享受一次，但同一个人在重疾难愈的情况下可以连年重复申请。"我们有一套流程很快就批下来了，很快就能给予支持。有社保的，我们会去掉他的社保开支；没买社保的，我们就按照比例给他。有一个餐厅服务员得了心血管疾病，要做大手术，却没买社保，我们给她捐得最多，7万元。其实，除了这种对员工个人的支持作用外，我们希望这个公益基金还能发挥另外一层作用，就是能够柔和、柔化劳资关系，不要让劳资矛盾太尖锐。因为我们公益基金会从企业那里得到资源，然后又帮助企业解决它员工的一些大问题，这等于也是在帮助企业。"姜晓辉说。

与"福商困难家庭救助基金"相关联的，还有两个公益项目：一是"关爱留守儿童项目"，二是"留守高中生救助项目"。对此，姜晓辉介绍说："我们这个基金针对辖区的外来劳务工设立，出发点就是帮助这帮外来劳务工，还有他们的子女读书，这是一条线下来的。"例如"关爱留守儿童项目"，对于每年从外地过来深圳过暑假的留守儿童，福商公益基金会都会做一期夏令营，每期参与的留守儿童有100名左右。"留守高中生救助项目"的设置，则是因为高中阶段不属于义务教育，辖区内有些外来务工者的子女留守老家读高中，因家庭困难而难以凑足学费等，该项目就对这些留守高中生伸出援手。

——"城市困难职工解困脱困关爱基金"。该基金是福海街道党政班子于2020年8月根据市、区关于打赢打好脱贫攻坚战的部署而设立的，委托福商公益基金会管理，因为该基金的资金源自福海街道辖区内的企业家捐赠。设立该基金的初衷是帮助福海街道辖区困难职工缓解生活压力，涵盖户籍和非户籍两类困难职工。当时福海街道辖区在档困难职工家庭，大部分是因为本人或家属身患重疾致贫返贫。福海街道总工会在街道党工委的指导和支持下，共筹集了启动基金19万元，交由福永商会公益基金会管理。该基金包括生活补贴、医疗补贴和慰问，旨在兜底保障和常态化帮扶辖区内困难职工，具体按职工的实际情况依标准发放。据姜晓辉介绍："福商公益基金会做的纯粹是民间救助。因为像低保，只有深圳户籍才能享受，非深户就享受不了低保。我们就资助这些困难家庭。"

——"妇女儿童关爱基金"。该基金是在福海街道党工委、办事处支持下，福商公益基金会于2019年联合7个社区股份合作公司共同设立的，总额为138万元。设立"妇女儿童关爱基金"的初衷是动员社会各界关注妇女儿童公益事业，反对家暴，反对虐待儿童，对社区困难妇女儿童予以救助和资助，帮助社区贫困妇女再就业，为家庭困难儿童或特殊儿童提供就学辅助或康复治疗等方面的帮扶，改善妇女儿童生存发展环境，促进社会平等、和谐发展。

——各类慈善冠名基金。所谓"慈善冠名基金"，是指自然人、法人或者其他社会组织等捐赠人，以推进慈善公益事业为目的，在市区级慈善会、各种公益基金会的基本账户下设立专项冠名基金科目。从2013年至2022年年底，慈善冠名基金逐渐成为深圳市企业和市民做慈善的新方式。福永商会、福海商会推动辖区企业或企业家、群众自治组织共设立了17个慈善冠名基金，将近800万元慈善款，基金项目涵盖教育、关爱、慈善帮扶等方面。

这些慈善冠名基金绝大多数是由福永·福海街道商会的会员企业家设立的。例如，商会常务副会长苏洪根捐出200万元设立"苏洪根博士教育基金"，还与另一名常务副会长陈乐雄共同捐出100万元设立"正强慈善关爱基金"；商会常务副会长文汉根捐出50万元设立"汉永·瑞酒店慈善基金”；常务副会长姚伟洪捐出100万元设立“福海信息港慈善基金”；常务副会长马庆荣捐出50万元设立“金星伟业集团关爱基金”；执行副会长陈和飞捐出50万元设立“鼎盛精密关爱基金”；等等。

——对口帮扶项目。早在福商公益基金会成立之前，福永商会就长期参与宝安区的对口帮扶工作。

2004年春，黄尔春担任福永商会会长不久，即跟随宝安区、福永街道两级领导前往广东省河源市龙川县龙母镇——福永街道的对口扶贫单位调研。在考察过程中，黄尔春等人发现龙母镇洋田小学全校300多名学生每天挤在光线昏暗、面积狭窄的危房中学习。于是，黄尔春当场以商会的名义认捐40多万元建设一座希望小学。2006年年初，福永商会捐建的“洋田希望小学”正式落成。在落成仪式上，黄尔春向村民承诺：“凡是家里有困难而又有强烈读书愿望的孩子，我们全都负责解决！”在学校开学之际，福永商会会员企业又为洋田希望小学捐赠价值近6万元的新校服。2009年8月，黄尔春代表福永商会向社会各界承诺：在5年时间内在全国范围内捐建10所希望小学。2015年年底，福永商会承诺捐建的10所希望小学全部落成。

除了捐建希望小学外，黄尔春还带领福永商会的会员企业捐建敬老院、医院等。到2018年年底，福永商会在全国各地捐建并落成的公益设施包括10所希望小学、1家慈幼院、1所医院，累计捐款达3000万元。会长黄尔春，常务副会长文汉根、苏洪根、黄少龙，名誉会长郭修圃等，都在内地和自己的家乡兴建了希望小学或医院。

福商公益基金会成立后，继承商会的公益慈善传统，携手会员企业结对帮扶广东、广西14个贫困村，持续开展扶贫助困的公益捐赠。2021年，福商公益基金会又设立了“乡村振兴计划项目”，在广西都安菁盛乡东成村、隆福乡大崇村打造乡村振兴示范项目。总之，自2016年至2022年年底，通过福商公益基金会助力脱贫攻坚、乡村振兴捐款共计800多万元。

多年来，黄尔春带领的福永商会、福海商会、福商公益基金会，动员辖区企业家累计为社会公益事业捐款达2亿元。“每次捐款，都是商会的领导班子踊跃带头，而且也捐助得最多。仅黄尔春会长一人为社会捐赠款项就达5000余万元。”姜晓辉告诉笔者。

除了担任福永商会会长外，黄尔春还连续三届担任宝安区慈善会副会长，为推动全区慈善事业进步作出了有力的贡献。

结语

自1985年来到深圳宝安福永，黄尔春扎根福永近40年，历经多个行业，摸爬滚打，不辞艰辛，“给足水分就发芽，有了阳光就生长”，体验着民营企业家的百味人生，见证了福永的华丽变迁。

在奋斗的过程中，黄尔春深深地知道，为了实现自己的人生目标，首先得用知识充实自己、武装自己。他利用空余时间，买回建筑施工、建筑设计等领域书籍，然后结合工作实践，学以致用。通过不断努力学习，他相继获得了经济师、工程师等技术职称。他告诉笔者：“我深深地明白，如果没有这些知识做支撑，一个人要真正改变命运、实现少年时代的梦想，绝非易事。……我们潮汕地区的文化传统非常重要。父母在你成长过程中就教育你为人处世，对人要有礼貌、要讲信用，对事要勤劳、勤奋。只有勤奋、奋斗，才是你做人的出路。所以，潮汕人成长都有它的道理的。”他把他身上所体现的这种自强不息、坚忍耐劳，归因于潮汕的文化传统。

自古以来，在潮汕文化中，“家文化”“善堂文化”始终是其不可分割的构成要件，也是潮商的行动底气和精神支撑。富而不忘本，富而报家国，富而济天下，正是潮商“家文化”“善堂文化”的初心和精髓，被一代代潮商传承，也随着潮商的脚步传播四方。显然，黄尔春也承继了潮汕文化的内涵及其价值观，在几十年的成长和发展之路上，他清醒地秉持初心，坚守着他所来之处的那方水土所蕴含的精神血脉，求富并求善。

他说：“1985年，我只身来到深圳，不知不觉几十年过去了，来的时候是个年轻仔，现在已经是个老人家。我从建筑工地的小工成长为实业公司的董事长，通过自己和团队的努力积累了一些财富。但我知道这些财富并不只属于自己，是深圳这块沃土和改革开放的好政策给我们提供了创业致富的机会，再加上团队的共同努力，才有了今天的一点成绩。所以说，我的一切财富都应该属于社会。做公益做慈善，是一个企业家的社会责任。”遵循这一理念，黄尔春这个在贫困面前不低头的人，在赢得了财富之后，所做的事情就是把财富再回馈给社会，一步一个脚印地成就了他的公益慈善之路。

尤其是担任福永商会会长20年来，他身上的潮汕文化基因已经与宝安福永这片热土相融合。如今的“福永·福海商会”，会聚了来自祖国天南海北、长期扎根于此，并且视这片福地为第二故乡的企业家，他们带来了多种地方性文化传统、知识理念、性格特质，从而汇聚成崭新的“福商文化”。团结奋斗、包容创新、慈济同胞、善爱一方、福及苍生，正是“福商文化”的精髓和核心，在一定意义上，它使得浸润其中的福永企业家们具有更开阔的视野和气度、更清醒的社会担当意识。

回顾、总结最近几十年来对桑梓故园、宝安热土及内地贫困地区的公益扶持和慈悲关怀之路，黄尔春的感受简单又深刻。他说：“做慈善事业，是帮助真正该帮助的人，让受助者感到温暖，捐助者感到欢愉。做慈善事业，要持之以恒，要重在参与。我自己的慈善事业是一点一点累积起来的，有多少余钱就做多少慈善。”这句直抒胸臆的朴实话语，却涉及了慈善理论中有关慈善资源分配正义、受助者尊严、施助者利他主义动机等主题，尽管黄尔春并没有注意这些理论话题。

王　珊：

物业企业的社会价值

人物简介

王珊，1971 年出生于湖南省怀化市麻阳苗族自治县，1985 年跟随家人移居深圳宝安。2006 年，创办深圳市鑫梓润物业管理有限公司。2007 年，王珊的公司与宝安区西乡街道办合作，在城市街区综合管理服务领域探索出“花园街区”模式，在国内开创了物业企业从事城市街区综合管理服务的先河。此后，王珊带领团队探索智慧城市综合运维服务模式，其公司成为全国首家“互联网+公共物业服务”上市企业。在企业发展之余，王珊不忘企业家应有的社会责任，在公司内部成立了社会责任促进部，将公司服务社会民生、履行社会责任等理念贯穿于经营和管理的各个环节。自 2008 年至 2021 年年底，王珊带领公司团队先后培育了 4 个非营利性公益组织，成立了 2 家冠名基金，在养老、教育、赈灾、扶贫、抗疫等公益慈善事业上累计捐赠 1790 万元。2019 年，她的公司获评“第一届宝安区慈善百强企业”。

2003 年至 2004 年，深圳迎来最后一轮城市化，宝安的镇—村体系全部转制为街—居体系，自此全面进入了“城市时代”，深圳也成为全国第一个没有农村行政建制的城市。至此，如何在既有的城市化水平基础上进一步实现城市的优良治理、进一步提升城市的整体质量，如何通过改善城市社会治理的体制机制和技术逻辑、实现城市的最大价值和“最高的善”，一直是宝安面临的时代挑战，也是政府、企业、社会组织及市民的时代使命。

王珊带领她的物业企业借扎根社区之便利而参与城市基层治理的故事，诠释了物业企业的社会责任和公共担当。2007 年，宝安区西乡街道办在区委区政府支持下率先进行创新探索，将物业管理从小区延伸至城市街区，打造了著名的“花园街区”模式，其理念和实践经验向全市、全国传播，并得以再创新、再发展；2019 年，深圳市城管部门提出“物业城市”的概念，把城市看作一个“大物业”，将物业管理的系统性思维、流程管理能力有机融入城市治理和服务；2020 年，深圳市司法部门起草《深圳市物业服务企业参与基层社会治理办法》；2021 年，深圳市人大常委会发布《深圳经济特区社会建设条例（草案征求意见稿）》，拟通过立法形式将物业管理纳入基层社会治理体系，建立物业企业参与基层社会治理清单制度。这表明，物业企业的“社会企业”特性和公益价值越来越凸显。

王珊是一个在深圳长大并成长起来的企业家。她的企业初创时团队仅有 7 人，服务范围仅在宝安区西乡街道若干区域，然而正是在参与城市基层社会治理和服务中，逐渐成长为一家规模达 2 万多人的上市集团公司，同时也成为宝安区的“慈善百强企业”之一。

笔者早在西乡街道办创建“花园街区”模式时就结识了王珊，十几年来见证了她和她的企业的成长之路。从一个微观角度和侧面上，王珊和她的企业清晰地诠释了一个新移民、新企业与深圳这个新兴城市共同成长的轨迹。

本文基于与王珊及其团队骨干成员多次访谈而成。

闯进物业服务领域

王珊是个湖南妹子，苗族人。1985 年，14 岁的她跟随家人来到深圳，从此成为宝安人。

初到深圳的王珊，乖乖听从家人安排，在校读书。1992 年 7 月，王珊从学校毕业，成为深圳市邮电局的一名职员。当时尚属于公务员编制，因为彼时邮政和电信没有分家，并且在性质上政企合一，也算是政府的一个职能部门。这个体制内的“铁饭碗”，王珊仅仅端了 7 年。

1997 年，当时的国务院邮电部作出在全国实施邮电分营的决策。1998 年，国务院决定组建信息产业部，全国邮电分营改革正式启动。深圳市于 1999 年完成了邮政与电信分营改革，两家从此各自独立运作。改革大潮中的王珊，选择去电信系统，但是她的愿望没有达成，于是就下海创业。“那时候电信跟邮局分家，因为想去电信去不成了，我就办了停薪留职，然后就出来创业。当时我们的处长对我说，出去创业，创出个名头，就不要回来了，若没有名头，那到时候再回来。我觉得既然出来了，谁还不要面子，回去干吗？就一直自己创业了。”从体制内出来，王珊就再也没回头。2005 年，创业成功的她彻底辞去了在深圳邮局保留的职位。

从“体制内”出来之后，王珊开始了打工生涯，主要是做销售工作。她卖过很多产品，诸如旺旺食品、康师傅食品、卡式奶品、红酒等。一个偶然的契机，使她踏足涉入物业管理服务行业。2005 年，王珊正在做一种叫“冰酒”的红酒销售业务，其中的部分业务与宝安区政府后勤部门的物资供应科室对接，为政府接待用酒供酒。有一次，她和该科室的朋友聊天，谈论到宝安有很多“城中村”因缺乏专业物业管理，市容市貌、环境秩序、社会治安等条件很差，市、区政府将从改造“城中村”入手整治整个城市环境，通过财政扶持推进物业管理进“城中村”。朋友还问她：“想不想响应，去干这个？”

王珊自14岁从老家来到宝安后，一直居住在西乡镇（2004年改为西乡街道），十分熟悉“城中村”的状况。这次聊天后，她立即意识到一个巨大的行业前景，既有商机，又能为改变城市环境出力，于是成立一家物业企业的想法油然而生。“我朋友就说了一下，提了一嘴，那我就去成立了一个物业公司，2006年正式成立的，然后就这么开始干起来了。”十几年后，王珊回忆此事，如此轻描淡写地说，那种敢闯敢试的性格自然而然地流露出来。

王珊成立的物业公司，叫“深圳市鑫梓润物业管理有限公司”，注册资金500万元，总部设在宝安区西乡街道，王珊任公司总经理兼执行董事。为了取得个好意头，王珊还专门请教获得了“鑫梓润”三个字作为公司名号（以下简称鑫梓润）。

王珊所抓住的机会，是在深圳市巩固、强化第二轮城市化成果的背景下发生的，是深圳城市治理、物业管理发展进入新台阶的一个阶段性标志。众所周知，由于商品房产业在深圳市起步甚早，最初的小区住户大多为港澳台同胞，他们深受境外住宅区物业管理制度的影响，十分关注商品房售后服务并提出相关要求。因此，一些商品房住宅小区于20世纪90年代初就率先在全国成立了物业管理公司。到1998年，深圳经济特区内4个城区①的物业管理覆盖率已位居全国同行之首。21世纪初，随着经济基础和社会基础的彻底转变，深圳经济特区外的宝安、龙岗两个城区全面城市化的机会成熟了。2003年10月，深圳市委市政府发布《关于加快宝安龙岗两区城市化进程的意见》，推进第二轮城市化改制行动，农村集体土地转为国有土地，农民集体转为城市居民，全面实行城市社会管理体制，原来的行政村建制全部改为行政社区建制，通常称之为“城中村”或“村改居”社区。其中，推行物业管理进“城中村”社区是深度城市化的重要抓手，是实施城市社会管理体制的重要举措。

2006年4月，宝安区委区政府出台了《宝安区推广社区物业管理暂行办法》及有关经费补助达标考核等一系列配套文件，开始实施“物业管理

① 即罗湖区、福田区、南山区、盐田区。

进社区”的行动计划，目标是：在辖区内“城中村”社区，每年推进20%、3年达到80%、争取5年内全面覆盖，最终在2010年完成推进工作，以实现对“城中村”社区的现代化、精细化、常态化、长效化管理。宝安区政府划拨出7亿元，用于“城中村”社区公共配套设施整治，并为进驻的物业公司提供为期3年的财政补贴。2009年年初，深圳市政府工作报告将推行“物业管理进社区”列入年度十件民生实事之一，深圳市国土房产局出台了《推进物业管理进社区民生实事办理方案》，提出了如下目标：到2009年12月31日，实现特区内住宅物业管理全覆盖；特区外原农村社区住宅物业管理覆盖率超过50%，其中宝安区引入物业管理的原农村社区住宅区数量超过总数的70%，龙岗区引入物业管理的原农村社区住宅区数量超过总数的50%，光明新区引入物业管理的原农村社区住宅区数量超过总数的30%。宝安区通过三年多的奋斗，到2010年5月，共有542个“城中村”住宅小区引进了物业管理公司，占全区“城中村”住宅小区的91%，① 享受物业服务的社区人口从原来的10万人增加到300多万人。

正是在这样一个政策行动过程中，鑫梓润脱颖而出。鑫梓润成立初期，和王珊一起创业的团队只有7个人，也没有业务。2006年10月，王珊开始招兵买马，员工队伍扩大到七八十人，也顺利签了第一个业务合同，为西乡街道固戍社区的上围园小区提供物业服务。2007年1月1日，王珊团队进驻上围园小区。刚进去的时候，碰到的困难很多。例如，原村民没有物业缴费的意识，他们即使很富有，也不肯交物业费，需要去耐心解说；居民在小区乱停车，因为“他以前想怎么停就怎么停，横七竖八随便玩，没人管”，物业公司进驻后就制定了管理规范，画停车线，并要耐心劝导车主规范停车；居民乱扔垃圾，“哪怕离垃圾桶只有几步远，他都不愿再往前走一下丢进桶里”，也需要去耐心劝说；等等。如何解决这些鸡毛蒜皮的问题，王珊边干边学。

---

① 在这里，“城中村”住宅小区是指原行政村下辖的自然村或居民小组。行政村改为社区后，居民小组住宅区是“城中村”社区的主要构成部分。物业管理进“城中村”社区的落脚点，是进驻到各个“城中村”住宅小区。

回忆这段历史，王珊说："其实那时候我对物业管理这块儿是不懂的，就慢慢地跟大家一起摸索。在'城中村'里遇到最难的问题，就是收缴物业费。宝安的原村民是有钱的，可是跟这种有钱的农民打交道是很难的。苦口婆心地劝说也收不上来的时候，我其实也想过打退堂鼓，可是公司的员工怎么办？既然招进来跟着我，就得对他们负责。他们工作很艰辛，那时候工资也不高，一个月七八百元，包吃包住，但是大家很快乐。该加班的时候，从来都不抱怨，加班完了后吃个宵夜睡一觉，第二天继续干，他们对工作没有任何的不满。就是靠着这种纯粹的任劳任怨，我们感化那些原村民，让他们发现你进来了以后，栏杆围起来了，治安有人管了，发现可疑人员有人制止了，小区安全了，卫生有人搞了，道路也畅通了，家里出了什么事或者有什么需要的话都能找到人来管。以前你有事一打电话就给社区（居委会），社区本身人员不够，处理事情的话不一定能及时。就是通过这种感化，原村民们觉得我们很辛苦，我们来了以后小区的确在改变、在变好，他们绝大部分人就慢慢有了缴费意识，越来越愿意交物业费了，也愿意付停车费了。我们呢，也就越来越有干这个事的信心了。"

2007 年 9 月，鑫梓润与西乡街道共乐社区签约，进驻该社区的高树围小区。高树围小区也是个"城中村"小区，住户中 90% 都是外来劳务工。被当时的西乡街道办党政班子认定为辖区内环境和硬件设施最差、管理难度最大的小区。该小区处于 3 个社区的交界处，是典型的"三不管"地带，地理环境复杂。小区内楼宇密集，共有房屋 152 栋，建筑面积超过 14 万平方米。在没有实行物业管理之前，小区内公共设施陈旧，卫生环境恶劣，污水横流、垃圾堆积如山，小作坊、小加工场随处可见，乱摆卖、乱张贴、乱挂晒、乱占堵通道、乱接私拉电线等情况严重。治安条件极差，偷盗抢劫时有发生，甚至有黑恶势力存在。住户怨声载道，用谐音把高树围小区叫作"搞事围"，有经验的物业公司没有一个愿意进驻，政府相关部门也头痛不已。王珊是个新手，没有经验，她带着团队像初生牛犊一样闯进了高树围小区。

进驻之后，王珊立即成立了小区物业服务中心，派出了 150 多名物业管理人员，对小区进行全面整治。签订合同后短短一个月时间，共清理出垃圾淤泥500多卡车，改造垃圾房2处；全面清洗粉刷小区楼房外墙4000多平方米，维修路面1500多平方米，铺设绿化带1100多平方米；修建花坛200多个，栽种花木1000多株；改造休闲场所5处，建设健身路径1处，建设晾晒场所1处；添置和维修沙井盖30个，维修排污管道150多米；整改小区电线和通信线路，新铺架电线管300多米；修建岗亭3处，修建围合护栏2000多米，新配置闭路监控摄像镜头89个，同时全面清理小区“六乱”。整个小区环境面貌焕然一新，道路通畅，治安有序，雨涝触电等隐患得到根本改善。之后，王珊留下30多名保安员、13名保洁员，常驻高树围小区。其中部分员工是从高树围小区原籍居民中招募的，这一做法不但解决了一些本地人的就业问题，而且稳固了公司队伍。2007年10月，高树围小区被评为宝安区社区物业管理示范单位；2008年4月至5月间被评为区、市优秀住宅小区；2010年12月，被评为广东省“村改居”物业管理试点项目，“完成了从声名狼藉的‘搞事围’到当时省内唯一一个省级试点项目的华丽转身”①。

作为一个年轻的女企业家，王珊敢闯敢试、敢啃“硬骨头”的形象树立起来了，鑫梓润也一炮打响，成为基层政府信得过的企业。

闯出“花园街区”模式

“物业管理进社区”行动所取得的成效，给宝安区西乡街道办党政班子尤其是街道城管综合执法队一个启发，即通过政府购买方式，也可以尝试在城市管理中引进物业公司。王珊告诉笔者，“在评选宝安区社区物业管理示范单位时，西乡街道书记来高树围视察，就说你们在小区里管的事情跟我们在街区管的都是一样的，比如说环境卫生、安保、路灯维护、绿化管养等。你们在‘城中村’里的这套管理能不能搬到市政道路上去管一管？我们就觉得是可以的。所以，街道书记是在2007年就有了让我们参与

① 崔洁．物业管理进社区破解基层大难题［N］．南方日报，2015-09-01.

市政管理的想法的”。

当时，西乡街道办党工委书记是郑新强先生，他之所以产生这种想法，是因为西乡街道辖区的社会管理现实压力所致。2004年设立的西乡街道[①]，下辖32个社区，全部是“村改居”社区，城区面积达96平方千米，人口近110万，其中户籍人口占比仅有7%。“镇改街”之初，辖区社会管理状态几乎犹如高树围小区的放大版。面对新的城市管理任务和压力，街道公共行政资源却严重不足，街道各部门公务员编制总共有220人；其中，城管执法人员编制不足50人，且还没有完全上岗，在编在岗人员只有33人，协管员117人。“这么点人，实在疲于应付。”当时的西乡街道城管综合执法队负责人曾这样无奈地说。[②] 因此，吸纳社会力量参与城市管理势在必行。街道党政班子在贯彻落实“物业管理进社区”的同时，也开始自主探索“物业管理进街区”。

西乡街道办党政班子在辖区内选取了一个社会问题最复杂的片区作为试点。该片区2.07平方千米，城市“六乱”问题在这里最为突出，治理任务最为繁重。街道党政班子拿出这一片区做试点，是基于如下思考：如果通过物业企业参与，能够改造好这样的“问题片区”，那么在其他片区也可以推广经验。街道党政班子给这个“问题片区”取了一个富有诗意的名字，叫“花园街区”，以寄托其期望。王珊团队进驻高树围小区后所产生的治理巨变，自然而然成为西乡街道办党政班子在进行招投标时所考虑的关键因素。2007年10月，西乡街道与鑫梓润签约，将“花园街区”综合管理服务外包给鑫梓润，两家联合成立“西乡花园街区城市综合管理服务中心”。该试验为期一年，由西乡街道城管综合执法队牵头监管契约的履行。

根据与西乡街道的协议，鑫梓润承担“花园街区”13项城市管理任务，包括：市政设施24小时巡查管理，市政道路养护，园林绿化养护，路灯维护管理，清理乱张贴及涂鸦，清理卫生死角，清理园林及绿化带内的

① 直到2016年，西乡街道才被拆分。

② 唐娟，陈文．相互嵌入的政府、市场和社会［M］．北京：中国社会出版社，2010：29.

垃圾杂物，“四害”消杀，协助城管综合执法队执法行动，协助城管部门进行城市管理，协助街道开展市政市容专项整治，组织社区文化娱乐活动，向商户及市民提供便民服务。

为了完成任务，王珊把她的公司定位为“城市保姆”角色，前后共投入390名员工，统一配备GPRS，建立起24小时动态巡查机制，每15分钟发出一班巡逻，真正担当起了“城市保姆”。这些员工全部戴白帽、穿蓝色制服，周边市民发现他们虽然着装与城管、警察的不一样，但工作内容似乎有类似之处，便以“小白帽”的称呼将他们区分开来。“小白帽”们的工作难点不在于环卫绿化、市政设施维养等硬件任务，而在于协助城管执法。具体而言，是守护在执法前端的管理环节上。“小白帽”们没有执法权，只遵照“告知、提醒、劝导”这“六字”工作方针，以预防式、柔性化、人性化管理为原则，去劝导那些占道经营的摊贩以及滞留在“严控区”的流浪乞讨者。这是人对人、面对面的一线工作，难度最大，沟通交流成为“小白帽”们必须掌握的技术。

对此，王珊回忆道：“政府给我们活干，我们当然不能给政府丢脸。但是具体怎么做，要靠我们自己去想办法。那我们的办法是什么？其实就是耐心交流。那些在天桥底下的流浪汉，那些在交通路口、主干道上摆卖的摊贩，怎么去劝导、去疏导他们？这真的是花了非常非常多的心血。我们没有更多的方法，我们也不能频频地呼唤执法人员过来采取措施，只有靠磨嘴皮子，靠嗓门说，‘哎呀，你在这里做啊，我的饭碗也会丢，你不能看着我的工作就丢了呀。’就是通过这种方式去获得人家的同情，然后自动离开。人之间多了沟通，大家就会产生感情，你为我考虑了，以后我有机会也可能帮到你。就是通过这种方式，沟通，反复沟通。那时候真是很累、很难啊！当时我就想，搞完这一期就不搞啦，可是又不服气。后来在2021年公司15周年年庆的时候，所有干满15年的老员工回想当初的那些事，有人眼泪都出来了。”

正是靠着这种“拓荒牛”精神，靠着硬拼的劲头，到2008年3月，鑫梓润在“花园街区”共清运出建筑余土杂石101卡车，清理乱张贴3480

平方米，清理卫生死角241处，整修绿化带3208平方米，补种苗木1458平方米，换铺人行道1898平方米，电缆、光纤被盗现象彻底制止，电话亭、路标、指示牌等市政设施得到全面清洗和有效养护，还协助抓获违法犯罪歹徒9人、制止违法活动39起，社会治安秩序趋于好转。根据西乡街道城管综合执法队的统计，第一期合同完成时，之前这个“问题片区”发生的各种不文明现象均呈大幅下降趋势。其中，市政设施被盗破坏案件下降88%，乱张贴案件下降66%，市政管理投诉下降60%以上，暴力抗法案件下降100%，路面“两抢”案件下降63%，路面治安案件下降49%，路面刑事案件平均下降33%。整个街区花红草绿，面貌焕然一新。

核算、比较以往对治理该片区的投入产出，西乡街道办党政班子发现，以同样的经费投入，社会管理力量却增加了4倍，社会管理职能增加了8项，公共治理效率和效益也明显提升。因此，第一期合同结束时，西乡街道把试点范围扩大到7.6平方千米，仍然叫“花园街区”，管理服务内容调整为8大类26项，涵盖街区综合巡查管理、市政市容养护、爱国卫生活动、协助治安防控和突发事件处置、协助交通秩序维护、协助抢险应急、参与社区居民邻里纠纷调解、向市民提供便民服务、社会救助、协助查处违法建筑等工作内容。2008年年底，“花园街区”管理模式在西乡街道全面铺开。街道党政班子把整个街道辖区划分为五大片区，分别向包括鑫梓润在内的5家物业企业购买服务，涉及城市管理、治安防控、交通秩序维护、救灾抢险、国有土地驻守、市民文化建设多个领域，以期将整个街道变成“花园西乡”。

第二、三期合同期间，王珊更加着力打造“城市保姆”品牌，加大了在“花园街区”的人力投入，先后共投入1200多名员工，并着手将其打造为城市管理的“五员”：市容环境协管员、市政设施养护员、社会治安巡防员、交通秩序疏导员、安全生产信息员。在西乡街道办的支持下，王珊还专门成立了一支60余人的应急队，配备对应车辆及应急装备，24小时待命，接受街道办相关部门的指令和调配，协助处理各类突发事件。

“花园街区”试验在当时产生了广泛的社会影响力。2008年到2009

年，“花园街区”管理方式分别作为城市管理和社会治理典型经验在深圳市推广，有156个其他省市的考察团先后到西乡进行观摩学习。2009年10月，由北京大学、深圳大学与西乡街道共同举办了“深圳市西乡街道城市社会管理制度创新学术研讨会”，来自两岸四地、13所高校及《现代物业》《住宅与房地产》等杂志社的40余名专家学者参与会议，探讨城市社会治理中的多元合作机制。“花园街区”管理方式也被中央电视台《经济半小时》等多家主流媒体争先报道。① 作为深圳市城市综合管理服务外包的首家供应商，“鑫梓润”三字及其“城市保姆”品牌开始在国内城市管理、物业管理实务界及相关理论界受到关注。

在“花园街区”模式获得良好社会成效之后，王珊及其团队更加专注城市公共服务的研究、探索、实践，深耕城市环境综合服务业务，服务范围也开始向深圳市其他城区、珠三角其他城市、广东省以外城市拓展，但“花园街区”一直是王珊的根据地，也一直是西乡街道城管服务的精品示范区。② 2014年，王珊提出了“五星服务，心系万家”的新理念，组建了企业自身的技术研发团队，创立“1+N智慧城市管家”品牌，公司从“城市保姆”转型升级为“互联网+城市公共服务一体化运营商”，在同行业中服务绩效显著。例如，在与佛山市禅城区合作的市容环境综合管理项目上，鑫梓润负责的全年数字化城管案件结案率达100%；按要求4小时处理的案件，鑫梓润平均处理时长1.27小时。由于城市综合治理成效显著，该项目被作为样板在佛山全市推广。

“1+N智慧城市管家”模式在佛山获得成功后，王珊对公司进行股份制改造，完善内部治理结构和规范，制订留住和激励人才的措施。2016

---

① 2008年3月21日，中央电视台《经济半小时》以“深圳城管大变脸”为题，对“花园街区”管理模式进行了报道，并认为，这种创新与尝试在某种意义上提供了破解城管执法困境的新思路。

② 西乡街道于2013年对管理服务范围和内容进行了调整优化，即将以往的管理服务范围全街道覆盖调整为负责街道城市公配比较成熟、居民文明素养较高的中心城区，将以往的委托管理服务实际操作困难、超越企业能力的内容，予以检讨厘清，调整为主要负责街区综合巡查管理、市容市貌保洁养护、开展爱国卫生运动、便民服务等工作内容，以确保企业在城市公共服务领域中“管得到、管得住、管得好”。

年，原来的“深圳市鑫梓润物业管理股份有限公司”更名为“鑫梓润智慧城市管家股份有限公司”，并转型为一家结合互联网技术、专业从事市容管理、特定小区物业管理①、社区养老等城市公共服务的现代化物业集团，王珊任集团董事长兼总经理。2017 年，鑫梓润在新三板上市，成为全国首家“互联网+公共物业服务”的上市企业。同时，王珊也加快步伐，建立起了面向全国的业务发展格局。截至 2022 年年底，鑫梓润集团旗下分公司、子公司 100 余家，员工队伍 2 万多人，参与的城市综合管理服务项目遍布全国 18 个省份，服务人口超过 2500 万，2018 年至 2022 年企业平均年产值为 4.02 亿元。

回顾企业成长的道路，王珊有着清醒的认知。她说：“我在 2006 年成立物业公司，在深圳这个行业里算是晚的，再去做商品房小区的物业服务，我是没有优势的，因为无法跟那些已经从业十几年的企业相比，从它们手上也根本抢不到业务。从这一点想，不管是当初固戍的‘城中村’小区，还是‘花园街区’，抑或后来其他城市的综合管理服务、保障房小区的物业服务，这些项目都是政府给我的机会，靠着这些机会我才能走到现在。而我之所以能够在其他城市拿到项目，最初也是因为‘花园街区’项目成功后给我带来的影响。我，我们企业，包括我们的员工，都很感恩，感恩社会、感恩政府。”

在企业成长的同时，王珊也在建设自身，在大专学历的基础上坚持不懈地学习，获得了硕士学位。显然，王珊及其鑫梓润成长的秘诀，就在于始终站在城市发展的前沿，抓住城市体制机制创新的机会，给地方政府提供差异化的、性价比更高的城市治理服务综合解决方案，并从中不断获得自身新的生长点和突破口。可以说，从王珊和鑫梓润的个体成长轨迹，可以清晰地看到深圳人、深圳企业以及深圳这个城市的成长史及背后的动能。

---

① 这里的特定小区，是指鑫梓润公司在全国各地所服务的物业小区类型，主要锁定如下三类小区：“城中村”小区、保障房小区、拆迁小区。

举办公益慈善事业

企业实力壮大后回报社会，是当今中国企业家的普遍行为。但就王珊而言，她在企业刚起步时就开始从事公益慈善事业，而且她的公益故事始自深圳这座特有城市的结构逻辑，与她的企业特质无缝衔接。除了像其他慈善企业家那样捐款捐物外，她还直接创办公益组织，直接“生产经营”公益慈善服务。

据不完全统计，自2008年至2021年年底，鑫梓润捐赠及无偿投入公益事业的善款包括：教育（2008—2021）100万元；养老事业（2014—2021）450万元；赈灾扶贫（2008—2021）350万元；抗疫捐赠及支持（2020—2021）280万元；市政项目支持（2008—2021）600万元。

2008年至2022年间，王珊根据鑫梓润在运营城市综合管理服务项目的过程中所发现的实际社会问题，相继注册成立了4个公益性草根社会组织，即“人生驿站”又名“深圳市宝安区西乡受困人才援助中心”“深圳市宝安区西乡街道来深建设者服务中心”“深圳市宝安区鑫梓润养老服务中心”“贵州省安顺市安鑫社会工作服务中心”。上述公益组织中，“人生驿站”和“鑫梓润养老服务中心”产生了较大的社会效益和社会影响。2021年年底，鑫梓润广州分公司也开始准备以家庭健康综合服务为主营范围、注册成立新的社区公益组织。为了支持促进、规范管理旗下的社会组织，王珊在公司成立了社会责任促进部，专门负责管理公司下属社会组织。构建了相对规范的企业社会责任管理体系，将公司服务社会民生、履行社会责任等相关理念贯穿于经营管理的各个环节之中。

（一）“人生驿站”：为受困人才提供港湾

对于王珊及其鑫梓润而言，参与公益慈善事业是自然而然发生的事情。

早在运营“花园街区”项目第一期合同时，“小白帽”们往往要劝离那些跑到“严管区”的流浪乞讨人员，发现有些流浪乞讨者是来深圳找工作不遇、一时陷入窘迫的人，其中不乏刚刚毕业的大学生或技术人才。他们与职业乞讨者不同，只要给予一些帮扶，就能脱离困境。王珊由此萌生了给这部分人提供援助的想法。她认为，这种情况是深圳这个新兴移民城市的特点，自己站稳脚跟以后来帮助那些遇到暂时困难的人，一方面是为了完成政府交给的任务，契合“花园街区”服务项目中关于劝阻流浪乞讨人员的任务需求；另一方面也是为解决城市流浪乞讨问题寻求一种新出路。

“那个时候大家都觉得深圳是有钱淘金的地方，都想奔这儿来，其实一开始大多会碰到很多困难。那个时候我就换位思考，假如我也是初来到深圳，就拿了一个文凭过来，一时找不到合适的工作，或者找不到工作，也没有亲戚朋友可以投靠的时候，怎么办？我也希望能有个暂时解决困难问题的地方。那时候我们正在搞‘花园街区’模式，在我的这个管辖范围内，遇到不少人就处于这种无助状态，他们是在没有地方去的情况下才流落在天桥底下，他也不愿意啊，又没钱回家。你劝离他们，他们能去哪儿？再换个桥洞？总不能去偷去抢吧，然后我就想着能不能为他们去做点事。本身我们企业也需要人嘛，我这里救助你了，如果你看上我的企业，觉得我这个企业可以，愿意留下来也好。你找到新工作，你也可以走，你要回家也行，我们承担你的交通费用。”王珊回忆说。

当时，王珊和西乡街道办领导商议，对流浪乞讨人员要分类管理，可采取类似应急处理的机制，帮助那些有学历、有劳动技能的人。西乡街道办在辖区内找到一处闲置的院舍，即流塘村青少年活动中心二楼，约300平方米的空间，作为西乡街道专门为帮助流落到辖区的有知识技能的受困人员而设的援助中心，设床位10张，可供二三十人住宿。王珊以“人生驿站”为其命名，并做了一块牌匾张挂在那里，2008年春节期间正式启动。“人生驿站”，顾名思义，就是帮助那些受困者度过人生暂时困厄的驿站。2008年5月，“人生驿站”正式取名为“深圳市宝安区西乡受困人才援助中心”，由鑫梓润出资2万元，在宝安区民政局登记注册为民办非企业单位。不过，日常交流传播中，广泛使用的还是“人生驿站”这一“小名”。2011 年 11 月，王珊为“人生驿站”申请了商标专用权，2013 年正式获得了“人生驿站”商标号，为 10228485。这是深圳市第一家专门为临时受困人才提供援助的公益社会组织。

“人生驿站”外景

“人生驿站”内部设立的餐厅、阅览室、休闲娱乐室等

正式注册成立后，“人生驿站”将自己的业务范围明确为如下内容：辅助政府社会救助部门和城市管理部门的管理工作，为流落在西乡街道辖

区内受困人士提供无偿援助；帮助受困人员寻找工作或创业。实际运营中，“人生驿站”遵循“自愿受助，无偿服务”的原则，重点救助如下三类“受困人才”：有社会责任感、有抱负，遭遇暂时困难而流落在西乡街道辖区内；有大专以上学历或初级以上技术职称、在西乡求职遇到困难；具有一定科研革新成果或创新产品的创业人员，遭遇暂时困难而流落在西乡街道辖区内。对上述人员的救助前提是，他们都暂时没有任何经济来源，无亲友投靠，随身现金不足30元，食宿无着，不救助则会流落街头。

“人生驿站”所提供的必要的免费帮助包括：符合卫生标准的食品；符合基本条件的住宿和必要的生活用品；帮助联系亲友或单位；提供返回受助者本人户籍地的单程车票；组织受助者参加学习、培训，帮助其就业或创业；对居住驿站期间突发急病者予以救治。不过，进入“人生驿站”的受助者虽然可以免费吃住，但为期一般为一个星期，最长不超过半个月，其间驿站工作人员会敦促、帮助其出去找工作。入住3天后，仍然没有找到工作的受助者就须参加临时性义工活动，提供公益服务，如协助维护交通秩序、帮扶老人过马路、清洁卫生、除草等，以换取所接受的救助。到期后，找到工作者出站，没有找到工作者则由驿站提供回家单程车票。

在运营过程中，王珊团队发现，前来求助的不仅有他们之前所定义的“受困人才”，也有不少其他受困人员。因此，“人生驿站”稍微扩大了援助对象范围，除了对上述“受困人才”提供临时性救助外，还为在西乡街道辖区内遭受天灾人祸而受困的人员提供应急性救助，如对遭受抢劫、车祸、不慎砸伤摔伤、非传染性急病等人员，先实行紧急救援，待查明情况、核实身份后，通知其家属、单位或政府福利机构安置。

“人生驿站”早期的工作人员都记得，第一个到驿站寻求帮助的人是个男生，姓张，“来的那天穿着一件藏青色外套，里面是高领毛衣，手里拎着一个公文包，挺整齐的”。从2008年春节期间开张到5月下旬，“人生驿站”已经帮助了58名临时受困者，其中30人顺利就业。到2009年5月，“人生驿站”的救助场所扩展为3处，总面积约2500平方米。2008年到2013年年底，“人生驿站”共救助290人，成功介绍就业92人。显然，“人生驿站”所实施的社会救助，与政府救助有着明显不同，但成为政府救助的必要补充。

“人生驿站”的运营经费主要由鑫梓润承担。2008年，鑫梓润除了出资2万元登记注册费，还捐赠20万元用于日常经费开支，2009年又捐赠了8万元。此外，“人生驿站”工作人员也出自鑫梓润。鑫梓润专门成立了“人生驿站管理部”，由一位经理专门负责“人生驿站”的各项业务，担任“人生驿站”主管。“人生驿站”的其他6名工作人员，包括管理员、保安员、医生、护士，其工资、福利、保险及业务培训费用等均由鑫梓润负责支付。

西乡街道办对“人生驿站”给予了大力支持，首先在2008年资助3万元，帮助“人生驿站”开张；其次，提供免费救助场所，共3栋建筑物，2009年还资助了10万元，用于场地外墙翻新、维修、保养；再次，动员辖区内企业为“人生驿站”捐款，2009年辖区企业共为“人生驿站”捐款4.5万元；最后，帮助“人生驿站”与西乡街道职业介绍所、宝安区人才市场、辖区及周边企业工厂建立联系，为受困人才提供就业机会。2010年之后，“人生驿站”基本上按照企业出资、政府补贴、社会捐助的形式来维持运转。

随着企业发展空间的延伸、规模的壮大，“人生驿站”救助范围也逐渐扩大，服务人群扩展到宝安区的其他街道，如新安街道、福永街道、松岗街道，甚至延伸到其他城区如当时的龙华新区龙华街道。随着深圳市整个社会救助体系的日益健全和完善，临时救助功能覆盖到各个社区工作站，针对流浪乞讨人员或临时受困人士的帮扶工作落实到各个社区。因此，“我们就慢慢退出了这一角色。基本上，‘人生驿站’在2013年后就完成了它的使命”。

如果说“人生驿站”是“花园街区”模式的伴生物，那么，王珊于2009年5月18日成立“深圳市宝安区西乡街道来深建设者服务中心”，则是从企业员工队伍管理及小区物业管理中发现的普遍性需求所启发的结果。那些需求或问题包括：城市生活训练和融入，政策法律咨询和援助，职业培训，婚姻介绍，家庭心理辅导，女性权益保障，小孩子午托，老人照料，贫困家庭帮扶，等等。大量的来深务工人员都面临上述需求。因此，她成立的西乡街道来深建设者服务中心就致力于提供上述服务，具体包括职业指导、技能培训、知识讲座、文化娱乐、心理健康、联谊活动、家庭帮扶等。她的理念是“帮助西乡辖区的外来务工人员快乐生活和成长”。不过，因为各种原因，该服务中心的运行成效不够理想，其服务类型后来被分解、延续在小区服务中。

（二）鑫梓润养老服务中心：为乐龄群体绘就夕阳红

鑫梓润养老服务中心专为社区老年人提供日间生活照料、家政服务、康复护理服务、日托服务、心理咨询、精神慰藉等方面的服务。如同设立“人生驿站”的实践逻辑一样，鑫梓润养老服务中心也是在社区服务实际中自然而然地成立的。实际上，深圳市社会养老服务体系建设起步于2005年，此后到2009年之前，一直在推动社区居家养老服务。从2011年起，深圳市民政部门以建设社区老年人日间照料中心为主线，按照“9073”① 养老服务格局，在全市开展社区养老服务体系建设；2018年以后，又开始在全市构建高水平“1336”② 养老服务体系。如果说，年轻的深圳市政府是在战略层面意识到并采取措施建设社会养老服务体系，那么，如上所述，王珊团队完全是在小区日常生活中真切感受到提供社区养老服务的必要性的。

如前所述，固戍社区的上围园住宅小区是鑫梓润服务的第一个“城中村”小区，2007年进驻其中。此后，随着“物业管理进社区”三年财政补贴到期，宝安区政府为了维持“城中村”小区治理的前期成效，将财政补贴改为以奖代补。这对物业公司的服务能力提出了更高的要求，一些物

---

① “9073”：90%左右的老年人在居家养老，7%左右的老年人依托社区支持养老，3%的老年人入住机构养老。

② “1336”：1个深圳市统一的智慧化养老服务管理平台，凝聚政府、社会、家庭三个方面力量，做实政府保障基本、居家社区联动、机构专业照护3种服务，做强市、区、街道、社区、小区、家庭6个层级。

业公司选择退出，鑫梓润却坚持下来。到 2010 年，鑫梓润在西乡街道辖区接到的“城中村”小区物业服务项目共有 17 个，物业服务面积近 1000 万平方米。其中，绝大多数项目，都一直持续运转至今。正是在提供社区物业服务的过程中一些事件的发生，使王珊意识到，为社区老年人群体提供专业化服务，将会越来越成为宝安区社区服务的必然构成。

王珊在回忆和解释举办养老机构的初衷时，这样说道：“举办日间照料，肯定是跟我们做‘城中村’小区服务项目有很大的关系。那些‘城中村’小区里面，其实有很多老人家是很孤独的。因为宝安这里很多家庭的子女要么在境外，要么在外地，要么正在工作。那些有宝安户籍的老人家，他们本身有钱，家里子女也有钱，有能力支付养老费用，可是子女在外地或者在工作，不能陪在身边。2009 年的时候，我们承接了固戍社区一个叫固戍花园的小区物业服务项目，就发现这个小区老龄化情况比较严重。小区总共才 780 户，其中有 385 户是有老人的，而且大部分是独居的高龄老人。当时还发生过几起事件。一起是，有一个老人家突然在家晕倒了，可能他们家子女打电话一直没人接，就直接找到我们管理处，然后我们员工就去看了一下，敲门却没人开，然后我们员工就从窗户爬进去，发现那个老人已经晕倒在地上了。还有一起是，一个老人孤独地死在家中之后没人及时发现。从那时候起，我就觉得养老服务这一块，特别是居家养老和社区养老很有必要，我们物业企业也很方便去做养老服务，于是我就开始招人来专门干这个事。当然，我自己也有一点小心思，就是以后我老了，我 70 岁了，我也希望住进自己办的养老机构，我们员工老了、退休了以后也一起住进来，我还能看到他们，还能跟他们一起玩。”

固戍花园小区的两个事件发生后，鑫梓润驻该小区的物业服务中心就加载了一个服务，“就是每天早上 8 点之前要去打电话，给这些独居老人打电话，通过打电话这样一种方式去杜绝这样的事情再发生。这也等于是在帮社区（居委会）、帮政府弥补漏洞啊。同时，开始在我们服务的所有小区中要求员工必须留心老人家们，特别是独居的老人家”。

可见，鑫梓润投入社区养老服务领域，完全是依托物业服务特别贴近基层民生需求的优势，出于对社区日常实践现场中的发现和直觉，而且也与深圳市民政部门推动的政策主张不谋而合，才开始将社区养老服务寓于日常物业服务之中。

2013 年，王珊在公司内部成立了一个养老服务部，任命刚加入鑫梓润的刘艳女士为养老服务部部长，还特地邀请深圳市罗湖区福利中心一位退休主任为顾问。经过几年的摸索、论证，组建起了专门队伍，积累了实际经验，并于 2014 年在宝安区民政局正式注册成立了鑫梓润养老服务中心，正式在固戍花园开办了老年人日间照料中心。“这是我们的第一家‘日照’，之后一直到 2017 年，都没有再继续扩展规模，就是一直在沉淀，找模式，找方法。”刘艳回忆道。

鑫梓润养老服务中心成立后，就一直扎根在社区。为了提高服务质量，刘艳在王珊的支持下带队去全国各地学习、取经。刘艳在回忆这段经历时说，“那三年中（指 2014—2017 年），只要打听到哪里有社区养老、居家养老服务的先进典型，我就带人去参观；只要打听到哪里有有关这方面的课程、研讨会，我就直接坐飞机过去，听一天的课，赶紧又回来。那个时候到处跑，我还跑到台湾，跑到上海，反正就是两岸三地都去跑，去找经验，看到底哪些模式适合我们深圳的情况。我们董事长（指王珊）特别支持我出去学习，差旅费用全是公司报销。”

在前期经验的基础上，鑫梓润养老服务中心从 2017 年开始加快了布局，到 2021 年年底，旗下已经有 10 个社区老年人日间照料中心，全部在宝安区，共为 5 万多名老年人提供服务。就深圳全市而言，在政府的大力推动下，社区老年人日间照料中心也稳步铺开，到 2021 年年底约有 170 家；此外全市社区星光老年之家 600 家、长者饭堂及助餐点 263 家、居家养老消费券定点服务机构 66 家，服务网点 200 多个，实现了居家社区养老服务全覆盖。

但是，在社区养老服务快速发展的过程中，王珊和刘艳也发现了一个普遍性的问题：全市社区老年人日间照料中心同质化程度太高，基本上沦落为老年活动中心。而社区已经有了星光老年之家，是专门供健康、低龄老年人开展社区公共活动的场所。社区老年人日间照料中心与星光老人之家功能趋同，不仅浪费了资源，而且违背了政府支持举办社区老年人日间照料中心的初心，也就是为半失能或失智老人提供日间照护。

于是，王珊和刘艳继续论证、探讨鑫梓润养老服务中心的发展方向和前进路线。她们认为方向和路线很重要，关乎是否以及怎样去坚守政府的理念和初心，关乎这个公益组织能否在全市100多家同类组织中创出服务品牌和特点，甚至关乎这个组织的生死存亡。她们认真梳理在开展社区老年人服务过程中发生、发现的各种故事，印象深刻的是那些有阿尔茨海默病（俗称老年痴呆症）患者的家庭所面临的各种“折磨”。“真是亲临其境，心有戚戚”，刘艳说。查阅资料，她们发现阿尔茨海默病已经成为一种高发病，中国是全球阿尔茨海默病患者数量最多的国家，国内65岁以上人群发病率达6%以上，80岁以上人群发病率为30%以上；预防阿尔茨海默病，早期的筛查和干预非常重要，而国内这方面的服务尚未普及。因此，从2016年开始，她们逐渐把工作重点聚焦在阿尔茨海默病干预服务领域。

所谓干预服务，主要就是通过组织健康老人参加各种相关活动进行引流，把相关知识、服务理念导入这些家庭中，引导一种健康的生活方式，呼吁更多的阿尔茨海默病关爱机构和关爱人士参与项目，减轻阿尔茨海默病带给社会和家庭的负担。2017—2021年年底，鑫梓润养老服务中心以“守护时光留下的记忆，阿尔茨海默症早期筛查”为主题，在宝安区社区开展了24场阿尔茨海默病知识科普公益讲座，培育了200个阿尔茨海默病早期量表筛查师志愿者，为2000个有需要的社区居民提供早期筛查。正是通过大量的、务实的、点点滴滴的服务，鑫梓润养老服务中心创建了“鑫梓润护老管家”、“智慧养老云平台”呼援服务、“鑫梓润认知症照顾之家”等品牌。

2019年和2021年，鑫梓润养老服务中心的阿尔茨海默病干预服务项目，连续两次被评为宝安区慈善会公益慈善项目大赛获奖项目。2021年12月，在鑫梓润养老服务中心提供的大量知识细节的基础上，宝安区慈善会出品、宝安企业导演、在宝安拍摄制作了公益微电影《金婚》，并在“学习强国”视频、爱奇艺、优酷、抖音等平台上线。这部以了解、关注和关爱阿尔茨海默病患者及其家庭为主题的30分钟公益微电影，处处浸透着“宝安元素”，处处显示着“宝安式文明”。

在政策层面，国家卫健委办公厅于2019年和2020年，相继出台《关于印发阿尔茨海默病预防与干预核心信息的通知》《探索老年痴呆防治特色服务工作方案》，在全国社会心理服务试点地区探索开展老年痴呆防治特色服务，要求到2022年，试点地区公众对老年痴呆防治知识知晓率达80%，社区（村）老年人认知功能筛查率达80%。对此，王珊和刘艳感到特别欣喜：“知道自己的方向和路子走对了，而且还是先行者。同样，对我们机构的未来发展也充满信心。”刘艳还解释说：“因为我们提早把服务对象聚焦，一直在孵化，一直在做前期的铺垫，做科普推广宣传，现在社会各界都开始关注这个群体，都开始参与防治工作。未来如果这个人群症候高发，那我们的日间照料中心也有能力水到渠成地去承载更多服务功能。”

作为一个相对独立的公益组织，鑫梓润养老服务中心日常的服务项目都不收费或仅收成本费，收费项目主要是中医理疗，总体上“经营起来还是有非常大的压力”。截至2021年年底，该中心有10处社区老年人日间照料场所，共拥有专职员工24人。据其2021年的财务报告显示，10处服务场所的主要固定支出为人工费、固定活动开办费、物业管理费、水电费、设备设施维保维修费、光纤网络通信费、房屋租金（非公配物业）、社团会费、财务报告审计费、消防评估费、培训费、业务宣传费、物料消耗费、保险费等，合计年度费用支出为309万元。其他年度与此数额不相上下。通过政府购买服务获得的经费，是该中心主要的收入来源，但初创时期的2014—2015年，政府几乎没有向该中心购买服务，仅资助每年的运营补贴维持开支，其他运营费用全靠从鑫梓润的企业利润中投入，几乎是企业举办公益。

2016年，鑫梓润养老服务中心开始逐步参与政府采购服务项目，包括社区居家养老服务券、高素质人才居家养老服务券、社区老年食堂、民生微事实、幸福老人计划、社会组织扶持等项目。从2016年到2021年年底，该中心的收入主要包括三部分：通过政府采购服务获得的收入共计530.6万元；政府扶持（运营费+租金补贴）576万元；日常健康管理服务的低偿收入，共计30.4万元。其他收入是不固定的，比如，2019年和2021年参加两次宝安区慈善会公益慈善项目大赛，共获得宝安区慈善会约50万元的支持。

“核算一下收支，”刘艳说，“收入与支出仍然无法达到平衡，现阶段仍处于亏损状态，一直以来就是公司总部在往里添。”刘艳虽然全职从事鑫梓润养老服务中心的事务，但其薪酬福利一直由鑫梓润公司总部发放。此外，该中心的财务管理、安全管理、人力资源管理、物资采购管理等行政岗位，都依然属于鑫梓润公司，岗位薪酬也由鑫梓润公司总部承担。“我们现在最大的成本就是人力成本。为了控制成本，我们中心的很多行政职能，一直都是公司总部来支援。因为如果再在养老服务中心设这些职能的话，又得要编制、要岗位。行政管理、行政人员的成本是没有进入我们养老服务中心的成本里去的。没法进，一进去之后就亏得太厉害了。现在就等于是公司专门把我放在我们中心做公益，公司总部的财务、安全等其他行政岗人员是顺带为我们中心作贡献，也等于是在做公益。这一块，公司总部摊下来，一年差不多是在七八万元。总之，为了支持我们，公司总部给予了很多，提供资金，给人给物。”

刘艳从2013年进入鑫梓润起，就一直耕耘在社区养老服务领域。她深深体会到草根公益组织运营的艰辛和快乐，也为自己所在的企业而自豪。接受访谈时，这个明丽的女子一边哈哈笑着，一边对笔者倾诉。“有时候我感觉压力好大啊，公司承载了那么多社会责任，培育了这么些公益机构。关键是这些公益机构没有办法赚钱，公司得往里投钱啊，一直不断地投。我们现在人财物都依赖总公司，在外地举办的公益机构又依赖总公司在当地设立的分公司。”

王珊作为鑫梓润集团的大当家，对旗下公益组织的扶持，除了在运营中予以人、财、物投入外，还热衷于鼓励员工们去考各种证书，参加培训、考试的费用由公司报销，拿到证书还给予补贴。当然，公司通过签订特定协议来留住这些人才，拿到证书、享受公司补贴的员工，在一定期限内不能跳槽。截至2022年年底，鑫梓润养老服务中心的员工中，共有14人拿到了相关证书，其中有7人获得护理员证，2人获得社工师证，1人获得心理咨询师证，1人获得针灸推拿师证，1人获得健康管理师证，1人是药剂师，1人是营养师，还有人相继拿到了4个证书。通过这样的培育方式，鑫梓润旗下从事公益服务的员工们大多一岗多能，真正形成了一支属于公司、属于宝安的社区公益专才队伍。

以刘艳为例。她从1995年起参加工作，在工贸行业、家庭用品行业做过8年，2003年起从事物业管理行业，2013年从另一家物业管理企业转进鑫梓润后，王珊分配给她的任务就是专门负责公司养老服务业务发展和品牌建设。在王珊的支持下，刘艳率领团队筹备建起鑫梓润公司养老业务的第一家实体店，在宝安区乃至在深圳市打响了“鑫梓润社区养老服务”的品牌。她本人也从一个纯粹的“企业人”，变成了一个闻名深圳养老服务界的“身在企业的公益人”。她成年累月驻守在社区里，和成千上万的老年人打过交道，深深地爱着这一事业。在此过程中，她根据实际工作需要，拿到了高级健康管理师、家庭教育指导师等证书。近年来，目睹老年痴呆症发作状况及其给家庭带来的困境，她立志改善中国认知症知晓率，自号“降低阿尔茨海默病患病率的狂热分子”。2018年，这个“狂热分子”成为中国阿尔茨海默病联盟委员会委员、认知症好朋友中国团队使者，2019年成为广东省保健协会深圳老年痴呆分会第一届委员。

（三）鑫梓润公益服务的延伸：在特定小区开展“在地帮服”

除了在深圳培育了上述公益机构，鑫梓润在外地的分公司、子公司也结合当地社会发展需求，培育本地社区公益组织。例如，2013年8月，鑫梓润广州分公司进驻白云区龙归花园，成立龙归花园物业服务中心。龙归花园是个保障房小区，总建筑面积107万平方米，建有保障性住房12458套，其中有6985套用于公租。白云区政府通过购买方式，将该小区物业服务外包给鑫梓润广州分公司。2020年，王珊要求龙归花园物业服务中心设立“家庭健康综合服务部”，并成立社会服务工作小组。之所以要求成立该部门，是出于该小区实际情况。龙归花园住户中低保户、特殊家庭所占比例较大，有些居民有心理问题或家庭关系问题。王珊要求在该小区设立“家庭健康综合服务部”的目的，是聚焦小区特殊弱势人群，开办心理辅导业务及各种类似的活动，为该群体做心理建设，增强其社会参与感，尽可能实现“在地帮服”，尽力帮助政府去解决基层社会心理、社会关系等方面出现的问题。她计划待该部门运营成熟后，再在广州民政部门正式注册登记为公益社会组织。

2020年，鑫梓润在贵州省安顺市注册成立分公司“安鑫智慧城市管家股份有限公司”（以下简称安鑫公司）。安顺市是在原安顺县建制的基础上建立，农村城市化进程迅速，同时也遇到了许多转型社会问题。安鑫公司在参与安顺市基层社会治理中发现，转制社区有很多留守老人、留守儿童，他们需要社会予以特别关爱。于是，安鑫公司于2021年出资注册成立了安鑫社工服务中心，王珊担任法定代表人。该中心扎根在安顺市城市化过程中由拆迁户形成的安置小区里，专门为留守儿童、留守老人等重点人群提供服务，经营范围包括关爱空巢老人，提供社区居家养老服务、社区老人日间照料服务，提供留守儿童关爱服务、青少年赋能服务，提供弱势群体帮困服务、心理咨询服务、社区矛盾调解及其他相关社会工作服务。

众所周知，保障房小区物业服务在价格上是低廉的，即使靠着政府补贴，公司的收益也才勉强持平，甚至还有亏损，需要靠公司的其他服务项目来调节。为什么要接特定小区的服务项目？对此，王珊和刘艳做了长长的解释。

她们说，单纯物业服务这块业务，鑫梓润各公司主要聚焦在“城中村”小区、保障房小区以及城市化过程中的拆迁安置小区等特定小区。2017年以来进驻的都是保障房小区或者拆迁安置小区，在安顺、广州、江门等地都有保障房小区的服务项目。这些小区一般会由政府购买物业服务，但同时也说明，这些小区可能存在一些社会问题，风险也多。实践中发现，保障房小区困难群体所需要的服务，不仅是物业服务，更要有社会心理服务、矛盾纠纷调解服务等。企业进入这些小区，一方面是为了寻找更多的生长点，因为即使低价的物业服务，也是市场，而且还是一个稳定的市场，只要站稳市场并持续提高服务“内力”，总是可以继续节约成本，总是会有收益的时候；另一方面在保障房小区提供服务，就是在帮社会困难群体，也是在帮政府解决基层社会问题。“做这些小区的服务项目，我们是有经验的。以前我们做‘花园街区’项目、做‘城中村’小区项目时，积累了为特殊人群、特定人群服务的经验，所以我们才敢进这样的小区，虽然价格低，但是社会效益的性价比值高。在这些小区里，我们一直都在为特殊人群开展心理服务。我们有自己的几个心理辅导师，课程规模大的时候也会外请老师。有时候遇到有人刚好想不开，那么经我们心理老师的辅导，他就开朗了，就不跳楼了。每个地方都会有特殊人群，每个地方政府都会有为特殊人群服务的需求，这也应该算是个市场。未来在全国各地，我们的企业发展到哪里，我们的社区养老服务、社会心理服务应该就会延伸到哪里。不过，企业行为还是要和公益行为区分开，这也是我们要举办公益机构的原因。”

显然，正是在扎根社区的过程中，鑫梓润公司的员工，无论是在总部的员工，还是在分部的员工，都能够敏锐地挖掘基层社会的痛点难点问题。公司除了提供物业服务，还通过培育公益机构、公益专才，通过提供越来越精分、越来越细化的公益服务，有针对性地提供不同的解决方案。

除了孵化成立相对独立的、专业化的公益机构或公益项目，鑫梓润总公司及各地分公司、子公司还积极参与社区帮困助残工作。例如，2019 年 3 月，鑫梓润总公司与西乡街道河西社区形成结对帮扶关系，对社区内残疾人士、退伍军人、老党员等特殊群体予以特别关爱。重大节日期间，鑫梓润公司都会组织“送温暖”活动，为河西社区每一户困难群众送去食用油、大米等慰问物资。鑫梓润总公司还帮扶河西社区残疾人士就业，聘用了 4 名残疾人士加入公司，王珊亲自颁发聘书。据统计，在深圳，鑫梓润已经吸纳了60多名残障人士就业；在公司业务所延伸的18个省份内，每个地方的分公司或子公司都帮助解决当地社区残疾人的就业问题。目前，公司2万多名员工中，残疾人士有120多名。

（四）惠内济外的善举

主要体现在以下两个方面：

一是关爱员工。鑫梓润的企业文化叫“家和文化”。王珊对“家和文化”内涵的解释很简单：“我们企业就是一个大家庭。我们企业里好多员工都是一家子人都在这儿工作。有些是进来之后相互看对眼了，谈恋爱成了家；有的是老公或老婆进来了，希望让家属也进来。我们也积极帮助员工解决家属问题，包括父母、亲戚朋友想进来，都可以。所以，鑫梓润真是解决了好多家庭的就业问题啊。一个家庭、一个家庭地都在这里，我们不是个大家庭是什么？家庭当然要以和为贵。”

也许正是因为“家和文化”，鑫梓润的员工流失率很低。“我们的基层员工，基本上合同期有多少年，他们都会干多少年。那中高层呢？流失率只有10%，除非他犯了很多错误，违反了企业规定，公司不想他留着，一般情况下都会一直跟着企业成长下去。”

物业服务行业从业人员都是一线工作者，每天奔忙在小区、街头，接触各种各样的事件和形形色色的人物，遇到各种风险的概率高于办公室坐班人员。为此，鑫梓润除了为员工购买社会保险或商业保险，还通过创建如下三个公益基金来关爱员工。公益基金池的资金来源于员工凑钱和企业补贴，从而形成一个良性运转的内部互助机制。

第一个是企业内部的“爱心基金”，从2008年开始设立，旨在为遭遇危难的员工提供及时帮扶。该基金没有注册，而是挂在鑫梓润工会下面。资金池主要来自每月从员工工资里扣出来的零钱。“我们这个爱心基金账户，具体操作就是：每个员工每个月发工资时往这个账户留点钱。基层员工每人每个月留下1块钱，项目经理每人每个月留下10块钱，职位最高的，就是总经理级别的那些，大概是每人每个月留下50块钱。我们公司要求必须这样做。每个月从每个员工的工资里扣点钱作为基金的资金来源，就形成了这个爱心基金。爱心基金的作用，主要是帮扶内部员工，满足为困难员工送温暖、帮助员工排忧解难的需求。比如，有的员工家里小孩子读大学的学费不足啊，家人生了大病重病啊，或者遇到紧急事故、天灾人祸的，员工的收入承担不了，那我们企业就从爱心基金里拿出一部分来帮他承担。”

为了规范爱心基金的运行，公司制定了系列有关规章制度。从2008年成立至2021年年底，鑫梓润公司内部的爱心基金已帮扶多名家庭困难、不幸患有重大疾病的员工，共有152名员工从爱心基金里受益。

另外两个均是在社区基金会下正式注册的冠名基金，分别是“深圳市宝安区西乡街道利锦社区基金会·鑫梓润物业爱心基金”和“深圳市宝安区西乡街道利锦社区基金会·鑫梓润养老服务中心关爱员工基金”。2017年10月，鑫梓润总公司捐款10万元，委托宝安区西乡街道利锦社区基金会，分别成立了上述两个冠名基金，设立资金各5万元。前一个冠名基金专门用于鑫梓润公司内部员工的大病救助；后一个冠名基金专门用于鑫梓润养老服务中心员工重大疾病、突发事件、助学、丧事慰问、困难职工帮扶，以及鑫梓润养老服务中心所服务的老人群体的关爱活动等，是前一个冠名基金的补充。“未来，后一个冠名基金的投向主要用于认知症老人及其家庭的帮扶，也会吸收外部公益捐赠力量，充实冠名基金池。”刘艳说。

二是参与对口帮扶。作为一家深圳企业，鑫梓润在业务没有走向全国的时候，其公益创投项目就随着宝安区政府对口帮扶的步伐走向了远方。王珊作为企业创始人，始终有这样一种情怀，“无穷的远方，无数的人们，都和我有关”。这是鲁迅曾在出版于20世纪30年代的《且介亭杂文末编》中写的一句话，王珊将其作为她参与对口帮扶大业的初衷。

2010年，中央安排深圳市对口援助新疆喀什市和塔什库尔干塔吉克自治县，深圳市将援疆任务分解到市直机关和企事业单位、各区、街道。彼时，鑫梓润的收益刚有积余，就开始跟着西乡街道办扶贫干部去援疆、援藏。为了振兴当地经济，扶贫干部和当地政府所采取的主要举措是招商引资。包括鑫梓润在内，有不少深圳企业都跋涉万里赴新疆投资办厂。

王珊赴喀什考察后，发现当地的温泉资源十分丰富，冒出地面的热水达到 100℃，可以充分利用这种水资源建立温泉酒店。于是，鑫梓润投资了 2000 多万元，建成了一个五星级温泉酒店，计划目标有两个："第一是想解决当地的就业问题；第二的话，是帮助他们当地把经济做起来，为当地交税。"温泉酒店建成后，头三年累计吸纳当地数百人就业，每年都获得当地政府授予的"援疆大爱"奖牌。连续经营三年后，企业虽然逐渐走上正轨，但在酒店用人管理上存在一些难以克服的障碍，企业一直在亏钱，因此王珊将温泉酒店无偿捐给当地政府。

王珊回忆这段经历时告诉笔者："投资了 2000 多万元，干了三年，等于获得了三块'援疆大爱'牌子，以后就没再干了，捐给当地政府了。主要原因是用工方面的问题。一方面是当地员工不适应我们深圳企业的管理制度、纪律；另一方面从深圳派人过去，长时间的话也不适应那里的气候。所以，没办法解决不了这些问题，就干不得了。不过，在那里投资建设、投资服务，本身就是为了帮助解决那里的贫困问题，如果有利润回报更好，没利润回报就等于是扶贫了。"

虽然亏了钱，但王珊参与对口帮扶事业的初衷没变。她继续尝试其他方法，来帮扶贫困地区群众、促进乡村振兴。"最近这些年，我们主要是做这样的事，帮助新疆、西藏的农民销售他们的农产品，大米、瓜类、红枣、水果、果汁什么的，已经做了五六年了。另外，帮助我老家湖南怀化的农民销售桃子、辣椒什么的。怀化算是个四线城市，少数民族人口比较多，经济不发达，当地农民比较穷，政府没更多的办法去帮助农民怎么致富。我们帮怀化农民做农产品销售，每年从那里定点收获几千箱农产品在深圳销售，这个已经做了三四年。"除了帮助销售农产品外，鑫梓润每年都捐款捐物，用于赈灾或帮助贫困地区兴办教育、修筑路桥等基础设施。

结语

十几年来，作为一家民营企业的掌门人，王珊带领鑫梓润团队不断进取，主营业务从纯粹的小区物业管理服务，发展到物业管理服务叠加城市环卫、园林管养、市政管养、综合巡查、环保科技、社区心理服务、社区养老服务、社区青少年服务等，公司角色从“小区管家”转变为“城市保姆”，继而转变为“1+N智慧城市管家”，公司类型从有限公司发展到股份公司再到公众公司，公司规模及效益在发展过程中快速复制裂变，呈现倍数效应增长态势。

在深挖潜力、发展业绩的同时，王珊带领鑫梓润团队拓展社会责任，从社区公共生活需求出发，孵化公益组织，培养公益专才；秉承“家和”的公司哲学，关爱公司员工；心怀远方，捐款捐物，扶贫济危。正是因为鑫梓润在参与公益慈善事业上具有一定的示范性，所以产生了能够彰显宝安特色的慈善效应和社会效益。2019年，宝安区政府、宝安区慈善会认定鑫梓润公司为“第一届宝安区慈善百强企业”。

多年参与城市社会治理的实践，使王珊有着朴素的认知和清醒的分析。她清楚地知道，与其他那些为纯粹的商品房小区提供服务的物业企业不同，鑫梓润是依托政府的公共业务而快速成长和发展起来的。在其公司所有业务项目中，由政府发包的城市综合管理服务及特定小区的物业服务业务，占公司总业务量的90%以上，这些业务都具有相当程度的公共性。因此，反哺社会、反哺公益，就成为王珊及其公司自然而然的行动逻辑。

在与笔者交流的过程中，王珊回顾鑫梓润的发展和参与公益事业的历程，一直怀着感恩的心情。她说：“为什么我要去做这个公益帮扶？为什么要孵化那些公益机构？为什么要成立爱心基金？为什么每年都捐赠？因为我觉得这是我的企业应该去做的，因为我觉得政府给了我机会、平台，我应该感恩，我必须感恩。没有政府给我的机会、平台，说不定我都没做企业，说不定我还在打工呢。所以，我就得证明我的心，政府哪里需要我就应该到哪里。当然，政府面对那么多困难，不是所有困难我都能帮得到、去解决的，但是我一定要支持，尽最大努力去支持。这不是在说高大上的话，这是我真实的想法。未来要能够做得更大、走得更远，我唯一要坚持的还是这个想法。”

第三篇

公益志愿者

向其国：

在公益奉献中成长

人物简介

向其国， 出生于 1976 年，四川省宜宾市人，2000 年毕业于中国矿业大学工商管理学院经济法专业，获法学学士学位。2000 年来到深圳宝安，现为宝安区人民医院的网络工程师。2002 年，向其国注册为一名志愿者，在工作生活之余一直参加一线志愿服务。历任宝安区义工联理事会理事、培训讲师、监事会监事。累计志愿服务时间近 5000 小时。2009 年 8 月至 2010 年 8 月，赴非洲多哥从事志愿服务，成为深圳宝安援助非洲工作的一名“爱心大使”。20 年来的志愿服务生涯中，向其国以其诚挚爱心、善行善举、朴实奉献，点点滴滴、绵绵用力，擦亮“宝安义工”名片，并相继获得了“宝安区优秀青年”、“五星级义工”、“深圳市第十届关爱行动十佳爱心人物”、“广东省五星级志愿者”、宝安区第二届义工服务“玫瑰奖章”、“广东志愿服务银奖”等 40 多项荣誉。

20世纪90年代以来，志愿服务已经成为宝安区公益慈善事业发展的结构性事实，是市民参与公益慈善事业的重要途径。“玫瑰奖章”是宝安区志愿服务的最高奖项，由宝安区政府设立，并由区长在荣誉证书上亲笔签名，用以授予、表彰长期投身宝安区志愿服务、为宝安区公益事业创新发展发挥积极作用、为宝安区社会建设和城市文明进步作出重大贡献的优秀义工典型。宝安区志愿服务“玫瑰奖章”首届授奖活动举办于2008年，此后又分别于2013年、2019年、2020年、2021年举行了四届授奖仪式。截至2021年年底，宝安区68万名义工中共有65名获得了“玫瑰奖章”，真正可谓万里挑一。

向其国，是这65名“玫瑰奖章”的获得者之一。

2021年4月，我在宝安区慈善会办公室主任刘曦光女士陪同下，拜访了宝安区义工联，以了解全区志愿服务进展情况。向其国是宝安区义工联推荐的访谈对象之一。于是，2021年6月15日下午，在宝安区人民医院员工宿舍楼，与向其国有了一场3个多小时的半结构性交流对话。我们的对话主要围绕以下问题展开：做义工的动因、经历和感悟；个人眼中的宝安区志愿服务发展情况；志愿服务对义工个人和宝安区社会建设所产生的影响；义工生涯中最深刻的故事、记忆等。本文主要基于此次访谈而成，并辅之以必要的背景素材。

向其国个头不高，身形敦实，一副眼镜架在圆圆的娃娃脸上，配着洁白的T恤，那种出自校园生活的底蕴就自然而然地流露出来。一开口，是纯正标准的普通话。他十分健谈，思路敏捷，文字从他口中如珠玉般激扬而出，形成了一句紧接一句的话语体系和风格，配着丰富的表情，整个人因此而生动闪光，十分具有感染力。文字激扬中，他在公益之路上走过的每个脚印也清晰可见，与宝安区、与深圳市、与全国的志愿服务发展历史进程相映共辉。

偶然间成为一名“宝安义工”

2000年夏天，24岁、刚刚大学毕业的向其国，怀揣300元钱，只身来到了深圳，梦想着在这个奇迹城市里闯荡出一片天下。一开始工作没着落，他就住在10元店里，白天出去寻找机会。幸运的是，他很快就在大街上与大学同学邂逅，互通信息后就找到了工作。从2000年7月到2002年9月，他先后在3家企业担任过网络工程师、网页制作工程师、电脑专卖店店长、人事部经理和培训部主任，熟练掌握各类网站、网页设计制作和网络工程项目管理。2002年10月，向其国跳槽到宝安区新城幼儿园，成为一名英语教师，兼任网络工程师。兜兜转转，生活似乎没有本质的变化，只是从大学的校园辗转到了幼童的校园，简单而纯粹。

一个偶然的机遇，向其国成了一名义工。那是2002年深秋的一天晚上，向其国在宝安区新安公园遛弯，被园内一个正在举行活动的“英语角”吸引。他走了过去，一打听，得知那个“英语角”是宝安区义工联发起并开展的文化活动，是纯属社会性、公益性的活动。“义工”和“义工联”这两个概念，首次进入了向其国的大脑。“欸，我就觉得义工这个词第一次听说，觉得很新奇。我就问这个义工是干吗的，他们就跟我说：‘你去那个青少年活动中心先报个名，到时候你就来做我们这个英语角的一些工作。我觉得你特别合适。’那时候我年轻，刚来深圳，就觉得一切都好奇、一切都新鲜，特别想融入这个社会，所以我就去问询，去报名参加。”

向其国先是去宝安区义工联热线组了解情况，收获颇丰。“一打听才知道，宝安区或者说整个深圳市在全国而言，是最早开展志愿服务的地区。”之所以如此，主要基于两个因素：一是深圳崛起之初所产生的社会问题；二是香港义工事业的启示和影响。

20世纪八九十年代的深圳，正值城市大开发、经济大发展、社会大转型的阶段，成千上万的外来务工人员涌到深圳，其中青工占据绝对优势比例。青工来此闯荡，基本上都是孤身一人，他们失去了固有的社会支持，遇到问题时举目无亲、无处倾诉，缺乏精神寄托。而当时的城市服务体系也不完备，没有专门的部门来帮助他们解决困难，这就需要创新渠道去帮助他们，使其尽快适应在深圳的工作生活。深圳市志愿服务和义工群体兴起的动因就在于此。

回顾此段历史，向其国也给予了同样的解释："这些打工仔打工妹到这儿后没有亲朋好友，大家交流比较少，还会遇到很多生活上的困难，思想上有很多的困惑、问题呀，怎么办？谁来解决这个问题呢？深圳市的共青团就召集开会，大家要协商解决这个问题。有人就说我们背靠香港，深圳的产业主要是人员密集型的，那香港也有人员密集型的劳务行业，香港是怎么解决这种社会问题的？我们去隔壁香港看一看。"

1989 年夏天，共青团深圳市委员会组织人员去香港考察。那个时期，深圳各界正在喊出"向香港学习"的口号，遇到问题就去香港考察，似乎就成为落实这句口号的一项具体行动。"去了香港以后，就发现他们那边有义工，所以香港那边的社会治理就做得非常好，所以就学习他们，把这些经验带回来了。"1989 年 9 月 20 日，共青团深圳市委员会组织了 19 名热心人士组成全市首支义工队伍，开通"关心，从聆听开始"青少年服务热线电话，为遇到困难的来深建设者提供帮助。深圳市的志愿服务事业，即从这条热线起步。1990 年 4 月 23 日，由 46 名义工组成的深圳市义工联合会在深圳市民政局注册成立，成为内地第一个义工团体。

向其国在宝安区义工联热线组所了解到的第一个情况，就是那条热线开通的前因后果。他向笔者"科普"这段故事时，如数家珍。"'关心，从聆听开始'这条热线开启了我们深圳市整个义工事业。那时候好多人通过这条热线点歌啊求助啊什么的，抒发情感，很多劳务青工从中获得了心灵上的慰藉。后来随着更多志愿服务的开展，特别是献血活动的开展，很多人就围绕着献血开始做义工，深圳是最早搞献血活动的。[①] 通过这些事以

---

① 1993 年，深圳市在全国率先推行自愿无偿献血活动，翻开了中国无偿献血新的一页；1995 年全国第一部有关无偿献血的法规《深圳经济特区无偿献血和血液管理条例》正式实施。

后，（义工事业）就这样一路发展下来。到1994年，团中央就发现深圳在社会治理中做得很好，然后他们就说：我们到深圳去看一看，到底是怎么做的。团中央一看，哎哟，深圳有个义工联，这个挺不错的，全国都来学学他们的经验。就是在1994年的时候，团中央发出号召，要全社会都来学习深圳的义工经验，大家都要成立志愿者组织。1994年以后就形成了一个口号：‘全国义工看深圳！’这个口号被提出来以后，深圳市的各个区都使着劲儿要把这个义工（事业）做好。”

宝安区的义工队伍和志愿服务事业也是从1994年正式起步的。当时，由共青团深圳市宝安区委员会（以下简称宝安团区委）发起，18名志愿为社会义务服务的青年人，组成了宝安区第一支义工队伍。宝安区志愿服务史的这段开头，在向其国的叙述下，具化为如下内容：“那么我们宝安区呢，也是在1994年，18个机关青年，他们都是属于宝安区各个政府部门的青年才俊，都很有思想、有想法，他们就集中在一起说：哎，我们也去帮别人做点儿事。那么，1995年，宝安区义工联就正式在区民政局注册了，注册以后就形成了自己的团队，开始做一系列的服务。我们最初也有这个热线组、社会调研组。这些热线组的开通，就意味着很多思想问题呀或者法律问题呀等问题，有一个热线能够解决它。不是说这个电话就是个万事通，什么都搞定了，它只是一个接收的单位、一个转接平台，有什么问题，它转接其他有关单位来帮你解决。那真的是解决了很多问题。”

就这样以一根热线起步，宝安区志愿服务事业在区委区政府、团区委的领导支持、组织推动下，逐步推进基层义工组织的发展，到世纪之交，全区已经形成了区、镇（街道）、社区（行政村）、机关企事业单位的四级义工组织网络，志愿服务开始普及。向其国接触到义工的概念时，宝安区志愿服务事业正从草创、起步阶段开始向快速发展阶段转型，全区各界正雄心勃勃地打造志愿服务品牌、树立义工社会形象，通过广泛的社会宣传，通过宝安区义工联不断结合社会需求拓宽服务领域，义工理念得到广泛传播，“宝安义工”的名号和内涵开始深入人心。

在了解了志愿服务、义工等相关知识后，向其国就立即申请加入了宝安区义工联热线组，正式注册成为一名“宝安义工”。

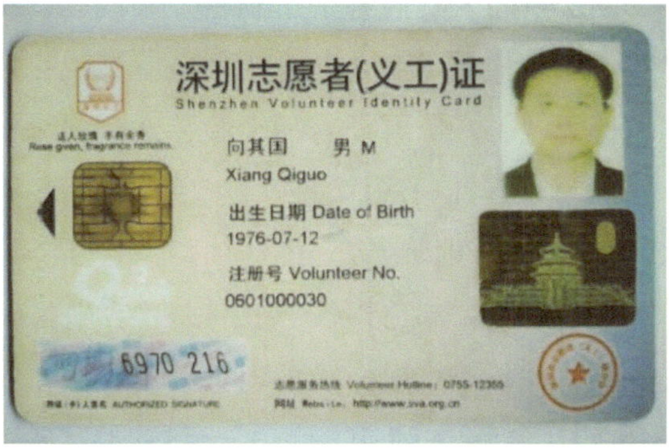

做义工成为生活的一部分

（一）成为“讲课讲得很棒的向老师”

向其国的义工生涯也是从接听热线开始，不久他就被调到培训组。对此，他是这样解释的：“参加了几次（热线组）以后，他们说：‘哎，你普通话很好啊，你又当老师是吧，我们正好需要这种培训老师来培训义工，那你就来培训组吧。’我说好，你们让我干什么就干什么。”从 2003 年 3 月起，向其国成为宝安区义工联培训组的讲师，对新入会的义工开展培训。

宝安区义工联培训组是向其国长期所在的“大本营”。像其他组别一样，培训组是一个具体的活动组别，理论上属“培训督导部”管辖。2002 年至 2008 年间，培训督导部是宝安区义工联组织架构中的重要构成部门，其中“督导”是从香港传过来的概念，督导的任务是想办法帮助其他义工解决服务过程中出现的问题，以提升服务质量。因此，培训督导部的责任要义在于两点：一是总结、组织交流各个组别的成功经验，指导、激励每个组别都不断进步；二是让整个团队不断凝聚向上的力量。这两点都要求该部门必须特别清楚全区志愿服务事业的发展状况。而要做到这两点，在操作层面上还是挺辛苦的。因为当时宝安区义工联各活动组别成立时间都不长，很多小组都没有经验，尤其是一些新成立的小组，不知道到底该怎么做。培训督导部的人员需要跑遍各个组别去发现问题，指导一线义工解决问题，并及时传递创新成果等各类信息。“也就是说，把这边的问题抛到那边去找答案，那边做得好了再把它的经验传送到另外的组别，通过这样的互相交流、共同摸索，让每一个组别都做到更好。”不过，因为人手不足，直到2008年之前，培训督导部与培训组实际上是同一套人马。

向其国虽然属于培训组，却也到各个组别去“客串”。“我经常参加义工联各个组别的各种活动，热线组、培训组、环保组、义警组、社区调研组、助老助残组等，几乎什么活动都经历了一遍，了解各个活动的内容和特点，找出活动的‘卖点’，还做义务宣传员推广到每个组别。因为我要给人家讲课嘛，我要连这个组是干什么的都没办法介绍出来，就根本没有说服力。”就这样，他一步一个脚印，很快就全面熟悉了各个组别的情况及志愿服务领域的各种事务。为了讲好义工培训课，他不断丰富培训内容，从义工的概念、到义工的理念，再到义工活动要求等，形成一套比较规范的课程大纲体系，让每个义工在加入义工联后参加的第一节培训课上，就能沿着一条义工与职业生涯相结合、方向正确的路子走下去。他还大胆创新方法方式，在培训中加入了学手语、表演魔术、唱爱心歌曲等环节，“让义工课程再也不枯燥乏味了”。为了讲好培训课，他于2003年7月还专门去参加深圳市教师普通话水平考试，获得了国家级普通话证书。

2003年7月，他被聘为宝安区义工联培训督导部副部长，2005年7月被聘为培训组组长，并兼任网络组顾问。从2003年到2009年的7年间，向其国亲自主讲了上百场新义工入会①课，培训义工上万人。他以一名义工讲师的身份，活跃在学校的课堂、机关单位的会议室、企业的厂房，把志愿服务的理念精神、志愿服务的实践经验传递给社会各界，宝安区几乎各行各业都知道，区义工联有个“讲课讲得很棒的向老师”。而做培训义工，已经被向其国当作了一种生活经历，也当成了生活的一部分。

回忆起当年的风风火火，向其国依然充满了激情。他印象中比较深刻

① 即新加入宝安区义工联。

的一件事，是一次培训课给他带来的前所未有的满足感。那是在 2004 年，宝安区一家职业高中特别邀请向其国去讲一堂如何参与志愿服务的课。他去到现场，看到数千名学生会集在操场上正在搞“感恩”活动，他以培训讲师的身份加入，既要讲课，又要分享，双重角色自如转换。当他用饱满激情的演讲赢得现场师生阵阵掌声时，感到十分陶醉和知足。

义工培训任务接踵而至，表明该项事业正火热进行。那时期，全市各单位、各区、各个街道、各个社区都在积极推动志愿服务事业发展，“深圳义工”“宝安义工”的形象开始深入人心，“红马甲”开始成为市民对义工的亲切称呼。作为劳务工大区，如何吸引外来劳务工加入义工队伍，成为宝安区义工联工作的重心。在宝安团区委、区义工联的组织发动下，喜欢做义工的劳务工越来越多。向其国回忆说：“就是在 2002 年至 2005 年、2006 年那几年吧，我们义工联真的是进入了一个火爆的、快速的发展期，人都好像上了瘾一样，一说周末去干吗呀？做义工啊，就不再说周末打麻将啦、跟朋友喝酒啥的。因为做义工好玩儿，一做义工，心情愉快，阳光灿烂，因为一群人在一起为社会奉献爱心，这种感觉特别好。我们义工联的氛围特别活跃，不断涌现一些新的队伍、新的活动。所以就接着前面的那句‘全国义工看深圳’，那深圳义工看哪里啊？‘深圳义工看宝安’。那时候我经常把这种案例记录下来，在每一次培训时说说这种话题。”

显然，向其国参加义工活动时需要出双份心力，即一方面要参与、体验志愿服务的过程和细节，另一方面要发现、总结和提升每场志愿服务的内容、特点、意义、问题、经验等，并及时将之转化为知识，再在义工培训中进行案例分析和传授。在某种意义上，向其国以其独到的观察，推动了深圳志愿服务的本土知识和理论的进步。

（二）成为“五星级义工”

2003 年 7 月至 2005 年 11 月，向其国又换了工作，在两家人寿保险公司上班。2005 年 12 月，向其国终于在宝安区人民医院找到了一份心仪的、稳定的工作。他先是任该医院信息科网络工程师，负责医院网站开发维护及局域网软硬件维护工作；后来担任该医院计算机管理办公室网络工程师，负责医院网站开发维护工作；再后来任该医院健康教育科网站管理办公室网站管理员，负责医院网站维护、院内新闻采写、重大事件新闻报道、新闻摄影等工作；此后又担任该医院网站管理办公室网站管理员，这份工作，他一直保持至今。

在寻求安身立命的同时，向其国在志愿服务的道路上也越走越顺畅，视野和思路逐步得以扩展。2004 年 9 月，向其国代表宝安区义工联赴北京，参加宝安区义工联与北京市朝阳区青年志愿者协会结对开展牵手献爱心活动；2004 年 11 月，代表深圳义工参加在广东省中山市举行的“两岸四地”义务工作发展论坛；2006 年 3 月，代表宝安区义工联赴佛山市西樵镇与当地义工开展联谊交流活动；2007 年 1 月，代表宝安区义工联到上海市青年志愿者服务指导中心、上海市社工协会等单位开展学习交流活动。

在参加各类义工服务活动、奔赴各地学习交流的过程中，向其国也开始深入思考义工的社会价值。他的思考，从义工到底应该做什么开始。“那时候，我们真的是非常积极，都特别努力地投入，做各种活动，不过主要就是上大街铲‘牛皮癣’这样一些事情，看起来轰轰烈烈的。后来逐渐反思，就感觉义工的价值不应该单纯是做这些东西，我们开始考虑这些问题：我们把‘牛皮癣’铲了，那环卫工他们干什么？他们的位置又如何自处呢，是不是给别人打脸了？他们是否会看我们干得不好、再去接着干一茬呢？那我们的价值到底如何体现？我们逐渐认识到，我们来自不同行业，大家追求的都是为这个社会奉献自己的力量、做点什么有意义的东西，义工应该有自己独特的定位和特色。”

他所参与的诸多学习交流和研讨活动，给他提供了启发。他印象深刻的一次是 2004 年广东省中山市的“两岸四地”义务工作发展的国际论坛，该论坛的主题就是讨论义工在整个社会中到底起什么作用、如何把志愿服务做得更好。来自加拿大、澳大利亚以及“两岸四地”等地的与会者，一起探讨这些话题，向其国从中获得了很多很好的灵感。例如，义工如何帮助被帮助者？就有来自香港的发言者提出，义工应该站在被帮助者的立场上、要站在跟他同行者的角度来开展服务，提供帮助。再如，如何增强社会公众对义工的认同感？就有人谈到可以动员商家，让他们针对义工出台一些优惠措施，“只要你是义工我就打折扣”，商家承认义工的这种行为，在本质上是一种保障，是义工获得社会认同、得到社会尊重的一种体现。带着这些新观点，向其国回到宝安，探索如何将这些新观点、新经验运用到宝安的社会土壤中，把已经在国际上“很有成效的东西”在宝安“逐步去做起来”。

2005 年，深圳市三届人大常委会第三十六次会议审议通过《深圳市义工服务条例》。这是全国首部全方位规范志愿服务的地方性法规，标志着深圳志愿服务向法治化方向发展，这也为全市各区志愿服务发展提供了规范框架和新的动力。2006 年，宝安区义工联被团中央和中国青年志愿者协会授予“中国百个优秀青年志愿服务集体”称号，成为深圳市唯一个获此殊荣的区级义工组织。向其国和他的义工同伴们都为此感到十分自豪和骄傲。

随着全市、全区志愿服务事业的发展，向其国本人也在不断成长，无论是政治觉悟、职业能力，还是志愿服务能力，都在不断进步，并获得了社会承认：

2005 年，他被推选为宝安区义工联第四届理事会理事。

2006 年，他递交了入党申请书，申请加入中国共产党；同年，获得共青团深圳市委员会颁发的“五星级义工”证书，这是义工界的最高级别。

2007 年，他在宝安团区委组织举办的“我想对党说”入党积极分子演讲比赛中获得优秀奖。

2008 年，他在宝安区人民医院才艺表演大赛中，以戏曲反串《都有一颗红亮的心》歌曲，获得三等奖；参加思科网助学堂教学素材比赛，以自制教学视频《枸杞红了》获得优秀奖。

2009 年，他参加深圳市宝安区职业劳动能力竞赛，获得宝安区计算机组第十一名的好成绩，并获得计算机高级职业资格证书；参加宝安区十大杰出青年评选活动，被授予宝安区优秀青年称号。

成为一名援非青年志愿者

2009 年 8 月，向其国走出国门，成为一名赴非洲多哥共和国（以下简称多哥）进行义务服务的中国青年志愿者，迎来了更加广阔的世界。向其国的机遇，既是国家对外友好事业不断进步的结果，也是深圳国际化城市建设战略所衍生的结果。

中国青年志愿者奔赴非洲进行义务服务，是“中非合作论坛”推出的切实可行的合作举措之一。“中非合作论坛”是中国和非洲国家之间在南南合作范畴内的集体对话机制，成立于 2000 年，此后每隔 3 年举办一次。从 2005 年开始，援外青年志愿者被正式纳入国家对外援助工作中，成为一项国家行动，开始有计划、按批次向发展中国家派遣青年志愿者，从事语言教学、计算机培训、医疗卫生、农业科技、艺术培训、工业技术、国际救援等多个领域的服务。当年 8 月，中国向非洲国家派出的第一批 12 名青年志愿者，进行为期 6 个月的志愿服务。2006 年 11 月，时任国家主席胡锦涛在“中非合作论坛北京峰会暨第三届部长级会议”上郑重承诺，中国将把派遣青年志愿者作为对非援助的 8 项举措之一，3 年内向非洲派遣 300 名志愿者。截至 2009 年 11 月，中国青年志愿者协会协调选派了 300 名青年志愿者，陆续到埃塞俄比亚、利比里亚、津巴布韦、塞舌尔、加纳、多哥、贝宁、肯尼亚、马拉维等 15 个非洲国家开展志愿服务工作。这数百名中国青年志愿者在医疗卫生、教育、农业技术等领域，通过其义务服务，为促进当地经济社会发展发挥了积极的作用。

而深圳自建市之日，“国际化”一词就一直伴随着城市的发展。组织开展对外援助，促进受援国经济和社会发展，深化双边友好关系，是深圳迈向国际化大都市的必要步骤，也是政府对外工作不可缺少的组成部分，更是中国履行国际义务的重要内容。早在1996年6月7日，深圳市常务副市长李德成与多哥首都洛美市市长阿穆佐维·阿卡波签署了缔结友好城市协议书，洛美与深圳结为友好城市，洛美保税区与深圳沙头角保税区结为友好区。此后，深圳与洛美之间的友好交流与合作，涉及经贸技术、文化教育、医疗卫生、公务员培训等多个领域。此后，深圳的志愿服务不断走向国际化，开始向海外派遣青年志愿者。2002年5月，当团中央、中国青年志愿者协会启动“中国青年志愿者海外服务计划”，面向全国招募选拔青年志愿者并派往对中国友好的发展中国家从事有益于当地公益事业发展的服务时，深圳义工李泓霖就在全国青年志愿者中脱颖而出，赴老挝开展支教志愿服务，成为中国首批赴老挝服务的5名青年志愿者之一。同年12月，深圳团市委、市义工联等单位派遣6名义工到缅甸进行国际义务服务，在当地开展为期半年的计算机、中文教学工作，深圳因此成为组织志愿者赴海外进行义务服务的先行城市之一。

2009年年初，在团中央、商务部和中国青年志愿者协会指导下，深圳团市委策划了“‘中国青年志愿者海外服务计划’——2009深圳·多哥项目”（以下简称“2009深圳·多哥项目”），计划从深圳各行各业公开招募选拔20名青年志愿者，派往洛美和多哥第二大城市卡拉，开展医疗卫生、通信工程、汉语教学、体育教学等方面的志愿服务，为期一年。这是深圳志愿者首次走进非洲，也是深圳第三次派遣志愿者赴海外服务。

正是在这样的政策背景下，向其国参与了深圳市的援非志愿服务项目。

2009年7月1日，“2009深圳·多哥项目”正式启动，深圳团市委、深圳市教育局、深圳市卫生局、深圳市外事办（侨办）、深圳市体育局、深圳市义工联联袂发布招募公告，宣布即日起面向全市招募20名青年志愿者，报名时间为7月2日至9日。宝安区义工联把这一消息通过短信方式发送给向其国，向其国看到后心中很激动。他和宝安区义工联的小伙伴们热烈讨论："你看他们去了老挝、去了塞舌尔援助以后，多了不起啊，把爱心带到国外去，这特别让人崇拜。"大家都认为这是一个非常难得的机会，都很有兴趣，都积极报名。时年33岁的向其国当然也要去试一试。因为对于已经做了8年义工的他来说，参与援外志愿服务，一直是难以割舍的梦想。"那时候我在想，我去那儿能干些什么呢？我就看那个招募简章。它说需要有体育教练，需要有汉语老师，需要中医医生，还有就是需要通信网络工程师做网络工程项目。哎，网络工程！我刚好在医院做网络工程师，做网站开发、网络管理这方面的工作。我说我适合这个呀，然后我就去报名了。"

"2009深圳·多哥项目"共吸引了150多名高校毕业生、在职人员、"海归"人员踊跃报名。选拔流程包括材料初审、笔试、面试、体检、考察、公示、审定等环节，层层筛选。向其国清晰地记得他去参加面试那天的情景："哇！乌泱泱的，整个大厅里全是人，全是义工，各行各业的都来报名参加。有些人一看，大家都认识，相互招呼，'哎呀你也来啦'，就这种喜相逢的感觉。筛来筛去，只筛出了26人（有6人是备选）。26人入了初选，但最后到底谁能去，大家还要努把力。这26个人当中，我是唯一一个做到五星级的义工。最后一轮淘汰，剩下的就是20人。在忐忑中胜出的我，当时是蛮激动的，入选的那一刻我是流着眼泪给大家分享心得的。我说，我是宝安区选送的志愿者，在上千人中脱颖而出，成为'2009深圳·多哥项目'的一员。我带着宝安3万名义工的荣誉参加此次援非之行，是我今生最兴奋的事情。作为五星级义工，我有责任把任务完成好。"

在赴非洲之前，深圳团市委、市区两级义工联组织入选义工进行培训，学习日用法语、外交知识、非洲及多哥的历史民情等。向其国积极上课，认真准备。2009年7月，他通过了包括体检、培训学习、政治考察等各项考验，被正式通知可以出发了。

但实际上，赴非洲做志愿者，向其国是顶着压力的。其中一个压力，是担心工作岗位能否保得住。当时，向其国属于宝安区人民医院的临聘人员，没有政府人力资源部门的编制保障。如果他离开医院奔赴非洲，就意味着解除合同、失去工作。事实上，他的主管领导听他说要报名参加赴非洲一年的志愿服务项目时，曾提示他万一真被选上了，单位可能会解除合同。“那这工作怎么办？我辗转了那么多工作，最后到这医院来，挺不容易的，这个医院的工作也挺好的，我一去完回来，这个工作能不能继续做？当时我压力蛮大。”幸运的是，深圳团市委对入选义工进行考察，考察人员来到宝安区人民医院了解向其国的情况，包括政治思想状况、个人简历真实性、平时表现、家庭情况、单位意见等，医院院长听说向其国真的入选了援非志愿服务项目，感到与有荣焉，表示“医院全力支持，工作待遇什么的都给他保留，就让他去就行了”。临行前，医院院长还特意请向其国吃饭，为他饯行，并殷殷勉励。时隔多年后，向其国回忆这段经历，依然深深感动。“我真的觉得这家医院特别有温度，对我特别好。”他对笔者说。

第二个压力来自情感方面。首先，当时他的母亲和他住在一起，母子二人在深圳过日子。如果他去非洲一年，时年 65 岁的老母亲就没人照顾，他只好把母亲又送回老家，去跟他的姐姐一起生活，他觉得有些愧疚。令他感动的是，为了他的梦想，母亲欣然接受了他的决定。其次，他和未婚妻本来计划在 2009 年春天结婚，但他了解到那个援非志愿服务项目后，就心动了，瞒着未婚妻，去报名试试，却应考成功。“马上就要走了，那这结婚怎么办？压力很大。”当时《南方日报》一名记者还专门为此写了一篇文章《他逃婚去了非洲》。幸亏他的未婚妻特别理解他，原谅了他这个“逃婚者”，支持他去多哥，终于促成了他的非洲之行。

20 名深圳青年志愿者远赴非洲从事义务服务，是深圳志愿服务事业发展的一个里程碑事件。2009 年 8 月 12 日，这 20 名志愿者身着整齐红色队服，精神抖擞，接受广东省委副书记、深圳市委书记刘玉浦的接见。刘玉浦勉励全体志愿者：“牢记使命，扎实工作，加强学习，团结协作，圆满完成志愿服务任务，当好促进中非友好合作、共同发展的‘友谊使者’。”①对于即将展开的多哥援外生活，向其国很有信心，他告诉《深圳特区报》

① 20 名深圳青年赴非洲志愿服务［N］．深圳商报，2009-08-13.

记者："深圳有18万名义工，能够代表这个优秀的群体去非洲服务，把深圳义工精神带到非洲，我感到非常自豪！""年轻人就应该到最苦最累的地方锻炼自己，就算那里条件比想象中的更为艰难，我也会挺下来的！"①

2009年8月14日，时任国务院总理温家宝在北京人民大会堂举行的第三届中非青年联欢节开幕式暨中国援非青年志愿者出征仪式上，接见了这支平均年龄不足28周岁、即将赴非洲工作的深圳青年志愿者，并举行了授旗仪式。当时，温家宝总理高度赞扬了这批援非青年志愿者，勉励他们："你们以行动体现了中国青年志存高远、不畏艰难、乐于奉献的精神风貌和对非洲人民的深厚情谊。希望你们用所学的知识和技能为非洲人民提供真诚、周到、高质量的服务，赢得友谊和信任。同时虚心向非洲人民学习，开拓视野，陶冶情操，增长才干。"② 同时，温家宝总理还叮嘱他们在"好好工作"的同时还要"照顾好自己"。受到总理的接见，是向其国的高光时刻。当时的情景于向其国而言，犹如昨日。他告诉笔者："在北京人民大会堂，温家宝总理把中国援非青年志愿者大旗交到志愿者手中。那时我在心底暗下决心，要不负众望，做好海外援助工作。"思想是行动的向导。他是这样想的，在非洲期间也是这样做的。

2009年8月19日，向其国和其他19名深圳援非青年志愿者一起，怀着激动的心情，在深圳团市委办公大楼前集合。"坐上大巴，挥挥手，去了香港，然后从香港坐飞机去泰国，再从泰国坐埃塞俄比亚航班去埃塞俄比亚，最后飞到多哥。这一行程，整整24个小时。走的时候真是太激动了，连钱都忘了带。因为多哥当地不能进行人民币结算，深圳团市委给发了点美元。③ 我走的时候忘记了这茬儿。我未婚妻说，咦？怎么这钱还在家里摆着呢？噔噔噔，她直接一个人到香港，在香港机场见到我，嗔怪我：'你看你钱都没拿，你去那儿怎么生活？'我特别感动。"带着使命、

① 20名青年志愿者即将启程奔赴非洲［N］．深圳特区报，2009-08-12.

② 温家宝在第三届中非青年联欢节开幕式暨中国援非青年志愿者出征仪式上的讲话［N］．光明日报，2009-08-15.

③ 根据"2009深圳·多哥项目"招募公告，援非青年志愿者在非洲服务期间的基本生活费，按每人每月300美元发给每一个人。

向往和未婚妻的情义，向其国去了多哥。

多哥洛美大学的“向老师”

2009年8月23日，向其国和伙伴们抵达多哥洛美。

多哥位于非洲西部，南濒几内亚湾，国土面积5.68万平方千米，是非洲最小的国家之一，是联合国公布的世界上最不发达的国家之一。其贫穷落后的环境和条件，比向其国他们想象中的更艰苦。“基础设施严重匮乏，机场连公共厕所都没有。一下飞机，映入眼帘的是，当地成年人可以随地小便，他们没有任何害羞的感觉。”这行为让向其国很不适应。

20名深圳青年志愿者中，17人的服务岗位在多哥首都洛美，另3人则在多哥第二大城市卡拉。向其国的服务岗位在洛美，他和其他16名服务岗位也在洛美的同伴，被安排居住在一个远离洛美市中心的独立小院，院中有一栋两层高的小楼，这在当地已属少有的高层建筑。此前，这里是中国驻多哥大使的官邸，因为大使馆搬家，成了向其国和同伴们在非洲的家。

接下来，他发现，多哥首都洛美是多哥最大的城市，人口80万，规模和发展程度相当于中国的小县城。整座城市坐落在一片热带林木丛中，大西洋的温润海风源源不断地吹来。当地风景优美，但是，物质条件极其匮乏，蚊虫滋生，疟疾、乙肝、艾滋病、肺结核等疾病肆虐。中国在洛美援建了洛美地区中心医院，并长期派驻医疗团队。建于1970年的洛美大学，是多哥第一所公立大学，是多哥仅有的两所大学中最大的一所，是多哥首都洛美唯一的大学。但因经济贫困、财政紧张的原因，“学校连电脑也没有几台”，向其国的网络工程专业因此没有用上。在来多哥之前，向其国满怀憧憬，他还曾打算在多哥的网络开一个博客，名字就叫“在多哥的日子”，与宝安的义工朋友们分享自己在多哥的感受与收获。这个心愿，当然也没有达成。

不过，因为很多多哥人想去中国留学或者到中国做生意，所以他们学习中文的热情高涨，中文培训班很受欢迎。基于当地的这种需求，中国国家汉语国际推广领导小组办公室（简称国家汉办）于2009年10月与多哥政府合作，以教授汉语和推广中国文化为宗旨，由四川外国语大学和洛美大学共同成立洛美大学孔子学院。洛美大学孔子学院成立时，受教学场地和设备、师资等限制，仅能开设中文兴趣班，为洛美大学的学生及多哥的社会人员提供汉语分级课程。首批成功报名入校学习汉语的学员大约有70名，还有100多人在排队等着。向其国的网络工程专业用不上，孔子学院又急需汉语教师，所以他就到该学院当了一年教师。他加盟之后，该学院也仅有3名汉语教师，其中2名是深圳义工；此外还有3名深圳义工担当助教。

多哥的官方语言是法语。在去非洲之前，向其国仅接受过40分钟的法语培训，但他自己一直苦苦练习，临行时已经能顺利讲出20多句日常法语。行程中，团队里有2个法语老师，一路上都在帮助伙伴们进行法语练习。到达目的地后，向其国及其伙伴们已经能用最简单的单词和句子与当地人交流。但上课堂教学时，他的法语水平还远远达不到自如交流的程度。最初，在法语、汉语都不能发挥作用的情况下，向其国用手势、动作、英语来教汉语。细心的他发现当地学生特别喜爱中国歌曲，他就从教学生学唱中国歌曲开始，开启了他在洛美大学的教学生涯。《茉莉花》《两只老虎》《对面的女孩看过来》《义勇军进行曲》等一系列国人耳熟能详的歌曲，在洛美大学的课堂上飘扬起来，学生们边唱边跟着向老师的动作手舞足蹈，课堂气氛极好。

在教授学生的同时，向其国也一直在努力提升法语水平。他每天随身带着一本《初级法语教程》，里面全是用中文标注的法语谐音：早安（bonjour）被标注为“笨猪”，谢谢（merci）被标注为“迈尔系”，不用谢（derien）被标注为“得黑羊”，等等。身处当地的语言环境后，他的法语水平迅速进步，很快融入当地生活中。授课表达方式也从英语加手势，变成了用法语夹杂英语来教汉语。为了进一步提高对外汉语教学水平，向其国还摸索着编写了一本《汉语教学教材》，将汉语发音用英文表达出来。其中，一声“平”，用Flat表达；二声“扬”，用Up表达；三声“折”，用 Down and Up 表达；四声“去”，用 Down 表达；五声“轻而短”，用 Short and Light 表达。用这一中英文结合的方式来表达汉语声调，形象而又生动，深受学生欢迎，更增添了师生、学生之间学习互动的兴趣。

当时，洛美大学孔子学院的学生大多数是社会学生，他们利用下班后的时间来学中文，勤奋好学的精神使年轻的深圳志愿者们也深受感动。向其国和同伴们每天都在想着怎样为班里学生、当地民众多做些事情。洛美大学孔子学院的领导班子也结合当地学习汉语者的多样化需求，鼓励教师开设多门汉语课程，并围绕中国传统节日体验、中国和多哥文化体验等主题，组织开展诸如春节文艺联欢、校园中国文化周、孔子学院周年庆、中国大使奖学金颁发典礼等多样性文化活动，让当地学生既学习了汉语，又能够直观了解中国。

这样生动活泼的教学、交流方式，向其国最拿手，他把在国内时的所有特长全部发挥出来。他教学生学习舞狮、太极拳，教学生书写毛笔字，教学生编剧。向其国还把中国尊师重教的礼仪带到了课堂上，实实在在地成为传播中国文化、中华文明的使者。他记得去上课的第一天，一个学生居然大大咧咧地把脚伸摆在课桌上，这是他不能忍受的事情。他立即要求学生们坐好，开课前要起立致礼并问“老师好”，然后老师回礼说“同学们好”，完成这个步骤后才可以开始上课。中国师生之间这样简单的课堂互相问候，在当地学生那里却感到很新鲜。向其国坚持不懈，把课堂礼仪进行到底。一个学期过后，学生们树立起了尊师重教思想，一个个都变得非常有礼貌。一个学年过后，学生们的汉语水平已有了突飞猛进的进展。洛美大学孔子学院举办 2010 年春节联欢晚会的时候，学生们积极准备节目，用法语编剧，然后在向其国的帮助下翻译成汉语来表演；当中国大使馆大使夫人莅临现场观看节目时，学生们已经可以用中文灵活地把《对面的女孩看过来》歌词改为“对面的大使夫人看过来”，引来了观众的热烈掌声。

教授学生之余，向其国和伙伴们也用心经营在异国他乡的生活，越来越适应当地的生活和工作环境。他们种菜、养鸡、养羊、做饭，他们和当

向其国穿着宝安义工服，与非洲学生打成一片

地学生、居民交朋友，一起说中文、一起打球，用青春、爱心和奉献架设起连接中多两国友谊的桥梁。在大街上，他们经常听到当地人用中文和他们打招呼，他们听了非常高兴，非常有成就感。此外，他们还积极参与中国大使馆在洛美举办的各类对外交往活动，担任翻译，合唱中文歌曲，表演太极、武术等，成为襄助使馆推动中非友谊的一支生力军。

一年很快就过去了，向其国从刚开始靠手语、英语教汉语，变成了流利地使用当地法语、英语教汉语。学生们的汉语水平也有了突飞猛进的进步。学会汉语，给当地学生带来了个人成长和发展的机会。

向其国有一个学生，给自己起了个中文名字叫“希望”，22 岁，学习中文最热情、最刻苦、最投入，向其国和孔子学院其他几位汉语教师都对这个得意门生印象深刻，深感欣慰。“希望”进入洛美大学孔子学院的中文课堂时，连一句中文都不会说，但不到一年时间，“希望”就已经具备了一定的汉语交流能力，能够与向其国等中国老师用中文流利交谈。“希望”曾告诉向其国等中国老师，他的愿望是：学好中文，到中资公司工作挣钱，来到中国，最后回到多哥从政，改变自己国家的贫困面貌。2010年9月，华为公司洛美分公司到洛美大学孔子学院招聘采购助理，“希望”因中文说得好，并同时掌握英语和法语，所以从200多位竞争者中最终胜出。到华为公司洛美分公司后，“希望”很快掌握了中文打字、Office软件使用，还成为不会当地语言的中国同事生活中的翻译。“希望”同学基于自己的成功，还曾给他当地的同伴取了中文名叫“愿望”，祝愿同伴也获得成长空间。2013年5月，“希望”真的来到了中国北京。2014年4月，“希望”的身份已经是北京四达时代集团海外运营总监。此时的“希望”，拥有一口娴熟的中文，正在冲刺汉语水平考试的最高级别。这个非洲青年因向其国等深圳人介入而改变了命运的故事，生动地见证了深圳援非志愿服务的成效。

2010年8月2日，向其国在洛美的志愿服务期满，他和伙伴们收拾行囊、整理心灵，回到祖国。临行前，学生们对他依依不舍，特地做了一件用法语写着“merci xiang qiguo”（谢谢你向其国）字样的T恤送给他。留言簿上，学生们用汉语写满了深情的话语。

在多哥一年，向其国在付出和奉献的同时，也收获满满。他掌握了新的语言，结识了新的朋友，增加了新的阅历，收获了新的见识。其中最令他自豪和骄傲的是，他在多哥洛美加入了中国共产党，正式成为一名中国共产党党员。

回到祖国的向其国及其援非的伙伴们，受到广东团省委的高度肯定和褒扬，全部荣膺“广东省五星志愿者”称号。2010年8月2日下午，广东团省委、省志愿者联合会，为20名深圳援非青年志愿者举行了欢迎仪式，并为他们颁发了“广东省五星志愿者”证书和胸章。他们在多哥生活和工作的经验，成为此后深圳与西非国家经贸和文化往来的宝贵财富。

在成长中继续奉献

（一）激情效力“大运会”

回到深圳的向其国，马不停蹄地加入了2011年“第26届世界大学生夏季运动会”（以下简称“大运会”）志愿服务行列。早在去非洲之前，他就知道深圳要举办“大运会”。这个在奉献中成长并帮助别人成长的小伙子，这个已经是一名中共正式党员的小伙子，在成长中继续奉献。为“大运会”提供义务服务，成为向其国义工生涯中的又一个燃点。

2004年12月17日，国务院正式批准以深圳名义申办2011年“大运会”，深圳市委、市政府随即正式启动了“大运会”的申办执行工作。2007年1月17日，国际大学生体育联合会主席基里安（G. E. Killian）宣布深圳赢得2011年“大运会”主办权，全市随即进入了紧锣密鼓的筹备阶段。深圳“大运会”组委会执行局、深圳团市委专门制订并颁布了《深圳第26届世界大学生夏季运动会志愿服务工作方案》，根据该方案成立“大运会志愿者（义工）工作协调小组”，明确“大运会”志愿服务的主要任务，整合各方资源，发动社会力量，在全市招募培训2万名赛会志愿者、25万名城市志愿者和100万名社会志愿者，开发、建立818个服务赛事、服务城市的志愿服务站（简称U站）。“大运会”志愿服务工作的开展，是深圳市志愿服务事业发展的新起点。

2011年4月，向其国成为“大运会”第000006号志愿者；5月，他参加U站站长竞选，成为宝安区体育馆U站副站长。回忆这段历史，向其国印象也颇深。“我们从非洲回到深圳以后，就马不停蹄地开始张罗这件事了。作为义工，我们都去参加U站的活动，参加U站的站长评选。我和我爱人两个人同在宝安区体育馆U站，我们都去竞争做U站的负责人，然后我们两个都成为U站的副站长。那个时候我母亲又（被）接回来了，我们要准备结婚了嘛。然后我爱人、我母亲，加上我，我们一家三口只要有时间就到U站去服务。我母亲那时候60多岁了，也跟着我们一天到晚张罗这些事情。我妻子更了不起！她在宝安区妇幼保健院新生儿科当护士，那个工作压力特别大，工作强度也特别大。但是她下了班一有空，第一时间就去U站看看要做点什么，比如张罗人群、确定明天谁来值班等。那个时候义工联里每个人都是铆足了劲儿啊！那个时候真的是一段激情燃烧的火红岁月，大家都特别努力、卖力，全身心投入去做这件事情。”

U站的字母“U”，即“Universiade”（大学生运动会）的缩写，同时也象征“You”和“Youth”，代表青年的激情与梦想，象征着志愿者的微笑。U站不仅为“大运会”服务，也为普通民众服务。“大运会”期间，宝安区共设立169个U站，分别位于比赛场馆、商圈、交通要道、重要路口、社区等人流聚集地，其中包括全市第一个社区U站、第一家志愿者关爱中心U站、第一个志愿者移动指挥系统U站等，各个U站均“以亮点纷呈的特色服务喜迎四方宾朋”。

宝安区体育馆是“大运会”在宝安区设的主场馆，宝安体育馆U站因地理位置得天独厚，堪称宝安U站群的形象之窗，业务也更为繁重。向其国竞选成为宝安区体育馆U站副站长之后，几乎把工作之余的全部时间都花在U站服务中，每天张罗很多事情。他曾设计制作了三组宣传栏，介绍大运会，介绍宝安，介绍深圳；他还特意用中英文夹杂，为U站作词作曲谱写了站歌《幸福U歌》。“大运会”期间，“Come on，Come on，来这里，幸福加U站。学跳大运加U操，欢乐U笑脸，U你U我U幸福……”《幸福U歌》中的这些歌词和旋律，飘荡在宝安区的大街小巷，义工和市民广泛传唱。

当时，深圳市委、市政府借举办“大运会”之机，在全国首次系统性地提出了建设“志愿者之城”的重大发展目标，各区也相继提出打造“志愿者之区”，这标志着深圳的志愿服务事业进入了一个新阶段。“‘大运会’真的刺激了这个城市志愿服务的发展，整个行业一下子爆炸起来，就像打了鸡血，很多人涌现出来，每个人都想参与进来。……我们宝安区体育馆是负责提供女子足球赛的场馆，因为义工在赛事中会起到很多作用，需要很多（义工）服务岗位，区义工联要大量招人。我们刚提出招人的需求，就吸引了大拨人群，很多初中生高中生都过来做志愿者，真是非常火爆。当时全区大概已有5万名义工，一下子暴增到了20万名、25万名，很快又冲击到了30万名，甚至到了31万名、32万名，义工又热起来了。从数量上讲，宝安区在深圳市是第一个完成‘志愿者之区’的建设目标的，因为当时宝安区人口大概300万，（义工人数占比）10%就达到‘志愿者之区’这个目标啦。”此后至今，宝安区一直是全市志愿者数量最多的行政区，可谓“志愿者大区”。

向其国的主要任务依然是培训。“‘大运会’期间要培训很多人嘛，这培训那培训的，天天忙得不可开交，那一段时间真是做了很多事情。”为了提高培训质量，向其国还专门去“大运会”志愿者服务礼仪培训班学习。他不但学到了礼仪知识，还获得了国家高级礼仪培训师资格证书。在此后的岁月里，这个培训师证书给向其国带来了新的成就感。“我觉得这个证书很有用，因为后来经常有人来邀请我去做礼仪培训，有时候还去企业做礼仪培训。这也能够让我发挥自己的优势，我觉得很有价值。”

“大运会”结束不久，向其国和他的妻子双双被评为“‘大运会’杰出志愿者”。谈到这些奖项，向其国既欣慰，也淡然。他说：“其实，我们觉得能够参与这样的一种大赛事，奉献我们志愿者的力量，就特别有意义啦。”

“大运会”之后，U 站经过优化调整，形成了三种类型：第一种为社区 U 站，是社区居民参与志愿服务的重要载体；第二种为场馆 U 站，是“大运会”后深圳及各区各种赛事志愿服务的重要平台；第三种为城市 U 站，是城市服务和城市管理的重要平台。上述三种类型中，社区 U 站最为普遍，覆盖了全市所有社区，成为全市各个社区义工队伍的活动阵地。社区 U 站也是向其国必须打卡的地方，他对社区 U 站的普及很是赞赏。他认为“那真的是太了不起了”，因为社区 U 站是社区居民自我服务的重要平台，对于吸引居民参与志愿服务事业具有非常重大的意义。于他自己而言，他也可以在家门口参加社区义工队，直接服务社区居民。向其国参加的是宝安区新安街道新安湖社区 U 站，依托该站，他在那里培训义工、组织一些适合自闭症儿童参加的活动、邀请雷锋的战友参与社区义工服务等。

参与援非志愿服务、“大运会”志愿服务、社区 U 站服务等的经历，不但为向其国带来了各种荣誉，也进一步提升了他的公共生活质量。2011 年 11 月，他被共青团广东省梅州市五华县委聘为志愿者高级讲师，宣讲传播志愿文化；2011 年 12 月，他获得了由时任深圳市市长许勤签名的“第三届深圳市义工服务市长奖”，同月还被评选为宝安区青年代表，当选为宝安区第四届政协委员；2012 年 11 月，他被选评为“第三届深圳百名优秀志愿者（义工）”；2013 年 4 月，他获得深圳“十佳爱心人物”荣誉称号，12 月获得宝安区第二届义工服务“玫瑰奖章”；2014 年 6 月，获得“广东志愿服务银奖”；2016 年 10 月，获得宝安区“百姓学习之星”荣誉称号；2018 年 5 月，获得“深圳市文明市民（道德模范）提名奖”。

（二）讲述宝安好故事

宝安区义工联，犹如向其国的精神家园、心灵之根。多年来，他一直担任义工联培训组组长、网络组顾问，先后担任宝安区义工联理事会理事、监事会监事，以自己所长，推动宝安区义工联和全区志愿服务事业发扬光大。

作为区义工联培训组组长，向其国常年活跃在各类课堂上，宣传志愿文化，讲授志愿服务经验，讲好宝安的故事，讲好这个城市的故事。已是一名资深义工培训讲师的向其国，进取之心没有丝毫停歇。除了是义工培训讲师，他还有一系列其他头衔：宝安区健康教育讲师团讲师、宝安区劳务工励志讲师团讲师、宝安区城市规划展览馆志愿讲解员、深圳青工文化大讲堂讲师、深圳读书月青工大课堂讲师等。2016 年，宝安区职业能力开发局出于推动宝安区城市国际语言环境建设及促进国际文化交流的需求，启动了“德语口语培训项目”，每年面向辖区居民举办德语口语培训班。向其国也参加了德语培训，拿到了德语资格证书，为的也是讲好宝安的故事。

作为区义工联理事或监事，向其国孜孜以求，为该组织带来荣光。例如，他凭借自己的国际经验和外语优势，支持宝安区义工联深度参与宝安国际化城区建设、深圳国际化城市建设，支持区义工联在全区各大社区、工业区、企业及主要 U 站等多场所、多领域持续开展“示范英语角”活动，在宣传义工、带动市民讲英语的同时，也为组建外语专业志愿服务队奠定了基础。2014 年 4 月，宝安区义工联举办的“示范英语角”被深圳市外事办评为“优秀公益英语角”，宝安区义工联也入选为“深圳市民讲外语英语角平台”成员，是此次入选的全市唯一一家义工组织。

作为一名政协委员，向其国认真调研，建言献策。他提出的提案，内容大多围绕宝安及深圳如何建设“志愿者之区”“志愿者之城”而展开。2012 年 7 月，宝安区委、区政府出台《关于建设“志愿者之区”的意见》，推动全区的志愿服务事业发展再上新台阶。在向其国及其无数同道的参与、推动下，宝安区走出了一条富有特色的志愿服务发展之路，涌现出多名全国家喻户晓的爱心楷模。

（三）抗疫中的“公益大使”

2020 年年初，新冠疫情笼罩全球。大疫当前，其他人都安居家宅，闭门不出，但身为医院工作人员、资深志愿者的向其国必须迈出家门，在抗疫第一线为市民服务。疫情初期，宝安区人民医院在全院开展招募抗疫党员志愿者工作，组建一支“新冠肺炎疫情防控党员志愿者”队伍。为了与进入宝安的境外人员有效沟通，落实排查登记、酒店隔离、核酸检测、疫苗注射等工作，宝安区人民医院还组建了外语志愿者服务队。向其国熟悉英语、法语，也能说点儿德语。他主动发挥外语特长积极报名，参加了外语志愿服务队。疫情发生以后，他主要负责为隔离在酒店的境外人士提供翻译服务。“那些人进了隔离酒店，他们有些什么问题，比如订餐，什么时候能够离开酒店，离开酒店要注意什么等。工作人员没办法沟通时，我们作为外语志愿者就去帮他们沟通。他们也有些人打电话问在哪儿注射疫苗什么的，我们会跟他们沟通。”2021 年年初，宝安区人民医院建安院区启用，他还到该院区 U 站进行志愿服务，帮助境外人士排队做核酸检测及提供疫苗接种咨询服务。

向其国认为，这次全民抗疫也是志愿服务发展的新的催化剂，因为全社会都在参与。他举例说：“你看我们医院的人，大多是高学历的知识分子，那些大博士，以前哪有空儿理你社区这些事儿、理你义工这些事儿？哎，这次抗疫，我们医院要对外国人进行核酸检测、疫苗注射，我们成立外语志愿者服务队，参与的全是高知分子，服务内容的升级带来了服务主体的升级。”同时，他认为这次抗疫工作也检验了志愿者的应急能力和政治担当。因为，抵抗大疫，虽然全社会都在参与、社区各方面力量都在参与，但志愿者无疑是冲锋在前的力量，不论刮风下雨、酷暑暴晒，始终坚守“疫”线。他们和医护人员一样，面对风险，冲在前面。“疫情来了后，我们义工每天都在忙碌。特别是进行全员核酸检测的时候，社区居民都要去排队做核酸。可这是一个很刺激的事情，因为谁都不知道谁会有什么问题，谁都不知道谁是一个‘炸弹’啊！这时你去提供服务，那会不会有问题呢？所以我们义工真的是有政治觉悟、有责任担当的，他完全把这种风险撇开了。报名的时候，‘我要去！我来！没问题！’大家都很积极，穿着红马甲在社区里张罗着，非常专业，真的做得很棒。”

向其国在大疫期间为街区无私奉献，街区领导、群众也感念他的付出。2020 年 7 月，他获得宝安区新安街道新冠肺炎疫情防控工作先进个人荣誉称号。2021 年 11 月，宝安区新安街道举行“社区公益达人”评选活动，向其国进入前十，获得了“公益大使”称号。

业余时间专注于公益事业并不影响他在本职工作中爱岗敬业、精进勤勉。他非常懂得，做好本职工作是他的安身立命之基。自获得现职以来，他数次获得宝安区卫生系统、宝安区人民医院授予的各种荣誉，如宝安区人民医院“先进工作者”“优秀资料员”，并在宝安区卫生局组织的职工活动赛事中拿到了各类奖项。

“做义工丰富了我的人生”

从 2002 年成为一名注册义工到 2022 年，向其国从事志愿服务，经历了整整 20 个年头。当年那个初出象牙塔、怀揣 300 元钱闯荡深圳的毛头小伙子，已经是 46 岁、为人夫为人父的中年人了。

回忆 20 年的志愿服务生涯，他最大的感受不是他给这个城市奉献了什么，而是满腔感恩，感恩这个城市成就了他的人生，感恩志愿服务事业为他带来的丰富多彩的幸福生活。

（一）“做义工，我找到了自己的价值”

通过参与志愿服务，向其国找到了自己的社会价值。他说：“我自己就是一个普普通通的来深建设者，大学一毕业就跑来了，没工作没着落的，在街头观望着，看别人有工作，我好羡慕。什么时候我也有工作呀？辗辗转转，我就到了义工联，然后变成了讲师，一大群人一见面，‘啊，向老师您好！’那种感觉特别兴奋，你知道吗？就好像找到了一种自己独特的身份、独特的价值。”

他认为做义工提升了他的个人能力，因为在做义工的过程中他学到了很多东西。他了解了宝安区的历史变迁，了解了这个城市的过去、现在和未来规划；他学会了如何更好地表达思想、展现文明礼仪；他学到了如何在社会结构中寻找自己的位置，如何进行高质量的社会交往、建构高质量的社会生活；他学会了如何融入这个崭新的城市。在他的电脑里存有一大堆他所获得的各类资格证书扫描件，共有数十个，包括普通话水平测试等级证书、计算机高级职业资格证书、讲师资格证书、法语资格证书、德语资格证书等，都是因他所提供的志愿服务内容所需，而去参加培训学习所争取到的。他的荣誉证书中，有不少属于兴趣爱好类，如演讲、戏曲、摄影、视频制作、环保和垃圾分类知识、健康科普、城市规划科普等。每个证书的获得，都意味着他服务宝安、服务深圳、服务社会的能力的拓展或提升。

他认为做义工拓宽了他的社会空间，因为在做义工的过程中，他参加了许多国内国际的交流活动。除了日常的各种基层服务活动，他还参加了多场以志愿服务为主题的区域性或全国性乃至国际性研讨会，他自己还走出国门，远赴非洲，为促进中非友好作贡献。因为援非，他和其他 19 名深圳义工一起受到了总理的接见。“这些在别人眼中完全不可能做到的事情，我做到了，这是因为我放飞爱心，与爱同行，所以我感觉到了幸福。”2011 年他被推选为宝安区第四届政协委员，也是他一直颇为自豪的事情。“那时候，宝安区要在我们义工当中选一个人做政协委员，我都不知道这个事儿，义工联领导就说‘向其国你去吧’。可能因为我是学法律专业的，再者大家感觉我语言表达比较好，能把想法说出来，所以他们就推荐我。没想到我这么一个很普通的人，也能在政府领导面前、那些身价上千万上亿元的大老板面前发表演讲，跟他们坐在一起探讨一些城市社会治理、社会发展的问题。我觉得太不可思议了。虽然我现在已经不是政协委员了，但是这段生活一辈子都值得回忆。”

（二）“做义工，我建立起了自己的朋友圈”

通过参与志愿服务，向其国积累了自己的社会网络，与义工伙伴们共同在爱心奉献中实现高层次的抱团取暖。

20 多年前刚来宝安的时候，他举目无亲。“当初我为什么会在那个晚上去英语角看一看？无聊哇，单身青年，是吧？没事干，晚上一个人去逛公园。身在异乡，没有亲朋好友，那种感觉是很凄凉的。但是，加入义工群体后，哇！那种忙碌得不可开交的生活所带来的体验、感觉就完全不一样了。”虽然 8 小时工作之余的时间常被义工事务占据，他却觉得无比充实。在忙碌中，他结识了许多极富爱心的人物。“很多时候，不经意之间与很多人，就是与你八竿子打不着关系的人，建立起了很多联系。正是通过做义工，我建立起了自己的朋友圈。朋友们给我的人生经历添加了很多色彩，由此我的生活变得特别丰富。”

向其国多次强调：“做义工带给我们每个人很多的成长”，“每一个做了义工的人真的是产生了很多变化”，“我们宝安区义工联这个平台真的是培育了很多人，成就了很多人，出了很多优秀的人物。”因为他在培训组，见证了身边很多同道在奉献中成长的例子，所以印象特别深刻。他记得，宝安区早年的义工，大多属于来自社会底层的普通打工仔，在没有参与志愿服务之前，很多人没有方向，每天在流水线上工作，每天单调乏味，压力很大，精神生活上贫困破落。“但是，他们做了义工以后呢，有一群非常开心活跃的人带给他们一种新的活法，让他们快速地融入这个城市，也让他们能够表现自己，大声说话，能够组织人群，提升自己的能力。现在你看他是一个保安员、打工仔，过几年以后就变成经理什么的，然后手头带着十几、二十几个人，然后可能又摇身一变、再进步发展，这种事情太多啦。所以，我觉得义工联真的是一个大熔炉，是一个能让人变成金子闪光的地方。一个原来可能不起眼的人，一到义工联这个地方就大放异彩。”

为了佐证自己的论断，向其国拿自己身边的义工朋友，举了一连串例子。

“就像熊永兰”，1992 年她来到宝安区大洋开发区，是一个普通的流水线上的打工妹。1996 年她加入宝安区宝恒工人服务公司团委，因为跟工人关系特别好，她就和大家一起成立了宝安区首个社区义工服务中心，那也是宝安区最早的基层义工组织。在她的带动下，该义工组织由首批 200 人发展到上千人，曾被共青团中央委员会授予“全国优秀青年中心”奖牌。通过带领大家做义工，她让那些打工仔心往一处想、劲儿往一处使，并且有了精神归属，这无论对企业发展，还是对员工成长，都起到了很好的作用。她自己也一步一步地变化着，自己拼命地学习上进，不但成长为公司管理人员，2008 年还当选为中国妇女第十次全国代表大会代表，2012 年当选为党的十八大代表。“这样一个人物的发展轨迹，她的这个跨度是很惊人的，这跟我们义工事业是有直接关系的。正是因为她是宝安最早期的基层义工组织的负责人，她在这个义工组织里发挥了很大的影响力，带动了很多人改变自己的境遇、改变这个城市，所以她才能变成一个优秀典型，走上党的十八大这样的大舞台去展示我们深圳宝安人的魅力。”

“就像胡早阳”，这是一个一级残疾人，2008 年从湖北老家来到宝安区一家残疾人工厂打工。2010 年年初，胡早阳加入宝安区西乡街道义工联，满足了他一直渴望加入一个“可以奉献的组织”的心愿。此后，他成为义工联里的活跃人物，到街头宣传环保、到公园捡拾垃圾、到敬老院陪老人聊天，常年坚持力所能及地从事公益活动。参加志愿服务，使胡早阳摆脱了寂寞之苦，体会到了奉献就是一种快乐，同时他也被义工朋友们关心着、爱护着。2011 年，胡早阳开始辞职创业，陆续创办了 3 家企业，并为残疾人及贫困户子女提供就业机会，还把企业员工组织起来一起进行志愿服务，人们都称他是“轮椅上的硬汉”。2017 年，胡早阳和向其国一样，被聘为“宝安区劳务工励志讲师团”讲师。十几年来，胡早阳获得了一系列荣誉称号，如“宝安区十大社区新闻人物”“深圳优秀劳务工”“深圳十大杰出青年”、湖北省麻城市“十大志愿者之星”、“湖北好人”等。

“就像陈锦花”，1999 年她从广东河源老家来到宝安一家企业，做了一个小小打工妹。2000 年她加入宝安区义工联，此后发起成立了义工联培训组，担任培训讲师，还担任助老助残组组长。2003 年，她成为深圳市第一位无偿捐献骨髓的义工，并加入深圳红十字会志愿者服务队，兼任深圳红十字会关怀地中海贫血症志愿者服务队宝安分队负责人，她负责建立了宝安区首个街道层级的义工联。20 多年来，她逐渐成为宝安区义工联的独特名片，是义工们公认的组织能力最强、个人组织活动最多、组织活动质量最高的义工，获得的荣誉不胜枚举，比如“宝安区五星级义工”“宝安区优秀青年”“宝安区十大爱心大使”“深圳市红十字会优秀志愿工作者”“深圳市百名优秀志愿者（义工）”“深圳市创建文明城市先进个人”“深圳市文明市民·道德模范”“广东省志愿服务金奖”“南粤慈善奖”等。她还是深圳市第五届、第六届人大代表，深圳市人大常委会委员，宝安区第六届、第七届人大代表，被誉为“宝安区最积极的人大代表之一”。“陈锦花真的是个传奇人物，她从最早捐献骨髓开始参加公益事业，然后变成深圳市人大代表、常委，她就是能够让人家心悦诚服地承认她做人大代表做得好。我觉得她很了不起，相当厉害！”向其国由衷地夸赞道。

义工联就是一个大本营、一个大平台，不但培养了义工人才，而且还向全国输送。向其国提到了一对夫妻做义工的故事。“我们义工联有一对义工夫妻，两个人都积极地在做义工，因为他们觉得从事社会公益事业特别有价值。后来离开了深圳去北京发展，成为全国反恐宣传工作的志愿者，活动舞台变成了全国。正是因为他们在宝安区义工联参与了很多工作，所以敢想敢干了，眼界打开了，知道怎么样用公益的力量去做更多的事情来改变社会。”

“所以，我觉得义工事业是一个很了不起的事业，我们义工联真的带给很多人很多变化，我都是眼瞅着过来的。”向其国继续说道，“包括我自己也是。这些年，我从最初的一个普通义工，到义工联培训组去做讲师，然后做到培训组组长，然后做到义工联理事，然后变成义工联监事，这一路走来自己有了变化，也眼瞅着很多人的成长变化，眼瞅着义工联的发展变化。现在我们义工联有五六十万名义工，能量强大，真的是藏龙卧虎。”

（三）“做义工，我收获了我的爱人”

就向其国个人生活而言，还有最重要的一点是，通过参与志愿服务，他找到了自己挚爱的人，建立了小家庭。

向其国的妻子叫海燕。他们两人相识于 2005 年，当时海燕是一名护士，也是一名注册义工。说起与妻子相识相爱与结婚成家的过程，微笑不由自主地在向其国脸上荡漾开来。

“2005 年的时候，我还在义工联里做培训讲师。有一次，我在宝安区青少年活动中心给全区卫生系统的义工做培训，她当时是作为宝安区妇幼保健院团委的工作人员在下面听我讲课。我那时候年轻气盛，眉飞色舞，讲起来特别有劲、特有感觉。她就在台下听，觉得我挺有意思，讲得还挺好的。2006年我去宝安区人民医院上班，加入医院团委，经常参与团委活动，就与她认识了。我是属于特别不害羞的那种人，邀请她一起K歌，她对我印象更深刻了。后来我们两边同事就说：‘哎，海燕人不错啊，你跟她可以搭成一对。’‘哎，那个向其国不错，你们俩可以相处一下。’后来我们就成啦。”

“我爱人是一个非常优秀的人。当时我母亲也在深圳，我们还没结婚呢，她就一直照顾我母亲。……2010年我从非洲回来的时候，我们就准备在10月10日登记结婚。……9月9日，就跑到了结婚登记处，我们说想完成一个心愿，想争取在2010年10月10日上午10点登记结婚。但是，那天是三联‘10’，大家都看中这个日子，那么多人去结婚登记处，怎么可能把这么好的时间给你？巧的是我爱人单位在婚姻登记处有一个业务，就是婚前体检。我和我爱人就提前去那儿做义工，帮着张罗大家排队呀，指点怎么抽血化验呀。然后在9月9日提供服务时，我们就跟登记处的人打了个照面儿，混个脸熟。10月10日，我们再次穿着义工服去，就跟他说：‘我们能不能10点去注册啊？’哎，真的就成啦。我们甚至是上午10点10分10秒去签的那个字儿，所以特别有意义。当时因为这是一个特殊日子，《宝安日报》的记者还过去拍照了。正好就拍了那天我们结婚登记的相片，在那个登记处红十字下面，我们俩穿着义工服，拿着那个结婚证的相片，然后那相片还被《宝安日报》登出来了。所以我觉得，很多时候做义工会带来很多惊喜，你看我收获了爱人，收获了一个公众瞩目的大婚的好日子。这都特别让人觉得，做义工有很多好处。”

向其国还讲了一件趣事，当年宝安区义工联搞培训时经常会有一个话题，就是“做义工，找老龚”。“老龚”叫龚新福，是一个普通的打工仔，文化水平也不是特别高，人比较木讷，说话不紧不慢、含含糊糊的。“但是他特别愿意积极参与义工服务活动，做事情还特别认真。他对交通路口特别熟悉，所以每次参与的都是义警活动，在马路边上帮助指挥交通，到了哪个路口你不知道去坐什么车，他告诉你坐这个车那个车。当时我们督导发现这个人很不错，就把他树成一个小典型，他就成为我们义工联的一张名片。每次义工一说做这些事情找谁，就找老龚，他会告诉你怎么做、在哪儿做。‘做义工，找老龚’就流传开了。”“老龚”这个话题是一语双关的，“老龚”和“劳工”“老公”谐音。前一个是因为，宝安区义工联在早期发展时就注重招募、吸纳大量外来劳务工来做义工；后一个是因为，义工联里有很多人因为做义工而结成人生伴侣，所以“老公”就成为双关话语的重点，变成了“做义工，找老公”。

在深圳这样一个年轻的城市里，外来务工青年初来乍到，面对的就是一个陌生人的社会。未婚青年如何找到人生伴侣，不仅是常见的社会话题，也是这个城市公共政策议程里的话题。“‘做义工，找老公’，其实也是一个很好的方式。因为大家谁都不知道这个人怎么样那个人怎么样，做了义工以后，聊一聊，慢慢都熟悉起来。说起来做义工的人呢，内心都很善良，对吧？每个人都有闪光点。特别是他做义工的时候，你就会发现，这个人散发出很多魅力，做事很靠谱，人很善良，工作也很稳定，做义工又做得这么好，很好。哎，这样的人不要干吗呢？那就跟他成为终身伴侣了。我们义工当中真的成就了很多姻缘，甚至他的后代又来做义工。所以‘做义工，找老公’，对于陌生人为主的这个城市很有意义。”

有了热爱的专业职业和义工事业，有了志同道合的妻子，有了孩子，在宝安还拥有了属于自己的房子，向其国真正融进了宝安、融进了深圳。早在2013年，向其国参加宝安区团委为庆祝五四青年节举行的“高举团旗跟党走，青春托举‘中国梦’”活动、接受记者采访时就说：“现在我可以非常骄傲地跟别人讲，我也是深圳人了。”立业成家之后，做义工成了向其国夫妇的家庭生活方式。工作之余，全家齐上阵，夫妇二人带着老人、孩子、保姆一起去做义工。幼小的孩子耳濡目染，居然学到不少知识。向其国记得，有一次带儿子去宝安区城市规划展览馆做宣传片，父子俩都参加了视频拍摄，成为其中的义务讲解员。当儿子听到“宝安”二字，随即用稚嫩的声音说出“得宝而安”时，向其国感到十分满足，“哎，那种感觉特别好，你知道吗？他那时候才 5 岁多”。

因为夫妻志同道合，向其国的小家庭是出了名的美满幸福之家。2016 年，相继获得“宝安区最美家庭”“深圳市最美家庭”称号；2017 年，相继获得“深圳市健康家庭”“宝安区健康家庭”“深圳市第二届市民最喜爱的健康家庭”称号；2018 年，获得“广东省百个最美家庭”称号。

回忆在深圳生活的这 20 余年，向其国颇有感慨。他说，我们义工联是一个爱心大联盟，是多支爱心团队融汇在一起的大平台，“通过这个平台，人生就丰富了很多”。为什么这样的爱心大联盟率先在深圳形成？为什么宝安区会率先在全市建成“志愿者之区”，志愿者人数占全市志愿者总数的近 1/4？曾与向其国同时援非的深圳青年志愿者张媛曾经困惑地说：“我至今不知道，为什么在深圳这座外界看上去那么物欲横流，年轻人被房价折腾得只知道逐利的城市，会有那么多年轻人加入义工队伍，持续做义工。”[①] 也许，答案就在于这个城市的特质、这个城区的特质。

年轻的深圳，古老的宝安，异质的社群，陌生的人们，孤独的日子，激烈的竞争，艰难的生存……要想在这样的环境中扎下根脉，抱团取暖是所有来深建设者的必由之路。参与公益事业，是一种高层次的抱团取暖。“我们这个城市有很多奇迹，其中一个特别闪亮的奇迹，就是我们这个志愿者奇迹。你看，‘来了就是深圳人’，既然来了，你就要做义工。当志愿者，在深圳它是一种生活习惯，是生活里要有的那种东西，就是刚需的那种感觉。很多人来了深圳以后，因为加入义工群体，就有了他自己不舍得抛弃的一个东西，这东西会牢牢拴住你的，它让你有归属感，让你找到了自己的社会定位，让你体现出自己的价值。很多人不愿意离开深圳，就是因为这种归属感，‘哎，大家在一起多开心啊，多好啊，别走！’我们一提到深圳精神的时候，大家都特别认同，深圳精神中有一个就是做义工，‘送人玫瑰，手有余香’。我觉得这个城市的魅力就在于此，我觉得很好。”向其国以其亲身经历，概括出上述心得体会。

---

① 80 后海归张媛带领公募基金会为志愿者保驾护航［EB/OL］.（2014-04-20）［2022-07-03］. http：//www. szyouth. cn/html/201404/20/20529. html.

的确，当年青春逼人的向其国们来闯荡深圳，反复试错中终于找到了心仪的职业，挣得了安身立命的饭碗，并且在公益事业中建构了公共生活，从而成就了马克思所说的“人天生是社会动物”的本性表达。可以说，参与公益是宝安人、深圳人的一种刚需，然后成为一种传承，成为这个城市的精神和气质。

李秋霞：

以平凡微光温暖社会

人物简介

李秋霞，1969 年出生，广东省江门市人。1989 年只身来到深圳宝安，成为一个打工妹，先后在文具店、商场、工厂做销售、会计等工作，现为宝安区金龙轩酒店财务主管。打工期间，她通过自考方式，获得了会计专业大专文凭。1997 年加入宝安区义工队伍，此后 25 年来长期坚持投身公益事业，相继担任宝安区义工联热线组组长、宝安区新安街道义工联理事、宝安区义工联监事会监事。截至 2022 年年底，她累计服务时间超过 6000 小时，累计献血超过 2 万毫升；从 1997 年到 2022 年，她聆听热线咨询近 2 万次，跟踪处理社会事件 5000 多件，累计联系考察贫困学生 800 余人。曾相继获得“全国无偿献血奉献奖金奖”、“广东省志愿服务银奖”、“深圳首届百名优秀义工”、“深圳市优秀义工”、“深圳市五星级义工”、“深圳市三八红旗手”、“深圳市十大优秀义警”、宝安区首届“玫瑰奖章”等荣誉。

从夜校之路走上公益之路

李秋霞也是宝安区义工联为笔者推荐的访谈对象。推荐的原因，除了她是“玫瑰奖章”的获得者，还因为她是一名资历悠久的老义工。

2021 年 6 月 11 日，按照约定的时间和地点，笔者首次拜访了李秋霞。只见年逾半百的她，爽朗而明媚，整个人散发着盎然的青春活力。

我们的谈话从她来到深圳那年开始。1989 年，刚满 20 岁的李秋霞离开老家，来到深圳打工。第一份工作是在宝安中学对面的一家文具店卖文具，此后就一直没有离开过宝安，成为一个名副其实的“老宝安人”。30 多年来，她虽然也换过几份工作，但工作地点都相隔不远。用她的话说，之所以“一直在这一块儿，没有离开过这个周围 3 千米”，是因为“好像很深的感情离不开了，这里感觉很熟啊，比家乡待的时间还久”。

在打工过程中，李秋霞逐渐感觉到自己的高中学历不足，于是报考了暨南大学的会计专业成人自考班，每天下班后去上夜校，夜校教室就在宝安区委党校及宝民小学。上学和下学的夜校之路，她走了 4 年多时间。先是拿到了大专文凭，然后继续攻读本科文凭。最后，因英语考试没通过，与本科文凭失之交臂。然而，夜校生活为她打开了一个新的生活窗口，丰富了她打工之余的日常人生，给了她新的奋斗目标和动力。她不但扩展了自己的文化知识体系，也结识了越来越多的新同学和新朋友。

李秋霞做出的第一个公益行动就发生在夜校之路上。她的第一个公益行动是献血，发生在 1997 年 5 月 2 日晚上。她记得当时的感觉是兴奋又自豪：“那时候我去读夜校，那天晚上刚好是下课放学回家，经过宝民一路新一佳广场时，看到那里有辆红十字会的献血车正在接受群众无偿献血，我就跟我同学一起上去了，但我同学因为有点贫血献不了，我是 O 型血，就献了 200 毫升，这是我第一次献血。献完血之后呢，就觉得，去做点好人好事，感觉不错呀。用自己的血帮助救治伤病员，挺好的。”

也是在1997年，李秋霞第一次知道了“义工”这个概念。她偶然从报纸上读到一篇报道，讲的是一位深圳义工多年坚持照顾一名素不相识的残疾人。李秋霞很为这个故事感动，随即萌发了也要当义工的想法，因为“做点好人好事的感觉，也是不错的”。当时，李秋霞只知道深圳市红荔路莲花山公园里有个义工服务点，但不知道如何申请去当义工，她就打114电话询问，获得深圳市义工联电话，市义工联接线生问明她居住和工作的地方后，指点她在宝安区就近报名和服务，并且给了她宝安区义工联的电话。就这样，李秋霞联系上了当时设在共青团宝安区委下的义工联，申请注册成为一名义工，成为一个“下班后也有组织的人”。

李秋霞是中国改革开放后最早一批积极参与无偿献血的勇敢者之一。之所以这样说，是因为深圳市是内地第一个开展无偿献血这一社会公益事业的城市。深圳市于1993年5月8日利用宣传国际红十字日活动，启动在街头宣传和招募无偿献血的工作，1995年5月7日全市第一台流动捐血车开到街头现场采血。1995年11月，市人大常委会审议通过了《深圳经济特区公民无偿献血及血液管理条例》，这是内地第一部关于无偿献血的地方法规。由于无偿献血是一个新生事物，刚开始的那几年市民的献血热情并不高涨，没多少人去献血。例如1995年全市449万常住人口中仅有6202人次参加无偿献血。[①] 因此可以说，李秋霞属于最早一批积极参与无偿献血的勇敢市民。除了自己定期献血，李秋霞还和同伴们一起，在宝安多次发起大型无偿献血活动，呼吁市民积极为伤病员献血、为地贫患儿等捐献骨髓。

李秋霞第一次献血时，正好她的母亲刚来深圳和女儿一起生活。李秋霞怕母亲担心，不敢让母亲发现，回到家把胳膊藏在袖子里。从采血护士那里得知，献过血之后要等3个月才能献第二次。3个月后的国庆节，李秋霞又到献血点，再次无偿献血。从此，定期献血成为李秋霞每年必做的事情，成为李秋霞的习惯。她把这一习惯称作“一件非常有意义的事”，

① 卢亮．深圳无偿献血工作模式的发展变迁及其意义［J］．社科纵横（新理论版），2009，25（2）：75-76.

她保持这一习惯一直到 2015 年。她的母亲在女儿第一次献血时尚不知情，后来女儿身上因献血而贴的每一块胶布的位置，母亲都知道。每次女儿献完血，母亲做的最紧要的事就是去为女儿张罗好吃的东西。

有多个生动的献血场景永远保留在李秋霞的记忆中。“冬天寒冷，我静静地躺在血站的献血床上，3 个小时后会感觉手脚冰冷。有几次下班后没顾上吃饭去献血，献完血又没有听医生嘱咐好好休息和补充营养，还晕倒过。”她印象最深刻的是应急献血。“有一次是 2000 年 12 月的一天，我正在公司上班，突然接到宝安区血站的电话，说是宝安人民医院一名产妇大出血急需 O 型血，对方说‘如果等到下班再来献血，那么产妇可能人命不保！’我放下电话立刻向老总请假，冲进寒风里直奔血站。当晚，产妇转危为安，所娩男婴平安健康，这是我最开心的事情。还有一次是 2012 年春节，那年是龙年，因为回家过春节的人太多，献血者不足，血站打来电话，要紧急用血。我那时候刚好来了例假，本来不能去的，但是他们太缺血了，我就赶到血站去献了。献完之后又参加了个义工活动，头还有点晕晕的。”

李秋霞的献血证上记录着她累计献血 2 万毫升。她献的是血小板，“随传随到的，有急事就可以”。2015 年以后，李秋霞的献血次数和献血量都开始减少。她说：“现在我没献那么多，因为身体没以前那么强壮了。现在一般半年献一次，献血的量也没以前那么多了。”

截至 2023 年 5 月底，深圳爱心市民无偿献血 534 万人次，累计献出 1068 吨血液，为保障人民群众生命安全和身体健康作出了卓越的贡献。李秋霞正是数以万计的无偿奉献者之一，自 1997 年首次无偿献血至今已经 20 多年，她的血液流淌在贫困产妇、地贫儿童、负伤公安干警等伤病员的血管里，她也因此获得了由中国红十字总会授予的“全国无偿献血奉献奖金奖”、宝安区授予的“宝安区无偿献血奉献奖金奖”。

“守护困境人群是我们义工的天职”

刚加入宝安区义工队伍时，李秋霞负责助老助残组和热线组的服务项

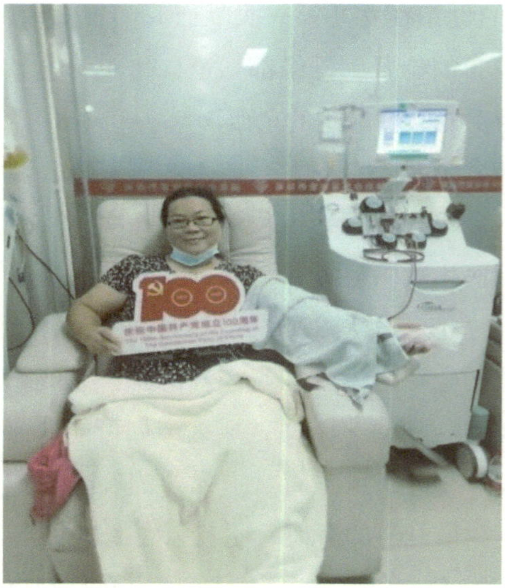

李秋霞献血照

目，主要服务对象是孤儿和独居老人。“其实我们一开始的时候，义工的活动没有那么多，那时候没有现在那么多的服务项目，基本上是老人服务、残疾人服务、心理咨询这三块。我刚加入义工联时，主要是去服务那些社区孤寡老人，还有残疾儿童，去帮助他们。开始做的就是这些，好像是说，守护困境人群是我们义工的天职。”

她记得，第一次去社区家访孤寡老人，还是义工联理事长带着她去的，去社区调研孤寡老人、残疾人的情况，摸清楚情况之后，就定点为社区孤寡老人和贫困残疾人服务。有几年的时间，李秋霞负责照顾宝安区 19 区独居的钟婆婆，她经常带着食物去探望那位独居老人，帮助她打扫卫生，陪她聊天。每年九月初九，她和伙伴们都会到独居老人家中、敬老院中举办联欢活动，送礼物、送食物给老人家，或者组织义工带老人家去宝安区著名的景点“海上田园”观光，让老人家感受新鲜的阳光与空气。

除了定点照顾独居老人，李秋霞和伙伴们还深入社区上门调查残疾人家庭的生活情况，对于其中的特困家庭，她和伙伴们会定时送一些物资让其改善生活状况，想办法为残疾人联系手工作业。李秋霞记得，她往往在下班后顾不上吃饭就跑到已联系好的西乡的工厂，领回手工作业物品送到残疾人家中，待作品加工完后，李秋霞及其同伴再定期上门回收、送交工厂、代领并向工人支付报酬。

她记得，第一次去福利院看那些小孩子，发现他们大多患有某些疾病，比如兔唇、脑瘫等。“老实说第一次看到那些小孩子我都怕，也不敢抱他们，后来就习惯了。”为了做好服务，李秋霞把空闲时间都利用起来，和助老助残组的同伴到宝安区福利院照顾孤儿，喂孩子们吃饭，帮孩子们洗澡换衣服。“福利院的孩子大多患有疾病，那些小孩子做手术时没家人守着，福利院就会联系我们，要我们义工去守着，为小朋友送汤送水送饭，还为值班护理小朋友的义工们送糖水、凉茶。”

每个六一儿童节，她都与同伴们亲手做汉堡包、蛋糕送去福利院给小朋友和老人们，并与他们度过一个愉快的节日。

寒暑假期间，李秋霞会联系中小学校，带着学生们到福利院做义工，教那里的小朋友们讲话、识字。

在她的记忆中，有一次守护残疾儿童做手术的经历，印象颇深刻。那是在 2004 年夏天，宝安区福利院的一名先天无肛孤儿在宝安区人民医院接受免费救助手术。李秋霞得知消息，主动要求和宝安区义工联助老助残组负责人陈锦花等 5 位义工一起，前去轮班照顾，担负起患儿的术前、术后陪护工作。李秋霞每天下午下班后来不及吃饭，就匆忙挤公交车去宝安区人民医院。患儿的手术比较复杂，安装在患儿体内的固定钳子须在术后 24 小时内不能移位，否则手术将前功尽弃。手术那天，因担心麻醉一过患儿会因疼痛而手脚乱动，李秋霞和同班义工一通宵没合眼，一直按住患儿的双手双脚，保证了手术钳子一点都没移位，到第二天医生来检查时，她们自己的手脚都麻木了。

“那时候年轻哦，守了一夜。通宵之后，早上 8 点钟我们又精精神神的，好开心地去宝安区五区市场那里义卖。五区那里不是有一个电影院吗？电影院出来有个广场，我们就在那里义卖，就是组织大家把自己手上的东西拿出来义卖。那时候我们的精力真的很多，好旺盛哦！年轻还是好，现在没这个精力了。”多年之后，李秋霞回忆往事，笑着摇头。这批义工伙伴都像兄弟姐妹一样的，迄今为止一直维系着深厚的友谊。她的老闺密，几乎全是义工。

一根热线化解无数困扰

从2002年开始，李秋霞主要负责热线电话咨询，热线号码是27781000。“这个电话我一直记得很清楚，记得好多年了，因为很久很久，我服务的都是这个热线，我不会记错的。”守住这根热线，她从接线员，成长为小组长、副组长、大组长。“在热线组，我基本上服务最多的就是心理咨询跟助学这两块，2002年我就是负责心理咨询热线那一块的组长。助老助残那一块，后期我基本上没跟踪，因为后期有另外的助老助残组组长负责了。”

当时，心理咨询服务之所以成为热线电话的“热点”，是因为宝安区作为一个外来工云集的大区，外来工心理服务需求迫切。2005年，宝安区慢性病防治院、宝安区心理卫生中心的工作人员曾开展过一次外来工心理卫生服务需求调查。结果显示，外来工的心理卫生服务需求达81.5%，且60.0%曾经考虑过心理求助，但是仅有5.0%真正寻求过心理服务，热线电话是他们首选的求助方式。[①] 这一现实需求，迫使宝安区在全市较早启动并投入重力建设外来工心理服务、社区心理服务体系和机制。

即使成为热线组组长，李秋霞也一直坚持亲自聆听市民求助电话。她记得，那时候有很多家长求助电话，咨询如何帮助网瘾严重的少年；还有不少电话来自医院，请求派出义工到医院帮助那些没人照顾的病患；遇到有严重心理问题的求助者电话，她接听后会安排专业心理咨询师来予以帮助；此外，有失足少年的家长求助电话，以及一时陷入人生困境的求助者电话。

“反正各种电话都有的，什么情况都有，要跳楼的都有，就是打电话来求助。那是因为以前宝安人多工作岗位少，不像现在工作岗位多人少。以前很多人来找工作不好找，你要入工厂都很难，要有熟人介绍，还要给

---

① 张泉水，等．深圳市外来工心理卫生服务需求研究［J］．中国健康心理学杂志，2006（4）：406-407.

钱才能进去。找不到工作的话，他们很多人都要求助，心理脆弱的都要跳楼了。还有就是那时候治安也没有那么好，很多人被抢包、抢身份证，没钱没身份证，很多人就找了义工联，问我们能不能借给他们一点钱。前面那几年我们会借给一点钱，后期就一律不借钱，只能买饭给他们吃，因为你不知道哪个是真的哪个是假的，分辨不了。我们的宗旨就是，不管他是真的来求助还是假的来求助，我们都当他们是真的来求助，我们就买饭给他们吃，但不能再给钱。”李秋霞说。

从 1997 年到 2022 年，她亲自接受热线咨询近 2 万次，跟踪处理事件 5000 多件，及时调度处理市民各种救助事件 3000 余起，回复来信 200 多封，直接跟踪帮助过的家庭约 220 个，受助者包括孤寡老人、失足青年、吸毒患者、网瘾少年、福利院儿童和家庭破碎者。她用一颗爱心，化解了无数矛盾，帮助许多求助者走出困境，还挽救过多位轻生者的生命。

李秋霞记得，有一天深夜，热线组值晚班义工接到了一个女孩的求助电话。那女孩怀孕 7 个月，却被男友抛弃，被赶出家门。深夜里她穿着睡衣、拖鞋，身无分文，无处可去，也不敢和自己家人沟通，幸好她知道拨打义工联热线电话求助。接线义工马上通知组长李秋霞，李秋霞得知消息后，立即与值班义工为女孩安排食宿，同时安排义工轮流照顾、劝慰她。有整整一个星期的时间，李秋霞和义工伙伴罗凤兰一起跑妇联、跑计生中心咨询，安排为该女孩做检查。因怀孕时间过长不能做人流手术，女孩最后决定把孩子生下来，但她的家人一开始十分抵触此事。李秋霞又联系女孩的家人，耐心做思想工作，最终女孩的姨妈愿意收留她。李秋霞帮女孩买好火车票，还派人陪她到广州火车站，送她登上返乡的火车。

大年初一值班，是李秋霞义工生涯中的一个常态。有一年大年初一，李秋霞值班。她接到一个电话，是一个在深圳机场上班的员工打的。他过年没有放假，值完班后一个人在家突然扭伤了腰，无法动弹，家里其他人都回老家过年了。李秋霞接到电话后，约伙伴一起到该病人所在的社区，先找到社区值班人员，然后又找到该病人的家，发现此人确实无法起身，连门也开不了。李秋霞又打电话给 110 和 120，开了门后把他抬到西乡人民医院，然后联系到他的家人。第二天大年初二，李秋霞又买了东西和热线组的副组长一起去医院看望他。

“凡是打来电话求助的，基本上都是陷入困境的人，有各种各样的遭遇。还有不少人打来电话说要自杀，这些人肯定是不想自杀的，他们的求助电话很可能就是最后一根救命稻草，我们一定得高度重视、掌握好这根线，拉一把，让他们走出绝境。”李秋霞记得，有一位湖南男士，打来电话说想杀死自己的太太然后自杀，“他当时告诉我们住在（宝安区）6 区华都酒店，我在电话中与他交谈了两个多小时才把他的情绪稳定下来，最后同意亲自到义工联与我们沟通。经过了解，这位男士因为太太要与他离婚，还要他归还当初做生意亏损的大笔资金，因此心生绝望。我们耐心劝解，多次和他电话沟通或者去和他面谈，终于让他明白他的行为会令自己的家人，特别是养育自己的双亲受到打击。后来他恢复了自信，重新振作起来。看到他自信的样子，我们觉得特有成就感。”

有一位住在宝安区新安街道的男子，因与女朋友分手而产生心理不平衡，跳进新安湖自杀，被送到宝安区人民医院，她联系心理咨询组员一起多次与其谈心，终于让其调整好心态，重新走向社会。还有一个给李秋霞留下深刻印象的求助者，是一个失足男孩的家长。2007 年男孩因吸毒、抢劫被抓进看守所，其家人对其失足行为伤心不已却束手无策，通过热线求助。李秋霞在劝慰家长之余，自己多次前往看守所探望那个男孩，鼓励他自爱、振作。

一根电话热线，聆听人间无数困扰。20 年来，通过接听热线电话，“见的人帮助的人其实真的好多，基本上就是一年有 10 件事，都得好几百件事了，有些事情我都已经不记得了。”李秋霞说，“上面这些事情比较特殊，这些大事我还有点印象，其他的就是小事，小事就没有什么印象了。”

为了做好热线电话工作，李秋霞还倒贴了不少工资。她记得直到 21 世纪初那几年，深圳市民使用的还是 6 位数的小灵通电话，区义工联统一为热线组义工配了小灵通，但小灵通电话打出去要钱打进来也要钱，为此李秋霞还挺心疼自己的腰包。“那时候做心理咨询，电话费真的很厉害啊，听电话6毛钱一分钟，还没有补贴，2006年、2007年我的工资才1000多元。不怕你笑我，我那时候好怕别人打电话收不了线的，可是往往一接到求助电话，特别是一些倾诉性的电话，就断不了线。记得有一个女的，好像是离婚了，她打电话打了好多次，反正是一不开心就打电话来，一打电话就挂不住，我心里急也没办法。我还向义工联申请那个电话费，到现在都没批下来，有时候开会我还笑义工联。那女的后来还来义工联看过我，我说你既有空又无聊还没朋友，那你去做义工好啦。后来她真的去做了义工。做义工后她就开心了，就有朋友了嘛，就没再打过电话。”

李秋霞是深圳市心理咨询服务的先行者，尽管她并没有受过专业的心理学训练，但凭着一颗爱心，帮助无数人解决难题。在担任热线组组长期间，李秋霞综合历年热线情况，分析、改革、明确分工，多次与其他义工联交流、学习，定期请讲师回来培训组员，培养一班骨干，提高自己及组员们的专业知识，让组员的素质不断提高，社会认同感不断上升，让热线深入社区，求助者覆盖全宝安，渐渐拥有不可代替的社会地位。

为了帮助那些处于人生困境中的人们，李秋霞并没有仅仅把自己当作一个聆听者，而是放下电话后约上义工伙伴直奔“第一现场”，观察实际情况。“那时候，我们还去家访。基本上，如果有人求助的话，我们会先去考察，看他是不是真的需要。只要有需求，我们就尽量地帮助他。但是你说所有事情义工都能解决？也不能这样说。只能说，我们义工尽量去帮助别人。”

到了2006年、2007年的时候，深圳市社会心理服务体系开始走向专业化之路。为了加快推动宝安区外来工心理服务和社区心理服务体系建设，宝安区义工联一方面鼓励义工、社工考取社会心理咨询师资格，另一方面探索成立社区心理辅导讲师团深入各社区、工业区，同时要求每个服务组的组长都对接一个街道，指导各街道建立心理咨询服务体系。

李秋霞负责对接的是宝安区龙华街道。“那时候，心理咨询服务体系刚刚开始建，街道都没有经验。我们义工联的心理咨询服务开展得比较早，也比较好，所以我们这些组长都要去挂一个点，每一个组长都要对接一个街道。我对接的是龙华那边，然后我去他们那里，给他们指导一下，真是好累啊，什么事情都要去那里看一下。那时候街道已经陆续建立了义工队伍，条件比我们前期的好得多，能够腾出一个地方来，我们指导他们建立了专门的心理服务站，有专门的房间，里面布置得比较好，粉红色的，一进去给人感觉就比较舒服。再后来，街道下的每个社区都要建一个心理服务室，实行‘一社区一心理咨询师’。这个服务体系建成后，我们的任务就稍微减轻了一些。”此外，2007 年，宝安区心理卫生中心成立了全市首家区级心理危机干预中心，开通 24 小时心理咨询热线，也为义工联的心理咨询热线分担了压力。

经过 30 多年的建设和发展，如今深圳市已经建成了全方位的社会心理服务体系，并将心理健康服务作为社会心理服务的核心内容。截至 2021 年年底，全市 74 个街道全部设立心理服务站，665 个社区心理服务室设置率达 99%，890 所中小学心理辅导室覆盖率达 100%，商圈、楼宇、工业园区广泛建立“职工心灵驿站”，万人以上企业建立心理服务室，市民群众随时可享受专业心理健康服务。

而宝安区义工联的心理咨询热线也一直存在着，只是号码改为 27812355，其中后面的 12355 是广东省统一的心理咨询和法律援助热线。如今，李秋霞也依然是这个岗位的负责人。不过，随着 20 年来的城市发展和社会变迁，这根热线所传递的人间声音，已经从寻求帮助转变为咨询如何助人。

她说：“我从 2002 年到现在一直负责那个心理咨询热线，不过最近这 10 多年情况已经改变了很多。以前外面打进来的电话主要是求助，都是说我有什么事情不开心了、我遇到什么问题什么困难了等，但是现在很少有求助电话，特别是没有像以前那样事情很严重的求助电话了。因为已经有很多途径可寻求帮助，可以去倾诉，比如 QQ、微信、社区心理服务室、学校和企业等单位也都有心理服务室，还有康宁医院那些专业的心理服务机构。现在很多都是义工打过来的，他们遇到疑问或者不知道怎么处理某个事情，就打过电话来咨询。义工也是普通人，生活中也有不尽如人意的地方，义工也需要社会关心。所以，现在这个热线的服务对象其实就是我们义工，更多的是对义工的内部服务，即使有外面的社会人士打电话过来，问的问题也是围绕义工的，比如说如何申请加入义工联，或者加入义工联后怎么参加活动等。所以，可以讲现在义工服务已经是一个全民参与的事业了。”

在这几年间，她的手机很多时候成了热线的替身，因为很多义工朋友打电话与她谈心，她每天晚上都得安排热线义工值班，而值班义工遇到难题往往就会打她的手机，有时在电话里可以解决，但更多的时候她是撇下家人朋友们，打的士赶去义工联处理，因为很多时候都是突发事件。

现在，李秋霞每周还要去宝安区义工联热线组值班，值班点设在宝安区少年宫志愿服务U站。笔者拜访她的次日，是她去热线组值班的日子。“一个星期去一次，一次一般是半天，基本都是赶在节假日、星期六或星期天等休息日。最近这两年多来不是天天做核酸吗？我值班的晚上还要去转转，就近帮助维持队伍秩序啊什么的，转转就是几个小时。也累啊，现在真是老了，不行了呀，需要年轻人多干点了啊。”李秋霞一边笑说自己年龄大了，一边收拾着记录本。2023年7月22日，是个周六，阳光灿烂。笔者约她审阅即将定稿的文稿，看到她又在U站忙碌着。

“在路上助学”

在20多年的义工生涯中，帮助贫困地区贫困孩子就学，也是李秋霞持之以恒的善举。

1996年，深圳市开始启动对毕节市和黔南州的扶贫工作，宝安区根据国家、省、市安排部署，负责对口帮扶毕节市纳雍、赫章等县，其中科教扶贫、助学扶持是对口帮扶工作的重要内容。李秋霞助学的初衷，就生发于赴贵州省毕节市助学帮扶时。

2003年夏，李秋霞和两位朋友代表宝安区义工联去毕节市赫章县财神镇大发村小学助学。该小学位于大山深处的山顶之上，不通车，必须翻山越岭才能到达。“我们走了17千米才爬到那个山顶上，走了五六个小时才找到那个大发村学校。真是笑死个人哪，村子叫财神镇大发村，却一点都没钱。学校里只有两间泥巴地面的漏水的房子，一间校长用，一间学生用。学生一共有12个，不同年级的，大大小小都有。学校老师就一个人，是个30多岁的男子，校长是他，教书也是他，他就住在那个漏水的房子里，真的好穷。那些孩子啊，鞋子没得穿，手里拿一个红薯，中午就当饭吃，看着就让人忍不住心酸流泪。”李秋霞当场许诺一对一资助该校贫困学生，她以自己微薄的工资资助两名学生的全部学费，这两名学生分别叫赵永鑫、杨秀芬。此后，她每年还不定期过去家访、看望，直到他们离开学校才终止资助。

回到宝安后，李秋霞深深感到，自己作为一个打工妹，收入不高，仅凭个人的能力无法更多地帮助贫困学生。于是，她就和当时宝安区义工联环保组组长赖涤凡、网络组组长孙信法、助老助残组组长宋辉明等7名骨干义工，一起创办了一个网站，把助学需求资料放在那里，供市民关注、查阅，孙信法负责网站日常维护。这是她和伙伴们办的第一个助学网站，助学对象辐射到贵州、广西、云南、四川贫困山区的学子。通过这个网站，李秋霞等人还与这些地区的志愿者建立了联系，及时交流帮扶信息。2003年之后，李秋霞带队，又多次到贵州、广西、云南去助学。她说，她考察过不少贫困山区，但最让她挂怀于心、念兹在兹的还是贵州贫困山区的孩子们。

翻看李秋霞有关助学工作的日志，里面记载的是一连串不停息的活动：

2004年12月，李秋霞和伙伴们收到桂林市平乐县大发乡的志愿者发过来的求助信息，称当地下了大雪，天气寒冷，但山区学校的学生装很单薄，不少学生因贫穷没钱购买厚衣服，希望李秋霞等组织募捐一些过冬衣物。2005年1月1日至16日，李秋霞与当时的环保组组长在请示过相关部门后，发起大型捐献衣物活动，成功收集几百箱衣物，并募集赞助运费发送到贵州山区及广西桂林市龙胜各族自治县、平乐县大发乡等地的贫困学生手中。

2005 年 6 月，李秋霞和宝安区义工联的伙伴们又募集了 60 双新鞋、900 件衣物，运送到贵州山区贫困孩子手中；10 月，李秋霞带领宝安区 10 多位爱心助学人士，自费到贵州等贫困地区，实地考察、跟踪资助的学生情况，同时再带回一批新贫困生资助资料。

2006 年 9 月，李秋霞带着宝安区 15 位爱心助学人士，自费到桂林龙胜各族自治县，调查新资助的高中生实际情况。他们翻越大山，亲临学生家中，晚上没床就在学生家中的地板上搭起自带的帐篷过夜，周围有鸡有鹅还有猪。2006 年 10 月，李秋霞与宝安区“绿色之友”环保协会合作，募集图书 5000 册、衣服 1500 件，并再次带队、自费到贵州毕节市赫章县财神镇大发村小学，送去善款善物，并探访他们从 2003 年开始一对一资助的贫困学生。2006 年 11 月，李秋霞发起“同步过冬——送温暖行动”，在宝安区募集过冬衣物。她在倡议书中这样写道：“无数个夜晚，梦里总浮现你那裂开口子、饱受冷风吹、黑中带点红血的小手，心里下了无数次决定，尽自己的力量，发动身边的朋友，同步过冬！温暖你需要爱与关怀的小手。伸出你的手，让我们大手拉小手，用众手托起希望之光。”经过动员，在严寒来临之前，李秋霞和伙伴们募集到 1200 件衣物，并及时发送到贵州、广西贫困山区，为山里的孩子送去温暖。

为了动员更多的社会力量帮扶山区贫困学生，2006 年 12 月，李秋霞和宝安区义工联的朋友们一起，成立了“在路上助学”网站。该网站以“不求做大，只求做精，实事求是”为宗旨，以“我们的努力+爱心行动”带动更多爱心人士资助山区失学儿童为目标，采取一对一帮扶模式，实现精准助学。

“在路上助学”网站成立后，李秋霞不仅继续每年组织义工朋友、宝安区爱心市民，还亲自带队赴贵州、广西、四川、江西及粤东山区实地调查，带回需要帮助的学生及受助学生的第一手资料，并将帮扶需求者资料上网，供爱心人士选择资助。受助信息、捐资信息公开透明，资助者可随时清楚地了解其捐助资金、物资的使用情况。同时，李秋霞以该网站为平台，继续发起多起助学倡议行动，募集资金、书籍、文具、衣物等送到贫困山区。该网站运行首年，即2007年，即发起捐建云南丽江宁蒗彝族自治县西布河乡老江河村希望小学活动，李秋霞自己首先捐出3000元，这次共募集善款7万多元，再加上后期宝安区各界爱心人士的支持，老江河村希望小学于当年12月建成并投入使用。当地政府和群众为了表达对宝安人的感谢，将此小学命名为"宝安小学"。此后每年，都有一系列倡议活动，都有一批资助对象。

近年来，"在路上助学"团队成员发展到60多人，骨干成员保持在十七八人，而且队伍十分稳定。李秋霞与伙伴们主要在粤东的贫困山区和江西进行助学帮扶。疫情之前，他们每年都会赴粤东兴宁、江西省实地考察，每年扶持当地贫困学生20人左右。在粤东兴宁，李秋霞团队与兴宁市阳光义工协会对接，由该协会人员考察当地学校并发现需要资助的贫困学生，李秋霞团队则负责募资、提供助学资金和物资；而在江西，李秋霞团队则直接对接贫困山区的中小学校长，由校长找到需要资助的贫困学生。"我们考察一批，资助一批，资助完一批，就会再出去考察一批。"疫情期间，行程受到限制，她感到很无奈。笔者与她访谈时，她还叹息说："今年（指2021年）3月我们去了兴宁，本来计划六七月我们要再去兴宁、江西的，去那边捐书的。疫情这个样子，又去不了了。"

对于"在路上助学"网站的运行成效，李秋霞感到很欣慰。截至2022年年底，通过该网站，李秋霞及其伙伴们联系宝安区爱心人士，共资助贵州、广西、云南、江西及粤东山区的贫困学生800余人。助学早期，李秋霞曾用自己的工资，资助了上述地区8名贫困学生，那时她还经常与这些学生通信，给他们寄去图书、文具等，鼓励他们好好读书，将来走出大山了解外面的世界，积极用所学本领报效家乡，改造家乡贫困面貌。后来，考虑受助者的自尊心等因素，她就较少再与受助的学生联系。"近些年我们基本上都是用这个组织（指'在路上助学'网站）去帮助他们、联系他们，很少再以个人名义，因为一方面我们也不图他们个人回报什么，另一方面现在的助学资金、资源都是来自全社会的。我们现在特别强调要保护

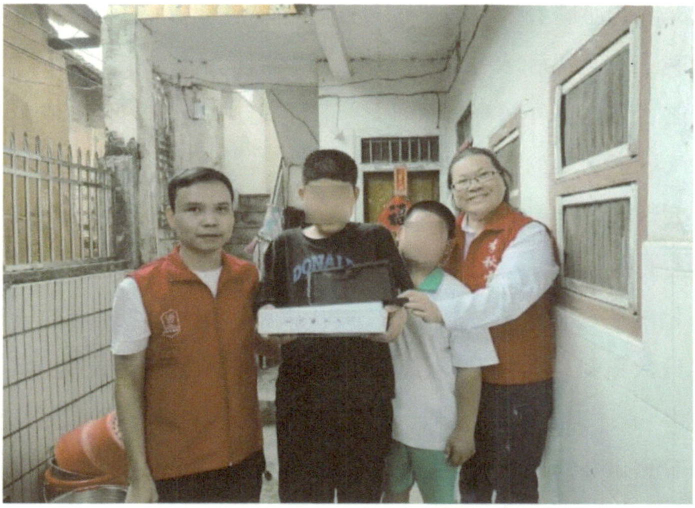

2023 年 5 月，李秋霞和宝安义工同伴到广东兴宁走访学生

受助的学生，我们去兴宁时还跟那些资助者说了，不能把受助者的照片放到网络上去，不能伤害到他们的自尊心。”

享受的是花开的过程

作为一个拥有 26 年义工生涯的资深人士，李秋霞一直深入参与志愿服务过程，亲历了宝安区义工事业的发展壮大。

她记得刚加入宝安区义工联的时候，它非常不起眼。“整个义工联就是一个办公室，旧旧的，好小好小的，很简陋，啥都没有就一张桌子，那时候还没有电脑，工作开展起来也比较困难。有时候我们一个人在那里值班感觉好怕的，因为很安静的一层楼，别人都下班了，你一个女的在那值班守着电话，好怕。后来又搬了好多次办公室，现在条件好很多啦，你看以前我们做义工都是自己倒贴东西，现在怎么也有点奖励了。”

直到 21 世纪伊始，义工的社会角色仍未被各界知晓和理解，一些针对个体、家庭的服务行动仍会遭遇障碍。“我们开始的时候不是上门调查吗？就是去社区家访，摸查哪些是贫困家庭、独居老人或残疾人家庭，然后有针对性地提供志愿服务。因为外面社会上的人对我们义工或者志愿者是什么都不知道，我们得和人家解释好久，解释什么是义工。那时候就是说，你要帮助他了，你还要解释很久他才打开门让你进去。不像现在大家都知道了，都认可了义工的工作和价值。”

令人感到遗憾的是，宝安区义工联活动的早期资料保存得并不完好。因为笔者去义工联查阅历史资料的时候，它能够提供的年度工作总结是从2002年开始的，相关负责人还很不好意思地跟笔者说“之前的资料都没有保存”。“这大概是因为那时候没有用电脑。”李秋霞解释说。

到2005年、2006年的时候，宝安区各街道都开始建立义工队，社会各界对义工的知晓率在慢慢上升，宝安区义工联办公条件也在慢慢改善。到2009年，以前采用的纸质的义工证书、义工服务时间开始实行数字化管理。“电脑把所有义工纳入编号中，这是从2009年开始的，我们要派活的时候就开始说多少号义工、多少号义工，你看有了义工编号，工作统计就方便多了、规范多了。我的义工编号是11号，好多人以为我是宝安区最早的18名义工之一，其实不是的。当时本来是要把前面的号码留给他们的，但是那时候他们有一些人已经没做义工了，有的还联系不到了。我刚好在编号的时候在那里，就被编成了11号。”

李秋霞记得，宝安区义工事业的大发展、大变化，是从2011年深圳举办“第26届世界大学生夏季运动会”时（以下简称“大运会”）开始的。“‘大运会’那时候，政府对义工或志愿者不是宣传得很猛吗？这下子几乎人人都知道了这个词儿。市里、区里都制订了义工队伍建设的比例，记得那时候要求是10%的人口比例，所以最基层的社区都在成立义工队，各个单位也在成立义工队，义工和‘大运会’是那时候最应景的事务。所以说，2011年之后，咱们深圳的义工事业肯定是进入了一个新的发展阶段。”之后，宝安区义工服务体系和制度日臻完善，服务设施日臻完备，服务领域日臻全面。

2021年，宝安区义工联更名为宝安区志愿者联合会，构建起“1+10+124+N”志愿服务体系，即成立1支宝安志愿者总队、10支街道志愿者大队、124 支社区志愿者中队，发展党员志愿者、环保志愿者、交通志愿者等 N 个支队。其组织目标也从过去的以动员推进、普及义工服务，转变为紧跟宝安区委、区政府提出的建设“志愿者之区”的任务和工作步伐，积极参与社会治理、凝聚社会共识，促进志愿服务专业化、法治化、国际化。截至 2022 年 5 月，注册志愿者超过 67 万人，占深圳市志愿者总数的近 1/4，是目前深圳市志愿者数量最多的行政区。同月，宝安区志愿者联合会获得由中央宣传部、中央文明办等部门和单位共同组织开展的 2021 年度全国学雷锋志愿服务“四个 100”先进典型宣传推选活动的“最佳志愿服务组织”荣誉称号，是广东省唯一获得该项荣誉的区县级志愿服务组织。

每天，宝安区都有数以万计的志愿者在全区 124 个社区、6 座公共文化设施、9 家医院、11 个景区景点、12 个政务大厅、294 个对外服务窗口、66 条主要河道等志愿服务站点不辞辛劳、无私奉献。新冠疫情发生以来，宝安区志愿者全力投入抗疫战斗，助力疫情防控大局，在全区 124 个社区、72 个疫苗接种点、1782 个核酸检测点实现志愿服务全覆盖。2020 年，全区志愿服务共计开展 15. 86 万场次，参与服务人数 47. 94 万人次，服务时数约达 29. 42 万小时，服务市民超过 475 万人次。2021 年，仅 5 月至 6 月中旬，宝安区志愿者就累计组织开展协助疫苗接种、核酸检测及社区卡口联防联控等活动 1. 8 万余场，参与志愿者达 6 万余人次，服务市民逾 200 万人次。

年已半百的李秋霞目前依然是志愿者队伍中的一员，依然活跃在志愿服务第一线。25 年来的志愿服务历程，清晰地呈现在她的日志中。翻看李秋霞的义工日志，厚厚一沓，她将之称为“签到本”，并遗憾地说“还有一些本子已经不知道丢在哪儿了”。2009 年以前，都是用手写记录下活动时间、地点、服务对象和服务内容、见证人签名等，2009 年以后则全录入了电脑。记录显示，多年来，李秋霞每月参与志愿服务的场次，少则四五次，多则 10 多次，每次服务时数少则 1 小时、1. 5 小时，多则五六个小时。疫情 3 年间，她参与志愿服务的次数和时数都明显增多。

李秋霞的手机里，微信群有60个，其中与义工和志愿服务有关的有31个，涉及心理咨询、U站活动管理、义工排班、新青年义工领队、新青年公益交流、社区党群服务、爱心助学、核酸服务、打疫苗服务、亲子互动、小孩读书、献血、护河治水、分拣垃圾等。每个群少则十几人，多则数百人。例如：

心理咨询热线组值班（163）
宝安青少年宫U站值班群（83）
爱心助学在路上（66）
爱心助学在路上管理群（18）
青少年宫U站骨干群（18）
青少年宫义工领队交流群（18）
青少年宫互动益智领队排班交流群（21）
新安中粮创芯点义工接种群（疫情：208）
大浪义工队总群（255）
宝安血站O型血小板交流群（166）
灵芝小学义工部（43）
灵芝园社区亲子义工群（462）
宝安中心血站机采义工群（155）
“爱河护河·治水提质”123义工队（33）
宝安党建e站服务群（457）
大浪社区亲子小义工队（331）
宝安青少年宫义工交流群（1组）（497）
U站工作群（58）
龙井社区核酸检测点志愿服务群（11）
区义工联直属各部、组长交流群（40）
6月新义工培训交流群（线下）（65）
宝安义工“玫瑰奖”道德模范群（47）

兴宁助学行（33）

各义工组织负责人（68）

第六次代表大会区直属义工代表（40）

宝安区道德模范、文明家庭联络群（40）

家长会义工指引群（20）

天悦壹号义工群（150）

中粮 1B 楼层长服务群（51）①

“其实，我们老义工基本上都会有这么多群的，一有活动就有一个群。这些群都是长期的，临时群搞完活动就删了。这里有个老人群，做环保活动，现在我都变成老人家了，我已经去参加老人家的活动了，有时间就去捡垃圾，哈哈。”李秋霞一边划拉着手机给笔者看，一边笑哈哈地说。

在接受笔者访谈之前，李秋霞也曾接受过本地媒体的采访。例如 2008 年海天出版社出版的图书《感动中国的深圳人》中，以“李秋霞：义工志愿者的楷模”为题，记录了李秋霞的事迹；2015 年花城出版社出版的图书《宝安义工口述史（1995—2015）》，重点记载了李秋霞的助学故事。为了配合访问者，也为了参加“五星级义工”等荣誉或奖励的评比，李秋霞曾详细地整理过她亲历的各种义工活动资料，留下了珍贵的文献记载。但最近六七年来，她对争先评优已经淡然处之，只做不说，只做不写。用她的话说：“以前我得了很多奖状，后来他们再叫我去参加评奖什么的我都不去了。因为我们这些做了这么长时间的老义工一去评，别人都没机会了对不对？要把机会给那些青年义工。自从我没有再参加评比之后，我就没再写过什么，不是没做，是没写，没再对自己做的事情详细记录了。反正电脑里有档案，电脑一打开，我做了什么里面都有，都是流水账。”

如今，李秋霞享受的是过程，她觉得在帮助别人的过程中自己所得到的也很多，意义更多过于那些奖章。她记得，当年去贵州省毕节市赫章县财神镇大发村小学助学，村民一定要招待她和同伴们吃饭，“他们啥都没

① 括号中的数字指群内人数。

有，最后把一条狗杀了，杀狗来招待我们。”她记得，2004 年被评为“深圳首届百名优秀义工”后，宝安区义工联于次年就帮她申请到了深圳户口指标，她为自己真正成了深圳人而自豪，“因为那时候户口是很难进来的”。她记得，她打工的工厂老板是个香港人，非常重视义工、社工对社会发展的意义，很支持她利用休息时间去做义工，她荣获“深圳首届百名优秀义工”称号后，老板专门奖励了她 1000 元钱，让她去庆祝请客。她记得，因接受了她的 O 型血而转危为安的产妇家人欣慰的笑脸，因她而受助的贫困生走出大山、考入大学时自信的笑脸……当然，还有因为做义工而收获的一大拨挚友。

李秋霞不但是一名优秀的义工，本职工作也同样出色。她从初来深圳时一个卖文具的打工妹，到如今已成为一家公司的会计主管，她不但拥有了大专文凭、会计师资格中级证，而且还考取了社工证书。作为一名企业员工，已近退休年龄的她，正期待着退休后有更多的时间参与志愿服务活动。

海尔集团创始人张瑞敏曾说过：“把一件简单的事情做好就是不简单，把一件平凡的事情做好就是不平凡。”改革开放 40 余年来，正是千千万万像李秋霞这样的宝安义工和深圳义工，助老助残、帮困助弱、筹款助学、无偿献血、维持交通秩序、守护生态环境……哪里有需要，哪里就见到他们的身影。

莹莹之光，灼灼其华。正是因为众多像李秋霞一样的公益志愿者持之以恒地默默奉献、真诚付出，古老宝安才焕发出新时代的文明气象，由“陌生人”汇集而崛起的城市具有了温暖人心的力量。

第四篇

社区公益慈善

文天祥族人后裔：

凤凰社区的“烟楼世泽”

人物简介

文福玲， 1980 年出生于广东省宝安县，文天祥侄孙文应麟（1278—1350）第 26 代孙女，现任深圳市合一智慧产业公司副总经理。曾任深圳市凤凰股份合作公司办公室主任、工会理事长，深圳市宝安区福永街道凤凰山历史传承促进会委员，深圳市凤凰慈善基金会第一届（2014—2019）秘书长。她秉持“乐善好施，遇贫苦之人，必施与援手”的宗旨，在 2014—2019 年期间资助困难人员 50 多人，资助金额约 100 万元。

文启泰， 1968 年出生于广东省宝安县，文天祥侄孙文应麟第 24 代孙男，现任深圳市凤凰股份合作公司董事，负责文氏祠堂、凤凰古村、文天祥纪念馆等文化遗产保护管理、凤凰社区公益工作。

文沛勇， 1981 年出生于广东省宝安县，文天祥侄孙文应麟第 26 代孙男。20 岁时从军，退伍后建设家乡，曾任深圳市凤凰山文化旅游投资有限公司凤凰古村管理办公室经理，现任深圳市宝安区文天祥廉政教育馆馆长。文沛勇从小耳濡目染祖先至大至刚且坚韧不屈的精神，怀揣“文家之训”的信念和使命，成为一个“讲故事的人”，常态化地讲述着凤凰古村的历史故事和血脉里的文化精神，组织举办本地非物质文化遗产展，接待前来考察学习的国内党员干部及海内外仁人志士。曾参与中央电视台 10 频道的《课间十分钟》节目、深圳市政府组织的《深圳地名》及宝安区政府组织的《地名宝安》宣传片拍摄工作，其中《地名宝安》被推荐到学习强国 App 上。

遇见：文氏“锵锵三人谈”

自接受宝安区慈善会委托的挖掘宝安区公益慈善发展史这一专题项目以后，我前去宝安区福永街道凤凰山脚下的凤凰社区拜访文天祥族人后裔。现场感受他们先祖的正气遗韵和世族大家的慈善传承，于我而言始终是件神圣、神秘且非做不可的事情。这固然是由于自幼受教以来一直心存的对历史英雄丹心汗青的敬仰，也出于对英雄后裔聚居社区生活现状的好奇。还有一个更为现实的原因，那就是，挖掘宝安社会记忆中的社区公益慈善传统，绝对绕不开凤凰文氏族人曾经聚居的那座拥有 700 多年历史的凤凰古村。

2021 年 8 月，在深圳市慈善事业联合会秘书长刘国玲的引荐下，凤凰社区文氏族人当下的掌舵人、深圳市凤凰股份合作公司董事长文建锋先生终于答应拨冗一见。但没想到，他是如此低调的人，坚持“功绩不能算个人”的原则，坚决不谈他的慈善经历，而是将文启泰、文福玲、文沛勇介绍给我。并告诉我，要了解凤凰文氏族人的公益慈善传统，要了解当下凤凰社区的公益慈善实践，访谈这三人就足够了。于是，凤凰社区文氏慈善“锵锵三人谈”就这样开始了。

三个人和我一见面，立即热情洋溢地邀请我“上山”，说是只有在山上聊祖先、谈古村、回忆历史风烟、观看家乡新貌，才有更真切的感受。

这山即凤凰山，山势不高，最高海拔不到 400 米，自古却是珠江口的城防重地，被誉为“宝安第一山”。山上奇石多姿，其中有一大石名曰“凤凰岩”。清康熙版《新安县志》有记载：“凤凰岩，在茅山之北，巨石嵯峨；广数丈，洞澈若堂室，相传有凤凰栖于内，故得名。”因文天祥在这一带率军抗元时留下了不少行动细节，元明以来，围绕这山、这岩所产生的诸多版本的本地民间传说，比如此山为什么凤凰来归，此石为什么叫凤凰岩，凤岩古庙何以得建，大多是源于对文天祥大义壮举的敬仰和追念。

我们沿着凤凰山大道驱车上山，目的地是坐落在凤凰山半山腰的凤岩古庙。一路上，古榕丰茂，遮天蔽日。凤凰山大道建设不过10余年，修成通车后不但彻底改善了社区的道路交通状况，而且成为社区的景观大道。大道边上，火红的凤凰花在风中摇曳，文天祥的雕像、画像处处可见。与凤凰山大道衔接、通向凤岩古庙的盘山路段，最早是凤凰文氏族人于20世纪80年代初集资兴建，现已重建。到达凤岩古庙景区广场，文沛勇和文福玲建议先到观景台上，去俯瞰一下山脚、参观文天祥纪念馆，找找直观感受。

凤凰社区在深圳市的位置（示意图）

站在古庙前的观景台上，凤凰山葱郁的景色及山下珠江入海口的伶仃洋（又称零丁洋）尽收眼底。山脚下，近处是楼宇林立、广厦万间、鳞次栉比的凤凰社区，那座拥有700多年历史的凤凰古村钻石般镶嵌其中。远处，伶仃洋在南国8月的午后烈阳下灼灼闪光。1278年年底，文天祥在广东五坡岭兵败被俘，囚禁船上，驶过伶仃洋。湿冷海风里，文天祥悲凉感叹，却又壮怀激烈，留下了那首千古绝唱《过伶仃洋》。此诗已经流淌在整个民族的血脉里，也构成了宝安文氏族人正气家风的基因和底色。

转头看文启泰、文沛勇和文福玲，他们正在欢快地讨论着怎么剪掉观景台前疯长的树枝，因为它们几乎要遮挡住视线。三人中，文福玲最活泼，文沛勇最健谈，文启泰更沉稳。福玲看见我回头，立即拉着我向凤岩古庙走去，嚷嚷着“赶紧到阴凉处去”。

凤岩古庙屹立在凤凰岩石旁，殿宇恢宏，香烟缭绕。它是宝安凤凰社区文氏族人的家庙，同时也是一处公共文化设施。清朝同治甲戌年（1874年）刻《凤凰岩古庙重修序》中言：“原观音庙者，元初时，我三世祖应麟（文天祥侄孙文应麟）公所建业。”查看古庙历史介绍，其最早建于元初大德年间（1297—1307），是文应麟筹资所建，为的是祭祀其从祖文天祥。

话说元朝初建，南宋遗民遭受统治者迫害，文应麟悲愤不已。大德年间，文应麟应该在19—29岁之间，因家仇国恨，而“倜傥尚志节”。一日，他携友登高览胜，眺望伶仃洋，思从祖正气，生立庙之念。为了不引起官府注意，文应麟对外称受观音托梦，寻找一块形似凤凰的岩石，于其旁修筑一座观音庙，供奉观音。在整个蒙元一朝，因害怕官府迫害，文氏子孙只能以供奉观音的名义，暗中祭祀文天祥，直到明朝开国才敢公开祭拜。这座观音庙，就是如今后世所称的凤岩古庙。文应麟筹资建庙的行为，开启了文氏族人筹资修建乡间公共设施的先河。700多年来，古庙经历多次损毁与重建修饰，香火旺盛，福荫乡民。

如今的凤岩古庙，是由凤凰村民于1983年至1984年集资重新修建的。庙内专门建有文天祥纪念馆，巨大的照壁上刻写着他的生平，房间内展示着他的主要事迹和诗词作品。较之广东其他地方、广西、香港、江西、江苏等地建置的文天祥纪念馆或主题公园，宝安凤凰山上的文天祥纪念馆因俯瞰着山下著名的伶仃洋，来敬拜的人们更能直观深切地感受到他激荡在心中的赤血悲歌。

2006年，政府开建“深圳市凤凰山森林公园”，凤岩古庙成为公园景区主体。每逢休闲时日，来此游玩、供奉的民众络绎不绝。因而，凤岩古庙虽然实质上是宝安文氏族人的家庙，却也是市民、外来游人的一处祈福胜地和爱国主义教育基地，浓厚的民间祈福文化中充盈着深刻的家国情怀和公共政治文化。

此外，凤岩古庙一直是一处民间慈善场所，所得民众供奉献金，全部用于公益慈善事业。

敬拜过文天祥塑像，三人带我前往凤岩古庙景区管理办公楼。在一间古色古香的茶室里，三人开讲。文启泰还去藏书室找来了一本2011年出版的《凤凰村志》①，以补证谈话中的疏漏之处。

凤凰山上的凤岩古庙

凤岩古庙内的文天祥纪念馆

① 《凤凰村志》编纂委员会．凤凰村志［M］．济南：黄河出版社，2011．本文有关凤凰社区及文氏宗族历史变迁的资料，凡参考此书者，不再一一注释。

“望烟楼”：文氏村落慈善的源与流

（一）凤凰社区的前生今世

健谈的文沛勇首先侃侃而谈。他说，我们三人自小都在这里出生、长大成人。要说我们凤凰社区的慈善传统，必须得从凤凰文氏一脉始祖文应麟和他的“望烟楼”说起，这是一个遥远的故事，却装在一辈辈后人的心里，而要谈“望烟楼”，则必须从凤凰社区的前生今世说起。

“我们现在的凤凰社区是2004年改制成名的，也就是所谓的‘村改居’社区，之前叫凤凰村，也叫‘岭下村’，因为以前凤凰山也叫大茅山，最高峰叫‘飞云岭’，村子就在岭下，所以叫‘岭下村’。现在我们社区里95%以上的原村民都姓文，都属于文天祥胞弟文璧的长孙文应麟的直系后人。原村民中也有其他一些姓氏，比如李、蔡、陈、黄、张、潘、廖等，都和我们文氏一样，是中华人民共和国成立前就存在的姓氏。中华人民共和国成立后，有一些外姓是因为婚迁嫁娶过来的‘空挂户’，村里全部外姓氏有几十人，人口比例极小。改革开放以来，外姓就越来越多了。现在凤凰社区居住人口9万多，下辖18个居民小组，外来人口是我们凤凰户籍人口的近60倍，那得有多少姓氏？我说不清。现在的社区概念，不是我们过去村子的概念。”文沛勇一边说，一边划拉手机，找到宝安区政府官网上福永街道凤凰社区的网页，指点其中的“社区概况”给我看，里面有对该社区位置、面积、人口、建筑物、企业及“三小场所”及管理结构的简单介绍。为了详细了解该社区，他建议我再去查阅村史资料，并把那本《凤凰村志》赠送给我。

访谈结束后我核查《凤凰村志》及《深圳古代史》①，得知早在新石器时代晚期，凤凰社区本土一带就有人类活动，东晋时已有先民栖息。不过，在很长时期内，因本土地处珠江入海口，除较高丘陵台地露出水面，平原尚未形成，人迹不盛。秦朝，纳入政权建制，属南海郡番禺县地；两

① 陈海滨．深圳古代史（上下）[M]．深圳：深圳报业集团出版社，2015.

汉时，属南海博罗地；东晋“咸和六年（331 年），析南海郡，置东官郡，领六县，首宝安，是为宝安县建县之始，本土属东官郡宝安县”。隋朝，“本土先后属广州总管府宝安县、南海郡宝安县”。唐代，宝安县更名东莞县，“本土属广州都督府东莞县”。唐朝中晚期，本土一带开始形成小村落。

“岭下村”名，得于宋末。两宋时期，这一带先后属广州中都府增城县①、东莞县；宋末，本土约有“三户成村、四户成寨”的五个小村落连成一起，取名“岭下村”。明清时期广东官方巡检、勘定下辖的村落，岭下村名列其中。此后，虽本土所属建制随政权更替而变迁，但岭下村名一直延续下来。即使到现在，社区内有些巷子的标牌还没有更改过来，还能发现“岭下村三巷”“岭下村四巷”诸如此类的牌子。

“凤凰社区”及“凤凰村”得名，既与凤凰岩的传说有关，更与现代基层政权建制变迁直接相关。进入 20 世纪，这里的基层政权建制几经变化：民国时期，这里曾设“凤凰乡”，实行保甲制度；1949 年至 1957 年，先后设置“凤凰农民协会”“凤凰乡”等；1958 年 3 月至 1983 年 6 月，设“凤凰生产大队”，先后属宝安县福永乡、超美人民公社、沙井人民公社、福永人民公社、福永区；1983 年 7 月，凤凰生产大队改称凤凰乡；1986 年 10 月，凤凰乡改制为凤凰村；2004 年 7 月，凤凰村改制为凤凰社区。

至于数百年来文氏族人集中居住的岭下村旧址，被政府命名为“凤凰古村”，作为文物古迹保护起来。原先居住在古村里的文氏族人及少数异姓村民已经全部迁出。2009 年，凤凰古村整体被评定为宝安区区级不可移动文物；2016 年，《深圳市紫线规划》将它列为深圳市六大重点保护古村落之一。整个村落背靠凤凰山，面朝伶仃洋，风水形胜。走进古村，岁月的幽深气息扑面而来，各栋房屋都有以凤凰为主的绘画和雕刻，无言叙说着这个古老家族的故事。

文沛勇谈起凤凰古村，眼睛熠熠生辉。那里现有保存完好、明清风格的建筑 69 座，其中的家塾、书院、书室共有 21 座，是深圳市拥有私塾最

① 972 年，东莞县并入增城县，973 年复置东莞县。

多的古村落；村内还有 41 条古巷道，12 口古井（其中有 3 口元代古井），12 棵古树。它们历经历史云烟，在时代变迁中默默挺立，同时也记载了宝安福永地区社会变迁的全过程，见证了文氏族人古老的故事，是当地居民世世代代的集体记忆，更是深圳城市发展的历史场景、“记忆场所”之一。

凤凰古村是文氏族人的家珍家宝，但无论是外显的木石建筑文化，还是内在蕴含的数百年的正气家风，都已经超越了一个家族的先人遗泽所载，而拥有着巨大的公共意义、公益价值。慈悲为怀、乐善好施、急公好义，只是其中的一个维度。

（二）文氏先祖与岭下村

根据《凤凰村志》记载，文氏先祖世居四川成都，在五代唐庄宗时，先祖受命出仕江西，定居永新北乡钱市。凤凰村开村之祖是文应麟，文应麟是文天祥胞弟璧长子之子，因此谓文天祥从孙。文璧（1238—1298），字世安，号文溪，被凤凰文氏奉为十三世祖。1278 年 5 月，文璧，“除权尚书户部侍郎，总领广东，兼知惠州”。1278 年冬，文天祥兵败被俘，文璧开惠州城降元。1280 年，经元世祖催聘，文璧进京入觐，1281 年赴官。

关于文应麟究竟是谁的后代以及为什么来到宝安，文氏族谱、地方志记载不一。《凤凰村志》记载，在改朝换代的风雨飘摇时节，文璧曾携其妻子、家丁 16 人及家私官物，潜至宝安伶仃洋沿岸荒芜地带的黄松岗鹤仔园（今宝安区松岗街道辖区）遁避，由此留下血脉。文应麟即归于这一支血脉。文应麟出生于 1278 年，成人后曾被元朝统治者征为“归德坊官”①，因不服“贼逼军糈”，“携儒人并二子卜居岭下，为凤凰开村之祖”。

清康熙《新安县志·人物志》对文应麟迁居宝安岭下村的初衷另有记载：“文应麟，宋丞相文天祥从孙，倜傥尚志节。景定中，丞相弟璧守惠州，兵至，璧以城降。应麟耻之，携二子起东、起南，遁于邑之东渚，遂

① 宋至清代，宝安沙井、福永一带被称为“归德”，设盐场。元朝统治者在乡村和城市（无论大小）分别设立基层行政组织“里”和“坊”，作为征调赋役的工具。“坊官”职责包括：官府排办造作、抵应杂务、羁管罪人、递运官物、闭纳酒课、催征地钱等。

家焉。今称名族。”然而《文氏通谱》记载，文天祥祖父育有三子，其中二儿子文仪生育文天祥、文璧等四兄弟，三儿子文信生育文天瑞。文天瑞乃文天祥堂弟，文应麟则是文天瑞之子。南宋末，文璧任惠州知府，文天瑞随同抵惠，娶本地冼氏为妻，生长子文应麟。后来，文天瑞迁往海南万州，终老于此。而文应麟仍留居惠州，“迈众好义乐施，生平豪爽浪游四海。见宝安东渚沃土膏腴，从惠州而徒迁居之后，家业恢广累富数万”。

本文无意考究历史之谜。但考察各种记载，从中可以明确的是，文应麟为文天祥族人后裔、乃宝安文氏始祖。他的七个嫡孙之血脉后裔被称作“宝安文氏七大房”，凤凰社区的文氏一脉属于“七大房”之二房后裔。通常，居于凤凰社区的这支被称为宝安凤凰文氏。文沛勇强调说，宝安文氏族人立德行善，肯定得先追根溯源，从先祖文应麟扶贫助困、乐善好施的故事谈起。对此，文启泰、文福玲都连连称是。

文应麟定居岭下村后，家底是很殷实的。“我们文氏族谱记载他‘承祖父家私巨万’。”文启泰补充说。作为宋末重臣、地方大员的后人，文应麟家底殷实不难理解。文应麟还很有经商头脑，建宅置业，开垦荒地，勤事耕耘，置田产 80 顷，所得收获除自用和纳税外尚有盈余。但文应麟与他的从祖文天祥的性格相似，豁达豪爽，热血侠骨，体恤贫弱。清康熙《新安县志·人物志》对他这样评价：“倜傥尚志节”，“用财如粪土，恣游浪迹，欲因以阴求天下士”。也就是说，文应麟是个豪迈洒脱的性情中人，胸揣大义，快意花钱，喜欢游玩，暗自寻访仁人志士。《凤凰村志》记载，大德年间，文应麟和族中子弟、义士常暗中集结，在山上习武练剑，以图继承文天祥遗志。他忧国忧民，遇穷苦人家，必定施以援手。

除建筑凤岩古庙外，文应麟还建通了前往凤岩古庙的石桥和石路。古桥总长度为 11.4 米，由三列长条形青石组成，青石厚度 0.32 米，青石下方有二方形石礅，宽 1.4 米；古路石阶也全用长条形青石砌就，石条一般长约 1 米，宽 0.3 米，高 0.15 米。此外，还带领村民开凿了三口水井，分别叫“仔井”、“青龙井”和“红井仔”，供村民生活用水。迄今为止古井清水依然。建立私塾，为文氏子孙和乡邻子弟传教授业。统一规划、统一坐向，建起宋代风格的村落住宅，形成了岭下村的形制雏形。文氏后辈繁衍生息，瓜瓞延绵，村落规模逐渐扩大，到明清时期，“建房添瓦者众”，形成了现今凤凰古村的样貌。

现今凤凰古村全景（拍摄者《宝安日报》摄影记者雷小舟）

文应麟于元朝初年修建的凤岩古桥（20 世纪 80 年代末被拆）

文应麟于元朝初年修建的凤岩古路（20 世纪 80 年代末被拆）

（三）“望烟楼”的典故

在 1315—1340 年间，即元朝中期，文应麟此时期为 37—62 岁，步入中晚年。就是在这一时期，他在山顶建茅舍，“望家无炊烟起者，即设法救济。乡人感其恩，称此茅舍为‘望烟楼’（又曰‘望烟台’）”。

清康熙年间编纂的《新安县志·地理志》载：“望烟台，在凤凰岩下，传文丞相侄孙文应麟家于岭下，为何右丞相部将。值岁荒，建此楼登眺，凡家无饔烟，赈之，至今犹称‘烟楼下’云。”此外，青黄不接或灾荒时节有人家借粮，如果无力偿还，他就当众将借据烧掉。

对此，文沛勇如是解释、评论道：“元代初期，战乱刚过，灾年岁荒也不断。这里还有一些不是我们文家的人也住在山脚下，不少是穷苦人家，他很同情穷人的遭遇。凭烟救济，他不一定是只帮着咱们文氏的族人，而是只要这个村子里边没有炊烟的人家，他都有给予帮助的。他这种办法，可以说就是古代版的精准扶贫啊。”

因望烟济人，邻里乡人感念文应麟恩德，称其为“义士”。慢慢地，这一带就形成了“烟楼望晚”的典故，并流传开来。“烟楼望晚”典故，被誉为文氏族人慈善家风传承之根，是凤凰山一带村落慈善的起源。1974年，村民文榜胜等人在山顶修建防火道时，挖掘出望烟楼遗址及10余枚宋代钱币。此后，望烟楼经过数次重建，成为本地民间慈善记忆的重要载体。

望烟楼下的凤凰古村内，矗立着文氏祠堂，大门两侧对联就直接铭记了望烟楼的典故，上联是“烟楼世泽”，下联是“正气家风”，祠堂里悬挂的家规家训字字清晰，“孝顺父母，友爱兄弟。别异男女，尚族谊。各勤本业，崇简戒奢。屏黜异端，亲近正人。勿事争讼，早完国赋”。在这个家族700多年的历史中，凤凰文氏后人都秉承克尽劬劳、勤恳持家、济困助危、设馆教学、爱家爱国的正气家风。

凤凰山顶上的望烟楼（2010年重建）

自古以来，凤凰文氏族人济困助难的对象、举措，可以分成两部分：一是族内帮扶，二是族外帮扶。

所谓“族内帮扶”，就是对文姓人的帮扶。文启泰说：“我们文氏宗族内肯定有很多人嘛，有些可能会富一点，有些可能会穷一点。族内帮扶，就是帮我们最穷的那些族人啦，首先要解决的是吃饭穿衣的问题，此外还帮助婚丧嫁娶啊，帮助小孩儿受教育啊。族内有‘公田’，这个就是帮扶

宝安福永街道凤凰社区文氏宗祠外观

文氏宗祠门联

穷宗亲的公共资产。帮扶最多的还是在教育那块儿，比如支持小孩子上私塾、去考科举啊，如果家里拿不起学费，就从‘公田’收益中拿出来一部分支持他们。”

文福玲立即查阅《凤凰村志》，指点着说：“看这里，这里有‘公田’的记载。”《凤凰村志》第 139 页记载：“解放前，土地实行封建所有制，凤凰大部分土地集中在地主、富农手中，还有一部分土地为‘公田’，被势力雄厚的家族占有。”厚厚一本村志，关于“公田”的记载，仅有这两个字。关于它的历史、作用、运营管理方式等具体内容，“那得去查族谱才搞得清楚。”文沛勇不好意思地笑着说。

清朝嘉庆版《新安县志》载有文氏族人“煮粥以济贫者，乡人德之”的内容。显然，这里记载的是族外帮扶。如前所述，望烟济人的故事里已经包含族外帮扶的情节。至于灾荒兵荒时赈救乡邻、流民，积极支持并参与抵御外侮，文氏族人的做法与其他世家大族别无二致。据《凤凰村志》记载，鸦片战争时期，林则徐、关天培在这一带设立营寨、操练兵马，抗击英军，文氏族人及附近村民皆捐献米粮。抗日战争期间，文氏族人及附近村民不仅直接参与战斗，而且为抗日游击队送米送粮，为逃难而至的众多难民设点救济。

不过，三人最津津乐道的是文氏重文重教的故事。他们认为，为乡里学子提供求学之所、开辟文运之道，更是文氏后人的家传风尚。文沛勇说："从我们老祖宗那里传下来，我们一直以来都重视教育、支持教育、帮扶教育，要让后人学习文化，要用知识改变命运。"文氏族谱、《凤凰村志》及《福永镇志》都记载着如下史事：明朝时，文氏族人兴建了"茅山公家塾""巽岭公家塾"；清朝时，兴建了"伯元公家塾""拔茹书室""顾三书室"等，到清朝盛期全村最多时设有25个书室、学坊，学子百余人。1890年，文氏族人兴建了凤岭小学，地址设在"顾三书室"，乃为这一带最早的具有近代化特点的、比较正规的教育机构，广招乡邻子弟就学。1906年，清王朝濒临崩溃，兵荒马乱中，出走海外的文氏华侨集资重新修缮凤岭小学，更名为"宝安区第四区凤岭乡高初两等小学"。20世纪50年代初，凤岭小学更名为凤凰中心小学；不久即迁回"顾三书室"，更名为凤凰小学。再后来，择地另建，但凤凰小学之名一直沿用下来。至2014年，先是在2004年由"村小"性质转为政府公办性质，后是在2014年更名为凤凰学校，并由小学升格为九年一贯制学校，如今已拥有60个教学班、在校学生达3000余人。

凤凰古村内的"顾三书室"（现已被保护）

最年长的文启泰补充道："我们这里千百年来一直被称作南蛮之地，

中原人、北方人要么是被贬来的、被发配来的，要么是逃难来的。他们，包括我们祖先，来了之后呢，都会先建个‘家祠’‘家塾’，教子女读书，因为他们不要子女做个只会农耕、不会识字的人。所谓‘家塾’，最早就是同一房人请来老师上课，先只给同一房的子女用，慢慢开放给几房人的子女用、亲戚的子女用，再后来扩大到整个村的学童都可以来上课，比如‘茅山公家塾’就是这样的。茅山的全名叫文茅山，生于明初，是凤凰文氏八世祖，成年后设馆教学。‘书室’‘学堂’是明清时期的叫法，几乎完全对外开放。比如，‘顾三书室’就是学堂。顾三的全名叫文顾三，生于清朝嘉庆末年，是我们凤凰文氏二十一世祖。他非常有才华，同治年间，倾全部家财建立了一所三进三开间的学堂，起名叫‘顾三书室’，自任讲师，教授乡里学子，所以才说‘建书室以开民智’‘昌教育以香南疆’嘛。1953 年时，‘顾三书室’还在用，不过那时候改叫‘凤凰小学’了，我们村里老一辈人都在那里面读过书，我小时候也是在那里读书的。我们一直都秉承先祖重教昌明的传统，到现在我们公司每年都无偿投入资金办学支教。”

他们的话语表达是有实物佐证的。现今凤凰古村口还伫立着最早建于 1816 年的“凤凰塔”，也称“文昌塔”“文塔”“笔塔”。建此塔的目的是，“为勉蒙重，勤学勿停，弘扬正气，为祖赢荣”。此塔久历风雨，数度裂损，然而凤凰文氏子孙，包括“香港村亲，内陆乡众”，数度解囊重修。

笔者问及目前凤凰社区文氏族人的规模，文沛勇马上接过了话头。“现在我们这里文氏族人有 2000 多人，算上从这里去香港那边生活的 2000 多人，我们这一脉大概是 5000 人。我们后人一直铭记‘烟楼望晚’的典故，还要代代传承下去。现在山顶上的这个望烟楼，是改革开放后我们在原址上重建的。每逢清明节、中元节，我们都要推举长者到凤岩古庙和望烟楼前祭祀先祖，每年春节都会组织大型的祭祀活动。端午、中秋等传统节日里我们各家各户都进行家祭。通过这些活动，感念先祖的功绩与义举。”文沛勇一边说，一边招呼工作人员端来一盘社区自制的月饼，月饼的做法似乎也有传统的意蕴。

望烟楼的故事，包括碑刻上记载的家规家训，这些年也越来越受到地方政府、社会各界的重视。深圳市和宝安区、福永街道办相关职能部门都一直鼓励凤凰社区文氏族人挖掘祖先的传统。文沛勇记得："有一次一位上级领导来参观视察，他说，'望烟楼典故是文氏祖先在700多年前就已经实施的精准扶贫故事，是非常值得深入挖掘的慈善文化遗产。'那位领导还说了一句话，我听得很舒服。他说，'我们外地人到这里做领导的或者做其他什么工作的，不要羡慕本地人有钱，不要羡慕本地人拆个屋就几百万元几千万元的，因为我们是在用人家祖先的东西啊。这三四十年来，这里发展好了、经济上去了，也是因为本地人奉献出了最重要的祖产啊。像望烟楼这样的典故挖掘出来，深入总结，那也是我们民族文化的瑰宝，是大公益啊。'我觉得他说得很好。"

望烟楼的典故已于2007年被列入宝安区民间传说类非物质文化遗产名录，2009年被列入深圳市第二批市级非物质文化遗产名录、广东省第三批省级非物质文化遗产名录。2014年，深圳市委宣传部、深圳市图书馆共同推出"深圳记忆"文化项目，旨在保存城市记忆，传承城市文化。该项目开辟专栏"古村探访"单元，其中对凤凰文氏先祖文应麟有这样的评语，"文应麟开村后，凿泉井以泽乡邻，建书塾以开民智，修庙宇以敬禅佛，筑烟楼以赈灾患，从此风化顿开，诗礼相传"。这段评语，可谓是后世官方的最新褒扬。

众所周知，文天祥的《正气歌》已经成为中国人的民族记忆和精神底蕴，被海内外华人传颂光大。而有关望烟楼的地方传说和慈善传统，可谓是勉励文氏后人及本地居民的又一曲正气歌。这首正气歌传承到现在，也有了具化的载体，如成立于2014年的"深圳市凤凰慈善基金会"和成立于2019年的"深圳市宝安区福永街道凤凰山历史传承促进会"等公益组织。它们的诞生，标志着"望烟楼"这个古老村落的慈善组织形式及其实践在21世纪的延续和新生，标志着文氏族人乐善家风的生生不息、绵绵不绝。

新生：社区慈善的复兴与超越

（一）社区经济社会转型发展

文氏族人传统的慈善行为可谓“村落慈善”，其关键内涵在于宗族慈善和邻里慈善，其中后者是前者的延伸。在数千年的中国历史上，这是民间慈善的主流模式。不过，这种模式在中华人民共和国成立后的30年间被打破了。这30年间，扶弱济困、赈灾赈荒、基础教育，均由公共财政拨款救济，是谓政府慈善模式。此期间的凤凰山一带文氏族人与国内其他村庄农民一样，在薄弱的农业经济基础上依靠政府救济模式，解决鳏寡孤独、老弱病残的困难帮扶问题。

文启泰回忆了改革开放前村庄的经济社会状况。“中华人民共和国成立后到改革开放前，我们宝安还是‘大宝安’或者叫‘老宝安’，包括现在深圳所有的区。那时候大家都编在生产队里，还是农耕社会，种稻子、番薯、木薯、甘蔗、荔枝什么的，也养鱼、养牛、养‘三鸟’[①]。大家生活水平都是一样的，条件不太好，很多人逃到香港去了。因为这边实在太穷了，有多余劳动力的家庭就逃去香港谋生活。总共发生过三次逃港潮，第一次是在1962年，第二次是在1967年至1973年，第三次是在1978年到1980年那段时间。村里总共有500多人逃港，福玲她老爸、我哥都是最近那次逃到香港去的。至于你说的扶贫帮困，像对‘五保户’那样的救济，还有台风、洪涝等灾害救济，都是国家来管理。但是村子里你帮我我帮你、互帮互助合作生产这种精神，还是一直都有的。”

改革开放后，凤凰山下文氏族人聚居的村落迎来了前所未有的经济社会结构变革。

首先，在经济上，走上了工业兴村、第三产业兴村之路。1984年，凤凰文氏族人利用村内祠堂，引进第一家“三来一补”企业——伟安玩具厂；引进第一家外资企业——新宝塑胶厂；采取村集体投资办法，兴建第

① 广东人将鸡、鸭、鹅统称为“三鸟”。

一幢工业厂房。此后，兴起由村民个人集资或以村民小组为单位集体投资兴建工业厂房的热潮，这个古老的村落从此踏上了工业化道路。1987 年 1 月，成立村经济发展公司（即深圳市宝安区福永镇凤凰经济发展公司），以吸引“三来一补”工厂企业为主要业务。1988 年，建立了第一个工业区。1996 年，村里建起的工业厂房面积已达 41 万平方米，村经济发展公司变更为股份合作公司（即深圳市凤凰股份合作公司，以下简称凤凰股份合作公司），负责村民集资建厂、利润分配等问题；同年成立物业发展公司，以开发房地产为主，并发展多种经营。不过，由于地处偏僻、道路不便，直到 21 世纪之前，该村还是深圳市有名的贫困村，是深圳市内帮扶工作的对象。

2004 年第二次城市化彻底改变了村庄的性质和面貌，农业用地不复存在，全部成为城市建设用地，道路交通的改善、凤凰山森林公园的建成，都为其经济社会发展注入了新的活力。截至 2022 年年底，凤凰社区拥有 4 个工业区，驻有各类工矿企业 717 家，其中：宝安区“五类百强”企业 7 家、上市企业有 3 家，共有“三小”场所 2191 家，出租屋 3113 栋，共计 55830 间（套），划分成 90 个网格进行管理。凤凰股份合作公司为社区一级集体经济组织，目前总资产约有 18 亿元。此外，凤凰社区还有 20 个村民小组一级的股份合作公司，即凤凰第一、第二至第二十股份合作公司，为各个村民小组分别拥有，村民持股占 80%左右，主要为文姓。

文启泰的回忆，补充了村子经济起步、发展时的一些细节。“我们从 1984 年起才开始有一点点改变，村里成立了公司。先是用祠堂，还有人民公社时期的粮仓，作为来料加工的工厂，做玩具、电视机壳等。然后，就慢慢地把那些小山头平了建厂房，到 20 世纪 90 年代时我们的基础慢慢开始打牢，我们公司建了很多厂，也跟人家合作建了很多厂，这主要得益于政府支持。因为直到 1997 年之前，我们还是贫困村，是宝安县（区）财政局的帮扶对象。我们老书记跟县财政局局长的关系非常好，那个局长年年都来我们凤凰看一看，年年都派人过来帮扶我们种水果、养殖牲口等，帮扶我们做了很多事。另外，我们村也是深圳市能源公司的扶贫对象，他们老总也经常过来，派了一个工作队来帮扶我们。最主要的是，银行也扶持我们，贷款给我们建厂房，积极支持我们发展村级经济。到 2004 年以后，我们的发展速度就比较快一些了，生活水平提高得也比较快，之前逃去香港的人大部分又回来了。”

其次，在人口结构上，居民构成前所未有地呈现异质化。中华人民共和国成立后到 20 世纪 80 年代初，村中人口高度同质性，绝大多数是世居本村的村民，人数最多时为 2600 人。随着经济结构的变迁和城市化发展，外来打工人口越来越多。至 2022 年年底，全社区总人口约 13 万，其中非户籍人口占比达 94%。凤凰社区还被舆论评价为“宝安区打工人最多的‘城中村’，也是好厂最多的‘城中村’”。

最后，在管理体制上，村委会改制为居委会，社区党委、社区工作站、社区居委会成为社区管理的“三驾马车”，其尽职尽责的对象不仅是原村民，而是社区全体居民。2017 年 6 月，凤凰社区党委换届选举，首次有非户籍党员当选社区党委委员，表明“外来人”正式进入社区领导班子，从而引导非户籍常住居民及党员在基层组织建设和基层治理中发挥作用，促进社区共融发展、和谐稳定，“同时也让更多外来人才受到制度性器重”①。

社区经济结构、人口结构和管理体制上前所未有的变革，意味着历史上靠宗族之力对一方群众守望相助、扶危济困的时代一去不返，也意味着改革开放之前单纯的政府救济模式已经力有不逮。因此，新型的、政府主导下的、多方合力的社区慈善模式，在基层社会治理中成为一种现实选择。

（二）社区慈善：行动主体

组织化的社区公益慈善主体：企业与社会组织

如今，凤凰社区的慈善主体，既包括组织化的实体，也包括居民个体，但以如下几个组织化的实体为主：

群众自治组织。1987 年，凤凰村由凤凰乡改制而建，并成立凤凰村委

① 黄芳，叶佐提．非户籍党员入选社区党委［N］．宝安日报，2017-06-06.

会之后，标志着群众自治制度在该村落的正式实施。2004年，凤凰村委会改制为凤凰社区居委会，在社区党委领导下运作，2014年以来社区党委、居委会班子成员交叉任职比例逐渐达90%以上。作为社区群众自治组织，村委会或居委会是社区公益慈善的首要主体，这是由其结构形式所决定的。例如，早在1997年，凤凰村委会下即设置了“红白理事会”，该机构主要成员由村民选举产生，主要职责是协助处理村民群众喜庆婚宴以及殡葬事宜。该机构不但倡导文明新风尚，而且也是社区公益慈善事务的新的表现形式。此外，社区党委、居委会还是社区重大公益捐赠活动的倡导者、动员者、监管者。

社区经济组织。这里主要是指凤凰股份合作公司。城市化后，凤凰股份合作公司及各村民小组一级的股份合作公司，对其股民都担负着养家糊口的重任，也担负着提供内部集体物品如原村民养老、医疗、基础教育等方面的责任。同时，凤凰社区是典型的“村改居”社区，凤凰股份合作公司重要成员均在社区治理架构中担负重要职责，企业也在社区治理中承担重要的社会责任，提供了为数众多的公共物品和服务等。如果说，700多年前，文应麟的慷慨善行所依仗的是他的80顷土地，那么，如今由原村民们共同拥有的社区级股份合作公司，就成为以凤凰文氏族人、其他原村民股东履行社会责任、振兴社区公益慈善的重要支撑和依仗之一。

社区社会组织。这里的公益组织主要有两个：一个是“深圳市凤凰慈善基金会”（以下简称凤凰慈善基金会），另一个是“深圳市宝安区福永街道凤凰山历史传承促进会”（以下简称凤凰山历史传承促进会）。

凤凰慈善基金会于2014年由凤凰股份合作公司发起，并注入原始基金200万元，经深圳市民政局批准成立。2015年至2017年，凤凰股份合作公司每年捐赠50万元到该基金会，以确保基金会的运作。此外，凤凰社区党委、凤凰社区居委会、凤凰股份合作公司也会借助节庆、展会等重要契机，联合举办募捐活动，如凤凰传统美食爱心义卖活动等，所有收益均捐赠给凤凰慈善基金会，以支持基金会实施组织化、专业化慈善。

凤凰慈善基金会主要针对本社区困难居民进行慈善帮扶，包括凤凰社区户籍居民、已外迁港澳台的原村民、在凤凰社区工作的常住外来务工者。凡是因重大疾病或重大事故导致生活或治疗困难的上述人员，都可申请临时生活救助金或自费医疗费用资助，审核通过后依资助对象具体困难程度，发放金额从数千元到 5 万元不等的救助金。近年来，该基金会的救助范围也开始逐渐、小规模辐射到宝安全区范围。

文福玲自 2014 年起担任凤凰慈善基金会秘书长，干了 5 年。她介绍说，当时之所以要注册成立凤凰慈善基金会，是因为辖区里有不少居民个体有救助需求。但是，无论是用凤凰股份合作公司的钱，还是用凤凰山历史传承促进会的钱，在性质上、流程上都不太适宜常态化地去直接帮助。“所以我们就讨论说要有一个基金会可以去帮到人，于是我们就成立了这个慈善基金会，它是可以面对居民个体的需求的。第一届理事会的人员都是我们凤凰股份合作公司指定的，我干了第一届 5 年，然后公司又给我安排了另外的工作。在离任之前，我找接班人找了好久，找了很多人去聊各方面相关的事情。我心里有一个标准，就是能传承，有为大家做点事的愿望，能够去把这个事情做好。新一届理事中有很多年轻人、很多企业家，也都是文氏的，比我们那一届更有活力。”

凤凰慈善基金会成立后，宝安区民政系统大约从 2017 年开始在辖区推动建设社区基金会，曾经计划每个社区成立一家。“当时我们就想，我们已经成立了这个基金会，主要资金是咱们村股份合作公司出的，重点是帮助本社区困难居民，所以也就是用本地的资源解决本地的问题。那社区基金会的性质和要做的事情，和我们基金会做的差不多，而且我们早就已经做了这些事情，那我们就没有必要再成立一个功能重叠的社区基金会。福永街道同意了我们的想法。”

显然，凤凰慈善基金会虽然是在深圳市民政局注册登记的，但就其作用对象和范围而言，它实质就是一家社区基金会。宝安区民政系统在统计辖区社区基金会数量时，也将它列入其中。截至 2022 年 7 月底，宝安区共成立了 11 家社区基金会，凤凰慈善基金会属于其中规模稍大的一个，因为其注册资金超过了 200 万元。不过，凤凰慈善基金会和宝安区其他社区基金会一样，没有公募资质，无法针对重大自然灾害而通过跨街道、跨区、跨市这样的募捐渠道去募捐、去提供慈善帮扶。“因为我们没有这个资质，我们就不可以去劝募。好在我们这边有些企业知道我们，也想做点善事，有时候就主动捐钱到我们慈善基金会里。总体上，我们慈善资金会很小，做的事情都是在能力范围内去给予帮助的那种。”

凤凰山历史传承促进会，是由凤凰社区户籍居民自愿组成的地方性、联合性、非营利性社会组织，于 2019 年 12 月在宝安区民政局注册成立。凤凰山历史传承促进会前身是“凤岩古庙管理委员会”。这是凤凰社区文氏族人于 1983 年发起成立的非正式机构，成立该机构的初衷是重修凤岩古庙。因为凤岩古庙自元初建立后，在历史长河中经历了多次毁坏，为确保文氏家风及精神延续，“先辈们不论多么艰辛，都募集足够资金修缮古庙。最近一次遭到严重破损是在‘文革’期间。遭损后，我们文氏后人一直揪心。”文启泰说。1983 年，文氏族人自发组建凤岩古庙管理委员会，奔走呼告，在族人中筹措资金，1984 年凤岩古庙得以在原址重建。此后，为维护凤岩古庙，凤岩古庙管理委员会在族人中继续募资，重修通向凤岩古庙的盘山公路，并维护建设古庙和庙区周边配套设施，严格管理家庙。

但凤岩古庙管理委员会的非正式性并不利于其持久发展，因此，为进一步完善管理、进一步继承发扬先祖乐善好施的正气家风，2019 年凤凰文氏族人将凤岩古庙管理委员会更名为凤凰山历史传承促进会，正式在宝安区民政局注册成立。其宗旨是：“在遵纪守法、践行社会主义核心价值观的前提下，传承文氏正气家风，保护凤岩古庙、凤凰古村、凤凰文塔等村中历史文化遗产，延续传统习俗和维护公序良俗，发扬凤凰先祖乐善好施、济世为怀的精神内涵。”作为新时代延展文氏家风的重要载体，凤凰山历史传承促进会不仅传承凤凰村的历史脉络和文化基因，更是承载着一代又一代文氏后人的初心和使命。

凤凰山历史传承促进会还负责管理来自游客或香客的捐款、香火供奉等，由此获得的收入均为善款，按照“善款专款专用”的原则，再回报给大众。“总的来说，这些钱叫‘功德钱’。我们把这个‘功德钱’全部专门拿去做慈善公益。我们村民都有村里股份公司的分红，我们从来没有把这个‘功德钱’作为收入性福利分下去，从来没有分过。这些钱只用来做慈善、做公益事业，包括这里的日常维护及周边环境的改善，但最关键的是用在对外的慈善服务，让它发挥慈善帮扶的作用，就是‘取之于民，用之于民’的意思。”文启泰解释说。

根据凤凰山历史传承促进会的明确规定，具体而言，所有经费款项仅用于如下三个方面：一是古庙维护和管理。包括：保护及修缮周边古建筑群，对凤岩古庙、凤凰古村、凤凰文塔等文物的维修维护，对庙区周边配套设施的维修维护；改善古庙周边生态环境，升级改造古庙景区的基础设施设备，倡导和落实“文明敬香”的宣传工作等；聘请庙区管理人员、环卫工和安保人员，以维持庙区日常管理。二是社区公益建设。包括：提升社区周边居住环境，提升社区基础设施建设及环境改造等，保护生态资源；提升社区居民的幸福感，支持文氏文化传承的相关活动，帮助社会上有需要帮助的人或群体。三是对外帮扶。即响应国家脱贫攻坚、乡村振兴的号召，改善贫困户生活条件，提高贫困地区人群的生活水平，帮扶贫困地区脱贫，扶持贫困地区发展，支持乡村振兴。

对于上述两个社区公益机构，文福玲还细致地说明了它们的区别。“凤凰慈善基金会成立得比较晚，本身能吸纳的善款不是很多，所以主要是做身边居民重大疾病救助或者重大事故救助。凤凰山历史传承促进会不一样，它很早就成立了，原先我们把它叫作凤岩古庙管理委员会，因为这个古庙是我们的家庙嘛，这一大片山也是我们在管。它由一个架构组成，里面的委员全部是我们村的人，也有专门的工作人员。这个管委会成立后，已经一代一代地传到现在了，一直都在做慈善，它的慈善帮扶范围更大一些。我们非常规范地管理整个账务，更多的公益慈善行为都是由专门工作人员去执行和推动的，比如我们的扶贫活动主要就是他们去执行。”

除了上述主体，其他驻社区单位和社区居民每逢重要事件如赈灾救援、重要时点如“扶贫济困日”或“慈善月”等，也都积极参与社区公益慈善活动。鉴于目前宝安区拥有公募资质的社会组织只有宝安区慈善会，凤凰慈善基金会、凤凰山历史传承促进会针对重大自然灾害跨区、跨市、跨省捐赠的渠道，主要通过宝安区慈善会完成。

（三）社区慈善：内外兼顾的行动举措

根据文福玲在访谈之后补充的资料看，目前凤凰社区公益慈善对象区分为对内和对外，慈善行为内容和举措丰富多样。

社区内部公益慈善：重文扶弱

凤凰股份合作公司、凤凰慈善基金会及凤凰山历史传承促进会在凤凰社区内的公益慈善举措，主要体现在扶持教育、帮困扶难、促进集体福利等方面。

第一，扶持教育。重视教育，是历代文氏族人的传承。历经数百年沧桑，这种传承已经从最初的扶持族内教育、乡邻教育，拓展成对当代社区基础教育、大众教育的支持。

如前面提到的凤凰小学，起初由文氏华侨集资于19世纪末兴建，中华人民共和国成立后成为村办小学。20世纪80年代初，村经济收入刚因采取“三来一补”举措而略有起色，就注资修建小学。1983年投资40万元，将凤凰小学从“顾三书室”迁址到田螺山（地名），兴建了两栋新的教学大楼，容纳16个教室，建筑面积1440平方米。在村办小学于2004年被上级政府接管之前乃至以后，凤凰股份合作公司一直都倾力投入资金。例如，仅1994—2009年期间，凤凰股份合作公司对凤凰小学共投入资金871万元进行升级改造、提高师资水平，其中，教师学生奖学金194万元，办公经费补助267万元，节日慰问金50万元，基础设施建设费用360万元。

随着深圳各级政府对基础教育投入的强化，近年来凤凰股份合作公司对教育的扶持重点转向社区成人教育，尤其是花大力气提升原村民整体文化水平。实际上，早在20世纪80年代中期，凤凰股份合作公司除了投资扶持正规基础教育，还组织举办社区成人教育、社会教育。例如，为提高村民水果种植水平，村委会及刚成立的股份合作公司多次组织村民参加有关荔枝种植的技术培训。20世纪90年代末，该公司报销学费，支持村民获取大专院校学历，如华南农业大学与福永成人文化技术学校联合举办的农业经济管理专业大专班、深圳大学与福永成人文化技术学校联合举办的基层干部成人大专班，有10多名村民参加学习，获得毕业证书或结业证书。进入21世纪以后，特别是2004年城市化以后，为提升原村民中妇女的城市融入能力和综合素质，凤凰社区党委、居委会与凤凰股份合作公司联合福永街道妇联，开办女子成人高中班、高升专培训班、专升本培训班，有120多名原村民妇女参加了此类学历培训班；创办“凤凰第二女子学校”，吸收原村民妇女和外来女工参加，邀请名师举办各类知识讲座，包括基础文化、法律知识、生活常识、养生保健、生殖保健、健身运动、美容服饰、家庭教育及家庭关系处理等多种课程，已有500多名原村民妇女、近4000名外来女工参加学习。随着互联网时代的到来，凤凰股份合作公司与时俱进，举办相关培训班，培养原村民及公司员工的大数据思维和应用能力。

对于此种坚持，文启泰做了细致的解释。他说：“我们经常跟村里面的年轻人说，我们现在不愁吃，不愁穿，只求文化。为什么只求文化呢？因为我们生活在深圳，是要跟来自全国的精英分子竞争，缺少文化肯定是争不过的。我们很担心下一辈年轻人能否守得住这儿的一亩三分地？能否把经济再发展上去？这些都是我们现在思考的问题。没有文化、没有知识的话，那肯定是做什么都不懂，那这一亩三分地就可能守不住，我们真的很怕、真的很担心，所以我们非常鼓励年轻人读书。我们公司从20世纪90年代就已经开始鼓励村里读书的年轻人，无论考到高中还是大学，我们都予以奖励。他拿到录取通知书，就可以到公司里拿奖励。我们有规定，录取哪类学校就奖励多少钱。我们希望他们多读书，用知识改变命运。”

凤凰股份合作公司所资助的那些考上高中或大学的孩子，大部分姓文，也有小部分不是姓文的。“都是我们原来村里面的人。不管他姓文不姓文，只要是我们村里的，我们都希望他能学到知识，到更高的学府去进修、去学习。学到本领是我们最希望看到的，而且我们希望他们学到知识之后，愿意回到村里面，为我们所有村民服务，这个是我们最想看到的。现在有一部分年轻人已经回来了，还有一部分出去社会闯荡，再学习再竞争。我们村里的孩子，在初三毕业后、高中期间、读大学期间回来过暑假的时候，我们都建议他们到公司里做暑假工，来认识我们的公司是做什么的、怎样运作的。而且，也把我们的历史、村里的文化跟他们讲一讲，让他们知道老祖宗是怎么来的，我们是怎样守到这份基业的。”文启泰话语中流露出一种深远的思虑，那就是这个宗族能够长存根脉，除了靠好政策，还要靠社区发展，其中最重要的支点就是后备人才。而文化教育是撬动这个支点的最好杠杆，他们必须把握住。

第二，帮困扶弱。保障原村民股东的分红水平，属于凤凰股份合作公司的经济职能，但同时也是社会责任。因为原村民的生活福利、医疗社康、养老服务、残障困境人群帮扶等，属于原村民内部集体物品，提供这种守望相助式的集体物品、追求共同富裕，是凤凰股份合作公司社会责任的初始之义。

从 20 世纪 90 年代开始，凤凰股份合作公司就开始履行这一社会责任。例如，1992 年，宝安区推行农村社会养老保险工作，凤凰股份合作公司开始给 20 岁以上的村民购买养老保险，60 岁以上村民从是年起都享受养老福利金；此后，又给村民增加了医疗保险。从 1993 年开始实行福利金制度，对符合规定、未触犯法律的户籍原村民发放福利金。这种福利金制度，在很大程度上保证了凤凰社区的原村民共同富裕、共同享受改革开放的成果。2004 年之前，福利金以年龄为标准发放，分 16 周岁以下和以上，以下者每人每月最初为 25 元，以上者每人每月最初为 50 元，此后不断调整。从 2004 年开始，符合条件的原村民均按照城市企业员工标准参加深圳市养老保险和医疗保险。

对于原村民中的困难户、五保户、孤寡老人、残疾人等特殊人群，凤凰股份合作公司承担起一般福利保障之外的补贴帮扶和服务。例如，困难老人、五保老人、孤寡老人在享有退休金、养老保险金之外还可领取补贴金，该公司还曾采取提供 1 万多元无息股本的方式予以救济；对重病大病患者，补助医药费；对困难家庭，该公司更是采取了多种措施予以救助帮扶。从 1993 年起，原村委会和该公司都根据原村民家庭实际情况，每年评出一批困难家庭，发放数额不等的救济款。其中，1993 年评出 15 户困难户，分别发放 500 元、600 元、800 元、1000 元救济金；1994 年评出 17 户，分别发放 500 元、800 元、1000 元、1500 元救济金；1995 年评出 17 户，分别发放 2000 元、2600 元、3600 元、5500 元救济金；1996 年评出 16 户，分别发放 2000 元、2600 元、3600 元、5500 元救济金；1997 年评出 16 户，分别发放 1000 元、1500 元、2500 元、3500 元、5500 元救济金；1998 年评出 21 户，分别发放 1000 元、1500 元、2500 元、3500 元、5500 元救济金。即使在 2004 年之后原村民均转为市民、享受城市居民最低生活保障标准，凤凰股份合作公司依然一直采取这种帮扶方式，帮扶其中特别困难的家庭。2007—2008 年，凤凰股份合作公司专门兴建了困难户统建楼，占地面积 120 平方米，高 8 层，解决原村民中困难户住房问题。凤凰股份合作公司还帮助困难户子女到旗下工厂就业，从根本上解决原村民家庭贫困问题。

凤凰慈善基金会成立后，为社区所有困难家庭提供了一个新的帮扶渠道。该基金会成立之初就设定了一个救助范围。一开始针对的是居住在凤凰社区的居民。分两类人，一类指原村民，另一类指外来劳务工，外来劳务工要在凤凰社区居住一年以上。这两类居民如果遇到重大疾病或者说严重突发事件导致生活困难的，就可以成为凤凰慈善基金会的救助对象，救助时间有一年、二年、三年，最多三年。“因为我们资金来源不多，不能大范围开展救助，也不可能无限期地救助。”文福玲解释说。凤凰慈善基金会的办公室设在凤凰股份合作公司大楼里，“那里我们有一个窗口，需要救助的人去那里递交申请资料，我会安排专人去核查，以防造假。这个流程，我们是向宝安区慈善会学的。”

成立两三年后，凤凰慈善基金会的救助范围就延伸到了隔壁社区，然后慢慢扩大到了福永街道辖区，到第二届理事会时已经扩大到整个宝安区。“一开始时，我们的确只服务凤凰社区居民。后来隔壁村也有人来求助，虽然是隔壁村的，但都是我们当地人嘛，都是兄弟姐妹，所以我们也就把一些资料给他们，让他们去帮忙宣传。慢慢地，就扩大到了整个街道、整个宝安区。当然，我们也有重点，就是更偏向福永辖区的居民。具体说，凤凰社区、福永本地的原村民可能占到50%，在这边居住一年以上的劳务工可能占比30%，然后是区内其他街道的居民。”

凤凰慈善基金会第一届理事会期间，资助了60多个困难家庭。每次有需求的居民前来求助，文福玲都亲自接待。印象中，都是家中有人生了大病、重病的人家。每次遇到这样的案例，她代表凤凰慈善基金会在尽量施助的同时，也指点他们把同样的申请资料再向街道、区有关机构呈递一份，尽量多争取些社会支持。本着为其保密的原则，文福玲没有对个案进行详谈。

第三，提供公共物品。20世纪80年代，凤凰社区的集体经济尚不发达，社区道路、文化及历史文物设施等主要依靠本村及港澳文氏宗亲捐资建设。例如，1983年，集资修缮文昌塔；1984年，集资重修凤岩古庙，在内部建了文天祥纪念堂，增建登山路、凉亭等设施；1986年，集资修建凤凰山盘山公路，从此改变了村中仅有一条黄土主路的局面。

随着辖区人口的迅速膨胀，市政基础设施建设和社区公共治理任务加剧，凤凰股份合作公司的社会责任也大大拓展了。除了担负着原村民养家糊口、救助帮扶的重任，还承担了大量的城市公共物品供给责任，包括市政公用设施建设及维护、社会治安、市容秩序、环境卫生等。尤其在2013年深圳经济特区一体化建设之前，市财政对经济特区之外的城市建设和管理投入不足，集体经济组织承担了相当一部分公共开支。凤凰股份合作公司也不例外，每年在城市建设和社会治理方面的支出都达数十万数百万元甚至上千万元，用于进行市政公用事业、道路、社区公园、社会治安设备等公共设施建设，以及治安联防队伍、环卫绿化工人等社区治理队伍建设。以下清单，部分地列示了该公司所履行的公共义务：

一是社区水电和交通。例如，1990年，投入40万元掘水井两口。1993年，投入50万元修建部分排水排污渠道，投入100万元改造村内电网设施。1994年，投入90万元更换供水管道，投入80万元在村内架设供电设施。1995年，投入900万元兴建凤凰水厂。1999年投入380万元增添水厂供水设施，引进新水源。此后经年，这样的投入没有停止。仅在社区道路建设方面，自1990年至2008年，公司投入近7500万元，建设村内水泥道路、路灯、路边绿化，从此辖区道路交通焕然一新。

二是社区管理场所设施。例如，1990年，投入400万元兴建村委会大楼。1992年，投入10万元架设村内公共电视天线。1996年至2003年，投入近500万元创建安全文明小区，如兴建“创建文明小区办公室”、凤凰警区和凤凰治安办综合办公楼、治安岗亭、防盗警报器、种植花草树木、配置垃圾桶、篮球场及老人活动中心等。2004年，投入800万元对凤岩古庙前广场进行改造重建，重修花坛、路灯。2005年，投入40万元对小区实施围合式管理。2006年，投入360万元在社区各主要路段、治安复杂场所、小区出入口、凤凰山等处安装电子监控探头。自20世纪90年代到21世纪第一个10年间，凤凰股份合作公司至少投入了5000多万元，建设社区居委会大楼、公共广场、治安设施、公共环卫绿化、文体设施等。而且，这样的公共投入也一直在持续进行。

凤凰山历史传承促进会在社区民生实事建设方面也作出了巨大贡献。以2015—2017年凤凰社区立项建设公益项目投入为例。此3年间，当时的凤岩古庙管理委员会共投入6509万元，立项建设了10多项社区公共工程项目，包括：凤凰社区A区环境整治工程；凤凰社区A区篮球场改造工程；凤凰社区东区新增停车场工程；凤凰山观景台挡土墙加固工程；凤凰社区电动车充电工程；凤凰山素菜馆后山边坡支护工程；凤凰山素菜馆广场东侧边坡支护工程；凤凰社区电动车充电工程（东区与商西区）；凤凰山公厕屋顶维修工程；凤凰社区北区综合环境整治工程；凤凰社区东区网球场工程。

不少民生工程，原则上应由政府投资建设。但凤凰股份合作公司及凤凰山历史传承促进会所履行的上述社会责任，有效补充了政府的功能，将社区共益与社区公益有机地结合起来，保障了社区居民自治制度的落实。

社区外部公益慈善：赈灾扶贫

除了履行社区社会责任，凤凰股份合作公司、凤凰慈善基金会、凤凰山历史传承促进会还力所能及地参与其他地区的社会帮扶，尤其是每年积极参与宝安区对口帮扶工作，助力广东龙川县和紫金县、广西大化县和都安县、环江县、西藏察隅、新疆喀什等地脱贫攻坚和乡村振兴。此外，还有一些“自选”扶贫动作，如对湖南、江西等非宝安区对口帮扶贫困地区的慈善扶持。

20 世纪 90 年代末至 21 世纪初，凤凰社区刚刚摆脱“深圳市榜上有名的贫困村”帽子，就开始积极参加深圳市对口扶贫工作，为贵州偏远山区捐赠棉衣、棉被、毛衣、被套、皮鞋等衣物。例如，1997 年，在“深黔携手扶贫帮困”募捐活动中共捐款 77248 元、衣物 1051 件；1998 年，为长江洪灾地区共捐款 181479 元以及一批价值 50 万元的帐篷。

凤凰股份合作公司及凤凰山历史传承促进会的会议纪要，记载了它们在对口帮扶、救灾济困等方面长长的历程，每年都有一次到数次捐款记录，从不缺席有“缘”参与的公益事项。据不完全统计，自 2006 年至 2021 年，凤凰股份合作公司约捐出善款 322 万元、凤凰山历史传承促进会约捐出善款 570 万元，用于社区之外尤其是深圳之外的公益帮扶。帮扶事项包括：突发事件救援，如 2006 年台风“碧利斯”灾害、2008 年汶川地震灾害、2010 年玉树地震灾害、新冠疫情；对口帮扶，如对广西都安县和大化县、广东兴宁市、广东紫金县和龙川县、湖南临武县等地贫困镇村的学校、道路、敬老院、安置小区、饮用水工程等项目的捐赠；帮扶其他地区文氏宗亲会及祖祠修建；等等。

文福玲、文启泰、文沛勇三人都清楚地记得，在 2018 年至 2021 年脱贫攻坚战期间，广西都安县保安乡、九渡乡是宝安区及福永街道的对口帮扶对象，凤凰山历史传承促进会积极响应号召，参与帮扶事业。“我们捐了好多东西，最大的一笔捐款是 210 多万元，就是帮助广西都安县保安乡上镇村村民建住房，分了几次支付。当时我们都去考察过，那个村子有几十户人家，贫困得难以想象。人们经常形容贫穷人家是‘家徒四壁’，他们连房子的四个壁都没有，就是用竹子搭一下，再围上那种红白蓝色的塑胶布。所以我们帮他们建房子，建成后，都安县保安乡的书记把村子的名字改了，改成‘宝安凤凰安置小区’。后来我们还帮他们建水柜，正式名字叫‘农村安全饮水蓄水池’。因为广西的地形地貌比较特殊，属于石灰岩地貌，一下雨，水就往下面走，地面不储水啊，所以我们又捐建水柜，用砂石、水泥建造。除了这些，还帮扶他们的‘贷牛还牛’项目。2020 年又捐了 130 万元，帮扶都安、大化两所学校建设教学楼、篮球场，硬化道路。近些年，我们促进会最大的对外捐款就是帮扶广西。”文启泰说。文福玲起身打开电脑，找出“宝安凤凰安置小区”建成前后的照片给我看。

文启泰也凑过来看，突然很遗憾地说：“以前我们其实在外面做了很多公益慈善，包括在广东省很多地方，去修路啊、修桥啊、修电线啊、建教学楼或者操场啊，大部分都是基础设施，每次都是十几万元、几十万元地捐款，都没有留下我们凤凰的名字。我们只是留下个财务记录，有收据或者发票。”

文福玲也说道：“我在慈善基金会这边工作了 5 年，帮扶那些重大疾病患者、困难家庭，都是些居住在这边的人，他来申请，我核实过他确实符合我的要求，我就给他卡里打救助金。没有想到要过去拍个照留个影、举行个仪式，只是做了基本资料收集和数据统计，记录一下帮过多少人、因什么疾病，对外汇报的时候也不会说被帮过的人的名字。”

文启泰又补充说：“我们董事长说，帮扶是我们的责任，我们只是尽我们的责任和义务，只是为了做点事，不是为了宣传。我们要做好自己本身要做的事，还要有责任，碰到人家有困难、在我们能力范围能帮扶的，我们可以帮。”

访谈行将结束的时候，三个人还特别强调了一下，说他们社区公益慈善实践所取得的成绩，“全部是集体的，不能归于个人，不能记在个人名下”。

与宝安区的慈善百强企业或宝安区慈善会相比，凤凰股份合作公司抑或凤凰山历史传承促进会对社区外公益慈善事业的捐款，并不能以“巨额”来形容。但是，作为一个社区企业、一个社区公益机构，它们在履行内在社会责任即照顾本社区居民、促进本地社会事业发展的同时，也一直力所能及地拓展社会责任的边界而惠济远方。

从 700 多年前文应麟对乡邻的私力救助，到如今其后代子孙的集体善力善行，从过去的望烟楼，到现在的凤凰慈善基金会、凤凰山历史传承促进会这样的专业社会公益组织，凤凰社区的慈善传统走过了漫长的道路，绵绵不绝，历久弥新。尤其是随着两个社区公益机构运作机制的日臻健全，它们逐渐成为凤凰社区公益慈善的主角，以组织化、专业化、规范化的态势，融入了当代宝安慈善事业发展潮流中。

文应麟的后人不仅分布在凤凰社区，还广泛分布在宝安、在深圳、在东莞、在香港以及海外多国，香火鼎盛，为岭南显赫族群。如今七房后裔子孙人数约有 8 万人，其中佼佼者不胜枚举，也都继承先祖遗训，为善为公。如祖籍宝安松岗的加拿大籍企业家文洪磋，是香港文氏宗亲总会创会永远会长，前后为松岗第二中学捐资 1400 多万元，累计为社会捐赠善款超过 6100 多万元；祖籍宝安松岗的港商文沛荣，担任粤港文氏宗亲委员会主席，带领文氏宗族已累计为社会捐赠善款 1 亿多元。

“其实做公益慈善，并不管是不是非常富有，也不管给予多少，只要有一点力量，只要愿意去做，保持一种平常心，量力而行，持久不停，过程和结果都会越来越好。”文福玲的这句话，正是文氏家风传承的具体写照，潜移默化，朴实无华，自然而然。

陈仲言：

荣根学校的根与叶

人物简介

陈仲言， 1948 年出生，深圳宝安人，香港爱国企业家陈荣根同族人。1992—2009 年，任深圳市沙民实业股份有限公司董事长、总经理。1981—1992 年，陈荣根造福桑梓，捐资建设深圳市荣根学校，陈仲言具体负责建校事宜；1997—2004 年，任荣根学校办学董事会董事长；2004 年创办深圳市宝安区荣根教育研究中心，任理事长。从 2004 年开始，陈仲言以深圳市宝安区荣根教育研究中心的名义，平均每年资助荣根学校 130 多万元。2016 年，被评为第三届“感动宝安优秀教育人物”。2023 年，正值荣根学校办校 40 周年之际，陈仲言投入 90 万元定制了 1 万元一枚的“荣根荣誉奖”金牌，用以表彰在校工作满 20 年的教师以及任满 1 年以上的书记和校长。

2016年1月5日，教育部港澳台办接受香港大公网记者采访时公布，自20世纪80年代中期以来，香港企业家通过教育部，累计向内地教育事业赠款超过80亿元人民币。但还有大量没有通过教育部的善款，直接投放于地方以支持当地的教育事业建设和发展，这些款项分散在各个地方的统计数据中。

以深圳市宝安区为例，1982年至1992年，随着大量外来务工、经商、工作人口的爆发式增长，适龄学童人数也开始激增，为了解决老学校设施陈旧和新学位不足的问题，宝安投入基础教育的资金累计达2.3亿元，其中港澳台同胞和境外侨胞捐赠、群众自筹资金占了一半。

坐落于宝安区沙井街道衙边社区的荣根学校，就是这样一所由香港爱国企业家陈荣根全额捐资兴建的学校。尽管企业家捐赠不求回报，但荣根学校得名，寓有宝安区及沙井社会各界为表达感谢而以其名字命名之意，所谓“你投之以利，我报之以名”；同时，陈荣根通过其所立校训——“荣耀中华，根植自强”而寄托了自己的厚望，使得“荣根”二字意蕴高远。

陈荣根的祖籍是宝安区沙井镇衙边村（今宝安区沙井街道衙边社区），1906年出生于香港。历任香港永安盛船厂、步升鞋业公司董事长，兼营房地产。陈荣根夫人区碧茵女士祖籍广东省佛山市南海县西樵镇，曾任香港佛教联合会常务董事兼慈善福利委员会主任委员、香港保良局副主席。像香港其他许多企业家一样，陈荣根夫妇热心公益事业，富有乐善好施、重教乐捐的精神。在香港，他们捐建了佛教荣茵学校、佛教陈荣根纪念学校，并且心系桑梓、反哺故乡，除了全额捐建荣根学校，还捐建了沙井人民医院门诊大楼及妇儿院部、救护车以及医院最早的B超机器等。宝安区或沙井街道的其他公益筹款活动，陈荣根也积极参与。

2021年7月，笔者与宝安区慈善会办公室主任刘曦光一起，拜访了陈荣根的族侄陈仲言先生、荣根学校校长范光明先生及部分教师，以期还原这段公益慈善史，挖掘其渊源及传承关系。

仍怜故乡水

陈仲言是地地道道的宝安人，操着一口浓郁的客家方言味道的普通话。他的祖宅所在地就是衙边村。据陈仲言介绍，在宝安区沙井一带，陈姓是大姓，分布在很多村子里。在衙边村，陈仲言和陈荣根血脉比较近。陈荣根在他的一辈中排行第七，陈仲言叫陈荣根七叔。

陈荣根的父亲出生在衙边村，清朝晚期已去香港谋生，吃苦耐劳，逐渐站稳脚跟，陈荣根出生、成长、定居于香港。但父子心系桑梓族人，注重故乡文教，与沙井衙边村族人之间一直保持密切联系，尽心支持家乡建设。中华人民共和国成立之前，陈荣根就曾在衙边村捐资兴办了一所小学，叫辛衙小学，“就是供辛养、衙边两个村的孩子读书。”陈仲言回忆说。

20 世纪 50 年代至 70 年代末，衙边村被改制为衙边生产队，隶属沙井公社东风生产大队。沙井公社一直想建一座戏院，委托衙边生产队一干部去香港找陈荣根募些钱，想把戏院建起来。当时陈荣根说，与其建一座戏院，不如先把生活水平提高以后再建，他让那位干部带了很多食品、衣服等生活用品回来送给衙边村民。这样子带了五六次，物品都分给了村民。

1978 年 12 月 18 日，当时的深圳轻工工艺品进出口支公司、宝安县石岩公社上屋大队加工厂与香港怡高实业公司签订开办来料加工厂的协议书，协议书编号是“深轻宝字 001 号”，这便是宝安第一家、深圳第一家、全国首批“三来一补”企业。从此，对外开放的大门打开了。鉴于深圳是著名的侨乡，各村落与香港之间更具有血缘关联，深圳市各级政府就大力鼓励各镇村联络其在香港、在海外的乡亲，动员他们回来投资建设家乡，从而吸引了最早的一批港资进入宝安、进入深圳，也重新点燃了境外游子助力家乡公益事业的热情。

陈仲言记得，1979 年 1 月，深圳市召开四级干部大会，传达党的十一届三中全会精神。“沙井就算是从此吹响了改革开放的号角。当时沙井被划在了深圳经济特区外，就是所谓的关外地区。可这不妨碍沙井人利用毗邻香港的优势，包括地域上、人脉上的优势，来招商引资，建厂房、搞工业，‘三来一补’就是最先在我们关外宝安搞起来的嘛。当时，整个宝安，整个深圳，都处于这种大环境下，各个村都在找那些早年出去香港、出去海外的人，有解放前出去的，也有后来偷渡出去的，好多人都发达啦，成企业家啦。我们就想着联系那些企业家，动员他们回来投资建设家乡。”

政策春风使人们定心，偶然契机则给了迅速行动的理由。当时，东风生产大队辖区的东风小学年久失修，总共10间教室，全破烂不堪，大队拿不出修缮款，于是就想到了去找陈荣根。

1980年年初，东风生产大队党支部书记和大队长打听到一则消息——陈荣根偕夫人回到了佛山南海县西樵镇探亲，于是就跑过去和陈荣根先生接触。“最初和荣根先生接触的就是我们大队干部。那时候大队书记、大队长都很年轻，其实大家都不认识荣根先生，只知道荣根先生是我们衙边人，他的祖屋还在我们衙边，衙边也属于东风生产大队嘛。我们大队干部就通过这个缘由去见他。见了以后，就讲修建学校教室缺乏资金的问题。当时我们大队就想去要个30万元，30万元就够了，把那个东风小学的10间教室修好就行了。但是荣根先生不同意，他说30万元有什么用啊，他说我给你们300万元，他说要搞就要重新搞。他提出了更大的规划，提出给我们重新建一所小学。当时300万港元真的很厉害的。我们大队干部见他的第一次，也就认识了，一讲他就答应了。答应以后，我们大队干部和他就经常有沟通了，就开始筹备建学校的事情。”

与陈荣根初步达成捐资建学意向后，东风生产大队立即向上级提出建校申请，并且精心选址，在陈荣根先生的祖居地衙边村重新划出一块6.6万平方米的学校用地。“上级的同意批复也很快传达下来。”

在荣根学校办公室于2008年3月13日整理的《侨捐项目汇报材料》中有这样一段文字，印证了陈仲言的记忆：“1981年上半年，旅居香港、时刻都在关注家乡发展的陈荣根先生回到故里——宝安区沙井街道衙边村，目睹了改革开放政策带给家乡的巨大变化，感受到祖国突飞猛进的巨大发展，倍感鼓舞。看到国家发展的大好形势，身为爱国爱乡侨居人士的陈荣根先生，想为家乡和国家的建设出力的使命感越来越强烈。先生感到，国家的发展不但要靠资金，更要靠人才，而教育是人才之本，这是先生多年来的思考。于是，回到故里的先生首先把目光投向了教育，投向了办学，他筹划着要为家乡创办一所优质学校。这个想法，让已经 70 多岁的老先生激动不已。先生及时将这个创办学校的想法与当时沙井镇政府的领导进行了交流。沙井镇的地方领导为先生的义举感动，优质的教育资源也正是沙井镇所迫切需要的，为此，双方一拍即合。荣根学校就这样在荣根先生与当地政府的共同孕育下诞生了。”

桨齐好行舟

1981 年上半年，陈荣根先生和夫人回到阔别了多年的故乡衙边村，亲自考察各方面情况，勘定校址，与地方政府接洽，畅谈建校方案和愿景。实地考察后，陈荣根提出了更大的设想。

按照他最初的计划和东风生产大队干部们的愿望，是重新建一所小学，取代原来的东风小学。但陈荣根改变了最初的意向，坚持要建一所“学校”。“为什么呢？”陈仲言回忆，“荣根先生说，不要小学这两个字嘛，我们办学校，哪里只能有小学的？小学到中学，中学到大学，我都可以办嘛，只要需要，我都可以办。所以，他的规划更大了，叫‘学校’就有更长远的发展前景。”

1980 年至 1981 年间，广东各地都有不少华侨和港澳同胞陆续向家乡捐赠款物资助办学。为了鼓励华侨和港澳同胞捐资办学，广东省政府根据 1957 年 8 月全国人大常委会第 78 次会议批准的《华侨捐资兴办学校办法》的精神，结合当时广东省具体情况，于 1981 年 8 月 6 日出台了《关于华侨、港澳同胞捐资办学若干问题的通知》（粤府〔1981〕164 号）。该文件提出：“华侨和港澳同胞自愿捐资办学，包括捐建整所学校及其全部设备，捐建部分校舍如图书馆、科学馆、教学楼和宿舍，捐赠部分教学仪器设备、图书、教学经费以及捐助奖学金等，所有这些，都是爱国、爱乡和热心教育的表现，对于我省的教育事业和现代化建设，都是有益的。各级人民政府应该积极鼓励、支持和欢迎，并给予指导和协助。华侨和港澳同胞捐资新建、扩建学校的有关项目，接受捐赠单位应先由市、县侨务办公室和教育行政部门审核，报市、县人民政府批准，并报省教育行政部门备案。如需要改变捐建项目时，须征得捐建人的同意。”

基于这份文件规定，当时成立荣根学校的批复，最终是由深圳市政府批准的。因此，在很长一段时期内，“荣根学校”四个字之前仅冠以“深圳市”三字。直到 2014 年，才改为深圳市宝安区荣根学校。

1981 年上半年陈荣根夫妇初步考察了建校方案和规划，返回香港后，立即拨出了 3600 多万港元作为学校建设的前期工程资金，比原来允诺的 300 万元多了十几倍。

实际的建校过程，是琐碎而艰辛的。为了保证陈荣根的捐赠意愿、校舍设计与本地政府、村民的意愿高度契合，东风生产大队把陈仲言抽调出来，专门负责学校建设工程及资金管理，并保持与陈荣根及时联系沟通。

陈仲言比陈荣根年少 42 岁，叔侄血脉相连，但直到 1981 年上半年见面之前，陈仲言只知陈荣根之名，却不认识陈荣根，陈荣根也不认识陈仲言。不过，因为这层血脉关系，陈荣根对陈仲言很信任。陈仲言具体负责建校事宜后，叔侄之间的沟通联系就密切起来。陈仲言一直记得当时陈荣根对他的托付：“他说，‘仲言，以后你就给我负责这事了，我所有给过去的钱都通过你，你来负资金管理这个责任，你要监督整个工程。’然后，他出钱，我具体出力，我们把这个学校建了起来。”

当时，陈仲言正在担任东风生产大队的赤脚医生。被委以建校重任后，他从 1981 年开始，就把主要精力放在了学校工程建设及相应管理上。也许他自己当时并没有意识到，这将成为他自此之后大半辈子情有独钟的义务，从而将陈荣根的奉献精神也完完全全地落实在了自己身上。

为了保证学校工程建设进度及各项事务的管理，陈荣根将香港教育界普遍流行的董事会制度移植过来，成立了荣根学校办学董事会。而在荣根学校建校过程中，深圳市及宝安区政府也本着积极支持、开明开放的态度，不进行具体干预。“我们干事，政府不介入。学校怎么建、怎么去管理，政府给出一个总要求，我们按照这个要求去做就行，政府不干预。”

陈仲言记得，20世纪80年代初，深圳的土地管理还不像现在这么严格，生产大队可以随便划地。东风生产大队划出学校用地后，陈仲言亲自跑去把那块地圈起来。这块地，是衙边村全体村民对宝安区教育事业作出的重大贡献。“因为这块地是属于衙边村的地，东风生产大队直接将它划出来建学校，衙边村老百姓没收钱，白白地拿出来。后来，就再也不能这样子划地了，也划不到了，再征用村里的地，建学校也好，建医院也好，建道路也好，都要给村民经济补偿的。所以说，我们衙边村为国家作出了大的贡献。当然，我们的小孩能够有那么好的环境读书，多少钱都比不上这个好啊。”

圈了地之后，陈仲言就频繁地在沙井和香港之间往来，与陈荣根反复沟通。待确定下校园布局及建筑风格后，陈仲言经请示陈荣根，委托深圳大学建筑设计学院设计出具体施工图，选择施工单位，邀请监理单位，办妥诸项前端工作。整个建校过程中，从策划到立项、从设计到施工验收，无不倾注了陈荣根和陈仲言叔侄二人的心血。

为了体现陈荣根持续办学的设想，荣根学校大门门楼被设计成“没顶”。无论是前期的小学部，还是后来的中学部，“大门门楼都是几条柱子弄上去，都是没顶的，意思是我们办学，没有止境，步步高升”。

1981年冬天，荣根学校第一期工程奠基动工。陈荣根先生与夫人专门回到衙边村，亲自剪彩、挥锹奠基。真正开工，是在1982年。

施工过程中，陈荣根也经常派出他的司机或者秘书，过来衙边村查看工程建设，“看了以后就回去跟荣根先生汇报。”1983年，荣根学校幼儿部、小学部建成。教学办公区为整齐的方形院落，二层或三层教学楼均由厚重结实的条石建成，古朴风雅，文气浓郁。教室及办公室内部设备设施，全部对标香港。供孩子们玩耍活动的操场及其他公共空间宽敞平坦，

1981 年冬，陈荣根夫妇（手持红绸布者）参加荣根学校首期工程奠基仪式

院内花草树木葱茏。学校大门两侧，刻写了对联“荣源教育昌社稷，根植家山茂栋梁”。是年秋，原东风小学整体搬迁进入，孩子们从此终结了在危房里读书的时代。

紧接着，1984 年，开始建初中部，同样的建筑风格，只是楼宇更高，守护在楼门前的两头石狮灵动祥瑞。到 1986 年，初中部建成使用，开始招生。从 1981 年创办到 1986 年秋，短短 5 年间，一所中小幼一体化、教学设备现代化的学校，呈现在衙边村及周边村民面前，幼儿部、小学部、初中部总共拥有 20 多个教学班、1000 多名学生。

学校建成后，陈荣根将其全部无偿地捐献给了政府。“他真正是无私奉献，只要家乡需要，他就尽心支持。他们夫妇都非常有慈爱心、大爱心。他夫人曾经做过香港保良局的副局长，热心捐建医院、卫生服务设施，他自己就更注重教育，在香港也捐建有学校。”陈仲言由衷地赞叹道。

现任校长范光明，是荣根学校第 12 任校长。虽然于 2020 年才调进荣根学校，但他从 1990 年起就投身于宝安区中小学教育事业，十分了解宝安区中小学发展进程。他还记得：“当时，无论是教学楼设计还是校园规划，无论是建筑物还是设备设施，荣根学校都是一流的，是全深圳最漂亮的学校。那些条石，那些立面，还弄了那些椰子树，还有那两个狮子，真是漂亮，是当时全深圳最漂亮的学校。区里还组织我们来参观。”范校长连续说了两次“是当时全深圳最漂亮的学校”，陈仲言自豪地点头附和。

荣根学校门楼

在兴建学校诸项物理场所设施的同时，陈荣根还亲自制订建校细则、治校策略，经学校师生多年共同创造，凝结成了格局高阔的“百字荣根精神”，成为荣根学校的组织文化、发展基础和动力。“百字荣根精神”是：

治校策略：以德立校，法情相济，学生至上，员工为本。
校　　训：忠于祖国，服务人类。
校　　风：敢于竞争，富于创新，善于协作，乐于奉献。
教　　风：爱生敬业，严谨求真。
学　　风：尊师好学，主动探索。
作　　风：标准高，要求严，工作细，到位实。

陈荣根捐建的小学部一角

政府兴建的荣根学校综合大楼

座 右 铭：对孩子们全面负责，为孩子们终生着想。

价值取向：努力奋斗，顺其自然，得之淡然，失之泰然。

1997 年，当时的沙井镇党委、镇政府为加速农村学校城市化的进程，重组和优化教育资源，将原沙井镇中心小学、步涌小学、民主小学、共和小学①、荣根学校小学部一起合并到荣根学校，作为沙井镇新的中心小学，校名继续沿用“荣根学校”。并校之后的荣根学校，成为一所国有、公办、民助的大型学校。

冠我之名，我必珍之。在身体尚好的那些年里，陈荣根每年都会回到衙边村、回到学校看望师生。他极为关注学校的教育教学质量，关注学校的发展，每年继续为学校提供发展资金，用于更新学校的教育教学设施，为师生设立奖教、奖学基金，坚持每年都向基金池里注入资金，“100 万元、200 万元，他是经常拿来的。”陈仲言说。学校建成后，陈荣根陆续又为学校无偿投入近 2000 万港元。

---

① 步涌小学、民主小学、共和小学均为村办小学。

陈仲言有一本账，历历在目地记载着陈荣根的浩大善举。自 1981 年至 2001 年，无论是建校启动资金还是工程期间的追加资金，抑或是对后期学校发展的支持，陈荣根通过陈仲言管理的学校董事会账户，无偿投入的资金超过 6500 万港元。按照 20 世纪 80 年代到 21 世纪初的汇率，平均折合人民币 5300 多万元。

这笔资金投向荣根学校，不仅使学校师生受益，而且也间接地为当时沙井社会各界带来了福利。“因为很长时期里，市里的税收都主要投入特区内的发展，发展市里的教育、市里的基础设施。那我们宝安呢？基础一直比较弱，基层政府也缺钱，小学、初中都是村里每年给钱支撑着，都是靠各个股份合作公司股民的钱来建设的。陈荣根给钱建这个荣根学校，那东风生产大队就不用给钱了，衙边村的股份公司不用给钱了，沙井镇政府也不用给钱了，等于全部是由他拿出来的，他替很多人扛下了重担。”陈仲言说。

因为陈荣根杰出的奉献，1994 年，他被深圳市政府授予“深圳市荣誉市民”称号。2001 年，陈荣根先生逝世，享年 95 岁。荣根学校师生为老人家下半旗（校旗、校徽旗）致哀。

“荣根精神”却永远留存，这种精神历久弥坚，发扬光大，感召更多的社会力量加入了无偿扶持荣根学校的行动行列。例如，位于宝安区沙井街道的德昌电机（深圳）有限公司，作为一家总部位于香港的大型跨国集团公司——德昌电机集团的子公司，自 1997 年至 2008 年间，累计向荣根学校投入资金 420 万元，包括初中部大楼建设（300 万元）、校园网（50 万元）、图书馆（20 万元）、食堂（30 万元）、荣根纪念大楼主墙浮雕（20 万元）等项目的建设，为学校的后期发展也作出了重要贡献。

2018 年，宝安区政府投资近亿元，对荣根学校校园、操场、场馆、设施等全面改造升级，学校由原来六年制小学改制为九年一贯制学校。截至 2020 年，荣根学校拥有 60 个教学班（小学 48 个，初中 12 个）、学生 3064 人、专任教师 193 人，已经成为广东省一级学校、深圳市窗口学校、宝安区素质教育旗帜校和优质化学校。“现在，沙井老百姓就认荣根学校。在沙井，荣根学校是名校。”范光明校长说。

作为一所因爱而生的名校，也自有名校的担当。除了致力提高普通教育水平，荣根学校还聚焦普特融合，多年以来深耕特殊教育，全面保障适龄残疾儿童少年受教育权利，用爱心守护“折翼天使”，以仁爱回报仁爱。截至2022年8月，在荣根学校随班就读的特殊学生共24人，其中持残疾证的特殊学生16人，持医院诊断证明的特殊学生8人。荣根学校以“完善、包容、潜能、尊重”为要旨，专门为特殊学生建设了“资源教室”，进行相关有益探索，为宝安区推进普特融合工作提供了可复制、可操作性的成功经验。

善业源流长

陈荣根为教育等公益慈善事业慷慨解囊，只是无数沙井籍、宝安籍、深圳籍的海外侨胞和港澳同胞报效桑梓的故事之一。据不完全统计，深圳籍海外侨胞、港澳同胞、归侨逾100万人，其中港澳同胞近50万人。截至2020年，累计在深投资经营的港资企业总数4万余家；截至2021年年底，宝安区拥有侨（港）资企业4000多家，占全区企业总数的1/6。很多企业家祖籍宝安，血脉之根分别系于各个社区。

沙井街道及衙边社区就属于这类街区，辖区海外华侨、港澳台同胞有6万多人，分布在世界20多个国家和地区，他们为故乡的公益慈善事业发展作出了卓越贡献。究其动因，除了游子热恋故园家国的情怀外，更与沙井、与宝安社会厚重的历史文化密切悠关。

“沙井”与“衙边”，得名已久，是滋养耕读文化、公益慈善的沃土。

沙井位于深圳市西北端、宝安区西北部、珠江口东岸，据民间传说，因井水从沙石中涌出而得名，有“千年蚝乡”① “千年盐场”的称谓。据《深圳市沙井街道志》记载，这里是深港地区最早开发的地方，历来是深圳西部重镇。自西晋永嘉年间（307—313）内乱、“中州人士避地岭表”，开始有北方士族陆续迁入，东晋时出现名扬南粤的孝子黄舒。至明末，沙

① 沙井从北宋时开始插杆养蚝，是世界上人工养蚝最早的地区。

衙边社区在深圳市的位置（示意图）

井一带逐渐形成以曾、陈、潘、冼、江、钟等姓氏为代表的单姓村落。①

“沙井”与“衙边”之名，最早出现于清嘉庆二十四年（1819年）《新安县志》里，均为村名，即“沙井村”“衙边村”。1908年，根据清政府公布的《城乡镇地方自治章程》，开设沙井乡，“沙井”从此成为这一带基层政权建制的名称，100多年来历经岁月沧桑，空间、结构、体制、制度、机构等多次变革。2004年，初次设置沙井街道办，辖27个社区；2016年，调整社区建制，从其辖区划出7个社区成立新的街道办，剩余社区重新调整为21个社区、22个居委会，仍归沙井街道，此后又有微调。至2022年年底，沙井街道下辖19个社区、22个社区居委会、30家股份合作公司，辖区总面积35.79平方千米，建成区面积26平方千米，常住人口66万人，其中户籍人口7.5万人。

衙边村的村名，取自盐场管理“衙署旁边”之意。深圳一带，自古盐业兴盛，盐业管理建制可追溯至2130多年前。公元前110年，汉武帝首次在岭南设置南海郡高要盐官和番禺盐官，其中番禺盐官的治所在今深圳市南山区南头古城一带。此后，深圳地区盐业管理建制一直沿袭，机构名称随王朝更迭而变换。北宋时期，沙井一带开始被称为“归德”。北宋元丰

① 《深圳市沙井街道志》编纂委员会．深圳市沙井街道志［M］．北京：中国国际广播出版社，2017：2.

年间（1078—1085），朝廷在今宝安区内新设置两处盐栅，其中一处就是位于今沙井辖区的“归德盐栅”，是为沙井行政管理机构之始。北宋中期以后，归德盐栅升格为“归德盐场”。此后在元、明、清代，归德盐场一直留存，明清两代持续在归德盐场设盐课司衙署。

建于“衙署旁边”的衙边村何时开建，本文未考。自清嘉庆《新安县志》首次记载此村名以后，衙边村一直保留下来，沿袭至今。至 2022 年年底，衙边社区居住人口约 2.9 万人，其中户籍人口 3093 人，又其中，世居此地的原居民人数近千人，都是陈姓，属“归德雍睦堂”陈氏后人。

沙井陈氏，有“义重德厚满天下”之美誉，“有南北二宗两祠分峙中央，各据形制”之传统。也就是说，沙井陈氏有两大宗族，尽管同姓陈，开基之祖却不相同。其中，南宗称“归德雍睦堂”陈氏，北宗则称“沙井义德堂”陈氏。陈荣根、陈仲言一脉，属“归德雍睦堂”陈氏，也叫“驸马房”陈氏。陈仲言告诉笔者：“我们叫作‘驸马房’，义德堂那边也是姓陈的，我们两个是不同的。但总的来说，老祖宗都是从河南过来的。”

根据陈仲言先生出示的族谱记载：“邑南归德陈氏右谱：族也，原江左人，有祖应元，拜府尹，乃大宋故相国俊卿之子也。应元生梦龙，为大宋理宗皇帝驸马。梦龙生宋恩，历宦侍郎。宋帝昺祥兴中厄元失，遂徙迁于广东府，于东莞。因见归德为东南之美俗，于是而就居焉。”由此可见，归德雍睦堂陈氏尊陈俊卿为太始祖、陈应元为始祖、陈梦龙为开基始祖。

陈俊卿（1113—1186），今福建省莆田市人，南宋大臣，官至宰辅。卒后，南宋孝宗赠太师，谥号正献，朱熹亲赴莆田吊唁，并为其书写生平事迹。陈俊卿之子陈应元，曾在南宋淳熙元年（1174 年）参与抗击金兵，绍熙年间（1190—1194）任应天府知府，侨居江左，生子陈梦龙。陈梦龙（？—1279），“少有大志，讲求气节”。他娶了南宋理宗皇帝的公主为妻，被封“驸马都尉”。因此，“归德雍睦堂”陈氏，通常也称“驸马房”陈氏。宋末元初动乱中，陈梦龙的二儿子陈宋恩避居归德场，从此在宝安植下根脉。

陈宋恩有三子，分居如今的辛养、壆岗、衙边三个地方，因此这三个社区也号称“三兄弟”。“三子咸有一德，媲美三休，上有以彰夫积功累仁之勤，下有以开夫振振绳绳之胤，载先人骸而葬，在居西建祠堂，置田数顷，以为蒸尝祭祀之典，使子孙后代世守之。”陈宋恩三子开枝散叶，至明朝嘉靖年间，已覆及古宝安、香山（今广东中山市）、罗定（今广东罗定市）、虎门（今广东东莞市虎门镇）乃至云南、贵州等岭南多个地方，成为“邑南之巨室”“归德之名门”，“居不私庛，币不私货，奉先祠供，祭有田，无间言，衎衎蒸蒸，六行是履，海滨风范，义门媲美矣。”[1]

宝安沙井街道驸马房陈氏太始祖陈俊卿画像

坐落在沙井街道辛养社区的驸马房陈氏大宗祠

① 申晨．寻根宝安［M］．北京：作家出版社，2006：62.

驸马房陈氏大宗祠的匾额

迄今为止，驸马房陈氏后裔已绵延达30多代人。依然生活在宝安区沙井一带的驸马房陈氏族人，主要居住于辛养社区、衙边社区、壆岗社区、后亭社区、马安山社区、大王山社区、茭塘社区，均是历史悠久的村落转型改制的社区。岁月绵长，世代更替，陈氏各分支也各开祠堂，供奉自己的直系祖先。

例如，衙边旧村里就有几座小祠堂，名号分别是“拱星堂”“凤岗祖祠”“念岗祖祠”等。不过，不论是坐落于沙井街道辛养社区的驸马房陈氏大宗祠还是分散在其他社区的驸马房陈氏分支小宗祠相互之间都有一组对联联通，即：“六龙怀念姻亲旧，无马追思世泽长。”它被刻写于各大小宗祠的门口，犹如驸马房陈氏族人的口令、密码一样。无它，则无以称自己是驸马房陈氏后人。

沙井义德堂陈氏，称“北宗”“北祠”，奉南宋末年淳熙进士、理学家陈朝举为开基始祖，也是耕读传家、书香门第。其迁居沙井的时间比驸马房陈氏更早，后裔在珠三角地区分布更广泛。如今，留在沙井一带的则集中居住在沙井村。该村因太大，也称“沙井大村”。目前，“沙井大村”已被划分为沙一、沙二、沙三、沙四、蚝一、蚝二、蚝三、蚝四等社区。

坐落于沙井街道沙三社区的义德堂陈氏宗祠

沙井义德堂陈氏宗祠的匾额

沙井南北二宗陈氏，虽非一脉，但同属中原世家巨族之后。迁徙至宝安沙井后，将中原文化移植过来，一方面“有着强烈的宗法观念、严密的宗族组织”，形成相互扶持与提携的传统；另一方面，“广设塾学义学、捐修官学、倡建书院”，重文重礼，耕读传家。[①]

沙井一带的其他以单姓为主的村落，亦都是这样的书香村落。根据沙井街道办2016年的统计，沙井街道辖区保存完好的、不可移动的物质文化遗产共有99处，其中：称作“家塾”“书室”的共有21处，大大小小的“宗祠”“祖祠”“公祠”计有35处，不少也都发挥过教育场所的功能。在这样浓郁的耕读文化浸润下，所形成的地方人文气质、精神信仰是一样的。

也因此，沙井一带自古以来都名人辈出，急公好义。例如，江清（1418—1474，今沙井街道步涌社区人），“务学富才，气节自高”。1461年，岁歉民饥，东莞县知县多方赈恤，江清捐资以助赈恤，被选为“乡饮介宾”（古代一种嘉礼），江清却谦虚推辞。陈隽蕙（生卒年不详，今沙井街道衙边社区人），性格洒脱不羁，轻财好施。1661年登进士，候选于家，适值康熙施行沿海迁界，百姓流离失所。“恻然不忍，率父老，力恳上台，特设立归德场口子。”居民凭灶丁腰牌，可出界晒盐煎盐，存活一方。潘魁名（生卒年不详，今沙井街道万丰社区人），1761年，倾其所藏，在宝安县创设“赞廷书馆”。[②]

清末以后，大批沙井人远赴海外，勤奋苦干，积蓄财物，再返回故乡，推动故乡文化教育事业的近现代转型和发展。例如，陈才茂（1861—1919，今沙井壆岗社区人），旅越华侨，从建筑泥工起步，成长为当时越南声名显赫的三大建筑师之一。陈才茂热心于社会公益，帮扶桑梓乡亲，在越南开办学堂，为东莞、宝安的侨民子弟提供读书场所。1908年，暮年的陈才茂回到故乡壆岗村，修建“智熙家塾”，供族人子弟读书。陈梅生，近代人物，生卒年不详，祖籍沙井壆岗，早年旅居高棉大埠，后到越南，组织举办珠江学校，教育华侨子弟。平生热心公益慈善，设阅书报社，被各帮华侨公推为华侨经济联合会主席。

---

① 唐冬眉，申晨编．远去的家园——宝安古村落记［M］．北京：中国文史出版社，2007：86-89.

② 《深圳市沙井街道志》编纂委员会．深圳市沙井街道志［M］．北京：中国国际广播出版社，2017：532-537；程建．归德雍睦堂陈氏［M］//赖为杰．沙井记忆．香港：中国评论学术出版社，2004：21-23.

清代文献学家张澍在其所著的《姓氏寻源》“序”中写道：“参天之木，必有其根。怀山之水，必有其源。”[①] 显然，梳理沙井一带的村落历史文化传统，探寻包括陈荣根在内的沙井儿女急公好义精神，就很容易找到其源头，理解其信念和行为的历史逻辑。

沙井街道壆岗旧村中的“智熙家塾”

沙井街道新桥社区曾氏大祠堂中的匾额

① 张澍．姓氏寻源［M］．湖南：岳麓书社，1992：1.

根深枝叶荣

2023年已是75岁高龄的陈仲言，自1981年与族叔陈荣根首次见面、共商荣根学校建设大计以后，40余年来一直投身于荣根学校建设和发展事业之中。

他先是出力：1981年至1992年具体负责学校工程建设事宜，1997年至2004年担任荣根学校办学董事会董事长，监督建校规划的按期实施、建校资金的正确使用。然后，出力又出钱：2004年创办深圳市宝安区荣根教育研究中心（以下简称荣根教育研究中心），2005年在宝安区民政局正式注册，从此他以该中心的名义，平均每年资助荣根学校130余万元，迄今为止已逾2000万元。

因为陈仲言曾经担任过荣根学校办学董事会董事长，荣根学校的老师们一直习惯称呼他“董事长”。学校办公室主任陈雪飞老师告诉笔者：“董事长并不是学校的教职工，肯定没有薪水，反而都是他源源不断地捐钱给学校”，甚至在学校资金不够支付一名派遣老师工资时，他还自掏腰包代学校为那名老师发工资，“直到几年后学校够钱发”的时候才停止。

荣根教育研究中心的办公室设在荣根学校的综合大楼里。陈仲言每周都会到办公室来坐一坐，到校园里走一走，这已经成为他的习惯。每年的六一儿童节，他都跟孩子们一起过，赞助学生过节的礼物也从不会落下。每年教师节和春节假期，他都会提前给各年级发放聚餐费、送慰问金，邀请各年级教职工聚在一起，增进感情和交流，提高凝聚力。每年元旦晚会，他总会送上一笔奖金。

在解释为什么要创办这个具有类基金会功能的研究中心时，他的言语十分朴实。“陈荣根夫妇没有后人，他们在香港设有基金会，过世前他就把财产转到那个基金会里了，只能用在当地的学校、医院，和内地没有关系了。他过世后，我一分钱都拿不到了，我没办法了，才成立这个中心，现在每年资助学校的钱是我的钱了。其实我从2004年到现在就一直自己拿钱，每年至少不低于100万元。”

范光明校长进一步解释说：“我们陈董事长每年给学校的这笔钱，都放在荣根教育研究中心的账户里，它其实是奖教奖学基金，一年100万元是保证的，分第一学期30万元，第二个学期30万元，其他逢节假日、期末再给。有时候特别重要的节庆、重要的活动，他还要再给。现在，每年就不止100万元了。我们学校从成立的时候起就有个特色，‘私建、国有、公办、民助’。私建就是陈荣根先生出钱建的，建好就给了国家，由国家所有；现在学校是公办民助，民助就是陈董事长的资助。所以，荣根学校的荣誉、信誉在宝安区所有公办学校里面是最特别的。”

显然，陈仲言爱心行动的初衷很纯粹：沿着陈荣根铺设的道路继续走下去，接过陈荣根的使命继续扛下去，尽自己的余年，将“荣根”二字蕴含的寄托、精神、品质延续下去，坚持下去，贯彻到底，发扬光大。

同时，陈仲言爱心行动的逻辑很朴素。他说：“现在虽然说我每年拿钱出来，但是也可以这样说，我的钱也是我七叔陈荣根的钱啊。我最早的第一栋厂房，是他无偿给我钱建的。要不然现在这钱从哪里来？我为什么要这样做，就是因为，如果他当时不给我钱，我怎么可能有我的厂房？我从厂房里得了钱，那就要拿出来、给出去。”

也就是说，改革开放后陈仲言的第一桶金，来自陈荣根的资助。这笔钱和陈荣根捐建荣根学校的公益金是不同的、分开的，如同陈荣根还无偿资助过当时的东风生产大队开办造酒业务一样，是他照顾宗亲后人的私款。陈仲言对此解释道。

20世纪80年代的沙井地区，随着众多“三来一补”企业、内资和外商投资企业进驻，厂房供不应求，而土地管理又比较宽松。陈仲言看到了商机，即盖厂房出租。陈荣根也很照顾这个族侄，1988年前后资助了他一笔本金，55万港元。“那也是他私人的钱，不是他公司的钱哦。”陈仲言解释说。利用这笔资助，陈仲言建了第一栋厂房，1989年建好以后就租出去了。1990年，有人要买那栋厂房，陈仲言就把它卖掉，手里资金变成了110万元，接着就再建厂房，再卖掉了。20世纪90年代深圳市“城中村”

土地统筹时，陈仲言申请到一块地，并和政府签了合约又建了两栋厂房、一栋宿舍，还在衙边村买了别人的两栋厂房，总共上万平方米，“我就可以收租啦。”

1992 年，深圳市沙民实业股份有限公司注册成立，陈仲言被聘为董事长、总经理。

经济收益丰盈之后，陈仲言饮水思源，也开始反哺公益事业。对他而言，这首先就等同于报恩族叔陈荣根。他的回报，倾心倾力地体现在对“荣根精神”的传承上。他的回报，从陈荣根辞世的第二年即 2002 年就已经开始。比如，从 2002 年 9 月至 2016 年 12 月，他为全校每个参加学校口腔护理项目的学生补贴相关费用，惠及了大多数劳务工子女。

陈仲言每年资助荣根学校的钱，都是从他的私人账户转出来的，他很强调这一点。这在一定程度上似乎就是陈仲言报恩行动的一个仪式，具有一定的象征意义，只是他自己可能没有意识到。此外，也有现实原因。“因为通过公司给钱，动用公司资产，要通过公司董事会，很麻烦的。用我私人的账户给钱，就不用麻烦了。”也有和陈仲言熟悉、要好的企业老板，知道他一直在做公益，也希望赞助荣根教育研究中心，陈仲言一直没同意。“我一收他们的钱，就是在社会上收钱了，性质就不同了，管理起来比较麻烦的。”

陈仲言私人账户的钱，主要是厂房收租所得，每年有 200 多万元，他拿出了一半以上投入公益。2020 年暴发的新冠疫情，大大影响了他的租金收益。“去年（指 2020 年）没收到什么钱，今年已经过去大半年了，看这样子到年底也收不了什么了。”他摇了摇头。但是，疫情三年间，他每年资助荣根学校的善款，比疫情之前反而更多了一些。2020 年六一儿童节，陈仲言及学校周边十几个社区，特地给荣根学校捐了 20 万元专款，为学生买礼物。

从某种意义上看，陈仲言和荣根学校的关系，等同于一种特别的私人关系。40 多年来，他看着荣根学校从无到有、从小变强，亲自参与它的诞生、它每一步的成长变化，并在最近 20 年的时间里用私人财产滋润着荣根学校。这一行为，既可以说是荣根精神的延续，也可以说他已经将荣根学校变成了他自己生命中难以割舍的情结、爱恋和精神寄托。

在衙边村的祖宅里，陈仲言在院子里挖了一个10平方米左右的漂亮池塘，屋子里也摆放了几个巨大的鱼缸，用海水饲养了多个品种的鱼。那些鱼自由自在，千姿百态，美得令人不住赞叹。也许冥冥之中，他的养鱼雅好和培养栋梁的志向之间，有着某种奇妙的内在的有机关联。

2005年，陈仲言特向中国棋院申请成立“深圳市荣根围棋俱乐部”并获批，于2007年在深圳市民政局注册登记。陈仲言聘请了多名知名围棋教练给一至三年级学生全面铺开围棋课，小棋手们多次斩获区、市、省、国家各级各类的比赛好名次，荣根学校也因此被授牌“深圳市围棋特色学校”。随着小棋手们参赛的脚步越走越广，“荣根”二字也传播四方。

2019年6月1日，陈仲言随同荣根学校领导到新疆慰问支教老师，并为学生送去六一儿童节礼物

陈仲言先生和荣根学校的学生在一起

言谈中，可以明显感受到，陈仲言深深感恩、感念、感佩、敬仰自己的族叔陈荣根。在他和陈荣根接触的过程中，深深受到族叔的影响。“他的境界，他的大义，还有他对人的仁爱态度，都让我感动。”陈仲言这样评价陈荣根，他讲了三个与陈荣根相处的细节。

第一个是陈荣根不计过往、依然爱国爱乡的细节。“文革”时期，衙边村里曾发生村干部因赴香港找陈荣根募捐而挨斗自杀的事情，叔侄聊天时还谈过此事，唏嘘不已。“其实陈荣根先生永远都记得那个事情，可是到80年代的时候，他还是要支持家乡的教育。我曾问他，‘既然你知道我们国家经历了那么多的政治运动，犯了不少错误，为什么你还是要支持国家教育医疗？为什么要坚持回来办学校’？他说，‘国家就是我们的妈妈，妈妈犯了点错，现在她知道了，那我们做儿子的不帮她还帮谁呀？’他就是这样理解的。他还说，‘以前我们国家犯那些错误，是因为教育搞得不好，所以我们必须把教育搞好。一个国家如果教育不上去，其他就真的是白说’。他说这些话，发自肺腑，让我深深地感动了。”

第二个是某一次为别人募捐的细节。陈仲言记得，20 世纪 90 年代，宝安区有个教育基金会，其负责人打听到陈仲言和陈荣根的关系，希望通过陈仲言让陈荣根捐点钱。该负责人并不认识陈荣根叔侄，通过陈仲言的熟人才联系上他。当时年轻又热心的陈仲言答应了，第二天跑去香港和陈荣根讲这件事情。但陈荣根并不想像撒胡椒面一样使用资金，他对陈仲言说：“我们还是管荣根学校吧，不要搞得那么宽。”陈仲言一听，就说：“好啊，那就不捐吧。”然后就回到了衙边村。但第二天早上 6 点钟，陈仲言就接到了陈荣根从香港打来的电话。“他对我说，‘仲言，你拿不到钱回去，你肯定没面子的吧’？我说‘没有啊，我只是答应和你说一说，尽量办’。他又问‘他们要多少’？我说 50 万元。他说：‘那太少了。我就给 100 万元吧。’你看，他就是这样子待人，为别人考虑。我真的很感动。”

第三个是陈荣根对待身边工作人员的细节。在香港，陈荣根有一家步升鞋业公司，为整个香港执法部门工作人员定制皮鞋。陈仲言曾经看到，给陈荣根打工的人干到退休后，还可以在公司里住着，好多已经很老了，他也不辞退。理由是，“反正就是让他们坐在那里看看门口，我就给他们一半工资”。陈仲言也记得，陈荣根身边有一个工作人员，是个 60 多岁的老先生，经常跟随陈荣根夫妇回到衙边村，为他们端茶倒水。有人曾对陈荣根讲：“现在内地都请了年轻漂亮的妹仔来倒茶啦，你怎么会请那么老的人？”陈荣根说：“他跟了我一辈子了，他要真有本事他早就自己出去创业了。或者他小孩够本事的话，他也不用出来打工了。但他就是这样子，只能做端茶倒水这种简单的服务工作。既然他能做，我为什么不给他一口饭吃呢？”陈仲言在叙述这些细节时，不由自主地说：“我真的很感动！人有这种想法，真的很难得。”

君子温润如玉，大雅卓尔不群。深圳宝安沙井，千年文化血脉不断，孕育出像“雍睦堂陈氏”族人那样众多的高义之士。如今，那40年前奔波在珠江口岸乡野田间的赤脚医生陈仲言，早已变成了如同他族叔陈荣根一样的仁人，完成了两代人公义及公益精神的传承延续。

更令人欣慰的是，近年来，陈仲言在为荣根学校奔忙的路途中，已经有了儿子陪伴的身影。